近世の地方寺院と地域社会

――遠州井伊谷龍潭寺を中心に――

夏目琢史 著

同成社

まえがき

本書は、江戸時代の「地方寺院」に着目し、その周辺で起きた様々な出来事を検証することによって、社会のしがらみのなかで江戸時代の人びとがどのように生きてきたのか、また「地方寺院」の存在が、社会に対してどのような影響を与えたのかについて、明らかにしようとするものである。本書の主な舞台は、臨済宗妙心寺派に属する地方中核寺院であり、井伊家の菩提寺としても知られた遠州の名刹 井伊谷龍潭寺である。龍潭寺は、小堀遠州作の庭園が有名で、当地方を代表する観光地として全国的にも知られている。

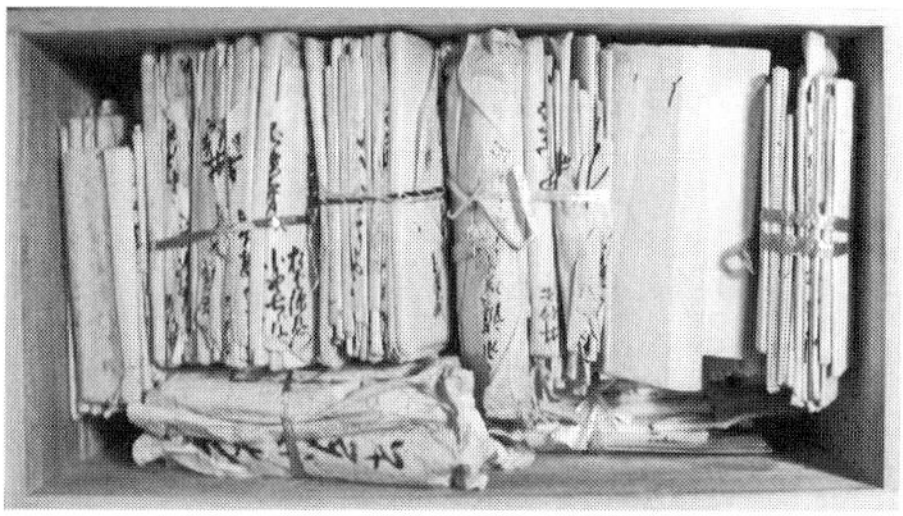

図 1 整理前の龍潭寺文書

本書は、この龍潭寺に保管されている古文書を頼りに、同寺とその周辺社会の近世の様子を考察していきたい。しかしながら、本書の内容はごく限られた、きわめて狭い、ローカルな話では決してない。むしろ、読者は、江戸時代の地方にあった一寺院がこれほどまでに広い視野をもち、大きな世界と関わってきたこと、あるいは、こんなにも多くの人が一寺院と関わってきたことに驚かれるだろう。本書の話は、たしかに、一つの限定された地域を舞台としているが、その向こう側にある大きな世界・時代や社会を感じていただきたい。また、この話と現代とのつながりを見出すこともできるかもしれない。それは、たとえ社会が変わっても、そこに暮らす人びとの生活や思考の枠組みに、変わらない部分があるからである。

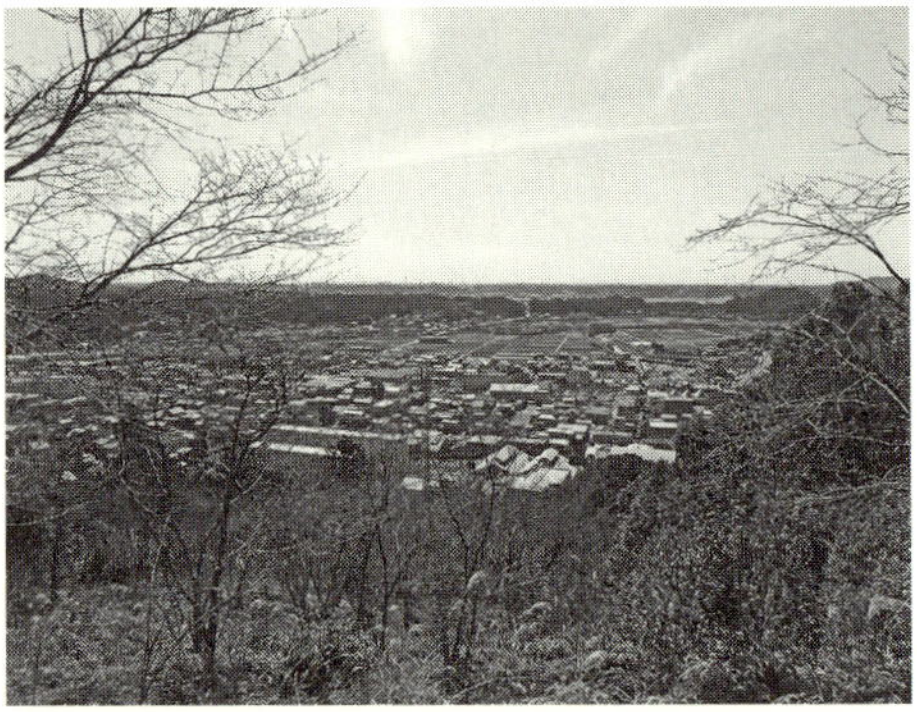

図2　井伊谷城より見る井伊谷・神宮寺の景観

図3　龍潭寺山門（静岡県浜松市北区引佐町）

いうまでもなく歴史研究とは、科学的に批判された史料をもとにした過去の事実の探究のことである。しかしそこで明らかにすべきなのは、個々の人びとが、社会や時代に対してどのような反応を見せたのか、〈葛藤〉、〈対抗〉、〈順応〉など、さまざまな〝生の在り方〟そのものにほかならない。こうした〝生の在り方〟を深く知るためには、その時代の状況や社会構造をその潜在的な部分まで含めて的確に理解することが必要である。そのため、従来の研究史の蓄積を深く学ぶことや、社会構造を実証的に解明することが求められてくる。本書も、井伊谷龍潭寺周辺の近世社会のなかで生きた人びと——とくに、宗教者に注目する——が、近世の井伊谷という地域社会のなかで、いかに特殊的で固有な生を全うしたのか、その真実を探究することに最大の目的を置いている。このことを最初に断っておきたい。

兎にも角にも、今から二百年前の、地方の片隅で起きた、小さいけれど大きな出来事を、これからみていきたいが、まずは、日本近世の宗教史に関する膨大な研究史を整理することから始めてみたい。

なお、本書では研究者に対する敬称はすべて省略させていただいた。

目次

近世の地方寺院と地域社会

——遠州井伊谷龍潭寺を中心に——

序章　日本近世の宗教と社会をめぐる研究

日本近世における宗教の果たした役割は何か、という問題は、今日の近世史研究のなかで最も重要なテーマである。とくに昨今、人びとの信仰心などを含む宗教そのものの機能に注目する視点や、歴史社会構造のなかで宗教を説明する研究が盛行である。

かつて、イタリアの歴史家クローチェ（一八六六～一九五二）が指摘したように、歴史研究は、現代の問題関心のなかで取捨選択されて叙述される。とりわけ、宗教を扱う研究は、人びとの思想に関わる部分が多いため、とくにこの傾向が顕著となる。そのことを踏まえた上で、戦前から今日にいたるまでの、宗教社会史研究をふりかえってみよう。

一　近世宗教社会史研究の歴史

明治時代以降の日本の歴史学者たちは、江戸時代の仏教・寺院をどのように捉えてきたのであろうか。

まず、東京帝国大学インド哲学の講師であった村上専精（一八五一～一九二九）[1]は、著書『日本仏教史綱』（一八九九年）のなかで、「徳川二百六十余年の仏教は、将軍綱吉の一代を頂点とし、之を前後に区分することを得べし」と規定して、その前半を徳川氏による文教政策（制度）の整備にともなう「学者名匠一時に四方に輩出した時代」、後半を「腐敗」の時代と捉えた。村上の理解では、元禄期までに仏教寺院の法や制度が整備されたことによって、僧侶は「安逸に耽り」、「宗門帳を掌るに至りて、法は遂に死法とな」ったという(2)。江戸時代前期＝仏教学者の最盛期、後期＝腐敗期とするこの考え方は、後の研究に大きな影響を与えていくことになった(3)。

また、早稲田大学の講師であった土屋詮教（一八七二～一九五六）も、著書『日本宗教史』（一九〇七年）のなかで、江戸時代の宗教を「政治上に利用せられ」たものと捉え、宗教史上の「神儒仏分離期」と規定した。そして、仏教は「徳川氏に至りて国教の形体を完備したり」としつつも、政治に利用された江戸時代の仏教「各宗の衰頽驚くべきもの」と表現している。土屋は、江戸時代の仏教を「沈潜」（物事をじっくりと考えること）の時期だと捉え、「然れども此間に於て教理の解釈、及び訓詁の盛なりしは疑ふべからざる事実にして、信仰よりも寧ろ研究を主眼として、各宗共開祖の説を演繹布行するにあらずんば、他教を駁し、若しくは自教を弁護するを事とせり」といい、江戸時代の仏教が人びとの信仰よりも教義教説の研究に重点が置かれたことに、問題の所在を見出している(4)。

このように、仏教が江戸時代に停滞したとする見解については、たとえば、石原即聞の著書『日本仏教史』（一九一九年）にもみられ(5)、戦前の歴史学のなかでは一つの共通理解であったと考えてよいだろう。国文学者の津田左右吉（一八七三～一九六一）も、著書『文学に現はれたる我が国民思想の研究』（一九一九年）のなかで、徳川初期（江戸前期）の文化の「一般的な観察」として「寺院が昔からの文化史上の地位を失ったこと」を挙げ、「これは、一方に於いて文化が広く世に弘まり、特殊の中心点の無い国民的のものとなってゆく時勢にも、又た宗教其のもの、勢力が減退してゆく思想上の趨向にも適合する」と、日本文化史上における仏教の地位の低下を通説とした上で、論を展開している(6)。

このように、明治から大正時代の初期にかけて（一九二〇年以前）、近世仏教の評価は散々なものである。そしてその多くは、僧籍をもつ研究者によって指摘されたものであることからもわかるように、維新以降のいわゆる「廃仏毀釈」のなかで、自省的な意味合いも含めた見解であった。

しかしその一方で、大正時代以降は、社会史（社会問題史）が流行し、[7]寺院・僧侶と社会との接点に注目する研究も多く発表されるようになってきた。[8]橋川正（一八九四～一九三一）は、仏教と社会事業の関係の解明をめざし、たとえば、江戸前期の黄檗宗僧侶了翁や鐵眼による社会福祉事業などに注目している（『日本仏教と社会事業』一九二五年）。橋川の問題関心は、著書の「結び」部分に、「日本の社会事業には、たゞ西洋諸国に於けるもの、直接移植模倣以外に考慮を要すべき点が多々あらう」と指摘されていることから自ずとわかる。[9]

戦後、皇国史観の主唱者として批判の的にされた平泉澄（一八九五～一九八四）も、学位論文『中世に於ける社寺と社会との関係』（一九二六年）のなかで、中世だけではなく、近世の駆込寺（縁切寺）についても論じ、「社寺と社会との関係」を体系的に説明している。しかし、平泉も、同著の末において、「社寺が社会のあらゆる方面に活躍雄飛すべき時代はすでに去り、治国平天下の道を講ずる儒学の台頭すべき時節はこゝに到来した」とし、「社寺が国民生活全般の上に曾て占めたる優越せる地位は、一度失はれてまた取りかへすべくもなかった。中世の終、近世の始めは、実に社寺没落の時代であったのである」と結論している。同書は中世の社寺の実態を「社会組織」（第三章）「経済生活」（第四章）「精神生活」（第五章）から、西洋史の概念（アジール）も駆使して総合的に論じる大胆なものであったが、[10]中世＝社寺の時代、近世＝社寺没落の時代と見る歴史観そのものは、当時としてはむしろ一般的であった。

一九三一年以降、いわゆる十五年戦争期に入ると、国家権力による統制を「衰退」とみるような、先にみたような仏教史の認識は忌避されたのか、あまり指摘がみられなくなる。[11]経済史家の豊田武（一九一〇～八〇）の『日本宗教制度史の研究』（一九三八年）も、宗教制度の変遷について体系的に整理し、「檀家制度の展開」や「江戸時代の寺領」、「寺院議決機関の成長」、「仏教社会事業史」など幅広い視点から追究したものであるが、江戸時代の寺院の文化史的な意味や評価については言及されていない。むしろ、豊田の問題意識の中心は、明治維新をどう理解するか（信教自由思想・政教分離）に置かれており、江戸時代の本末制度を「封建制の産物」と捉えている点が興味深い。[12]

以上のように、戦前の歴史学者の多くは、〈「社寺勢力」が全盛だった中世〉から〈武士の時代となってその力が衰微していく近世〉へという図式（強大な封建的権力による統制→仏教界の堕落→廃仏毀釈運動）を、一つの共通理解としていた、と概ね結論してよいだろう。

なお、敗戦後成立した日本国憲法のもと、「政教分離」が進められることになり、近世仏教史研究のなかでも一つの見方が定着していくことになった。それが、辻善之助（一八七七～一九五五）による、いわゆる「近世仏教堕落論」（一九五五年）[13]である。辻の基本的理解は、仏教が政治権力から相対的に自立していた中世社会に対し、幕藩権力によって強制的に成立した江戸時代の檀家制度は、国家権力の統制による固定的なものであり、それ故に人びとの仏教への信仰心も形骸化していったというものであった。さらに辻は、こうした近世仏教の堕落状況こそが、明治維新期「僧侶は社会の進運から遙かに遅れ」る要因となったと厳しい評価をくだしている。

これは、先にみた戦前の通説とほぼ一致しており、辻のオリジナルとは言い難いが、『日本仏教史』という通史のなかでこれを論じたこと、それから敗戦後のアカデミズムの抱えた状況（戦前の政教一体的国家構造に対する反省・批判）もあり、各方面にこの学説は大きな影響力をもつことになった。辻の「堕落論」は、藤井学[14]や圭室文雄[15]などによって体系化され、戦後歴史学の通説とされていくことになった。

一方、こうした理解に対抗し、例外的に江戸時代においても民衆の信仰を捉え続けたとされる真宗の研究が盛んとなっていった（真宗研究の代表的な業績としては、児玉識[16]・有元正雄[17]・奈倉哲三[18]のものがある）。これらの研究は、いずれも、民衆を魅了した真宗の思想や社会的機能を実証的に明らかにした重要な成果であった。とくに、マックス・ヴェーバーの『プロテスタンティズムの倫理と資本主義の精神』の方法論を用い、真宗門徒のエートスのなかに近代化への精神的基盤を見出した有元正雄の分析視点は、近世の「宗教社会史」を考える上での一つの道筋として、宗教を思想面からだけでなく、深く社会生活全体のなかで理解していく研究の先駆け的な役割を果たした。しかし、引野亨輔が整理したように、これらの研究も「真宗＝特殊論」の立場が徹底されており[19]、かえって「真宗以外の仏教は「近代」への方向性を持ち得ないものとして否定され、結果的には近世世界における仏教そのものの位置づけが視野から脱落してしまう」[20]という事態に収まってしまった側面もあった。

ところで、戦後歴史学のなかでも、とりわけ中世史研究者たちは、寺社の問題にかなり積極的に取り組んだ。とくに、中世国家体制を武家・公家・寺家の三者による相互補完的な関係として説明した黒田俊雄（一九二六～一九九三）の「権門体制論」（一九六三年）[21]の影響力は大きかった。しかし、これに対し、近世史研究者の側から十分な応答を聞くことはできなかった。このことも、「近世仏教堕落論」を本質的に乗り越えることができなかった一つの要因といえよう。

たしかに、伊東多三郎（一九〇九～一九八四）は、社会経済史学の立場から江戸時代の仏教に迫り、「宗教的権威」の問題から寺入（アジール）の実態や普化宗の発展過程を解明し[22]、中世と近世を「信仰の深浅」だけではなく、社会的役割の軽重などにわたって総合的に判断する必要があることを主張した（一九六〇年）。また、大桑斉も、檀家制度が家の成立を受け、仏教教団側からの積極的な働きかけによって成立したものである点を指摘している（一九七九年）[23]。また、圭室文雄も「江戸時代の宗教統制もこのように、信仰のない檀家制度・修学のない本末制度を軸としていたところに、その制度が、寺院あるいは本山の経営を支えるためのものに移行していた面を指摘できる」と論じており（一九七一年）[24]、この時期、近世仏教を考える上できわめて重要な提言がなされたことは事実である。しかし、これらの研究では、「近世は寺院の宗教的権威も俗的権力も武家政権の外に独立することは許されず、人間の精神と行動が信仰によって導かれることは減少した」（伊東）とされたり、民衆が主体的に寺院を選ぶことができなかったことが強調されたり、近世の寺院が果たした社会的な役割も、寺檀制度や「葬式仏教」の枠組みのなかでしか注目されず、結果として「堕落論」への本質的な批判にはならなかった。むしろ、近世思想史の研究においては、儒学や国学の思想に関心が集中していくことになっていった。仏教史学者の柏原祐泉も、この時期、近世儒学や国学の排仏論と鬼神論にもとづく神意識の関係性に注目した成果を発表している（『日本近世近代仏教史の研究』一九六九年）[25]。

こうしたなか、学説史にきわめて大きな影響を与えたのが、高埜利彦による一連の成果である[26]。高埜は、本山・本所を中心とした寺社の全国的組織化に近世国家体制の特質を見出し、門跡など広義の朝廷を含む近世の国家権力による身分的編成、宗教者の組織化の実態の解明を行った。具体的には、教団仏教を含む諸宗派の本末体制と寺檀関係の包括的な理解、触頭制度や家職による支配の視点が提示され、近世の宗教史を考える上での一つの基軸となった。この視点は「(仏教諸本山や神道本所を) 幕府から宗教支配権を分与された存在と捉え直す点に特徴」があり、「本山・本所の自立的な宗教活動について描き出すことが可能」になった点で[27]、辻の「仏教堕落論」に対する背反 (アンチテーゼ) としての役割を少なからず有した。また、高埜の議論は、国家史・社会史の双方をふまえたものであり、日本近代仏教史研究が戦後問題としてきた「政教分離」(戦前の政教一致の体制がいかに形成されてきたのかという疑問) とも関連する重要な成果であったと考えられる。こうした高埜の敷いた路線によって、九〇年代以降の宗教史研究は実証的にも、理論的にも近世史研究の一つのトレンドとして大きな進展をみせていくことになる。以下、年代ごとに、主な日本近世宗教史研究の成果について、その発表年代の時代背景に留意しつつまとめていきたい[28]。

(1) 一九九〇~九四年

一九八九~九一年にかけてソ連・東欧社会が崩壊し、これまで主流であったマルクス主義歴史学 (グランドセオリー) も信頼性を失っていった。日本では、一九八九年、昭和天皇が逝去 (崩御) したことにともない、年号が「平成」と改元された。こうした状況のなかで、国民国家論、天皇制論の問題について、アカデミズムの世界でも本格的な検討がなされるようになっていった[29]。先述の高埜利彦の『近世日本の国家権力と宗教』(一九八九年)[30]、それから吉田伸之『近世巨大都市の社会構造』(一九九一年)[31]、塚田孝『身分制社会と市民社会』(一九九二年)[32] などが刊行され、身分的周縁論・社会集団論と称される学説が大きな影響力をもつことになった。神社・神職組織の分析が飛躍的に進展し、とくに国家権力や地域領主権力による組織編成に関心が集中した。西田かほるは甲斐の社家集団を[33]、小野将は遠江の在地神職集団を[34]、田中秀和は奥羽北部の修験者集団を[35]、それぞれ対象として研究を進め、実証的な成果が積み重ねられ、各社会集団の内実まで分析の視点が深められていった。

社会集団論が提起されたことで、社会構造の内部に存在する「権力」（イデオロギー装置などと呼ばれる）のあり方が注目されるようになり、権力＝国家権力という認識が相対化されることになった。しかし、こうした社会集団論に根ざしたいくつもの成果は、小野将が、「諸集団間の関係論的把握を、特定の単位的な地域社会構造の内部においてみて捉え直すという作業が必要となってくる」、「諸身分集団を地域社会の構成要素として正当に評価し、身分制論を単純な形で処理することなく、自覚的に地域論の成果に組み込むことが求められている」と主張したように[36]、社会集団の関係性から近世の地域社会を論じるという視点においては、必ずしも十分なものではなかったといえるだろう。

一方、この時期、安丸良夫『近代天皇像の形成』（一九九二年）[37]、羽賀祥二『明治維新と宗教』（一九九四年）[38]などが発表され、近代移行期の宗教をめぐる新しい理解が次々に登場した。安丸は、一九七〇年代より「通俗道徳と民衆思想」を主要な対象・テーマとして研究を進めていたが、一九九〇年代に入ると、「民俗的なもの」が近代国家によって抑圧されていく過程を重視するようになった[39]。安丸がこの時期に、近代国家の抑圧性を強調した背景には、一九九〇年代に活発に議論された国民国家論との関係があった[40]。また、羽賀は、のちに『史蹟論』[41]として十九世紀の歴史意識に注目した著書をまとめるが、その基礎となる成果はこの時期に発表されたものであった。羽賀が歴史意識に注目する背景には、「十九世紀に進展した歴史と文化に関する認識論的な枠組みの変容（文化イデオロギー構造の変容）を考慮しなければ、明治維新は理解できないのではないか」という問題意識があった。

なお、この時期、尾藤正英によって「日本における国民的宗教の成立」[42]が提唱された。尾藤のいう「国民的宗教」とは、近世人の思想形態が、個々の死後往生を保証する仏教と、村の現実生活における幸福を保証する神祇信仰という、全体としてみれば「一つの宗教」を構成していたとする見方であり、これによって近世の宗教を複合的な観点から民衆レヴェルで捉えることが可能となった。

総じて九〇年代前半は、「国家」・「国民」にとって宗教がどのようなものであったのか、という論点から研究が積み重ねられていったということができよう。

(2) 一九九五～九九年

一九九五年は、社会学や現代史の分野では、きわめて重要な年代とされ、関心の集中している時期でもある。[43] たとえば、社会学者の大澤真幸が一九九五年をもって、「虚構の時代」から「不可能性の時代」へと転換していったと論じたように[44]、この時期は、「Windows 95」の開発にともなうインターネットの一般的な普及、神戸連続児童殺傷事件(一九九七年)など、社会面で大きな事件が相次いだ。とくにオウム真理教による一連の事件は、思想や哲学への関心にとどまらず、宗教の暴力性などへの注目を換起した。

この時期、吉田伸之は「社会的権力論」(一九九六年)を提唱し、地域におけるヘゲモニー主体の抽出を試みる視点を強調した[45]。こうした背景には、権力というものが「虚構」化していく当時の時代状況があったように思われる。日本近世の宗教史研究においても、先にみた時代状況を如実に反映し、むしろ個人の内面や信仰・思想に注目する視点が重要味を増していった。とくに、思想史研究の意味をあらためて考える気運が生まれたことが注目される。

安丸良夫の『方法としての思想史』(一九九六年)は、まさにそうした時代の影響を受けた本であった。安丸は、当時行われたインタビューで、オウム真理教の事件を受けて「現代の世俗化された社会のなかで人はどのように生きてゆけばよいのかという問題があって、誰でも自分の日常生活をかえりみると非常に虚しい気分になる」とし、宗教の世界に入り込んだ人間は、「世界の全体の意味はどうかという、いわばコスモロジカルな問いに向き合うことになる」と分析している[46]。この時期の安丸は、「歴史の全体性」や「コスモロジー」に関心を向け、とくに下層の貧しい大衆の思想形成に関心を示すようになっていった。安丸の影響もあって「民衆思想史」が注目されるようになり、近世の民衆のなかに醸成されてきた〈知〉を歴史研究の対象として扱う研究が進められ、桂島宣弘『思想史の十九世紀』（一九九九年）、若尾政希『「太平記読み」の時代』（一九九九年）などが次々と発表された。桂島は、「宗教」という言説に注目し、土俗性や習合性、猥雑な性格がすべて隠蔽されたところに近代教派神道が成立していくプロセスを、十九世紀の問題として探究した[47]。これと関連し、子安宣邦も「思想史の十九世紀とは、近代へのひとつの視座の構成である。それは近世的言説を近代国家日本に再生し、再構成される言説との系譜的な関連のうちに見出しながら、近代的言説の成立を、近世的言説の近代日本・帝国日本における新たな再構成的言説としての成立であることを徹底してあらわにする視座である」とし[48]、ナショナル・アイデンティティの問題から近世の言説に注目する必要性を論じている。若尾政希は、幕藩制国家の形成期に、軍記物語『太平記』を読み解くことによって「国家」論が提起され、社会通念として一般化していくプロセスを明らかにしたが、その「政治思想史」の構想は、「総合史」を念頭に置いたものであった[49]。

このほかにも、近世の宗教社会史研究のなかで、注目すべき成果がいくつも発表された。その多くは、国家（政治）と宗教の関係という論点よりも、むしろ信仰を媒介とした宗教と社会の関係に焦点をあてたものであった。澤博勝は、自身の提唱する「宗教的社会関係」[50]という概念をもとに多くの成果を発表し、ゼロ年代の宗教社会史研究において中心的な役割を果たしていく。澤の視点は、もともと社会集団論に基づくものであったが、この頃の関心は、国家権力と「社会と隔絶したところで活躍している教団」の対立という固定的な枠組みを脱却することにあった。また朴澤直秀も在地社会における寺院について、宗教施設・檀家組織・寺院所在村の三者の関係性について深い検討を行った[51]。朴澤の視点は、寺檀制度・寺檀関係、ならびに本末制度・教団構造の分析に焦点をあてた重要な成果であったが[52]、澤と同じく寺院所在村における寺院の社会的位置づけ、または寺院所在村以外の周辺関係村落についての分析はあまり深められていない。こうした点から渡辺尚志は、両研究に対して「一七世紀から一八世紀前半にかけての村落社会構造の変化を具体的に押さえた上で、それとの関連において村と寺との関係が詳細に論じられているわけでは

ない」と批判をしている。(53)

この時期、地域社会と寺院の関係が注目されることになったが、いわゆる地域社会のなかで寺院がどのような社会的な位置にあったのか（社会システム上の寺院の機能）については、理論と実証の落ち着きどころが見出されぬまま、今日に至っているといえよう。

（3）二〇〇〇〜〇五年

二〇〇〇年は単なる数字の上での区切り年にとどまらず、国際政治上きわめて重大な意味をもつ事件が起きた。アメリカの同時多発テロ（9・11）事件である。事件の首謀者であるビン・ラディンが率いるアルカーイダは、イスラム教の「聖戦」という概念を標榜し、アメリカとの全面戦争を主張。国際政治の文脈のなかで宗教対立が大きな意味をもつことを知らしめることになった。また一方で、日本においても、二〇〇一年には小泉純一郎首相の靖国神社参拝が議論を呼び、「政教分離」の問題が再び社会の注目を集めるようになった。こうした時代潮流は、宗教学や宗教史を扱う研究者に直接・間接的に大きな影響を与えることになる。

大桑斉は『日本仏教の近世』（二〇〇三年）(54)のなかで、近世仏教的世界の重要性を説いたが、こうした背景には、九〇年代後半から注目を集めてきた思想史（とくに民衆思想史）への関心が強くみられる。杣田善雄は、中世寺社勢力の中心的存在であった顕密仏教の近世的展開に注目。「寺院行政」という視点から近世の寺院を検証し、幕府と天台座主、門跡の関係に注目している。(55)引野亨輔は、尾藤正英の国民的宗教論の批判的継承をめざし、宗教の「競合」の側面にスポットライトをあてた。引野は、それだけではなく宗教の民衆教化の側面に注目し、読書論や歴史意識（「寺院由緒」(56)）の問題を念頭におきつつ日本近世の宗教社会史を描こうとした。また、大橋幸泰も日本近世における異端的宗教活動に着目した研究をこの時期に発表している。(57)こうした宗教への学術的な関心の高まりの背景には、テロによって宗教の凶暴性・危険性がフォーカスされるなかで、宗教の平和的側面や競合的な側面をあらためて問い直そうとする、この時期の時代状況の影響があったと思われる。

その一方、記憶論・歴史意識論の観点から、近世の由緒についても注目が集まった。由緒論についてはこれまで民衆運動の視点から多くの成果が発表されてきたが、この時期になると（2）期の影響を受け、思想の内面にまで分析の手が伸びるようになった。とくに、宗教者の由緒意識にも関心が向けられ、教祖や教説、縁起などの言説や、社会（宗教）集団にとって由緒のもつ意味が意識レヴェルから注目された[58]。これも、この時代の社会情勢を反映したものであったと考えられる。

（4）二〇〇五〜一〇年

二〇〇五年以降の日本社会は、新自由主義の潮流のなか、「フリーター」や「ニート」という、いわゆる若者の貧困・格差問題が顕在化した時期である。「格差社会」という言葉が、市民権を得ていくのはこの頃であり、三浦展『下流社会』（二〇〇五年）、橘木俊詔『格差社会』（二〇〇六年）などが出版され、多くの国民が注目するようになった。同時にこの時期、若者の間で、いわゆる「スピリチュアル」なものが流行をきわめた。また、二〇〇六年三月二十七日には、オウム真理教の元教祖であり一連のテロ犯罪の首謀者であった麻原彰晃の死刑判決が確定するなど、現代宗教を考える上で一つのターニングポイントとなった。

こうした時代状況のなかで、日本近世史においても、新しい方法論が提示された。それらは多岐にわたるが、構造論と機能論に大きく分類することができると考えられる。前者が、社会構造のなかで宗教が果たした意義を追究し、宗教を社会のなかの構成要素の一つと捉え、宗教の宗教性よりも社会性を重視するのに対し、後者は人びとの信仰や宗教的生活など、宗教そのものの機能に重点を置く。まずは、後者からみていくことにしたい。

機能論的宗教史研究は、一九九五年以降から一貫してみられる動きであったが、二〇〇六年頃、人びと（個人）の信仰や思想への関心が飛躍的な高まりを見せた。とくに、民衆への宗教の多様な浸透過程が注目されることになる。

書物を媒介とした「宗教知」の民衆への普及過程が着目されたり、[59]寺社の名所としてのイメージの広がりが書籍・出版物の流布とどのように関わるのかが検討されたり、[60]あるいは「在村文化」[61]の実態などについてまで次々と明らかにされた。青柳周一も、近世の寺院において「参詣者を相手とする諸生業（宿泊業・飲食業・交通労働など）への従事者が増加するに従って、これら諸生業の維持を主な目的として、地域社会レベルの広がりを持った参詣者受け入れ体制が構築」された地域を「観光地」と呼び、「観光地域史」の立場を提唱した。[62]こうした地域の観光地化の議論は、従来から分厚い研究をもつ参詣研究とリンクし、近世寺院に対する民衆の意識を知ることのできる成果が数多く発表されることになった。[63]こうした背景には、若者の貧困や宗教的関心の高まりがあり、「聖なるもの」が研究の対象とされるようになってきた、現代的な事情があったかと思われる。この時期、近世の陰陽師の研究も、林淳『近世陰陽道の研究』（二〇〇五年）[64]、梅田千尋『近世陰陽道組織の研究』（二〇〇九年）[65]などが刊行され、社会のなかを生きた宗教者たちの姿が、様々な社会組織との関係を含めて議論されるようになった。[66]

一方、二〇〇六年以降、日本ではわずか三年の間に四人の総理大臣が次々に交代する異常な政治的な事態となり、為政者のあり方・権威・権力の問題がメディア等によっても取り沙汰されるようになった。こうした状況のなかで、日本近世史研究のなかでも「権威」の問題が大きくクローズアップされるようになった。この前提となったのは、支配者（領主）―被支配者（民衆）という単純図式の克服を企図した仁政イデオロギー論の成果であったが、[67]この時期、井上智勝『近世の神社と朝廷権威』（二〇〇八年）[68]、西村慎太郎『近世の朝廷社会と地下官人』（二〇〇八年）[69]、高野信治『近世領主支配と地域社会』（二〇〇九年）[70]、小川和也『牧民の思想』（二〇〇九年）[71]、小関悠一郎『〈明君〉の近世』（二〇一二年）[72]など、近世における様々な「権威」（必ずしも朝廷権威に収斂されない）に着目した研究が発表されていった。なかでも、井上は「（研究史上）長く乖離してきた「神社と国家との関係」（国家権力論）と「神社と村落との関係」（地域社会論）を神社という場を媒介に融合すること」を目標とし、[73]在地神職の活動と本所による組織編成によって、朝廷権威が地域社会へと広まっていく過程を明らかにした。これは社会集団の組織編成に注目する構造論的な宗教史研究をもとにしつつも、「朝廷権威」の地域社会への浸透という宗教の機能面に注目した成果であった。

　これらの研究潮流を象徴しているのが、『近世の宗教と社会』シリーズの刊行である（以下、『宗・社』と略す）。『宗・社』は、近世の宗教が、近代の「宗教」概念では捉えきれない多様性がある点を明らかにした点で、現在のところ機能論的宗教史研究の到達点と評価できる。『宗・社』は、「地域のひろがりと宗教」（高埜利彦・青柳周一・西田かほる編）、「国家権力と宗教」（井上智勝・高埜利彦編）、「民衆の〈知〉と宗教」（澤博勝・高埜利彦編）の三巻構成（いずれも二〇〇八年、吉川弘文館）であり、そこでは宗教者による多様な宗教行為が実証的に明らかにされている。しかし、各論者によって「地域」の認識や、「宗教」そのものへの理解の仕方に差異が見られ、近世特有の宗教秩序の全体像が、社会集団論を超えるレヴェルで描き出されているわけではない。『宗・社』は、幕藩権力・宗教者・地域社会の三者の構造とその関係性に注目したものであり、近世の宗教の固有のあり方を見出した点できわめて高く評価されるが、その一方で地域社会の日常における宗教のあり方、宗教の潜在的な機能（社会に対する宗教の意味）を問う視点、すなわち、地域の通史的な社会構造の理解が不足していたように考えられる。

　一方、これとは別に、佐藤孝之による駆込寺論[74]など、地域社会のなかにおける寺院の機能に注目した研究も活発となった。佐藤は、全国の駆込寺に関わる事例を総合的にまとめ、「入寺一覧表」を作成した上で、寺院（僧侶）の果たす機能の一つとして、入寺を位置づけている。こうした事例の網羅はきわめて貴重な成果であって、地域社会における寺院の果たした社会機能を、全国レヴェルで考える視座を提供する。佐藤は、駆込寺について、①謝罪・謹慎の意思表示としての入寺、②処罰・制裁としての入寺、③救済・調停手段としての入寺という三つの類型を立てている。こうした駆込寺研究は、斉藤悦正[75]・宮原一郎[76]らによっても具体的な検討がなされ、そこでは寺院が村社会のなかで「公」的機能の一端を担っていたことなどが明らかにされるなど、寺院が地域社会のなかで果たしていた役割が本格的な検討の対象とされた。また、菅野洋介（二〇一一年）は、十八世紀以降の禅宗寺院が民衆宗教の進展に対して共存と競合をはかりつつ、在地社会での立地状況を整備していった点に着目した。菅野は入間郡の西光寺（森戸村）・龍隠寺（越生村）、足利郡山川村長林寺の事例を中心に検討し、禅宗寺院という「場」がもつ、①「様々な構成要素」、②朱印寺院としての性格（江戸城登城に際しての江戸府内の宿寺・徳川家関連寺院との関係の志向）、③在地社会において「序列化を図る存在」であったこと、の三点を明らかにした[77]。とくに禅宗寺院という「場」が他宗教との「共存」や「秩序」を形成する地点となっていたのではないかという問題提起はきわめて重要であった[78]。

さて、構造論的宗教史研究の潮流についても、ここで確認しておきたい。これは、吉田伸之・塚田孝による「寺院社会論」を継承・批判していく動向であるが、なかでも注目されるのは、松本和明・藤田和敏の仕事である。松本は、吉田・塚田らの寺院社会論について、①現実的な利害関係に着目した分析になっている点、②個別領主との関係とその規定性が見通せていない点を指摘した上で、「浄土寺」をめぐる信仰が社会の結合論理となっていること、藩財政窮乏化に起因したその規制などの側面を明らかにした。宗教と社会との関係に影響を与えた領主権力の存在が念頭に置かれたことで、政治と宗教の問題を社会構造（社会集団論）から理解する道筋があらためて立てられたと評価できよう。藤田和敏は、主に郷鎮守の近世的展開について論じた[79]。中近世移行期からの近世への展開に注目した藤田は、「宗教的権力」という用語を用い、「精神的強制力」を指標とした分析を行っている。これは、中世〜近世への展開を合理的に説明することが目的とされている点で新しい成果であるが、近世の宗教を「権力」として捉える見方については疑問も残る。

なお、機能論的な方法論と、構造論的なそれの総合化をめざす視点も提示されている。どちらかといえば構造論的な宗教史研究を進めてきた澤は、『近世宗教社会論』（二〇〇八年）[80]を発表し、「日本における宗教的対立と共存」（終章）と題して、近世仏教史をふまえた日本宗教の通史的な見方を提示した[81]。澤の提示した方法論は、次の三点である。①宗教施設（神社・寺院）と宗教者（寺僧・神職）の分節構造への注目。②地域社会分析をもとにした宗教社会史研究の方向性の提示。③宗教者の「教え」やイデオロギーといった側面で社会にどのような影響を与えたか、また社会の影響を受けて「教え」がどのように変容していったか、という両側面を同時並行的に考察した。澤のこうした方法論は、九〇年代からゼロ年代までの近世宗教社会史研究の牽引役として、機能論と構造論をつなぎ合わせる意味で重要視されるものの残された課題も多い。すなわち、澤の提起する「宗教的社会関係」論は、たしかに「関係論」にとどまりきらない社会構造レヴェルでの分析まで視野に入れたものであったが、その構造分析は宗教内構造の関係分析に特化されており、地域社会の内部構造の解明へと向いていなかった[82]。澤は、ゼロ年代後半になると、「宗教知」の展開や信仰の広がりなど、宗教の機能に特化した論文を多く発表したが、理論と実証との間にやや乖離もみられる。

以上、時代ごとに宗教社会史研究の展開を現代史的問題と関連づけて検討してきたが、二〇一一年三月十一日の東日本大震災とその後の核災害は、日本史研究全般に大きな影響を与えることになった。とくに「絆」や「つながり」、「生存」などが社会的なキーワードとされ、歴史研究のなかでもこうした視点が取り入れられるようになっていった[83]。実際、被災者の感情の拠り所として宗教がもつ意味も再確認されはじめ、寺院や僧侶などの宗教者が、被災者保護に大きな役割を果たした事実と合わせ、その信仰心、および宗教そのものの役割がますます問われるようになった。

高埜利彦・安田次郎編の『宗教社会史』（二〇一二年）には、人びとの信仰に注目した論考が数多く収録されている。高埜は「江戸時代前半期に形成された仏教僧侶との寺檀関係に一元化された死後の世界の管理は、およそ一八〇〇年を境にして、国内外の危機と統治能力の脆弱を背景にした社会秩序の弛緩と混乱とを主たる原因として、人びとに十分な得心をあたえることができなくなった。人びとのなかにはあらたな世界観や信仰を求める者たちが生まれだし、エネルギーを発揮しはじめたのであった」と概説している[84]。この著書のなかでは、中世から近世への転換が意識され、宗教と社会との関係が丹念に検討されている。また、上野大輔は、近世後期の「捨世派」僧侶の布教活動について、社会情勢との関連を視野に入れて検討した。ここでは、専修念仏とともに通俗道徳という現世利益的な教説が伝達されていくプロセスが丁寧に分析されている。[85] また、鈴木直樹も、従来の近世土豪論研究が地域内部の社会的関係を軽視してきたことを批判し、土豪が寺院を媒体として「村全体を一体化」していく過程を論じている。[86]

なお、社家の社会集団の活動についても、新しい研究が進められた。松本和明は、西宮神社の社家集団を分析し、「神用」に諸身分を社中として統合する原理を見出し、それらを重層的に編成する原理が神事であると捉えた。この「神用」論というべき視点は、「神慮」よりも「神用」を優先されるものと捉えており、いわゆる宗教そのものの機能に焦点をあてた分析である。[87] これは、末木文美士が、「思想史の観点から見た日本仏教」[88]と題する講演のなかで、「仏教的なエートス」（生活感情化した考え）を基軸として日本思想史を捉えていく方法論（具体的には、「冥」と「顕」に着目）の必要性を説いたこととも関連しており、興味深い。

また、近年、吉田伸之・塚田孝の編による『身分的周縁と地域社会』（二〇一三年）[89]も発表された。これは、寺院を磁極として形成された歴史社会の構造を全体として把握した上で、様々な社会集団（香具師や乞胸など）の行動を位置づけようとする試みである。ここでは広く「列島社会に展開する固有の地域社会構造の多様なあり方を見なければ、広域の宗教者の組織化の実態には迫れない」という考えに立っており、身分的周縁論の新たな展開と理解することができる。とくに、寺院による社会的紐帯・編成（結合）といった視点がより前面に出されている。

日本近世の宗教史をめぐる研究は、宗教の思想的機能に注目し、その秩序の維持に注目する視点（機能論的な研究）と、社会集団の基本型を割り出し、その変遷に注目していく視点（構造論的な研究）の二つの様式によって研究が進められてきたが、近年、これらを総合化する動きが強まっている。そうした研究は、それぞれの地域に即した上で、宗教の有り様を見出すことが念頭に置かれている点に特徴があるが、言うまでもなく、これは、近世地域史研究の成果と関連するところが多い。以下、地域社会論の展開のなかで提起されてきた寺院社会論にとくに着目し、その意味と今後の課題について検討してみたい。

二　「寺院社会論」の展開とその課題

日本近世の地域史研究は、九〇年代を中心に最も活発に議論されてきた分野の一つである。ここでは、それら地域社会論の研究に学びつつ、地域における地方寺院の位置づけの方法について考えてみたい。

地方寺院の展開について、先鞭をつけたのは、宗教学者の竹田聴洲（一九一六～八〇）[90]であった（なお、竹田の村落寺院論については、高埜利彦・尾藤正英・澤博勝・渡辺尚志らも注目している）。竹田は、村落寺院の多くが近世初期に成立してくることに着目し、その意味について民俗レヴェル（葬式、寺檀関係）から検討した。そして、「寺院がそれを囲む都鄙の地域社会の生活と具体的にどのような機能連関を有し、又それがどのような意味をもっているか、更にそうした機能連関をもつことが寺院ないし宗団の存在形態・内部構造と相互にどのように規制し合っているか、これらをどこまでも客観的・科学的に精査すること」の必要性を提言した[91]。竹田による実証的な成果は、近世の村寺院の様相が、中世とは大きく異なることを明らかにした点できわめて大きな意味があり、江戸時代の村落寺院論の一つの古典となっている。

そもそも、近世史研究において「地域社会」といった場合、渡辺尚志の「地域とは人びとが日々の生産・生活を営むうえで、密接な政治的・経済的・社会的・文化的結合関係をもつ地理的空間」であり、その範囲は「一村よりも大きく、最大で数カ国に及ぶが、多くは数ケ村から数十ケ村である[92]」という定義がすぐさま念頭に置かれる。これに対して、吉田伸之は、「ヘゲモニー論を欠いたままの可変的地域論である」とし、あらたに社会的権力論を提示した[93]。社会的権力論とは、藩邸社会、市場社会、遊郭社会、大店社会などを磁極として秩序化された社会構造を解析していくという方法論であり、吉田は五百石の朱印地をもつ寛永寺末の浅草寺を事例に、社会＝空間分析から寺院組織と地域社会の関係を捉えた[94]。この方法論の影響を受け、塚田孝は、「時代通観的に歴史を捉える」視点から松尾寺の事例を検討した。本寺を中核とする広がり（政治社会レベル）に対して、在地社会における寺院社会のあり方（生活世界レベル）が固有の構造をもつ点に着目した研究である。[95]これは塚田の提唱する「歴史社会の構造」論と一致している。[96]塚田の具体的な分析は、大坂の槇尾山と松尾寺を中心に展開する「寺院社会」に注目し、松尾寺の寺中構造（空間構造）を明らかにした上で、外部との社会関係（領主、宗派内部の諸寺院、周辺村々、講中など）を把握していくという方法論であった。在地社会における寺院社会を分析する上で、（神社社会との異質性との関連で）山の用益が重要となっている点を指摘していることなど、注目すべき論点が提示されている。

こうした社会的権力論（寺院社会論）に対して、近年、松沢裕作は、「このような理解では、「政治社会」の変動もまた諸個人の行為によって発生していること、そのなかで「政治社会」・「生活世界」の分節関係そのものが変化すること、といった局面は論じることができない」と批判した。松沢は、中国史研究で行われている地域社会論の成果をふまえ、「方法としての地域社会論」のスタンスを採りながら、不定型で不安定な地域社会を一定の範囲内で固定化し、秩序づけた（分節化した）関係の内部における諸個人の立場を「主体位置」と定義する。松沢の視点は、アイデンティティを特定のヘゲモニーによって規定された社会関係と捉える発想に基づいており、その「主体位置」の多様性から、社会のなかにさまざまなヘゲモニーが相互に関係しつつ存在している様相を明らかにしようと試みるものであった。[97]

なお、塚田孝・吉田伸之らは、東京大学で開催された史学会大会近世史部会シンポジウム「身分的周縁と地域社会」（二〇一一年十一月十六日）にて、寺院社会論の深化を試みている。このシンポジウムの内容は、二〇一三年に著書『身分的周縁と地域社会』（註89参照）として刊行され、寺院社会論に焦点を絞った本格的な成果となった。同書には、全八本の論文が掲載されており、扱うフィールドとしては大坂周辺と東日本（下伊那・越後・江戸）が措定されている。ここで個々の論文についての細かな言及は避けるが、寺院社会の広がりにおける末寺や村の反応などが共通の検討課題とされており、複合的な空間構造の解明が目的とされている点に、その特徴がみられる。たとえば、塚田論文では、寺院社会に位置づけられる側（垣外仲間）に着目し、十九世紀の「格合」の動向を検討している。そして、こうした動向を四天王寺による一元的な統合の過程として捉えず、むしろ四天王寺の権威を利用する垣外仲間の利害関係という社会構造の複合的側面のなかで理解している。また、吉田論文でも、単一の磁極に依らない寺院社会の複合的な側面が指摘されている。

以上のように、寺院社会論は、寺院による一元的・単一的な社会秩序の形成にとどまらない、複合的な社会構造を読み解く段階に進展しており、身分的周縁をも含み込んだ、より総合的な社会構造の把握に成功している。さらに、実証レヴェルにおいても、地域や宗派（「神社社会」など）を超えた大きな成果を着実に生み出しつつある。しかし、こうした寺院社会論にも克服すべき課題があるように思われる。

まず、中世寺院と近世寺院の本質的な相違点をどう捉えるか、換言すれば、江戸時代の地方寺院の地域における多様性をいかに把握するのかという課題が挙げられる。一口に寺院といっても、江戸時代には無数の存在形態があった。朱印寺院もあれば、住職がなく無住となることを余儀なくされる寺院など、実に多様である。こうした多様性をいかに総合的に理解すべきなのかが、江戸時代の寺院を理解する上での最大の課題であった。周知のように、江戸時代の寺院は、宗門改制度に代表されるような民衆把握の機関としての役割（権力の末端）を担った。しかし、それ以外の面でも、地域にとって欠かすことのできない機能を担っていたはずである。寺社（社会的権力）による地域社会編成の側面ではなく、あくまで、その地域にとって、その寺院がどのような役割を担っていったのかを検証していく必要があるだろう。すなわち、寺社の権力としての側面（社会的権力）ではない、潜在的な社会への影響力を見つけ出す必要がある。もちろん、寺院社会論が丁寧に示してきたように、地域の通史的展開（段階的特質）をおさえた上で、歴史社会構造のなかで寺社と地域の関係性を捉えていく方法論を前提とすべきではあるが、寺社を権力としてアプリオリに捉えることは許されない。社会のなかに生きる個々の主体が、どのように寺院と関わっていたのか、それこそを段階的特質のなかで捉えることが必要であろう。

次に、庶民による信仰の側面をどのように理論のなかに組み込むのか、という問題がある。江戸時代の村社会においては、村の社への信仰が、祭礼などを通じてダイレクトに見られるのに比して、日常（生活単位、家そのもの）により密着している寺院の信仰については表面上観察しにくい。そのため、潜在的な役割を検証する必要があるわけだが、その際、分節化された社会の一断面を見ていく方法論では、地域や個々人の信仰に対する偏見を生みやすい点もあるだろう。人びとの信仰が、複雑な社会構造や社会的な背景によって生起されることは事実であるが、一方で、個別の宗教者の思想や行動も大きな意味をもつことは、従来の宗教社会史研究が明らかにしてきたところである。江戸時代の村の寺（地方寺院）を考察の対象とする際も、この点はきわめて重要となるだろう(98)。

以上で述べたように、江戸時代の地方寺院を検討する上では、一つの地域社会における役割（寺院によって編成された社会という見方ではなく）を通史的に検討すること、そしてさらに個別の主体による社会的活動や諸関係にまで踏み込んだ検証をしていくことが欠かせない。すなわち、大規模な寺社によって社会が編成されることは、もちろんあり得たが、江戸時代の地方寺院の多くはそうした主体としては機能しなかった。そのことは、寺社に所属した個別宗教者（個人）の動向を丁寧に論証していくことによって、よりクリアに見えてくるであろう。

さて、江戸時代の宗教をめぐる長い研究史をみてきたが、気が付くのは、宗教史研究が、常に現実の社会問題に対する関心と密接にからみつつ議論されてきたことである。これは「宗教」というものが、いかにわれわれの生活と密接に関わるものであるかをよく示している。よって、「地方寺院」（これは、人びとの日常生活ともっとも深く関わった）を分析していく際には、残された史料の全体を把握した上で、一つ一つの事象を丁寧に検証していく実証主義的な姿勢がとくに重要となる。こうした点を意識しつつ、遠州の「地方寺院」井伊谷龍潭寺（臨済宗妙心寺派）とその周辺村の三〇〇年にわたる歴史をみていくことにしよう。

註

（1）村上専精については、「哲学的仏教研究」の嚆矢として著名な井上円了との関係（江島尚俊「哲学的仏教研究から歴史的仏教へ」（『大正大学大学院研究論集』三四号、二〇一〇年））や、村上専精の日本仏教研究そのものについて（オリオン・クラウタウ「〈日本仏教〉の誕生」（『日本思想史研究』四二号、二〇一〇年））など、多くの論考が発表されている。
（2）村上専精『日本佛教史綱　下巻』（金港堂、一八九九年）一四五〜一四九頁。
（3）桂島宣弘「近代日本の宗教」（『日本思想史学』四三号、二〇一一年）。
（4）土屋詮教『日本宗教史』（早稲田大学出版部、一九〇七年）三五一・三五二頁。
（5）石原即聞『日本仏教史』（博文館、一九一九年）二八一頁。
（6）津田左右吉『文学に現はれたる我が国民思想の研究』（洛陽社、一九一九年）一三九〜一四〇頁。
（7）拙稿「日本史学史における社会史研究（1）」（『日本社会史研究』一〇〇号記念誌、二〇一二年）。
（8）薗田宗恵は、この時期、「日本仏教の特色」について論じている（『仏教と歴史』六条学報社、一九一九年）。
（9）橋川正『日本仏教と社会事業』（丙午出版社、一九二五年）一二六頁。
（10）拙稿「戦後アジール論の再発見」（『日本社会史研究』六六号、二〇〇六年）。
（11）「国体」観念に取り込まれていくこの時期の仏教思想については、オリオン・クラウタウ「十五年戦争期における日本仏教論とその構造」（『近代日本思想としての仏教史学』法蔵館、二〇一二年）に詳しい。
（12）豊田武『日本宗教制度史の研究』（厚生閣、一九三八年）。
（13）辻善之助『日本仏教史』全十巻（岩波書店、一九四四〜五五年）。なお、近世仏教堕落論の図式はこれより以前、辻『日本仏教史の研究』続（金港堂、一九三一年）のなかでも論じられている。
（14）藤井学「江戸の宗教統制」（『岩波講座日本歴史』近世3、一九五二〜五五年）。
（15）圭室文雄『江戸幕府の宗教統制』（評論社、一九七一年）。
（16）児玉識『近世真宗の展開過程』（吉川弘文館、一九七六年）。
（17）有元正雄『真宗の宗教社会史』（吉川弘文館、一九九五年）。
（18）奈倉哲三『真宗信仰の思想史的研究』（校倉書房、一九九〇年）。
（19）引野亨輔「辻善之助・近世仏教堕落論とその後の真宗史研究」（『近世宗教世界における普遍と特殊』法蔵館、二〇〇七年）。

(20) 大桑斉「仏教的世界としての近世」(『季刊日本思想史』四八、ぺりかん社、一九九六年)。
(21) 黒田俊雄「中世の国家と天皇」(『岩波講座　日本歴史』中世2、一九六三年)。
(22) 伊東多三郎「近世における政治権力と宗教的権威」(『国民生活史研究』第四、吉川弘文館、一九六〇年)。
(23) 大桑斉『寺檀の思想』(教育社、一九七九年)二四三頁。
(24) 圭室文雄『江戸幕府の宗教統制』(評論社、一九七一年)。
(25) 柏原祐泉『日本近世近代仏教史の研究』(平楽寺書店、一九六九年)。
(26) 高埜利彦『近世日本の国家権力と宗教』(東京大学出版会、一九八九年)。
(27) 引野亨輔「辻善之助・近世仏教堕落論とその後の真宗史研究」(『近世宗教世界における普遍と特殊』法蔵館、二〇〇七年)。
(28) こうした見方の有効性については、ベネデト・クロォチェ／羽仁五郎訳『歴史叙述の理論及び歴史』(岩波書店、一九二六年)、E・H・カー／清水幾太郎訳『歴史とは何か』(岩波書店、一九六二年)を参照のこと。
(29) 西川長夫『国境の越え方』(筑摩書房、一九九二年)など。
(30) 高埜前掲書。
(31) 吉田伸之『近世巨大都市の社会構造』(東京大学出版会、一九九一年)。
(32) 塚田孝『身分制社会と市民社会』(柏書房、一九九二年)。
(33) 西田かほる「近世的神社支配体制と社家の確立について」(『地方史研究』二五一、一九九四年)、同「勤番体制と社家集団」(『学習院大学史料館紀要』八、一九九五年)。
(34) 小野将「幕末期の在地神職集団と「草莽隊」運動」(久留島浩・吉田伸之編『近世の社会集団』山川出版社、一九九五年)。
(35) 田中秀和『幕末維新期における宗教と地域社会』(清文堂、一九九七年)。本著書の発表は一九九七年であるが、田中の主要な業績が発表されたのはこの時期である。一例を挙げれば、同「幕藩権力の宗教支配と修験道」(『日本歴史』五四二号、一九九三年)、同「近世の地域社会と宗教」(『地方史研究』四四号、一九九四年)など。
(36) 小野将「身分制社会論という視点」(『歴史学研究』五六四号、一九九七年)。
(37) 安丸良夫『近代天皇像の形成』(岩波書店、一九九二年)。
(38) 羽賀祥二『明治維新と宗教』(筑摩書房、一九九四年)。
(39) この点については、島薗進「宗教研究から見た安丸史学」(安丸良夫・磯前順一編『安丸思想史への対論』ぺりかん社、二〇一〇年）に詳しい。

(40) 大門正克が指摘しているように、安丸の主張する民衆の被拘束性は、主体への強烈な関心に支えられた被拘束性であって、国民国家論の被拘束性とは異質である（『歴史への問い／現代への問い』校倉書房、二〇〇八年、五三頁）。

(41) 羽賀祥二『史蹟論』（名古屋大学出版会、一九九八年）。

(42) 尾藤正英『江戸時代とはなにか』（岩波書店、一九九二年）。

(43) 拙稿「〈光〉と〈影〉のアジール」（『Art Critique』二号、二〇一二年）。

(44) 大澤真幸『虚構の時代の果て』（筑摩書房、一九九六年）、同『不可能性の時代』（岩波書店、二〇〇八年）。

(45) 吉田伸之・久留島浩編『近世の社会的権力』（山川出版社、一九九六年）。

(46) 安丸良夫『一揆・監獄・コスモロジー』（ぺりかん社、一九九九年）。

(47) 桂島宣弘「教派神道の成立」（『江戸の思想』七号、一九九七年）など。

(48) 子安宣邦「思想史の一九世紀」（『江戸の思想』七号、一九九七年）。

(49) 若尾政希『「太平記読み」の時代』（平凡社、一九九九年）。

(50) 「宗教的要素を中心（契機）とした地域社会における人と人、村と村、人と村、さらには社会集団どうしなどが取り結ぶ社会関係」のこと（澤博勝『近世の宗教組織と地域社会』吉川弘文館、一九九九年）。

(51) 朴澤直秀『幕藩権力と寺檀制度』（吉川弘文館、二〇〇四年）。

(52) これと関連し、村と寺院の具体的関係性をみる上で「離檀」の問題が重要となる。林宏俊が指摘している通り、近世後期においても民衆が離檀を要求しても寺院側は権威の維持や経済的理由から必死に抵抗している様子がみられる（「近世後期の「離檀」をめぐる権力・寺院・民衆」『地方史研究』三四三号、二〇一一年）。こうした事例が、地域社会内部のどのような矛盾から生じ、どういう影響を社会に与えていたのか、今後検討していく必要があろう。

(53) 渡辺尚志『近世村落の特質と展開』（校倉書房、一九九八年）。

(54) 大桑斉『日本仏教の近世』（法蔵館、二〇〇三年）。

(55) 杣田善雄『幕府権力と寺院・門跡』（思文閣出版、二〇〇三年）。この時期、政治と宗教の濃密な関係を論じる研究が大きな進展をみせた（圭室文雄編『天海・崇伝』吉川弘文館、二〇〇四年など）。

(56) 引野亨輔「偽書の地域性／偽証の歴史性」（『福山大学人間文化学部紀要』五号、二〇〇五年）。

(57) 大橋幸泰『キリシタン民衆史の研究』(東京堂出版、二〇〇一年)。
(58) 塩谷菊美『真宗寺院由緒書と親鸞伝』(法蔵館、二〇〇四年)、西田かほる「寺社縁起の創出」(『国文学 解釈と鑑賞』七〇巻一〇号、二〇〇五年)。
(59) 澤博勝「近世民衆の仏教知と信心」(高埜利彦ほか編『近世の宗教と社会3 民衆の〈知〉と宗教』吉川弘文館、二〇〇八年)。
(60) 白井哲哉「近世鎌倉の再興と名所化」、原淳一郎「金沢八景参詣と在地出版・江戸資本」(ともに『近世の宗教と社会1』所収)。
(61) 杉仁『近世の地域と在村文化』(吉川弘文館、二〇〇一年)。
(62) 青柳周一・西田かほる「地域のひろがりと宗教」(高埜利彦ほか編『近世の宗教と社会1 地域のひろがりと宗教』吉川弘文館、二〇〇八年)。
(63) 新城常三『新稿社寺参詣の社会経済史的研究』(塙書房、一九八二年)、原淳一郎『近世寺社参詣の研究』(思文閣出版、二〇〇七年)。
(64) 林淳『近世陰陽道の研究』(吉川弘文館、二〇〇五年)。
(65) 梅田千尋『近世陰陽道組織の研究』(吉川弘文館、二〇〇九年)。
(66) 綱川歩美「水戸学者・豊田天功の易占」(『書物・出版と社会変容』八号、二〇一〇年)、小田真裕「幕末奈良陰陽師の活動」(『国文学 解釈と鑑賞』七二―一〇、二〇〇七年)など。
(67) 高野信治『近世大名家臣団と領主制』(吉川弘文館、一九九七年)なども、領主が生活の場で民衆の心意をどのようにコントロールする可能性があったのかについて、雨ごいや虫除、葬送、祭礼などの諸儀礼から明らかにした重要な成果である。
(68) 井上智勝『近世の神社と朝廷権威』(吉川弘文館、二〇〇八年)。
(69) 西村慎太郎『近世の朝廷社会と地下官人』(吉川弘文館、二〇〇八年)。
(70) 高野信治『近世領主支配と地域社会』(校倉書房、二〇〇九年)。
(71) 小川和也『牧民の思想』(平凡社、二〇〇八年)。小川は、国家思想(統治原理)を難解な思想として捉えず、生活者である民衆が身近に感じられるものであった点を前提にしている。
(72) 小関悠一郎『〈明君〉の近世』(吉川弘文館、二〇一二年)。上掲書所収の論文の多くは、二〇〇五〜一〇年の成果である。

(73) 井上智勝『近世の神社と朝廷権威』(吉川弘文館、二〇〇七年)一〇頁。
(74) 佐藤孝之『駆込寺と村社会』(吉川弘文館、二〇〇六年)。
(75) 斉藤悦正「近世村社会の「公」と寺院」(『歴史評論』五八七号、一九九九年)、同「十七世紀の村社会と内済の成立」(岡山藩研究会編『藩世界の意識と関係』岩田書院、二〇〇〇年)、また斉藤は寺への貢献(建立金)が村の序列化と関連していること、村による住職選定などについても検討している(「村落寺院と村秩序」『史料館研究紀要』三四号、二〇〇三年)。
(76) 宮原一郎「近世村落の寺社と紛争解決」(『埼玉地方史』三八、一九九七年)。
(77) 菅野洋介『日本近世の宗教と社会』(思文閣出版、二〇一一年)。
(78) 菅野は著書のなかで「社会関係」に注目している点を強調しているが、論証している内容は、むしろ「場」としての寺院の機能である。
(79) 藤田和敏『近世郷村の研究』(吉川弘文館、二〇一三年)。
(80) 澤博勝『近世宗教社会論』(吉川弘文館、二〇〇八年)。
(81) 同著のなかで澤は「最近マスコミを賑わしている「格差社会」の議論を歴史学的に検証する意味も込めたつもりである」としている(三五三頁)。
(82) 朴澤直秀は、澤の「宗教的社会関係」(宗教社会史)論について次の三点を指摘する。①心性や信仰といった点に関わる問題への着眼が必要、②地域社会における諸関係と「宗教的社会関係」との総合的・相関的把握が必要、③「宗教的社会関係」のより緻密な構造分析(信仰共同体の特質に迫った分析と教化論とのより有機的結合)が必要な点(『幕藩権力と寺檀制度』吉川弘文館、二〇〇四年)。
(83) 大門正克「三・一一後、歴史における「生存」の問題の所在を考える」(『人民の歴史学』一九三号、二〇一二年)。
(84) 高埜利彦・安田次郎編『宗教社会史』(山川出版社、二〇一二年)、一二七頁。
(85) 上野大輔「近世後期「捨世派」僧侶の布教と地域民衆」(『佛教史研究』四九号、二〇一二年)。
(86) 鈴木直樹「近世前期～中期における土豪家と村落寺院」(『関東近世史研究』第七三号、二〇一二年)。
(87) 松本和明「近世西宮神社の社中構造」(『ヒストリア』二三六号、二〇一三年)。
(88) 末木文美士「思想史の観点から見た日本仏教」(『佛教史学研究』五五巻一号、二〇一二年)。
(89) 塚田孝・吉田伸之編『身分的周縁と地域社会』(山川出版社、二〇一三年)。

(90)竹田聴洲『民俗仏教と祖先信仰』(東京大学出版会、一九七一年)、同「近世社会と仏教」(『岩波講座 日本歴史』近世一、岩波書店、一九七五年)など。
(91)竹田聴洲「近世寺院史への視角」(『近世仏教史料と研究』創刊号、一九六〇年)。
(92)渡辺尚志『近世の豪農と村落共同体』(東京大学出版会、一九九四年)。
(93)吉田伸之「社会的権力論ノート」(久留島浩ほか編『近世の社会的権力』山川出版社、一九九六年)。こうした批判に対して提唱された近年の藩地域論について注目する必要がある(渡辺尚志「藩地域と地域社会論」『歴史評論』六七六号、二〇〇六年)。
(94)吉田伸之『巨大城下町江戸の分節構造』(山川出版社、一九九九年)。
(95)塚田孝「近世寺院社会の地域史」(『歴史評論』六二三号、二〇〇二年)。
(96)塚田孝「身分的周縁と歴史社会の構造」(久留島浩ほか編『近世の身分的周縁6 身分を問い直す』吉川弘文館、二〇〇〇年)。
(97)松沢裕作『明治地方自治体制の起源』(東京大学出版会、二〇〇九年)。松沢は、ニクラス・ルーマンの理論を下敷きに「制度」という概念を打ち出しているが、これは機能分化が著しく進み、個人を捉えることが困難になった近代社会を考える上では適しているが、それ以前の近世地域社会を考えるには、また別の理解が必要とされる。
(98)なお、二〇一三年度の歴史学研究会大会近世史部会(大会テーマ「宗教的秩序の変容と幕藩権力」)では、「三者(幕藩権力・宗教者・地域社会)の構造的特質と相互関連に留意した近世宗教の総合的把握」(主旨説明 清水光明)が目標とされた。朴澤直秀の報告(「寺檀制度をめぐる通念と情報」)は、寺檀制度の形成を法令の整備と広がりの実態から緻密に分析した点で重要な成果であった。しかし近世寺院(宗教)の機能は多様であり、それは慣習や「通念」という言葉で置き換えられるものではない。地域社会レヴェルでの実態分析を行うことで、村の人びとの信仰はもちろんのこと、それに回収しえない宗教の潜在的な機能にまで分析の手をのばす必要がある。

第一章　中近世移行期の井伊谷龍潭寺

本書の舞台である井伊谷は、旧引佐郡引佐町に属した田園風景の広がる村である。浜松の中心部からは離れているが、東海道の脇街道である有名な姫街道の要衝・気賀宿から近い距離にあり、そのまた脇街道の金指街道沿い（鳳来寺へと向かう街道筋）に位置している。井伊谷地方は平地が多く、井伊谷川の水運に恵まれた稲作に適した地域であったが、近世を通じて河川の氾濫に悩まされた。その一方、旧引佐町の北側には、山間の村々が広がっており、このことも井伊谷地方の歴史を考える上で重要である（表1）。

井伊谷には、古代の遺跡も多数見つかっており（井伊谷古墳群）、とくに井伊谷八幡宮（渭伊神社、神宮寺村八幡宮ともいわれた）には、古代の磐座が存在している。こうした事情から、中世の豪族井伊氏と関係した古代地域王権の存在が指摘されており（辰巳和弘『聖なる水の祀りと古代王権・天白磐座遺跡』（新泉社、二〇〇六年））、俗に「井の国」などと称される場合もある。

さて井伊谷には、龍潭寺という臨済宗妙心寺派の地方中核寺院が存在する。永正年間には史料上で創建が確認できる古刹で、名門井伊家の菩提寺である。寺領は八九石余の、いわゆる朱印寺院である。本書では、この龍潭寺に所蔵されている古文書を中心に、江戸時代の引佐地方の歴史的展開を明らかにしたい（なお、龍潭寺文書の資料番号については、筆者を中心とした一橋大学大学院の近世史ゼミのメンバーによって作成した『井伊谷龍潭寺古文書目録』に依拠する）。

表 1　引佐地方の村高

村名	支配	領	正保郷帳（正保 4 年 10 月）				元禄郷帳（元禄 15 年 12 月）		天保郷帳（天保 5 年 12 月）
			村高	田方	畑方	山高	支配（変更）	村高	村高
祝田	近藤彦九郎知行所		990,278	765,270	130,268			909,278	1,145,035
		大藤寺領	4,500						
		大明神領	5,000						
		同神主屋敷	0,456						
		光西院領	1,416						
		慶雲院領	1,312						
		善明庵領	1,056						
井伊谷	近藤彦九郎知行所		667,848	370,408	200,006			667,848	932,206
		龍潭寺領	83,949						
		二ノ宮領	4,500						
		同神主屋敷	1,656						
		井太明神領	2,139						
		明円寺領	2,800						
		西楽寺領	1,400						
		光善庵領	0,870						
		浄円寺屋敷	0,120						
神宮寺	近藤彦九郎知行所		445,027	262,458	143,556			445,027	605,038
		大日領	15,000						
		正楽寺領	1,540						
		八幡領	15,000						
		同神主屋敷	0,933						
		正泉寺領	5,000						
		自耕庵領	1,540						
東牧	近藤彦九郎知行所		21,260	4,231	17,029			21,260	38,890
横尾	近藤彦九郎知行所		146,321	37,911	102,596			146,321	252,309
		水神領	3,110						
		吉祥庵領	2,130						
		自泉庵領	0,574						
奥山	近藤彦九郎知行所		371,100	178,550	128,650	3,000	近藤彦九郎知行、方広寺領	371,010	663,779
		八幡領	1,500						
		定泉庵屋敷	0,587						
気賀	近藤縫殿助知行所		2,668,840	2,095,017	518,823		近藤縫殿助知行、天王領、八幡領、寿楽寺領、宝渚領、金地院領	2,671,840	3,664,642
		海川葭野高	40,500						
		天王領	3,000						
		八幡領	2,000						
		白山領	1,000						
		長楽寺領	4,500						

		法性寺領	2,000						
		寿楽寺領	2,000						
広岡	近藤縫殿助知行所		213,900	137,616	76,284			213,090	214,141
瀬戸	近藤登之助知行所		230,023	178,552	45,471			230,023	266,896
		龍方寺領	3,000						
		大明神領	3,000						
金指			148,848	130,545	18,303			148,848	
五ケ市場			280,827	232,152	48,675			280,827	256,858
白岩			75,965	6,500	69,465			75,965	328,578
黒渕			44,860	15,706	29,154			44,860	68,763
栃窪			178,058	109,334	62,724			178,058	227,659
		岩間寺領	6,000						
田畑			65,301	40,683	21,618	3,000		65,301	84,837
狩宿			102,138	64,666	16,472	21,000		102,138	156,546
谷沢			85,516	65,631	14,885	5,000		85,516	212,629
黒田			138,963	103,540	30,423	5,000		138,963	268,292
的場			48,594	40,541	8,053			48,594	137,183
梅ケ平			23,590	14,554	9,036			23,590	30,964
四方浄			28,275	25,051	3,224			28,275	69,015
田沢			157,784	132,001	25,783			157,784	404,455
別所			120,804	77,447	23,357	20,000		120,804	258,488
渋川			264,976	141,352	110,624	13,000		264,976	604,824
久留米木			138,712	68,140	48,572	22,000		138,712	220,247
川名			187,751	102,364	68,387	7,000		187,751	307,078
瀧沢			96,464	60,270	26,194	8,000		97,464	225,350
		大日領	4,000						
鷲沢			79,714	45,138	30,576	4,000		79,714	137,902
三嶽			52,848	38,549	10,299	4,000		52,848	72,209
兎荷			29,057	18,918	10,139			29,057	51,253
伊平			270,592	186,885	75,707	8,000		270,592	
井小野			–	–	–	–	近藤登之助知行、八幡領、常泉庵	211,113	273,385
石岡	近藤登助・小十郎知行所		162,803	131,050	30,253			162,803	193,941
		八幡領	1,050						
花平	近藤小十郎知行所		141,000	68,080	70,900			141,000	251,324
		四ケ寺屋敷	2,000						
大谷	近藤五左衛門		366,085	285,428	79,657			385,398	517,232
		高柄寺領	1,000						

注）村高の単位は、a石b斗c升d合＝a,bcdを指す。表中、「正保郷帳」（松平伊賀守・太田備中守・本多越前守、正保4年10月）は財団法人青山会所蔵、「元禄郷帳」（青山下野守・西尾隠岐守、元禄15年12月）は国立史料館所蔵、「天保郷帳」（明楽飛弾守・牧野中務・柑本兵五郎、天保5年12月）は国立公文書館内閣文庫所蔵。ともに『静岡県史』資料編、別冊収録のものをもとに作成した。

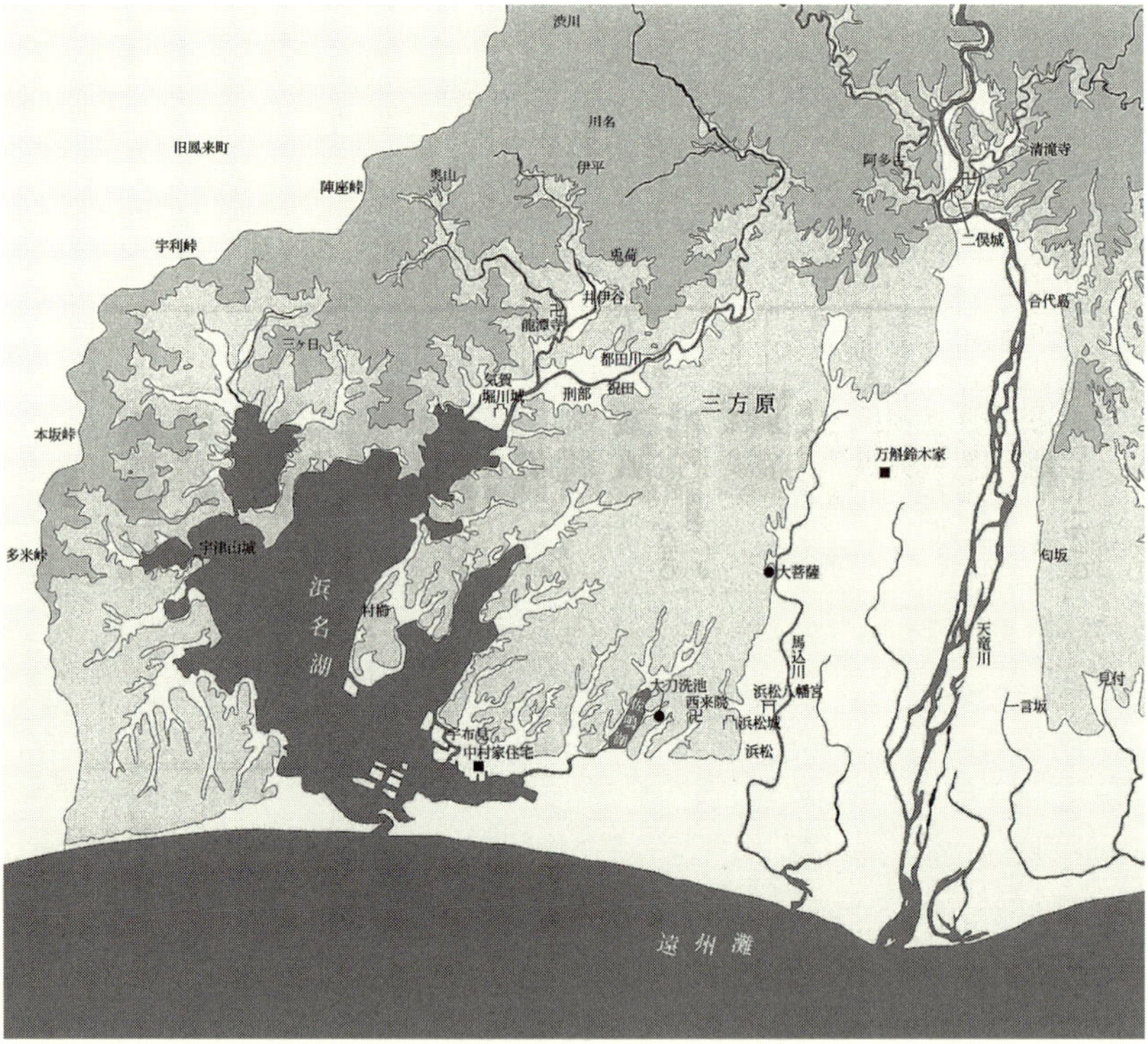

図 4　関連地図（『戦国の覇者徳川家康と浜松』（浜松市・徳川記念財団、2012 年）176 頁より転載）

それではまず、中近世移行期の龍潭寺の様子について検証していくことにしよう。龍潭寺には、永禄年間に今川氏真より発給された朱印状が残る。ここには、「無縁所」という文言があり、これをめぐって様々な議論が展開されてきた。

「無縁所」については、網野善彦が一九七八年に発表した『無縁・公界・楽』（平凡社）をきっかけとして、八〇年代を中心に「無縁所論争」(1)が展開された。しかしこの論争も現在では袋小路に陥り、とくに中近世移行期の地域社会の問題として「無縁所」に注目する視点はほとんどみられない。

そもそも、網野の無縁論には、その発表当初より二つのパラダイムが存在していた。一つは「無縁所」を肯定的に捉え、そこに「原始の自由」や「公共圏」の存在を見出し、西洋の自由・

平等・平和に類似した概念を導き出す立場である。(2)これは網野を中心に主唱された見解であり、「無縁所」のもつアジール性を高く評価することに特徴がみられる。一方で、安良城盛昭のように、無縁所を否定的に捉え、その経済的困窮の側面に焦点をあてた研究も存在する。(3)この立場によれば、戦国大名は経済的に困窮している寺院への「憐愍」により無縁所寺院を保護対象としたという見解になり、「無縁所」は「無足の寺」として否定的に理解される。およそ、「無縁所論争」はこの二つのパラダイムによって争われてきたと理解して差し支えなかろう。この食い違いは、いずれも史料の制約により、無縁所寺院の具体的な内実が不明なことによって生じたものである。「無縁所」が当時の在地においてどのような意味で使用されていたのかについては、「無縁所」とされた寺院の内部構造について解明することが求められる。

その点で注目されるのが戦国期の過去帳などを現在にまで伝える龍潭寺の事例である。龍潭寺は、遠江を拠点に成長した国人領主井伊氏の菩提寺であるが、永禄三年（一五六〇）および天正十六年（一五八八）の今川・徳川両氏よりの判物によって「無縁所」とされたことでも有名である。(4)

龍潭寺は、とくに戦国期を中心に「龍潭寺文書」の存在が知られ、これをもとに多くの研究成果がすでに発表されてきている。(5)これらの研究は、いずれも戦国大名が発給した文書の解釈をめぐって議論されてきたものであるが、この時期の龍潭寺が地域社会のなかでどのような役割を果たしたのか、その時期区分もふまえて体系的に論じた論考はこれまで発表されていない。そもそも、龍潭寺は、井伊直盛の菩提寺という側面や今川氏（権力）との関係が強調され、それ以外の下層の民衆と地域社会においていかなる関わりを保持していたのかは、ほとんど注目されてこなかった。

本章では、戦国期の龍潭寺が、地域社会のどの範囲に影響力をもち、政治情勢の変遷にいかに対応していったのか明らかにすることにより、当該期において「無縁所」の果たした役割について考えたい。

一　戦国期井伊谷の基礎構造――「開山過去帳」「南渓過去帳」の分析を中心に――

井伊谷龍潭寺は、中世以来、この地を拠点として活躍した豪族井伊氏の氏寺（一族繁栄の祈願・現世利益）・菩提所（葬式・追善供養など）として機能してきた。近世に書かれた井伊家の記録のなかにも龍潭寺の前身である自浄院と井伊氏の始祖共保との関係が詳細に描かれており、[6]古くから井伊氏と龍潭寺が密接に関わっていたことが推定される。同時代史料でそのことが確認できるのは、永正四年（一五〇七）であり、そこでは、宛所が「龍泰寺」となっており、この頃まで「龍潭寺」という寺号が用いられていなかったことが確認できる。[7]井伊氏は、元々遠江を代表する有力な国人領主であったが、戦国期には戦国大名今川氏の傘下に入り、とりわけ永禄三年（一五六〇）の桶狭間の戦いで井伊家の当主直盛が戦死し、その子である直親も徳川氏との内通を疑われ今川氏によって誅殺された後は、きわめて危機的な状況であった。このとき後に〝徳川四天王〟と称される井伊直政（幼名 虎松）は、幼年であったため、直盛の娘にあたる次郎法師（仮名「直虎」を名乗る）が「地頭」として当主をつとめた。この間（永禄三年から井伊直政が家康に被官化されるまで）、井伊直虎（次郎法師）と南渓和尚（龍潭寺）は協力関係にあった。

なお、龍潭寺は今川氏とも関係の深い寺院であり、今川義元の葬儀の際に、南渓和尚は「安骨」の役を担っている。[8]また、今川氏真も次の判物を龍潭寺に宛てて出している。

〔史料1〕[9]（図5）

遠州井伊谷龍潭寺之事

一彼寺為菩提所、新地令建立之条、如令直盛寄進時、寺領以下末寺等迄、山林竹木見伐等堅令停止之事、

一諸末寺、雖為誰領中、為不入不可有相違、然者末寺看坊爾申付者、越訴直望坊主職儀、令停止之事、

一門前在家棟別諸役等一切免除之、直盛云私所、云無縁所、不準他寺之間可為不入事、

一祠堂銭、買地敷銭、地取引米殻、國次之徳政、又者地頭私徳政雖令出来、於彼寺務、少茂不可有相違事、
付、地主有非儀闕落之上、恩給等令改易者、為新寄進可有寺務也、
一悪党以下号山林走入之処、住持尓無其届、於寺中不可成敗事
右条々任直盛寄進之旨、於後孫永不可有相違之状如件、
永禄三
八月五日　　氏真（花押）
龍潭寺

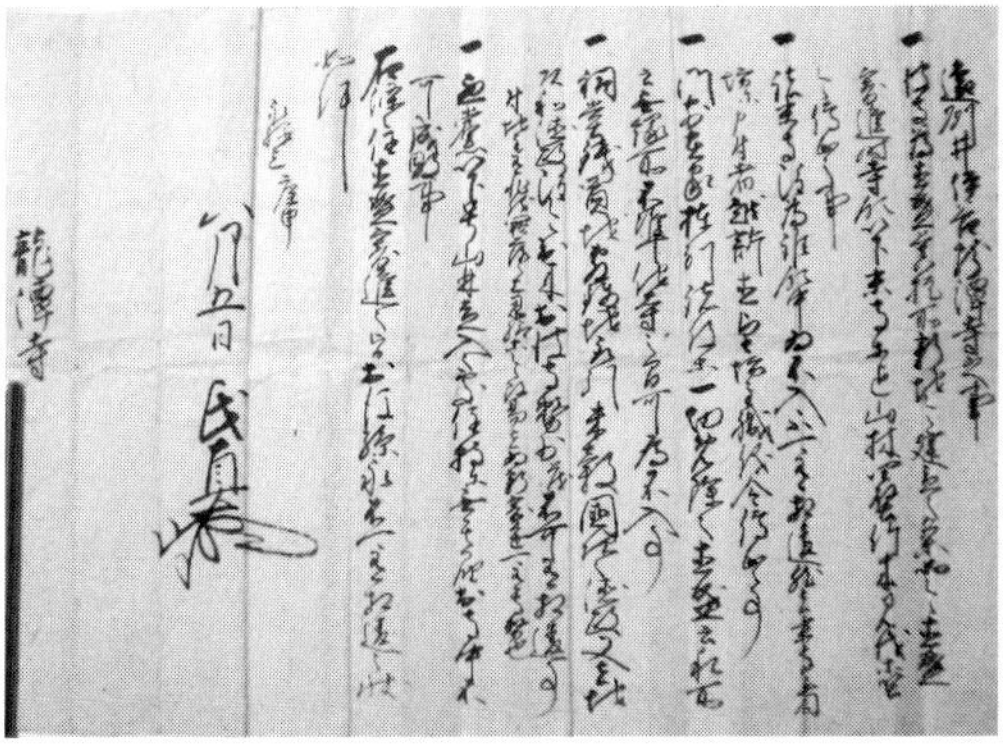

図5　今川氏真判物（井伊谷龍潭寺蔵）

この判物が出された永禄三年八月五日は、桶狭間の戦いから三カ月足らずの時期である。今川氏が龍潭寺の力を借りて遠江井伊谷周辺を支配しようとしていたことがよくわかる。史料1は、越訴（龍潭寺を通さず住持職を直望すること）を否定するなど、末寺や看坊（留守居の僧）に対する本寺（龍潭寺）の権利を保障したものであり、そのほかにも徳政令の免除や、悪党（犯罪人）の寺中における勝手な成敗の禁止（アジール権の保障）など、龍潭寺の権限を認めた内容となっている。

こうした戦国大名による保護のもと、龍潭寺は在地とどのような関わりを有していたのであろうか。以下で、在地の人びとと龍潭寺との関係性について、龍潭寺に残る当該期の過去帳をもとに検討してみたい。

龍潭寺には戦国期の過去帳が残されており、そこからこの地域の当該期の様相がうかがえる。[10] 時代の古い方が「開山過去帳」と呼ばれ、開山黙宗瑞淵のときのもの、新しい方が「南渓過去帳」と通称され、南渓瑞聞の頃

に記されたものである。筆跡については「開山過去帳」にばらつきが見られるのに対し、「南渓過去帳」の方はある程度の統一性がみられ、「開山過去帳」を引き継いで記されたものと考えられる（よって、内容は重複する部分もある）。構成は日別記載となっており、年号は不明なものが多い。しかし、特定できる範囲でも一四六九〜一六三〇年までの人物が確認でき、十六世紀の人びとが中心に記載されていることが明らかとなる。「開山過去帳」には一三二七名、「南渓過去帳」には八九五名が見られる。なお、この過去帳については、すでに『引佐町史』編纂の段階でその価値が確認され、小和田哲男も「室町・戦国期の井伊谷とその周辺をさぐっていく上で貴重なものというだけでなく、文化財的にも大きな価値をもっている」と高く評価している。[11]この過去帳の大きな特徴として、鍛冶・塗師・大工・桶屋・桧物師など様々な職種の人物が記載されていることが挙げられる。それらを抽出し、整理したのが表2であり、戦国期を中心に井伊谷周辺では多種多様な職人が活動していたことが確認される。また、この過去帳には内方、妻、妹といった女性の名前（戒名）も多くみられる。

なお「開山過去帳」「南渓過去帳」にみられる地名を図示したものが図6・7（図中の【　】は過去帳記載の件数）である。ここから市場のある平地部分とは別に、兎荷や白岩などの山間部に職人が暮らしており、龍潭寺の檀家となっていたことがわかる。職種としては、鍛冶が、横尾や気賀といった平野部に目立ち、谷家（谷下）には紺屋の職業集団のようなものが形成されていた可能性も指摘できる。また、それぞれ一件しか確認できないが、山伏、ハカセ、桧物師などの姿もみられる。

さらに、この過去帳には伊賀や信州など井伊谷から離れた所からやってきた者の名も刻まれている。たとえば、信州松尾（現、長野県飯田市松尾）の「道春禅門」という鍛冶や犬居（現、浜松市天竜区春野町堀之内周辺）出身の大工などである。遍歴する職人たちがこの地にも足を運ばせていたのであろう。なお、図7のなかで井伊谷とはやや距離が離れた〝宇布見〟の人名が多いことが目をひく。すでに宇布見の中村家を拠点とする浜名湖の水運を利用した水上交通の存在が指摘されており、[12]ここでも井伊谷川の水運が利用された可能性もある。いずれにせよ、当該期の龍潭

表2　過去帳にみられる井伊谷周辺の職人

No.	職　種	地　名	戒　名　等	出　典
1	鍛冶	横尾	妙徳禅尼（母）	『開山』10月1日・『南渓』3月1日
2	鍛冶	気賀	西意宗遊沙弥	『開山』5月3日
3	座頭	イチバ	鑑叟浄亀大徳（文禄3年）	『開山』・『南渓』3月3日
4	コウヤ	不明	昌室正慰上志	『開山』4月3日
5	コンヤ	北岡	道空禅門	『開山』？4日
6	大工	兎荷	道空禅門（父）	『開山』？4日4日
7	大工	兎荷	春林祐芳大姉	『開山』・『南渓』7月4日
8	紺屋	ヤゲ	正春大姉（姉）	『南渓』正月5日
9	カウヤ	イチバ	湯岳妙照禅定尼（姉）	『開山』正月7日
10	大工	兎荷	浄金沙弥	『南渓』12月8日
11	鍛冶	カンナリ	実相○○禅門（父）	『開山』正月11日
12	鍛冶	信州松尾	道春禅門	『開山』・『南渓』正月11日
13	コウヤ	気賀	化功慶春大姉	『南渓』9月11日
14	大工	不明	功岳宗道禅定門（父）	『開山』2月14日
15	大工	伏塚	江月○○山松大姉	『南渓』11月14日
16	コンヤ	不明	劫室御久沙弥	『南渓』4月15日
17	ハカセ	不明	雪臾道西禅門	『開山』・『南渓』9月18日
18	鍛冶	井伊谷	梅村道鑑禅定門　さえ門	『開山』9月19日
19	鍛冶	気賀	成幸禅門	『開山』9月20日
20	紺屋	不明	浄潤禅門	『南渓』？22日
21	ヒモノシ	不明	善心禅門	『南渓』？22日
22	カチ	不明	桂昌祐秋禅尼	『南渓』8月23日
23	カチ	不明	久要浄柱禅門	『南渓』8月23日
24	金打	瀬戸	久要浄柱禅門［マヽ］	『南渓』10月23日
25	カウヤ	伊平	古潤浄錦禅定門	『南渓』6月24日
26	コンヤ	気賀(舟渡)	精潤禅尼（妻）	『開山』・『南渓』正月26日
27	山伏	不明	雪庭妙奇禅尼	『開山』12月26日
28	大工	犬居	妙永大姉	『開山』6月26日
29	番匠	不明	斬臾浄鉄禅門	『開山』4月26日
30	コン屋	谷家	浄蓮禅門	『南渓』12月27日
31	コンヤ	谷家	祖幻沙弥（子）	『南渓』2月27日
32	塗師	不明	無價元珎菴主	『南渓』3月28日
33	カウヤ	上野	梅岳貞勺禅尼	『開山』・『南渓』8月28日
34	桶屋	白岩	松屋妙貞禅定尼（内方）	『開山』・『南渓』8月28日
35	カウヤ	伊平	利岳妙貞禅定尼（内方）	『開山』6月28日
36	番匠	不明	安休安心禅門（藤右衛門）	『開山』・『南渓』5月29日
37	かじ	不明	妙性禅尼	『開山』3月29日
38	コウヤ	気賀	精潤禅尼（母）	『開山』・『南渓』正月29日

注）『開山』は開山過去帳、『南渓』は南渓過去帳を指す。○印は判読不能箇所。

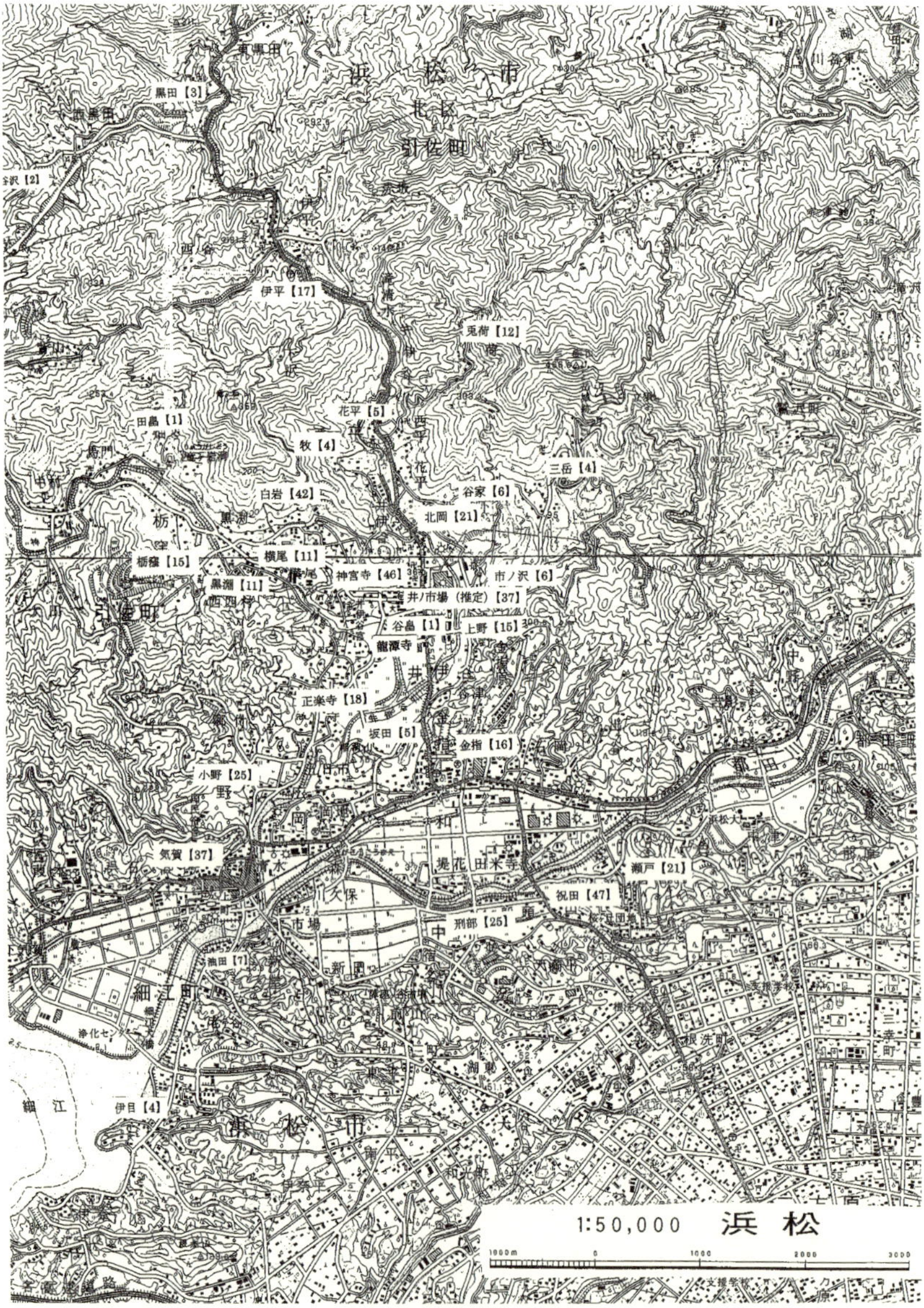
浜松市
北区
引佐町
黒田【3】
谷沢【2】
伊平【17】
兎荷【12】
田畠【1】
花平【5】
牧【4】
三岳【4】
白岩【42】
谷家【6】
北岡【21】
栃窪【15】
横尾【11】
黒渕【11】
神宮寺【46】
市ノ沢【6】
井ノ市場（推定）【37】
谷島【1】
上野【15】
龍潭寺
正楽寺【18】
坂田【5】
金指【16】
小野【25】
気賀【37】
瀬戸【21】
祝田【47】
刑部【25】
油田【7】
細江町
伊目【4】
細江
浜松市
1:50,000 浜松

図6 引佐町周辺の地図

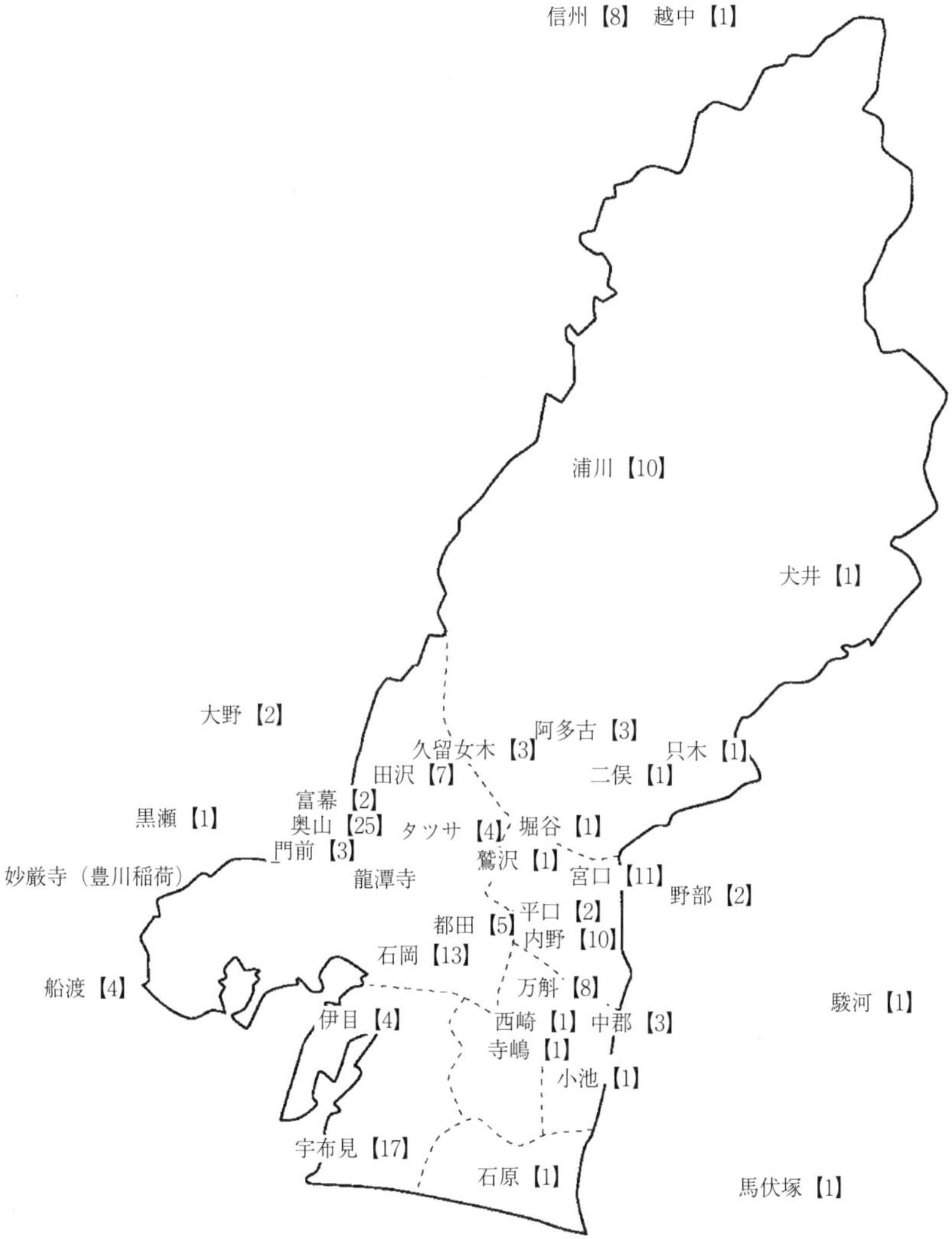
信州【8】
越中【1】
浦川【10】
犬井【1】
大野【2】
阿多古【3】
久留女木【3】
只木【1】
田沢【7】
二俣【1】
富幕【2】
黒瀬【1】
奥山【25】
タツサ【4】
堀谷【1】
門前【3】
鷲沢【1】
妙厳寺（豊川稲荷）
龍潭寺
宮口【11】
野部【2】
平口【2】
都田【5】
内野【10】
石岡【13】
船渡【4】
万斛【8】
駿河【1】
伊目【4】
西崎【1】
中郡【3】
寺嶋【1】
小池【1】
宇布見【17】
石原【1】
馬伏塚【1】

図７　浜松市周辺の地図

寺の信仰圏はかなり広い地域にわたっていたことは間違いない。

ちなみに、過去帳には、五月・十二月の死亡者が多くみられる。これは堀川城の戦い（十二月）・桶狭間の戦い（五月）・三方原の戦い（十二月）等、当該地域が戦場となった合戦の影響が少なからずあったのではないか。「戦乱」、それから飢饉に対する恐怖が、地域社会の多くの人びとの信仰心を促したことも推察されよう。

最後に両過去帳にみられる「地家」という文言について確認しておきたい。「地家」は過去帳のなかに五件ほどみられるが、そのうち一件は「南渓過去帳」に「慶長二年丁酉十月三日　地家、心叟道空沙弥」とあり、この人物は「開山過去帳」では「又七父」とされている。具体的な職種などについては明記されていないが、過去帳に年号まで詳しく記載されるのは稀であり、龍潭寺にとって重要視されていた人物であるとみられる。[13] また、後述する井伊直虎黒印状のなかに、「自浄院領為行輝之菩提處、西月之寄進之上者、神宮寺地家者屋敷等如前々不可有相違之事」また、「圓通寺二宮屋敷、南者道哲卵塔、西者峰、北者井平方山、東者大道可為境也、北岡地家者屋敷田畠不可有相違之事」という文言が見え、屋敷地・田畠が井伊氏によって安堵されていることがわかる。「地家」というのは、特定の地名ではなく、「神宮寺」と「北岡」に存在した人物を指し示すと考えるのが妥当であり、屋敷地を保持する土豪的な存在であったと考えられる。[14]

以上、龍潭寺を信仰する人びとの居住地を確認してきたが、そこから遠州全域に龍潭寺の信仰圏が展開していたことが明らかとなった。また職人や女性など多種多様な人びとが龍潭寺の過去帳に記載されており、政治権力からある程度独立し、誰でも〝自由に〟龍潭寺の信仰圏に入り込むことが可能であったことがわかる（これは龍潭寺のアジール権（悪党山林の承認）とも合致する）。[15]

図８　現在の北岡周辺

以下、龍潭寺を信仰する者の実像を、さらに別の史料をもとに検討していきたい。

二　龍潭寺のネットワークと経済基盤

前節では過去帳をもとに、龍潭寺の戦国期の地域展開について考察してきたが、本節では、永禄四年六月付の「龍潭寺入牌帳」という記録に注目し、さらにその具体像に迫っていきたい[16]。入牌帳は、過去帳と一緒に龍潭寺で保管されてきた資料で、人物名（戒名）や入牌品が記されている（たとえば、「月牌　幻宿禅定門　茶壷一ケ　七里愛福乱前」など）。ここでいう「月牌」や「日霊供」とは、「城責」や「乱前」に米や黄金などを龍潭寺に入牌料として払うことを示す言葉であろう。入牌帳は、基本的に年代順で示されており（一部変動がある）、大きく三つの時期に区分することができる（表3）。第一期（1～86）「炎上」「乱前」を中心とする永禄～元亀・文禄年間までの時期（この時期は使途や年号等がはっきり記されない）、第二期（87～113）は、天正末年以降、入牌料が寺院の普請に使用されている時期を第三期、そして第三期（114～141）は後述する井伊直政の没後・慶長検地の施行以降である。

なお、史料中の「乱前」とは、元亀三年（一五七二）の三方原の戦いに関係している龍潭寺堂塔の焼失を指していよう。また「炎上」とは、52に「前之再興之時」とあり、永禄年間のある時期（永禄三年の「新地令建立」（史料1）と関連か）に龍潭寺の「炎上」があり「再興」されたことを意味していると理解できる。古くは「入牌帳」に記されたほとんどの人名に、過去帳でも「入牌」という語が書き添えられていたが、時代を追うに従いこの添え書きもみられなくなっていく。

第一期の入牌者でとりわけ目をひくのが、今川氏時代よりその家臣として浜名湖の軍船を支配したことで有名な中村源左衛門である[17]（42）。先述した通り、宇布見は地理的に井伊谷から離れているにもかかわらず、中村家は龍潭寺に盛んに「入牌」している。おそらく図7で宇布見の人名が多いのは、この中村家を仲介役として信仰が広まったこ

表 3-1 「龍潭寺入牌帳」（永禄四年付）の時期別記載内容（第一期）

No	人名【地名】	入牌品	備考	No	人名（地名）	入牌品	備考
1	法室幢公【久留女木】	10 貫文	妙心寺借用 残りは悪物 7 人文	48	酒井弥兵衛殿【気賀】	壱人文、米 10 俵	再興時
2	劫天甫公	2 貫文	「龍津院守之代ニ仙田中畠を被立候」	49	妙金女【気賀】	ヒタ（鐚）600 文	
3	雲室成閑【(上野)】	5 貫文	1 貫文借用、妙心寺上候	50	桃園妙貞仙女【気賀・油田】	9 斗 5 升	
4	月窓祐泉【瀬戸】	2 貫文	炎上前	51	坐室善因禅定（保口助兵衛）	釜 1 口	一乱前
5	宗心【瀬戸】	1 貫文	瀬戸より炎上前に立候	52	逸峯後公首座（万福寺）	馬 1 疋	前之再興之時
6	祐心（瀬戸方久ムスメ）	米 8 俵	再興の時に使う	53	幢宗西松（長福寺）	代物 100 疋	乱前
7	栢室宗西（肥後殿簾）	1 貫文	（肥後殿＝井伊直親）	54	釣月成春【鳴瀬】	椀 10 具、油 1 湯	再興時
8	安休宗心（藤右衛門南通）【石岡】	田 1 段 （石岡前藤木下）		55	太岳守公院座【浦川】	俵物	乱前
9	春林芳□寿位（兎荷大工）【長田】	田 1 段 （長田、作右衛門給）		56	月光永春大姉	法華経 2 ケ	乱前
10	祐心月浄彦婆子	籾 1 状	再興の時	57	山下与三郎（仁叟浄義禅定門）	小助屋敷（旦那）	
11	妙空【タツサ（立須、三岳カ）】	籾 1 状。花散	炎上前	58	行空妙順女【浦川】	馬 1 疋	ナカヘカアトリツキ／乱前
12	玉窓妙金女【宇布見】	1 貫文	黙宗ノ代	59	貢宿妙竹大姉（宮口藤右衛門）	米 5 俵	乱前
13	久遠成観（中万兵衛門）【長田】	田 1 段（長田、松下、市場屋敷地）		60	成川禅門（四郎右衛門下人）	代 100 疋	乱前
14	安渓岱公（彦次郎殿）【瓜作】	田 1 段（円通寺領）		61	方奴禅門【奥山】	黒椀 10 包	乱前
15	即休成心（平右衛門殿）【瓜作】	田 1 段（円通寺領）		62	汝舟之祐（小野岡彦左衛門殿）	600 文	
16	妙金（梅平カアカ母）【梅平】	1 貫文	炎上前	63	祐前女	1 状	乱前／取次
17	永泉（成香カカア）【(梅平)】	500 文	炎上前	64	月宗常秀禅門【祝田】	黒駒 1 疋	作左衛門殿取次／再興時
18	道因【市場】	3 人文	炎上前	65	浦川徳重弟子	黄金 1 枚	乱前
19	通窓宗錦寿位（義八）【浦川】	1 人文	黙宗ノ時	66	東戳端啓禅定尼	代物 1 人 200 文	
20	祐甫（祖哲母）【(北岡)】	籾 1 状	炎上之前	67	（東勘兵衛）【石岡】	釜 1 口、脇指 1 ツ （釜ハ 100 文の替）	
21	方易（七郎右衛門女房）【谷畠】	1 人文	黙宗之時立候	68	（吉村［　］）	米 2 状	
22	東仙祖秀尼【谷畠】	1 人文	黙宗之時立候	69	浄立沙弥・祐喜母（カチ打夫婦）【瀬戸】	2 人 400 文	
23	吟傳祐心（兵衛五郎母）	末子	当寺ハ功ヲ積ヨリ立候。信州乱の時死。	70	奥山六郎右衛門【瀬戸】	1 人 500 文	
24	東定院大椿美寿大姉【入野】	1 人文	黙宗之時牌立候	71	蘭座余徳女【ハマツ（浜松）】	1 人文	

25	成川禅門	1人文	前之川にて水死／蔵之下人一乱前。	72	春林祐芳大姉（トツカ大工）【兎荷】	1人文	
26	南宕奴登禅尼【久留目木】	綿2把	如意庵取次／乱前。	73	善右衛門後家	1人200文	
27	珠林成椿【神沢】	葦毛馬1疋カ（代物1人文を以てウケ候）	渋河久座取次／乱前事。	74	奇叟道瑞沙弥（大藤寺）【祝田】	1人文	
28	義峯成芳（坂田二右衛門）	900代1椀	市右衛門殿トリカワサル（「取成」）	75	蘭芳妙徳善女【西野】	末子1状	
29	義屋成免（瀬四郎右衛門）【瀬戸】	5人文（椀折敷茶碗）	谷津にて打死	76	明室浄奇女・向性道鉄男（夫婦）【三岳（アイ川）】	黒馬1疋（ソウヤク）	再興時
30	雪窓妙奇（上野久右衛門殿内）【上野カ】	5人文（小袖）	乱前之事	77	昌逢浄柱禅門（市場藤右衛門）【市場】	9椀（小折敷10枚、茶碗皿）	
31	明室善長覚庵【宇布見】	塩10俵	乱前	78	奇室浄珍女	［　］文	渋川和尚取次
32	玉窓妙金女【宇布見】	塩10俵	乱前	79	妙□大姉（宗蔵娶）	5斗	
33	心叟常安男（夫婦）【宇布見】	塩10俵	乱前	80	化功慶春信女（シウト妻ノ入牌也）【気賀・油田】	代60文（布3ツ）	
34	雲岑玄桃	椀2膳、折敷2束	永禄11年2月5日。堀江城責之時討死	81	忍叟浄俊禅門（高田浄工入道）	1人200文	息之時
35	幻宿禅定門	茶壷（1ケ）、七里愛福	元亀2年6月18日。乱前	82	［　］【石岡】	1人200文	
36	玄室租訓知客【（谷家）】	椀（7具）、釜（1ケ）	元亀2年5月13日。乱前	83	匊院浄重禅定門	50代田1段	
37	浦雲宗珠禅定門【（気賀）】	黄金2両、茶壷（1ケ）	永禄12年3月27日。三川の乱・信の乱の時／（堀川城責）	84	（西院）南柯淳首座	米1石（13合）	
38	香庵妙戒尼・済永男両人	米5斗	乱前	85	（奥殿）花渓妙錦大姉	米10俵	牌アリ
39	久要洞遠蔵主【久留女木】	籾1石2斗8升	乱前	86	祐心女（コンヤ下女）【刑部】	菓子3ツ、カタヒラ1ツ、100文心アテ	トリツキ
40	心叟道春禅門【久留女木】	500文、刀1腰	乱前				
41	安室理誉女（大野彦七内方）	米10俵					
42	中村源左衛門【宇布見】	小栗壱人文、ヒタ（鐚）壱人文					
43	内方【宇布見】	麦10俵、米1駄					
44	衛門太郎内方【宇布見】	代物200文、塩1駄					
45	五郎右衛門 内方【宇布見】	代物200文、志ほ（塩）1駄					
46	次郎衛門尉	麦、代物300文					
47	鈴木権三殿【吉田】	黄金1両	元亀元年。乱前				

表 3-2 「龍潭寺入牌帳」（永禄四年付）の時期別記載内容（第二・三期）

第二期			
No	人名【地名】	入牌品	備考
87	支□正秀	馬 1 疋（サウヤク）	天正 17 年 10 月 16 日
88	浄全禅門【五日市場】	米 1 俵	天正 17 年 8 月 17 日
89	浄久禅門・妙室禅尼（吉沢七郎右衛門夫婦）【吉沢】	馬 1 疋（カゲサウヤク）	天正 19 年 11 月 28 日。吉沢取次佐蔵也。
90	大輪道機庵主（玄策）	1 貫 500 文	天正 20 年正月 28 日。御朱印家入用ニクズス
91	花叟見桃禅定門（奥山六郎左衛門）	1 貫 50 文	天正 20 年 3 月 22 日。「是ハ玄策、京ニテ御朱印共使銭引之」
92	月歩友琳西堂(神沢之明泉老僧)【神沢】	3 貫文／袈裟衣道具トモ	正月 20 日逝去
93	安叟受春禅定門(舟津弥四郎殿ヲヤ)【市野】	代物 1 貫 200 文	文禄 3 年 6 月 20 日
94	不向浄得禅門	馬 2 疋	文禄 4 年正月 26 日
95	分意道本沙弥【東久留女木】	米 5 斗	門ニ遣候
96	寶月常珍禅門（兵衛門又、女房）【上野エノキ嶋】	1 石 5 斗	酉年。門ニ遣候
97	徳岩常目禅門（油田六郎五郎）【油田】	馬 1 疋	
98	妙因禅尼（神宮寺又三姉）【神宮寺】	米 6 斗	
99	善□方	4 斗	客殿ノ畳八帖ニ
100	市野惣太夫内方【市野】	6 斗米	
101	一峯道本禅門(油田太郎右衛門)【油田】	米 1 石 2 斗	慶長 4 年 3 月。門ト鐘ニ遣之。
102	浄久禅門（シラクラ七右衛門）【白倉】	馬 1 疋（米 9 斗代）	門ニ遣候
103	如堅闇首座(妙厳寺)【三州トイ河(豊川)】	銀子 24 文目	慶長 5 年正月。鎮守立ツルニ遣候
104	一峯道本【油田】	米 3 斗	慶長 5 年正月。雪隠ニ遣候。
105	秋林浄栄禅門（八郎左衛門）【刑部】	米 6 斗	慶長 5 年 4 月。雪隠ニ遣候。法是庵取次。
106	三往方益首座(真光寺)【内野】	米 8 斗	慶長 5 年 3 月。雪隠ニ遣候
107	玄意童子(市庭佐助子)【市場】	米 6 斗	慶長 5 年 3 月 16 日。畳ニ遣候
108	海雲成岳禅定門【栃窪】	米 1 石 2 斗(馬一疋ノ代)	慶長 5 年 11 月 8 日。畳ニ遣候
109	明谷理鏡大姉	米 1 石（5 斗 5 升キルモノ代／1 斗 9 升麦ノ代／3 斗木綿ノ代）	慶長 6 年 3 月日。内野真光寺取次。／カフキ門二ツ。
110	桂琳祐昌大姉（気賀新十郎母）【気賀】	米 6 斗	慶長 6 年 3 月日。土戸ニ引。
111	月屋妙林大姉	米 7 斗（布木綿五ノ代）	慶長 6 年 4 月日。内野真光寺取次。／大庫裏遣。
112	一峯道本（油田太郎右衛門）【油田】	米 1 石 5 斗	慶長 6 年 4 月日。庫司ノ柱トス
113	同	米 5 斗	大庫裏遣候

第三期			
No	人名【地名】	入牌品	備考
114	舟叟浄心沙弥【栃窪・ユカキ】	米 2 斗	慶長 7 年 9 月 21 日。礼間畳ニ使
115	玉窓浄全沙弥（上野六郎左衛門）【上野】	銀子 10 文目、米 5 斗	慶長 7 年 12 月 11 日。銀子者門前ノ堂ノ普請／米 5 斗は札間畳九畳
116	玉岩妙琳禅尼（ケカ七衛門妹）【気賀】	9 斗米（カタヒラ）、3 斗、麦 5 斗	慶長 8 年 2 月 25 日。庫裏使
117	祐心禅尼（刑部カウヤ下女）【刑部】	米 3 斗、米 3 斗 9 合	慶長 9 年。大庫裏遣候
118	正悦首座	米 1 石 5 斗	慶長 9 年。大庫裏ノ時酒味噌
119	舜佐首座	米 6 斗	慶長 9 年。大庫裏ノ時酒
120	玉岩妙琳禅尼（ケガ七助ノ妹）【気賀】	米 2 斗（麦 5 斗ノ代）	慶長 9 年。大庫裏遣候
121	船夫全済禅定門（宇左衛門）【伊目】	米 2 斗	慶長 9 年。大庫裏遣候
122	策甫和尚	銀子 10 文目	慶長 9 年正月 20 日。大庫裏遣候
123	宮□甫近司	米 9 斗	大庫裏遣候
124	金さし孫左衛門【金指】	米 6 斗	門出ノ石垣
125	桂室宗昌沙弥・芳心妙□禅尼（市ハ高右衛門・妻）【市場】	刀	慶長 11 年 4 月 25 日
126	杏庵場功沙弥（白岩八郎兵衛）【白岩】	銀 10 文目（米ニテ 6 斗）	慶長 10 年。大庫裏
127	中野越後夫妻（奇庵椿公大禅定門・禅孝宗□禅定尼）	銀 85 文目	慶長11年12月22日。昊天取次／米 2 石 9 斗 7 升 5 合売買／大庫裏遣候
128	クンマノコブ夫妻(桂峯宗□・松岳寿叟女)【熊】	銀 17 文目	代米 6 斗「其時ノ売買」
129	安養玄心禅定門（内山角左）	刀 1 腰	大庫裏造作へ遣。
130	黄岳宗按禅定門（八郎兵衛方）【白岩】	銭 1 貫 200 文	
131	大岳宗圓禅定門（ケカ十助）【気賀】	銭 1 貫 200 文	慶長 13 年 2 月 16 日
132	高安玄泰禅定門（影山左衛門七）【祝田】	刀 1 腰（代 800）	慶長11年□月13日。大庫裏ニ遣候
133	玉岩妙琳【気賀】	茶釜 1 石	
134	内ノ七郎左内方・又ノコ七衛門【内野】	麦 2 族（4 俵 ／ 1 石 2 斗也）	慶長 13 年
135	白窓妙性之尼・林翁無為【内野（西ノ長屋）】	白絹（ウラヌノ帯壱巻）、黒□衣地（ウラ布）	慶長 13 年 10 月。真光寺取次
136	乾沢妙息（祝田七郎兵へ妻）【祝田】	1 石米	
137	椿岳妙寿	▲6 斗米（代麦 5 斗）	大庫内大釜ニタス
138	玉窓妙琳大姉（瀬戸是政妻）【瀬戸】	銭 1 貫 200 文	慶長戌 3 月
139	日川宗三【瀬戸】	▲金 1 分（此代 820 文）	（慶長 17 年）壬 5 月（6 日）。大庫内大釜ニ遣也
140	瀬戸七衛【瀬戸】	▲金 1	元和 3 年正月日。大庫裏
141	祥雲西庵主【新居】	▲同	元和 3 年正月日。大庫

注）□［　］は判読不能、▲は史料本文のまま。備考の記述は、基本的に本文のままであるが、意味を損なわない程度に意訳して記した箇所もある。

とを示していよう。天正十年〜十六年の「年貢勘定帳」[18]によれば、宇布見郷の麦年貢は天正十二年（一五八四）から納められるようになっており、同十三年には九俵八〇合、同十六年には「浜松御蔵納」として一三俵二九〇合がそれぞれ納められている。こうしたなかで宇布見の中村源左衛門の内方は、麦一〇俵を「入牌」しており、永禄〜天正年間、宇布見の年貢取高に相当するような量の麦が龍潭寺に入牌されていたことがわかる。そのほかにも、表3で「入牌」されている物量は、「浦雲宗珠禅定門」の黄金二両など、高額なものが目立つ。山間に近い井伊谷村では手に入れがたい塩や、谷家の住民による椀や釜の寄進など、それぞれの職種や地域性を活かしたものが入牌されている。そしてこうした寄付をもとに、龍潭寺は再建されていったのであろう（第一期「再興」・第二期「大庫裏遣候」など）。

また、様々なものが入牌されていることからもわかるように、「井ノ市場」が大きな役割をもっていたと思われる。この「井ノ市場」について傍証史料が少なくその実態は不明であるが（図6に推定位置を記す。ただし、後世の地誌には、龍潭寺門前近くに、かつて市場が形成していたことが記されている）、過去帳にも井ノ市場の住人の名前が四十名近くみられる。こうした市場の形成は、活発な売買活動の地域的な展開を意味しており、そのなかで龍潭寺への入牌も行われていたと考えるべきであろう。その点で興味深いのが、瀬戸方久という人物の活動である。方久は、新興高利貸商人として、その銭主としての活動が以前より研究者の間で注目されてきたが[19]、龍潭寺の再興の際にも重要な役割を果たした。5〜6は、瀬戸方久とその娘による入牌を示しているとみられ、一貫文と米八俵分が納められている。また「瀬戸より炎上前に立候」「再興之時ニ使」とあり、これは龍潭寺の再興の費用に充てられたことを示している。方久は方広寺の三重塔（二重めまで施主として建立されたが、死去のため中断）の建築を行ったといわれており、永禄年間に盛んに寺社への寄進を行っていたことが明らかとなる[20]。

このような龍潭寺への入牌が、流通の一つの拠点として「井ノ市場」などの形成を促進させた可能性も考えられよう。これは、井伊氏の菩提寺としての性格とは異なる、龍潭寺の「無縁所」としての性格（多くの在地有力者らの信仰によって支えられる）を反映していたのではないか。また数百文の少額の寄進が多数みられることからもわかるように、「無縁所」が、在地有力者層のみではなく、多くの一般民衆の信仰をも取り込んでいたことを確認することができる。次に史料中に登場する「取次」という言葉に注目してみたい。これは第一期から第三期まで点々とみられるが、26の如意庵（久留女木）、27・78の渋川和尚、111・135の真光寺（内野）が取次を行っている。いずれも井伊谷からは距離があり、「取次」によって入牌されたとみられる。この他に28の市右衛門、64の作左衛門など住持以外の人物の名もみられ、在地有力者層も仲介役となっていたことが推察されよう。こうした「取次」の存在もあり、慶長年間以降、龍潭寺への入牌行為は地域的により広がりをみせ、安定的に寄附が行われるようになっていったとみられる（第二期）。その証左として「入牌帳」に使途が明示されるようになってくる。第二期は大庫裏や雪隠などの普請料として入牌料が使用された。この時期は井伊直政が徳川家の家臣団のなかに組み込まれ、龍潭寺と井伊家との関係もより強固なものになった時期であるが（ただしこの時期、直政は井伊谷から離れている）、「無縁所」としての経済的な基盤は継承された。戦国期の龍潭寺は、井伊氏のみではなく多くの人びとの信仰によって支えられた在地密着型の寺院であったと結論できるだろう。そもそも、龍潭寺再建の際に妙心寺から借用した資金も在地の「日霊供」をもって返済している（1・3）。

なお、先にみた「開山過去帳」「南渓過去帳」でも戒名の下に「入牌」「月牌」「日霊供」という語が散見しており、ここからも様々な身分の人びと（職人や有力者など）が龍潭寺に入牌料を払っていたことが確認できる。また入牌料にばらつきがみられることは、様々な身分や階層の人びとが各自の〝意志〟で寺院に寄進していたことを示している。また、引佐地方には、もう一つ「無縁所」とされた寺院奥山方広寺がある。この方広寺に宛てて家康から出された判物のなかに、「為無縁所之間、如前々志次第勧進可仕之、同諸職人如前々志次第細工可仕事、」という文言がある。(21) これは、僧侶による「志次第勧進」と、職人による「細工」、「志次第」（＝自由）な勧進・職人活動を「無縁所」であることを理由に認めた内容となっている。戦国期の無縁所寺院は、在地有力者らによる財物等の寄進で成り立っており、そのことが逆に門前の職人らの生活を支えていたのであろう。以下、さらにこの「入牌帳」を読み解くことによって、時期ごとの具体的な動向について、政治情勢の変化と対照させせながら確認していきたい。

まず、第一期の前半（1～47）の、井伊谷周辺の政治的情勢は、今川氏の西進と敗退、さらに徳川氏の独立の時期である。先述のように今川氏真は、桶狭間の戦いの三カ月後、龍潭寺に判物を下している（史料1）。一方で井伊直虎も永禄八年に龍潭寺に寄進を行っており、ここでは寺領内の検断権に制限が加えられ（後述、史料2を参照のこと。ただし「理非」の判断は住持に依拠）、井伊氏は龍潭寺との結びつきを強めていった。この頃から井伊氏は今川氏から独立の傾向を示していたとみてよいだろう。また、34の「霊岑玄桃」は、堀江城攻めの際に戦死した井伊谷三人衆の祖・鈴木重時を指し、37の「浦雲宗珠禅定門」は、気賀に本拠を置き堀川城で討死にした竹田高正であるとみられる。なお、備考に記した「三川の乱」「信の乱」は、徳川家康と武田信玄による遠江侵攻を指すと考えられる。「乱前」というのは、こうした桶狭間の戦い以降の徳川・武田氏による攻防の状況を指すと思われ、戦乱への危機意識と戦死者供養のため、この時期、龍潭寺に入牌が盛んに行われたことが確認できる。

第一期の後半（48～86）について。元亀元年（47）から天正元年（49・50）の三年間は、龍潭寺が入牌を受け入れていないことが確認できる。これは、武田信玄の侵攻によって龍潭寺および井伊谷村のほとんどが焼失したという当地の伝承とも合致する。なお、47の鈴木権三（蔵）は、三方ヶ原の戦い前に山県昌景の軍によって討死した鈴木重俊のことを指す(22)。鈴木権蔵（重俊）が死亡したのは、山県軍の侵攻時期、すなわち元亀三年のことであると思われ、これは生前に入牌料が龍潭寺に払われたものとみられる。48・49・50の人物の詳細は不明であるが、堀川城攻めの際に多くの戦死者を出した気賀の人びとであり(23)、この頃までには気賀周辺も復興しつつあった。また、井伊氏が徳川家康に従い直政（当時、万千代）が当主となる天正三年頃にあたるのが、概ね表中の48～86までの時期であろう。64の「作左衛門取次」は、徳川家康の家臣本多作左衛門重次のことを指す。天正年間頃にはこの作左衛門が気賀・祝田周辺を支配した(24)。この時期、作左衛門が主導した市場開発を契機として、気賀町が発展し、龍潭寺に入牌することが多く行われるようになったと推定できる。55・89などにみられる浦川・吉沢は、現在の天竜区佐久間町付近にあり、井伊谷からは五〇キロほど離れている。54の鳴瀬は「鳴瀬の滝」で有名な同区龍山町瀬尻周辺であろう。これはすでに天正年間の頃より龍潭寺が北遠一帯に影響力を持ち合わせていたことを示している。

第二期（87〜108）は、入牌料が寺の普請に使用されることが多くなり、年号もはっきりと記されるようになる。天正十年、井伊直政は井伊谷二万石の知行を受け、その後、豊臣秀吉の小田原征討にともなう家康の関東移封とともに上州へと移っている。まず、90・91の記述は、秀次朱印状[25]に際しての記述であるとみられる。朱印状は「天正十八年記」のものと伝わるが、豊臣秀次の朱印であるため、天正十八年ではあり得ない。朱印状の本文には「遠路差上使僧、殊料紙五十帖到来」とある。なお、第二期は龍潭寺と他国寺院とのつながりも見えてくる時期である。103の妙厳寺というのは、円福山豊川閣妙厳寺（通称「豊川稲荷」）のことであり、「鎮守」を建てる際に入牌料という形で銀子の援助があったことがわかる。第二期にはこうした寺院間のネットワークも形成されていったとみられる。

第三期（114〜141）は、慶長六・九年の寺領検地以降のものであり、大きな変化がみられる。すなわち、慶長検地では、天正年間の寺領検地において存在していた給人（井伊谷三人衆）の姿はみえなくなり、直接耕作者としての名請人がより鮮明にみられるようになる。以下、節を分け、龍潭寺の寺領形成の過程について順を追って検討してみたい。

三　龍潭寺領の成立と地域社会

これまで「入牌帳」から読み取れる龍潭寺のネットワークについて、主に経済的側面から分析してきたが、この動向は天正十七年頃より始まる検地にあわせた寺領形成の過程とどのような関わりをもつのであろうか。順を追ってみていくことにしたい。まず注目したいのが、すでに触れた井伊直虎黒印状である。

〔史料2〕(26)

龍潭寺寄進状之事

一当寺領田畠并山境之事、南者下馬鳥居古通、西者かふらくり田垣河端、北者笠淵富田庵浦垣坂口屋敷之垣、東者隠龍三郎左衛門尉源三畠を限、如前々可為境之事

一勝楽寺山為敷銭永買付、双方入相可為成敗之事、同東光坊屋敷々銭永代買付、縦向後本銭雖令返辨、永代之上者、不可有相違候、同元寮・大泉・又五郎彼三屋敷并横尾之畠大工淵畠田少、門前嶋田少、大内之田、檜岡之田、為敷銭拾七貫五百文、永買付之事

一蔵屋敷前々有由緒令寄進也、同与三郎屋敷一間、同矢はき屋敷、是ハ只今仙首座寮屋敷也、隠龍軒ハ道哲（井伊直元）之為祠堂、屋敷一間瓜作田一反、同安渓・即休両人為祠堂、瓜作田弐反、同得春庵屋敷一間、永代買付、同神宮寺自畊庵屋敷一間、可為寮舎之事

一自浄院領為行輝之菩提處、西月（井伊直平）之寄進之上者、神宮寺地家者屋敷等如前々不可有相違之事

一圓通寺二宮屋敷、南者道哲卯塔、西者峰、北者井平方山、東者大道可為境也、北岡地家者屋敷田畠不可有相違之事

一大藤寺（井伊直親菩提所）、黙宗御在世之時、寮舎相定之上、道鑑（井伊直盛）討死之後、雪庵以時分大破之上、相改永不可為寮舎之事

一祠堂銭買付并諸寮舎末寺祠堂買付同敷銭一作買之事、縦彼地主給恩雖召放為祠堂銭之上者、證文次第永不可有相違之事

一寺領之内於非法之輩者理非決断之上、政道者檀那より可申付、家内跡職等之事者、為不入不可有旦那之綺之事、

右條々信濃守為菩提所建立之上者、不可有棟別諸役之沙汰并天下一同徳政并私徳政一切不可有許容候、守此旨永可被専子孫繁栄之懇祈者也、於後孫不可有別條也、仍如件、

永禄八乙丑年
九月十五日
次郎法師（井伊直虎）（黒印）
進上
南渓和尚
侍者御中

この史料から永禄期の龍潭寺の様子が明らかとなる。まず井伊谷周辺の屋敷・田畠の永代買付が行われ、得春庵屋敷や自畊庵屋敷などが「寮舎」とされていく様子がうかがえる。一条目に見られる龍潭寺領の四至（南・下馬鳥居古道、西・かふらくり田垣、北・笠淵富田庵浦垣および坂口屋敷垣、東・隠龍三郎左衛門尉源三の畠）は、古蹟図等で地名比定ができず、正確な寺領復元はできない。龍潭寺領としては、天正十八年に、門前屋敷二町二反二畝、祝田大藤寺（四石五斗）、宮口報恩寺（八石三斗）など、永禄年間には井伊谷の周辺に寮舎・末寺が点在していたことが明らかとなる(27)。慶長六年正月二十八日の「坪付帳」には、「龍潭寺領胡乱無之故、相改不申候」とあり、この頃までには龍潭寺領がほぼ定まっていたとみられる。

次に史料2傍線部「双方」というのは龍潭寺と正楽寺（史料では勝楽寺）のことであり、大日堂の創建に際して龍潭寺（当時「龍泰寺」）が正楽寺に用立したことにもとづいている。その点に関わるのが史料3である。

〔史料3(28)〕

大日堂造立之時、御引替之内合五貫文分御合力之儀候條、為御報恩龍泰寺同寮舎并寺家之者、同神宮寺ニ屋敷之者、勝楽寺山幷白山ハ末代為無諸役入可申候、然上者他外者相具山へ入之事、堅可被仰付候、就中大日本尊作料合八貫余被成御引替候、就其東光坊屋敷又矢はき屋敷ニ屋敷共ニ為永代売渡置申候、縦天下一同徳政又者私之徳政入来候共、彼條々相違申間敷候、為後日一筆申上候、恐惶謹言、
炎上之時失却、重而任本文書候而進候

永禄三庚申年三月朔日

勝楽寺
陵俊（花押）
（黒印）
村（マヽ）役
直盛（花押）
（黒印）

龍泰寺御納所御中

史料3より東光坊屋敷と矢はき屋敷の二つが、大日堂の造営の際、龍潭寺へ永代売渡となったことが知られる。また、史料2と合わせて考えてみると、龍潭寺が井伊谷地域の屋敷地の取り込みを行っている様子がみてとれる。これは、龍潭寺による在地社会への影響力の拡張であると理解できよう。天正年間には、龍潭寺（当住南渓）が、市の管理者（市蔵主）を「門之中」に取り込んでいる様子がうかがえる。[29]

以上、永禄年間を中心とした龍潭寺の屋敷地（寮舎）の買付、取り込みの様相についてみてきたが、この点は慶長九年の検地帳にも現れてくる。龍潭寺には天正年間のいわゆる遠州総検地にまつわる検地帳が伝わっており、これまで多くの議論を呼んできた。ここではそれらの研究史について詳細に精査することはしないが、慶長年間以降の検地帳も踏まえた上で、豊臣・徳川政権下において施行された検地と、それによる寺領の変遷について触れておきたい。現在、確認できる龍潭寺の検地帳のうち、慶長六年のものは「買地也」という書き出しで始められており、龍潭寺領の内買地分（屋敷地）が記されている。なお、龍潭寺以外の引佐地方の検地も、慶長六年正月に行われている（「坪附帳」）。先述のように、ここでは「龍潭寺領胡乱無之故、相改不申候」として、龍潭寺領は対象とされておらず、従来の研究が示すように、[30]これ以前の天正年間の遠州総検地においてすでに寺領については定められていたとみられる。天正年間と慶長年間では支配状況が一変しており、先述した通り給人の姿は見えなくなるなど、大きな転換があった。慶長九年の検地帳（田畑屋敷合九町五段四畝三歩）にみられる名請人は、天正年間の検地帳にはみられない人物がほとんどである。もちろん時代差もあるが、これは龍潭寺領に何らかの転換があったことを物語っているのではないか。（たとえば天正期に多くの名請地をもっていた北岡の沙弥の名は慶長九年の検地帳に見られない（ただし、慶長六年検地の際には名がみられる））。ちなみに慶長年間の寺領検地に際して、龍潭寺には次の三点の文書が確認される。

〔史料4〕[31]

以上、

御寺領出目之事、先度於江戸伊奈備前守様へ、岡田孫右衛門殿・森右馬助殿被得御意候処ニ、余寺相替御寺様之間、如前々御寺納可被成候と被仰出候間目出度奉存、先御左右申上候、近日以参上けか《気賀》之趣委可申上候、恐惶謹言、

飯田助右衛門

□〔花押〕

三月廿七日

龍潭寺様

御宿所

〔史料5〕[32]

猶以、別帋ニ御報可申上候へ共、此方一所ニ罷在候間、無其義候、以上、

如御尊書、其以来者不能拝面、御物遠之様ニ御座候、殊ニ御寺領出目之義ニ付、去時分於江戸ニ、備刕方へ為申聞候処ニ、無相違如前々御所務可被成由被申候、乍去他言被成間敷候、当国ニも出目上り候方御座候間、為其申入候、此方江御出者御無用ニ候、恐惶敬白、

岡孫右衛門

卯月二日

直成（花押）
森　右馬助
高（花押）
　　龍潭寺
　　　人々足下

〔史料6〕[33]

尚々、両年之米御渡可被成候、以上、
龍潭寺領之出分之儀付而、中泉代官衆之御状ニ、い備前(伊奈忠次)様得御意候由文書御座候間、辰・巳両年之納米之儀、飯助右(飯田助右衛門)ニも能々被仰、龍潭寺御渡候へく候、助右へも文を進之候、恐々謹言、

　　　　　　　　　　　　　松常慶(松下常慶)（花押）
　卯月十八日　　　　　　　　　　　　　　一笑(常慶)
　　勘左(松下勘左衛門)
　　新左(山内新左衛門)
　　仁左(角岡仁左衛門)
　　　　　まいる

史料4～6までは、いずれも慶長九年にかけての検地のことを指している。ここで「出目」とされている寺領分とは、慶長六年に検地された「買地」分とは別に、慶長九年検地において打ち出されたものと考えられる。史料4の飯田助右衛門はいわゆる「土豪代官」[34]であり、ここでは伊奈忠次の意向を中泉代官の森・岡田から引き継ぎ、龍潭寺へと伝えている。史料4で「他言」が禁止されていることから、このような「出目」についての扱いは特別措置（「御寺様之間」）であったと考えられる。なお、慶長九年八月の遠州総検地（「辰之御縄」）は、家康が征夷大将軍に就任した翌年に実施された検地であり、引佐町内では七つの検地帳が確認されている[35]。このとき、龍潭寺領の検地役人と

なったのは成瀬権左衛門である。龍潭寺にはこの「辰之御縄」の控書が現存しており、そこには「辰ノ年ノ御検地之帳面井谷ニ伏分……（中略）……田畠屋敷合九町五反四畝三歩　石合百五石四斗三升四合三夕　右之内寮舎江分ル分」と記されている。ここでの寮舎分と常住分（本寺分）の総計が八町三反六畝四歩（九十二石一斗三升一合六夕四才）となる。[36] 龍潭寺の全体石高は九十六石七斗五升（末寺を除くと八十三石九斗五升）であるから、約八石二斗分が史料中にみられる「出目」ということになるだろう。なお、龍潭寺はこの時期多くの「寮舎」を抱えており、同時に「隠居」（住職の隠居であろう）も多くの土地を保有していた。また、龍潭寺が「出目」についての特別措置を有したのは、飯田助右衛門などとの関係も背景にあったと考えられる。永禄年間からみられるこうした寺領の拡大は、慶長年間の検地以後も基本的には引き継がれていく。なお、慶長九年検地の龍潭寺領内では、神宮寺の又七郎（先述過去帳の「又七父」の記載と対応）、北岡の太郎衛門がみえる。この二家は、天正検地にみられる沙弥（北岡）・善十郎（神宮寺）とは別人であり（慶長六年検地で名前が確認できる）、いずれかが「地家」にあたる人物であった可能性も考えられよう。

さて、以上のことを前提に、「入牌帳」の第三期にあらためて注目してみたい。第三期の特徴は、遠隔地からの入牌がほとんどみられなくなることにある。入牌料のほとんどは、大庫裏の普請にあてられた。また、127・128にみられるように米と銀の売買が行われており、戦国期の「無縁所」としての性格ではなく、より狭い在地に根ざした寺院へと龍潭寺が変化していったことを意味している。

さて、この章では、「龍潭寺入牌帳」の性格をもとに「無縁所」の経済的な分析をあらためて行った上で、近世以降の展開について考察した。結果として、戦国大名によって「無縁所」（特定の領主の庇護のない寺院）と規定された龍潭寺が、在地有力者や職人たちの幅広い信仰によって支えられていたことが明らかになった。その意味で「無縁所」は、経済的に困窮しているという否定的な見方ではなく、むしろ地域に根差した自力の寺院（ここにこそ、安良城のいうような、近世の村寺の萌芽を見出せる）としての側面がより強かったことがわかる。また「入牌帳」の分析を通じ、これまで不明であったいくつかの事実が明らかになった。とくに戦国期の龍潭寺が幅広い地域の人びと、とくに遠州の山間部や宇布見村の中村氏などの有力者とのつながりをもっていたことは、今後の当地方をめぐる政治情勢の研究としても重要な意味をもつと考えられる。また、慶長年間に寺領が確定された頃、実際の龍潭寺では大庫裏等の修造が在地有力者の手によって行われていた。こうした機能も、特定の政治権力（この場合、檀那＝井伊氏）の支援により存立した有縁の寺院（史料上は「私所」「氏寺」など）の性格ではなく、無縁所寺院（不特定の有力者による保護）としての性格によるところが大きかったのではないか。一般に、龍潭寺は、戦国期より、井伊家の菩提寺（「氏寺」「私所」）として発展を遂げてきたと考えられてきたが、「無縁所」としての性格（不特定の有力者による保護）もあったという事実は、きわめて重要であろう。龍潭寺は、こうした支えによって、戦国期の荒廃からの復興を可能にしたのであろう。

註

（1）一九八〇年代の「無縁所論争」については今日あまり注目されていないが、「無縁所」の問題は、網野の「無縁論」の骨格をなすものであり、あらためて注目する必要がある（この論争は、網野が八七年に発表した『増補　無縁・公界・楽』のなかで、無縁論を批判するそれぞれの論者に対して反論を加えたものによる）。また、近年では網野をいわゆる「第二の戦後」歴史家たちとの関係性のなかで捉える視点が提起されており注目される（安冨歩「communisからの離脱」、内田力「無縁論の出現」、與那覇潤「無縁論の空転」〈『東洋文化』八九号、二〇〇九年〉、「中世史家・網野善彦」〈『年報中世史研究』三二号、二〇〇七年所収論文など〉。

（2）峰岸純夫「網野善彦『無縁・公界・楽』によせて」（『人民の歴史学』六〇号、一九七九年）、神田千里「中世後期の無縁所について」（『遙かなる中世』一号、一九七七年）、東島誠「《公共性》問題の構図と《無縁》論」（『日本史研究』三九一号、一九九五年）、同『公共圏の歴史的構造』（東京大学出版会、二〇〇〇年）、伊藤正敏『寺社勢力の中世』（筑摩書房、二〇〇七年）、同『無縁所の中世』（筑摩書房、二〇一〇年）。

（3）安良城盛昭「網野善彦氏の近業についての批判的検討」（『天皇・天皇制・百姓・沖縄』吉川弘文館、一九八九年）。また、永原慶二「書評　網野善彦『無縁・公界・楽―日本中世の自由と平和―』」（『史学雑誌』八八―六。一九七九年）は、「無縁所」についてとくに取り上げて批判しているわけではないが、「無縁」を非農業民自体の社会経済的成長という現実的課題のなかで捉える必要性を論じた。そのほか、「無縁所」を困窮寺院として、どちらかといえば否定的に理解する論者として、松井輝昭「戦国時代の無縁所について」（『広島県史研究』六号、一九八一年。ただし、無縁所の経済的基盤を「勧進と志納金・祠堂米銭などの金融収入」と見なす点は、松井の指摘通りである）、植田信廣「中世前期の「無縁」について」（『国家学会雑誌』第九六巻第三・四号、一九八三年）、有光友学『今川義元』（吉川弘文館、二〇〇八年）など。

（4）龍潭寺を「無縁所」とする考え方には反対の論者もいる。松井は、龍潭寺＝私所、末寺＝無縁所であるという解釈を示し、網野自身もその説を取り入れている（前掲一九八一年）。これに対し、筆者は当該期の龍潭寺は「私所」と「無縁所」の両方の性格をもっていたと解釈する。この理由は後述する当該期の龍潭寺の状況もあるが、何よりも末寺を「無縁所」とする史料が今川・徳川領国のなかに見出せないことが挙げられる。

（5）大久保俊昭「遠江における国人領主制の展開」（『駒澤大学大学院史学論集』九、一九七九年）、同「戦国大名今川氏の宗教政策」（『駒澤大学大学院史学論集』一八号、一九七九年）、ともに同『戦国期今川氏の領域と支配』（岩田書院、二〇〇八年）所収。

（6）龍潭寺住職祖山筆「井伊家伝記」（享保十五年四月、井伊谷龍潭寺文書四三～四六号）。

（7）『静岡県史』資料編七中世三―四三六号（井伊谷龍潭寺文書三二四号）。

（8）『静岡県史』資料編七中世三―二七九五号。

（9）『静岡県史』資料編七中世三―二八一〇号（井伊谷龍潭寺文書二五二号）。

（10）この二冊の過去帳については、『引佐町史』編纂の際にも基礎的な調査が地元の研究会（引佐町の歴史と文化を守る会）を中心に行われ、その成果の一部が『引佐町史』に記載されている。

（11）小和田哲男『争乱の地域史』（清文堂、二〇〇二年）。

（12）阿部浩一「中世浜名湖水運と地域社会」（藤原良章・村井章介編『中世のみちと物流』山川出版社、一九九九年）、同「中世浜松の物流と都市」（『浜松市博物館館報』一四号、二〇〇一年）。

（13）「地家」について。その字名は確認されないが、「地」という言葉を地名に付している場所は、遠州の広い範囲に存在している。たとえば、都田川流域には「岡地」という地名があり、さらにそのすぐ近くには「五日市」という地名がみられる。また、浜松市には、「和地」「和佐地」などの地名があり、いずれも川の近くの地名で、水運の発達した浜名湖周辺の重要拠点とされていた。この点は、網野がかつて指摘した「地」＝「都市的な場」の議論との関連が推定される（網野善彦「中世都市論」『岩波講座 日本歴史』中世3、岩波書店、一九七六年）。

(14) なお、過去帳に記されている人数の合計によれば、神宮寺四六件、北岡二一件と、井伊谷周辺ではかなり人口が密集していた地域である。とくに現在はあまり宅地のみられない「北岡」にも中世のものとみられる石塔・中世墓が存在しており、かつて有力な土豪がこの地を基盤にしていたことが推察される。古くは、この「北岡」から五百メートル程離れたところに市場が形成されていたことが、江戸時代の旧記から知られるが、北岡は、職人たちの多くみられる「兎荷」「白岩」などのちょうど中間点に位置しており、流通に関わる土豪が存在していた可能性もある。

(15) こうした点では、中近世移行期の龍潭寺は、ハーバマスの指摘する「公共圏」（細谷貞雄・山田正行訳『公共性の構造転換』未来社、一九九四年）に近い性格を有していたということができる。

(16) 「龍潭寺入牌帳」（井伊谷龍潭寺文書三四五号）。筆跡は南渓和尚のものに近く、元和三年まで書き続けられる（ただし、写本の可能性もある）。

(17) 中村氏は社家として農民を抱える一方で、船を所持し、問のような存在として富の蓄積を行っていた（大石泰史「今川領国における給人と土豪」『戦国史研究』三一号、一九九六年）。また、瀬戸方久との関係も深く（武藤全裕師のご教示による）、こうした龍潭寺を通じた有縁（世俗）的結びつきが遠州地方には広く存在していた。

(18) この史料については、本多隆成『初期徳川氏の農村支配』（吉川弘文館、二〇〇六年）一〇二～一一九頁に詳しい。

(19) 久保田昌希「遠州井伊谷徳政をめぐって」（『駿河の今川氏』第五集、一九八〇年）、阿部浩一「戦国時代における遠州井伊谷の歴史的位置」（『静岡県史研究』一一号、一九九五年。のち同『戦国期の徳政と地域社会』吉川弘文館、二〇〇一年）。瀬戸方久は、井伊氏の請負代官として年貢未進を根拠に所領を集積した。

(20) 「奥山古代記」（『引佐町史料集』第四集）。

(21) 「徳川家康判物」（方広寺文書）『静岡県史』資料編七中世三―一三四〇号。

(22) 小和田哲男『三方ヶ原の戦い』（学習研究社、一九八八年）。

(23) 近年の研究では、堀川城攻めにおける一揆方の戦死者は、それほど多くなかったことなどが指摘されている（高山新司「徳川家康の遠州侵攻と浜名湖北岸の城」（『古城』四七号、二〇一〇年）。これは江戸時代の史料からの立論であり、後年の家康顕彰の側面を考慮に入れる必要があるが、一揆後の比較的早い時期に気賀地方が復興していたことは事実である。
(24)「本多重次手形」(『静岡県史料』五(中村家文書二・三・四号)。本多重次は天正十五年に中村与太夫に宿の開発を許可している。なお、気賀宿の開発については、阿部浩一「戦国末─近世初期の宿の開発と展開」(本多隆成編『戦国・織豊期の権力と社会』吉川弘文館、一九九九年)。
(25)井伊谷龍潭寺文書三二七号。
(26)『静岡県史』資料編七中世三─三二八九号(井伊谷龍潭寺文書二八七号)。
(27)『静岡県史』資料編九─四二五号(井伊谷龍潭寺文書二九八号)。
(28)『静岡県史』資料編七─二七三一号(井伊谷龍潭寺文書二五一号)。
(29)『静岡県史料』五─七号(「瑞聞證状」天正十七年四月二十日条)。
(30)本多隆成『近世初期社会の基礎構造』(吉川弘文館、一九八九年)。
(31)『静岡県史料』五─一六号(井伊谷龍潭寺文書二六四号)。
(32)『静岡県史料』五─一七号(井伊谷龍潭寺文書二六五号)。
(33)『静岡県史料』五─一五号(井伊谷龍潭寺文書二六三号)。
(34)佐藤孝之『近世前期の幕領支配と村落』(巌南堂書店、一九九三年)、二一一─二三頁。
(35)若林淳之「五カ国総検地と辰の御縄」(『引佐町史』上巻、一九九一年)七三八頁。
(36)ただし、ここでは報恩寺・大覚寺の末寺分は除外されている。

第二章　江戸時代の引佐地方・龍潭寺
――旗本知行所支配の形成・展開と地方寺院――

　さて、早速龍潭寺とその周辺地域の江戸時代の歴史を追っていきたいが、残念なことに江戸時代の引佐地方を取り扱った先行研究は実はそれほど多くない。専論は少なからず見られるもの の[1]、基本的な情報についても意外に明らかにされていないのが現状である。現在までに、引佐地方を体系的に論じた研究としては、一九九一年に刊行された『引佐町史』[2]と、それに関連して進められた若林淳之の研究[3]などがある。しかし、これもすでに二〇年以上前の成果となっており、修正の余地がある。まずは、若林らの研究の成果と、その課題点を確認しておくことにしたい。

　若林は、徳川家康の遠州入りの功労者である「井伊谷三人衆」の一人・近藤康用を先祖にもつ近藤氏が、幕藩制成立期に分知化を遂げ、旗本化を遂げていく過程（「旗本権力の発展の諸段階」）を次のように整理した。

　第一段階＝幕藩制社会成立期にあたる軍役優先主義の徹底する段階。

　第二段階＝軍役優先主義が後退し、勧農政策を中心とする支配が多少の曲折をもちながら展開する段階。

　第三段階＝領主権力が急速に変質し、この変質に対応して豪農・豪商等々によって采地管理が掌握される段階。

　とくに第二段階の旗本権力について、①殖産興業政策（新田の開発と国産（琉球藺栽培）の促進）、②民衆の生活不安対策として黄檗宗の渡来僧を招き初山宝林寺を開創させたことの二つに注目し、旗本近藤氏の采地支配には「大名と何ら遜色のない主体性と創造性」が存在していたと指摘している。

若林の研究は、旗本近藤氏領の地方代官システムについて具体的に明らかにした先駆的な成果であると同時に『引佐町史』の編纂の過程で、町内周辺の古文書の調査を幅広く行ったという点でも、きわめて大きな意味をもっている[4]。

また、『引佐町史』の執筆者の一人である川崎文昭も、主に旗本財政の問題（窮乏化）について論述している[5]。川崎は、金指・井伊谷両近藤氏の財政改革に着目し、家臣の人員削減や勝手賄役による融通などを明らかにし[6]、近藤氏の財政が村に依存していたことを指摘した。若林や川崎の検討は、『浜北市史』の編纂時に確認された高田家文書や横田家文書など、旗本井伊谷近藤氏の賄役らの史料の検討をもふまえた成果であり、旗本近藤氏の支配のあり方を概説的に理解する上での一つの通説とされている。

しかし、旗本近藤氏の政治運営を高く評価する若林と、在地への寄りかかり（経済的な弱体性）を強調する川崎の指摘には、微妙なズレもある。さらにいえば、旗本近藤氏による支配の実態や江戸時代の引佐地方の村々の生活について具体的に明らかにした実証研究は、若林・川崎の自治体史調査以来目立ったものがなく、事例の積み重ねがまだまだ必要な段階にあるといえるだろう。とくに、旗本近藤氏による支配体制にとどまらず、在地レヴェルの反応もふまえ、地域社会に即した段階的な変遷について解明していくことが求められている。よって、以下、少し細かくみていくことにしたい。

一　旗本近藤氏支配体制の形成と知行所の村々

（1）旗本五近藤氏支配の形成とその展開

旗本近藤氏領の形成過程については、すでに若林の指摘がある。しかし、これは『寛政重修諸家譜』などの二次資料が主な論拠とされており、検討の余地がある。ここでは地方に残された記録を積極的に活用し、旗本近藤氏領の形成について再確認していくことにしたい。

十七世紀初頭に井伊谷周辺の支配を行ったのは、幕府代官の松下常慶であった。(7)松下は、井伊谷町の最有力神社である二宮神社の神主中井氏（史料上は「いのや　与惣左衛門」）に対して、慶長十一年（一六〇六）三月七日付で二宮領安堵状を発給している。(8)松下常慶の支配期には、井伊谷筋で新田開発が行われたが、このとき、「井伊殿屋敷」の跡地に建てられたのが、二宮神社だという。同神社の神主中井直頼の日記には、松下常慶の代官である三名（松下勘左衛門・角岡仁左衛門・中井与三右衛門）がそれぞれ当地を分割して支配を担当したとされているが、龍潭寺文書のなかに「一笑」（松下常慶）が「勘左・新左・仁左」（「新左」は、山内新左衛門のこと）に宛てた文書がみられ、(9)中井氏が松下の代官格であったとは、ただちに考えがたい。むしろ、中井氏は在地の土豪（小代官クラス）であったと考えるのが妥当であろう。

なお、松下常慶が井伊谷筋に入る以前のことについては、史料が乏しくわからないことも多い。龍潭寺にのこる次の史料は、そのなかできわめて貴重な一点である。

〔史料1〕(10)

井伊谷之内龍潭寺分御指出之事

本銭高六拾貫百八拾弐文者

本銭高六貫百文者

本銭高五貫四分六拾文者

惣都合廿貫七百四拾弐文

慶長七年壬刀七月廿四日

菅間（マ、）次郎衛門殿方

近藤石見殿方

鈴木平兵衛殿方

龍潭寺納所　惣衛門（印）

この史料に「近藤石見殿方」とあることから、すでに慶長七年（一六〇二）の段階で、近藤秀用が井伊谷龍潭寺との接点を有していたことが明らかとなる。通説によると、秀用は井伊直政と対立し、十三年の間流浪生活をつづけ、直政が慶長七年二月に没した後、徳川秀忠に召し出され上州邑楽郡青柳（現、前橋市青柳町）に采地五〇〇〇石を与えられたといわれる。しかし少なくともここにみるように、慶長七年七月の段階で龍潭寺領の支配に関与していたことがわかる。つまり、天正十八年（一五九〇）の検地において「井伊谷三人衆」が「給人」として登場することはすでに知られていたが、慶長以降も井伊谷周辺に采地を有していたことが確認できる。

先に述べたように、慶長年間には松下常慶によってこの地は支配されていたが、慶長十四年十二月以降、徳川頼宣が駿遠両国の領主として入り、井伊谷筋の支配にあたることになった。(11) そしてその後、元和五年（一六一九）九月二十九日には、近藤秀用が井伊谷へと入部し、近世の支配体制の礎が築かれていくことになる。(12) 知行高は、旧引佐郡域のほぼ全体となる一五〇〇〇石であり、家老には、磯部源五郎という人物が登用された。

以上が近藤氏入部までのおおよその経緯であるが、それ以前、慶長十四年から元和五年にかけて行われた徳川頼宣の引佐支配について、もう少し検討することにしたい。龍潭寺所蔵の「遠江国引佐郡四拾七村高辻并寺社領諸運上物成之覚」をもとに、徳川頼宣期の当該地の状況をまとめたのが表4である。ここから明らかなように、頼宣期の引佐支配も実態としては近藤氏らが（徳川頼宣の家臣として）中心となって展開されており、後の旗本支配の礎（支配地割）がこのときすでに形成されていたことがわかる。(13) なお、近藤平右衛門（用勝）というのは、近藤康用の末子であり、徳川頼宣の家臣であったが、元和四年に死去したため、後に展開する分知には与していない。ちなみに、三浦長門守（為春）は紀州家家老の先祖である。

さて、徳川頼宣による知行地の支配が展開されていく一方で、松下常慶らの影響力は依然として残っており、代官の角岡仁左衛門らを通じた「御蔵入」地（幕府直轄地）が存在していたことも確認できる。たとえば、元和元年九月二十六日には、角岡から「弥太夫」という人物に宛て、「石田平八新田屋敷」を、松下常慶の「永取」とする指示が出されている。(14) また、慶長十七年には頓幕山（富幕山、奥山村）の御用木をめぐって争論が生じている。この争論に際して、領主と村との仲介役として大きな役割を果たしたのが、常慶の代官角岡仁左衛門であった。次の史料に注目してみたい。

〔史料2〕[15]

一慶長十七壬子年頓幕山ゟ駿府御城御用木伐出し川下ヶ致し候所、仕来之通十分一可取旨申請候処、請負之もの申候者御用木ニ候間旧例者格別分一之儀者差出申間敷と彼是相拒ミ申候、然ル処分一御差出無之ニおゐて八川下ヶ為致候義難相成旨申談し候、御用木留置申候、此義角岡仁左衛門へ相訴へ候処双方之申分難及其沙汰、委細駿府へ令言上、駿府ゟ之御用木ニ候間、先々船積之分一取来候旧例有之、重而御僉議次第可被仰下旨ニ付奉畏右之御用木共ニ川岸出為仕候、

……（中略）……

御状殊ニ蜜柑百五十送ぬり候、御心入之段、別而此所虫喰ニ成不分至存候、将又気賀之十分之一之儀被仰越候帯刀殿江被仰候而尤候、尚斯後音候、恐惶謹言、

霜月五日　　彦九郎　判

角岡仁左衛門殿

この史料にみられる彦坂九兵衛光正は、当時、駿府町奉行として活躍した人物である。遠江・駿河が徳川頼宣領となったことにともない、駿府城御用木の「十分一」特権（御用木運搬の際に十分の一を徴収する権利）を認めるかどうかをめぐって訴訟が展開された。この際、角岡が彦坂との仲介役となり（中略部分には、角岡がたびたび彦坂へと訴えを出している様子が記されている）、引き続き「十分一」特権を認めさせることに成功した。史料2は後世に書かれた二次資料であり注意が必要なところではあるが、幕領から徳川頼宣領へと変遷したことにともなう在地の混乱を示すものとして注目される。なお、先述したように井伊谷周辺では、元和年間に大規模な新田開発も行われた。井伊谷村内にある小規模な町場である井伊谷町に居住する中井家には、元和二年の「新田帳」の控えが現存しており[16]、

表４　徳川頼宣期の引佐郡四十七か村高辻

	石高（単位：石）	村名	高辻（石）	田（町・反・畝歩）	田分米	畑（町・反・畝歩）	畑分米	寺社領
御蔵入 （松下甚左衛門御代官所）	5998.61	下都田村	533.226	38.1.318	414.4	21.19.18	110.826	伊奈備前守一札 ・３石（八幡領） ・３石（神明領） ・１石（建龍院領） 証文なし ・２石２斗（圓福寺領）
		神宮寺村	409.23	21.61.1	237.255	22.95.26	171.975	証文なし ・11 石（八幡領） ・15 石（正楽寺領） 伊奈備前一札 ・５石（正泉寺） 御朱印（龍潭寺領） ・83 石９斗５升
		井伊谷村	566.36	31.03.26	341.18	30.33.18	225.15	伊奈備前一札 ・４石５斗（二ノ宮領）
		井小野村	200.95	13.22.22	145.912	7.28.3	55.38	伊奈備前一札 １石５斗（八幡領）
		横尾村	137.1	1.23.25	12.359	17.05.18	124.741	
		花平村	139	5.50.13	48.19	12.57.10	90.81	
		石岡村	161.3	13.74.4 （元和４年新田 2.4）	124.51	4.85.18	36.79	伊奈備前一札 ・１石５斗（神明領）
		下刑部村	1334.76	102.31.18	1123.353	26.74.8 （見取さる村 73.23）	211.524	伊奈備前一札 ・４石（金山領）
御蔵入 （角岡仁左衛門御代官所）		前山	40.641	2.71.6	22.189	河田 1.23.24 屋敷 2.49.10	18.452	
		上村	368.142	22.71.25 （新田 71.5）	275.947 8.11	11.13.7	92.777	伊奈備前一札 ・３石（天王領） ・２石（八幡領） ・材木十分一
		油田村	312.784	20.21.2 （新田 2.20.28）	246.948 25.502	7.55.19	65.836	・材木十分一 ・前山入作　など
		伊目村	397.541	29.26.9	347.44 7.646	6.27.13	50.101	証文なし ・２石（寿楽寺領） ・１石（白山領） 川年貢（京銭２貫文）
		呉石村	325.405	22.40.12 1.27.6	271.431 15.791	6.26.18	50.294	・４石５斗（長楽寺）
		小森村	144.167	9.8.5.6	118.485 195	3.17.28	25.682	
		吉（葭）本村	124.756	7.9.1.18 3.8.10	94.688 4.237		30.068	
		下気賀村	407.657	27.11	321.800 32.786	10.10.3	55.857	・２石（宝正寺領） ・川年貢（京銭２貫文） ・船のいかり役

		上刑部村	398.57	50.01.13	508.378	12.69.17	98.526	・15石（神明領） 伊奈備前一札 ・1石5斗（田米寺領）
三浦長門知行所	1186.403	上刑部村	208.531					
		廣岡村	214.65	12.1.200	138.365	9.71.3	76.285	1.4（明神領）
		瀬戸村	218.238	17.22	172.848	5.80.6	45.19	伊奈備前一札 ・3石（龍法庵領） ・3石（大明神領）
		東牧村	21.26	54.3	5.046	2.12.23	16.212	
		大谷村	365.085	29.04.23	284.688	10.75.22	80.357	・1石（高栖寺領）
		佐久目村	158.64	12.63.17	126.349	4.11.6	32.291	証文なし ・1石5斗（石雲寺領）
近藤登之助知行	3229.984	上都田村	689.906	36.21	399.08	36.35.08	290.826	伊奈備前一札 ・4石（神明領） ・2石（龍洞院）
		鷲沢村	75.741	3.77.9	45.155	3.45.	30.559	
		滝沢村	86.464	5.19.23	60.27	2.96.12	26.194	・2石（神明領）
		四方浄村	28.275	2.14.16	25.051	40.26	3.224	
		別所村	100.804	6.41.27	71.45	2.76.21	23.352	
		久留女鬼村	116.692	5.65.2	67.47	5.76.15	49.202	
		田沢村	157.482	11.01.18	101.69	3.19.5	25.783	
		梅ケ平村	23.59	1.22.9	14.552	1.80.4	9.036	
		矢（谷）沢村	80.516	5.40.19	65.63	1.80.4	14.886	
		的場村	48.592	3.31.29	40.54	97.9	8.052	
		金指村	148.847	12.52.6	132.819	2.24.27	16.028	
		兎荷村	29.957	1.10.2	17.992	1.52.19	11.965	
		川名村	180.751	9.51.22	111.291	8.12.8	69.46	
		伊平村	262.592	16.24.28	194.404	8.70.7	68.548	
		黒田村	133.98	8.73.20	64.52	8.12.28	69.46	
		三瀧（岳）村	48.848	3.30.4	38.222	1.29.8	10.626	
		五日市場村	280.063	19.08.	229.303	5.85.5	50.76	
		渋川村	300.549	13.84.15	164.18	15.09.4	136.414	
		田畑村	62.301	3.05	36.6	2.69.21	25.701	
		栃窪村	172.058	6.16.24	74.118	13.35.8	97.94	証文なし ・6石（大坊領）
		白岩村	75.96	48.1	5.96	8.92.28	70	
		狩宿村	81.138	5.38.8	64.17	1.90.18	16.968	
		黒渕村	44.86	22.8	2.66	5.27.15	42.2	
川井刑部知行	304.185	奥（野）山村	304.185	15.80.23	161.627	7.94.25	142.558	御朱印 ・49石5斗（方広寺領）
近藤平右衛門知行	890.32	祝田村	890.32	67.76.8	733.986	9.82.24	156.334	・4石5斗（大藤寺領） 伊奈備前一札 ・5石（大明神領）

注）「遠江国引佐郡四拾 七村髙辻并寺社領諸運上物成之覚・御上洛并朝鮮琉球仁来朝之時役高」（井伊谷龍潭寺文書29号）より作成。『引佐町史』上巻、675頁を参照（ただし、史料にあわせて修正した）。

この頼宣期に後の近世の地方支配の体制が整備されていった様子が確認できる。

元和五年、徳川頼宣が紀州和歌山に移封されると、相模・上野両国の領主であった近藤石見守秀用が引佐・敷智・豊田・麁玉・長上郡一五〇〇〇石を与えられ、井伊谷へ入部した。一族である近藤登助は呼び戻され、近藤家による引佐支配が次第に形作られていく。その過程は家譜などに詳細であるが、実際には元和五年以前の近藤登助の領地と元和六年以降の領地はほぼ一致しており、先にも述べたように、近世の近藤氏による知行所支配の基礎は、すでに慶長年間の徳川頼宣期に形成され始めていたのであろう。

近藤登助は、引佐地方の支配を任されてすぐ山村地域の検地を実施している（これらの検地帳を一覧にしたものが表5である）。ここで注目すべきは、近藤石見守が井伊谷に入部する前年の九月の段階で、すでに検地が実施されていることである。検地帳の標題が「近藤登之方田沢村指出之事」などとされている通り、近藤登助の支配が石見守のそれに先行していたことがわかる。また、金指町には慶長十三年[17]、元和元年[18]にも近藤登之助によって寺社朱印状が残されており、近藤氏（登助）による引佐地方の支配が、慶長期から金指屋敷を中心に行われていたことは、ほぼ確実とみてよい。

続いて、近藤氏の分知プロセスについてみてみよう。近藤氏の分知は、寛永二年（一六二五）に行われたものと、寛永八年の石見守秀用の死去にともない追加で行われた分知の大きく二つに分けられる点については、すでに若林が指摘したところである[19]。まず、寛永二年に孫の登助貞用（金指近藤家祖）へ三二三三石一斗、縫殿助用可（気賀近藤家祖）に高三三五六石五斗、五左衛門用行（大谷近藤家祖）へ二〇〇〇石が分知された。続いて秀用没後の寛永八年には、これまで秀用が支配していた八九四二石の領地から三一〇三石分が各家へ分知され、金指近藤氏へ二二〇〇石、気賀近藤氏へ五四三石がそれぞれ割り当てられ、さらに当時西丸御書院番浅野佐渡守組の近藤源兵衛家にいた近藤小十郎用尹にも三三〇石の分知が行われた（花平石岡近藤家祖）。

こうした一連の分知の歴史的な意味について、若林は、佐々木潤之介が提唱した寛永十九年「跡目之儀被仰出」法

表5　近藤氏による引佐地方の検地帳類一覧

年　号	標　　題	所　蔵
文録4年（1595）？	（近藤秀用御知行高辻）	金指鈴木家文書 No.1
慶長9年（1604）	御縄打野帳よせ	井伊谷中井家文書 No.33
慶長9年（1604）8月1日	遠州伊奈佐郡井伊谷之内金指村検地帳	金指鈴木家文書 No.2
慶長9年（1604）8月28日	（古水帳写）	久留女木仲井家文書
慶長11年（1606）8月	田畑村本田検地帳	田畑地区区有文書 No.3
慶長11年（1606）8月	遠州引佐郡兎荷村御検地帳	兎荷区有文書 No.1
慶長11年（1606）11月29日	（久留女木村田畑反別石高内訳 小野兵蔵）	久留女木仲井家文書
慶長14年（1609）	遠江国引佐郡四拾七村高辻并寺社領覚（写）	三岳安間家文書 No.2
元和3年（1617）	（年貢割付状）	田沢朝比奈家文書 No.24
元和5年（1619）8月26日	遠州引佐郡井伊谷之内田沢村御指出之事	田沢朝比奈家文書 No.25
元和5年（1619）9月15日	近藤登之方田沢村指出之事（天野与兵衛）	田沢杉本家文書 No.19
元和5年（1619）11月12日	（田沢村年貢）	田沢杉本家文書 No.27

注）ここで示した検地帳の多くは、あくまで『引佐町史』編纂時点で確認されたものであり、現時点でそのすべてが把握できているわけではない。

令に対する理解（旗本の増員化傾向を寛永年間の飢饉とそれに対応する幕政の変質と捉える）を批判し、「むしろ幕府の譜代大名の取立・創出に対応している」のではないかと指摘している。[20]若林が言うように、たしかに旗本近藤氏の事例は、幕府の旗本増員政策に先行するものであるが、近藤氏の分知は、むしろ知行所支配の合理化のために行われた、地域の特徴にあわせた現実的なものであった可能性が高いだろう。

（2）旗本陣屋の構成とその特質

次に、旗本近藤氏の行政機能の中核を担った陣屋の存在形態と構成員について、具体的な検討を進めよう。井伊谷陣屋の造成が開始されたのは、元和六年のことである。「中井日記」によれば、このとき近藤康用が入部するに際し、真っ先に金指陣屋に入ったとされている。このことはすでに述べたように金指陣屋の前身となるような何らかの施設がすでに近藤登助によって形成されていたことを示している。なお、旗本近藤が入部した当初（分知される以前）の掛役人についてまとめたものが表6である。[21]ここから知行所支配は、磯部源五郎・岡田作右衛門・小瀬孫左衛門らを中心に行われていたことがわかる。しかし、組織的に陣屋が運営されるようになるのは、寛永九年に中井直頼が扶持を受け

「横目」となり、同十年「遠州知行方仕置」に三谷右近右衛門が在地へ入部して以降のことであったと考えられる。三谷は井伊谷村へ入ると早速、稲垣とともに検見を行っている。「遠州知行方仕置」という立場であった三谷右近右衛門と、家老の小沢助右衛門によって、寛永十年以降、役人の組織が体系的に整備されていった。

井伊谷陣屋に関しては、金指・気賀に比較して「陣屋日誌」などのまとまった残存史料がなく、その実態は不明な点も多いが、基本的には国家老格の小沢・三谷・須田の三氏と、後述する地代官によって運営されていた。今泉家に残る古文書[22]から気賀陣屋の役人組織は家老一名（長瀬与兵衛）、用人（建部利左衛門・鈴木長兵衛・池谷又右衛門）、番頭（小野郡右衛門）、奥付（西木野）、納戸御次兼（木俣）、御供頭御次並（八田）、納戸役（岡田）、目付（佐久間）、近習（加部）、馬方御次兼（油本）、御近習御勝手位兼四名、御料理人（野末平七）、仲小姓三名、金五郎様附二名、隠居方六名、御茶部屋二名、御蔵方一名、中間頭一名という構成であったことがわかるが、井伊谷陣屋もこれと大差なかったであろう[23]。元禄十五年（一七〇二）に井伊谷陣屋から扶持米を貰い受けている人物を一覧にしたものが表7である。このメンバーによって、井伊谷陣屋は運営されていたと考えられる。ちなみに、十八世紀後半、近藤用純の頃の井伊谷陣屋の役人組織は、家老（三谷郡太夫・渥美喜兵衛）、用人（小沢九郎兵衛・石川七右衛門・三谷幸助・伊原丹解・小沢治部右衛門）、納戸（高橋郡司・田中喜司・薄根平八・宮田美久母）、給人（菅谷源五右衛門・山下政右衛門）、目付（太田又右衛門・平田茂右衛門・冨田嘉兵治）、近習（高橋藤太・伊原八十治・澤田勝治）、中小姓（内山林右衛門・木内忠右衛門・北村忠蔵・兵藤勇次・中井左仲）となっている[24]。この時期には、井伊谷町の中井家からも、「中小姓」などとして、江戸の近藤屋敷に奉公勤をすることが慣例となっていた（長男以外の者が出仕するケースが多い）。

では、次に「金指陣屋日誌」をもとに、金指陣屋の実態について再確認しておきたい。これについては、すでに若林によって次の点が明らかにされている。

①五千石級の旗本である金指近藤氏の陣屋は、一〇～二〇人内外の常勤・非常勤の構成員によって運営されていた

こと。
②国家老格の村上甚五右衛門・金兵衛の下に村上貞次郎・今泉藤十郎・大河内栄司・松本清左衛門の四人の代官がおり、さらにそれに続いて、宮田・清水・次部・澤田・宮田・鈴木という六名の山守、その下に中間・雇といった人たちがいたこと。村上親子は、毎月四・六・十一・十四・十七・二十八・二十九日に、近藤氏の菩提寺である初山宝林寺や周辺寺院への代参をしていた。

これらは「陣屋日誌」を用いたものであるが（その出典は銘記されていない）、陣屋組織と寺院との関係、および陣屋と村との関係をさらに詳細にみていく必要がある。しかしながら、近世初期から中期にかけての旗本陣屋の具体

表6　近藤氏の掛役人一覧

元和５年11月	関根三郎右 天野与兵 杉山又左 岡田作右 植村忠左（御家老） 磯部源五郎
元和６年11月	小孫左 本治左 石瀬兵 植村忠左（御家老） 磯部源五郎
元和７年10月	中津井半助 関五郎兵 岡田作右
元和８年11月	小孫左 稲八郎右 本治左 石瀬兵 源五（御家老）
元和９年９月	石瀬兵 岡作右 小孫左 稲八郎右（御家老） 磯源五
寛永元年10月	小孫左 稲八郎右 岡作 磯源五
寛永２年10月	岡田作右 稲八郎右 磯源五
寛永３年10月	岡田作右 稲八郎右 磯源五
寛永４年10月	岡田作右 曽根六兵 稲八郎右 磯源五 小喜治 小孫左
寛永５年11月	小瀬孫左 曽根六兵 岡田作右 稲八郎右 磯源五
寛永６年11月	小瀬孫左 曽根六兵 岡田作右 稲垣八郎右 磯部源五
寛永７年	小孫左 曽六兵 長左治右 岡田作右 稲八郎右

注）龍潭寺文書125号より作成。「元和五未五月石見守様井伊谷へ御入部、寛永七午年迄御分地前凡十二ケ年御掛り方役人名前記」とある。

表7　井伊谷陣屋の家中一覧

	巳年冬物成	物成金
小沢九郎兵衛	米100俵	
三谷右近右衛門	※欠損のため不明	金31両3分銭921文
小沢治部右衛門	米50俵	金14両2分銭750文
渥美喜兵衛	米50俵	金18両銭983文
石川忠次郎	米25俵	金12両2分銭646文
薄根源五右衛門	米35俵	金10両銭568文
渡邊十郎兵衛	米25俵	金10両3分銭234文
須田岡右衛門	米20俵	金9両1分銭995文
加納佐次右衛門	米25俵	金8両2分銭234文
千葉清左衛門	米12俵	金6両銭311文
高橋貞右衛門	米20俵	金8両1分銭946文

注）「御家中御物成金」（中井家文書11号）、「巳年御家中冬物成之事」（中井家文書12号）より作成。

的な様子を示す史料は現在のところ確認できない。よって、引佐地方の旗本陣屋の特質について明らかとなるほとんど唯一の記録である「陣屋日誌」[25]をもとに考えることにする。この「陣屋日誌」は、天保十年（一八三九）の一年分の陣屋の動きが記録されている日記であり、金指陣屋の運営状況が詳細にわかる史料である。筆が途中で変わっているが、文体や記載事項（内容）は統一されている。行政上の公務日誌のようなものであったとみてよい。この史料から、若林が指摘したような村上甚五右衛門と四代官を中心に陣屋が運営されていること、山守が重要な役割を果たしていることなどがわかるが、ここでは一月分の出来事に注目したい。表8をみてみよう（上段は陣屋役人の寺院などへの訪問、下段は僧侶の陣屋への訪問を指す）。

まず、仏坂観音の祭礼や岩間寺（引佐町栃窪）の大般若などに対して、陣屋から警固役が派遣されたり、諸入用についての御触を廻したりなど、金指陣屋が積極的に関与している。金指陣屋と寺院の関わりには、次の三つのパターンが想定される。①初山宝林寺・実相寺など、金指近藤氏の菩提寺に対する日常的な参拝行為、②岩間寺など領内の寺院との大般若などを通した関わり、③領外の地方中核寺院（龍潭寺・方広寺・大福寺・摩訶耶寺）などとの年始挨拶などの社交関係である。正月の金指陣屋の活動は、主として寺院との関係が中心となって展開していた[26]。これは、天保期に限らず常態的に行われており、この点に関しては井伊谷陣屋も同様であったと考えられる。また伊平村の佛坂観音祭礼など、陣屋から離れた領内の村の祭礼に対して、陣屋が警固役を派遣していた点も興味深い。表8附表から明らかなように、領内寺院への代参や住持の挨拶回りなどが頻繁に行われ、とくに初山（宝林寺）や実相寺など金指近藤家とのゆかりの深い寺院（菩提寺）に対する代参は、陣屋役人の主要な業務であった。村上氏などの有力役人がこれを担当することが多かったが、今泉氏や尾藤氏など、他の役人たちも代参を行っている。旗本陣屋のなかで、領主近藤家の菩提寺への参拝は、多くの役人が関与する一大行事（公務）であったのである。

以上、天保年間の金指陣屋の実態について、主に寺院との関わりなどを中心にみてきた。金指と井伊谷両陣屋の構造は、山支配の比重の多寡など、基本的には別物であったとみられるが、村や地方有力寺院との関わり方については

表8　金指陣屋の一月の活動（附表あり）

月	日	担当役人	事項
1	4	今泉藤十郎（若党鈴木彦七・草履取中間惣右衛門）	初山（宝林山）代参。
	5	御使御中間惣右衛門	江戸下御用状浜松飛脚屋弥介方へ持遣す。
	6	村上甚五右衛門（若党斉藤政七・草履取御中間惣右衛門・槍持御雇小左衛門）	龍洞院御代参。
	11	村上甚五右衛門（若党斉藤豊次・草履取中間又平）	初山（宝林山）代参。
	12		江戸下御膳米二〇俵など、気賀河岸問屋五太夫方まで近村人足にて差遣す。
	12	清水看蔵・尾藤彦三郎（御中間又平）	江戸御廻米二〇〇俵、瀬戸村・五日市場村・栃窪村・田畑村より気賀気賀河岸問屋五太夫からまで差し出される。
	13	家中・扶持人全員参加	御蔵開の御祝儀（金指町商人へ五千俵御払）。
	14	村上金兵衛（若党鈴木彦七・草履取御中間又平）	初山（宝林寺）代参。
	15	尾藤甚五兵衛（御中間又平）	初山（宝林寺）に大般若御初穂金一〇〇疋相納。
	17	大河内栄司（若党斉藤・草履取御中間惣右衛門）	初山（宝林寺）代参。
		村上金兵衛	戌御年貢勘定（～19日）。
		【観音山出役】清水看蔵・須部右膳司 【佛坂出役】宮田民右衛門	佛坂観音祭礼につき警固出役。観音山へは陣屋より御雇小左衛門遣わす。仏坂へは伊平村より出す。
	18		観音山祭礼滞り無く相済、例年の通り武運長久として陣屋において御日待ある。
	20	村上甚五右衛門・代官	江戸下御用状認める。
			新居権七船、気賀湊より出帆につき河岸問屋五太夫へ送状認める。
	21	御使尾藤彦三郎・御中間惣右衛門	江戸下御用状を濱松まで遣わす。
	23	村上甚五右衛門・四代官・山守	大般若入用品々御領分村々へ触出す。
			江戸表番御暇（御坊主織田喜斉・足軽清水久蔵ら）。
			尾藤彦三郎、御山守本役仰せ附けられる（御用所において村上甚五右衛門申達）。
	24	村上甚五右衛門（御使人足五日市場村三人）	長楽寺・大山寺へ例年通り大般若執行につき来訪するよう手紙差し出す。
			大福寺・摩訶耶寺へ大般若執行につき代僧差出すように手紙遣わす。
	25	村上甚五右衛門（御使金指人足一人）	岩水寺へ大般若執行につき来訪すように手紙遣わす。
	26	村上甚五右衛門	江戸下御用状認める。
			大般若支度御雇長右衛門、掃除人足近村より一三人。

27		大般若執行につき御施行米願に罷出る者あり。昨年の通り、一人に米二□□下され、都合六三三人につき全部で一石五斗八升二合五夕下さる。
29	今泉藤十郎（若党鈴木彦七・草履取御中間惣右衛門）	初山御代参。
		大般若経御送り（四村より人足二〇人）、御経布施金一〇〇疋。村上甚五右衛門書状相添、舘山寺へ持遣す。
	宮田民右衛門（御雇太元次）	年始御返礼として龍潭寺・方広寺・山本常陸介へ罷越。
	清水庄蔵（御雇長右衛門）	年始御返礼として正楽寺・正泉寺・長楽寺へ罷越。
	須部膳司	年始御返礼として都田孫四郎方へ罷越。

（注）「陣屋日誌」（杉山氏蔵、引佐町史編纂時の収集史料（紙焼き）を参照）より抜萃。

表8附表　正月の行事（各寺院から旗本陣屋への動向）

日	御目見場所	事　項
4	次書院	実相寺、岩間寺出頭（江戸表への御披露状・御役人中書状持参）。
		岩間寺御札備持参。
	御上書院	龍洞院年始御礼（江戸表への披露状、役人中への書状持参）。
		御朱印寺社、御玄関にて礼申し上げる（他寺院は小玄関）。
		龍潭寺より代僧、年始御礼。
	次書院	岩水寺年始御礼（扇子箱持参）。
	次書院	正泉寺年始御礼（納豆壱折持参、扇子箱持参）。
6	上書院（三畳目へもうせん敷御通り）	初山方丈年始御礼（三本入扇子箱持参、江戸表への書、役人への書状持参）。
	次書院	正楽寺年始御礼（扇子箱持参）。
7	次書院	方広寺より代僧、年始御礼（茶一台持参）。
11		岩間寺より仁王経御札。
14		富賀寺年始御礼、代僧（焼過ぎ扇子箱壱台・納豆壱折持参、江戸への書状）。
16		岩間寺より御日待御札供物幷に大般若御札。
23		岩間寺法印、大般若執行伺いとして来訪。
24		岩間寺へ大般若御札、御留守居より手紙相添寺納所まで遣わす。

共通する面も多かったのではないだろうか。以下、井伊谷陣屋において活躍した地代官たちの様子を概観し、その特徴について検討してみたい。

（3）地代官の役割——兵藤家と中井家——

旗本支配において、最も重要な役割を果たしたのは、「横目」「代官」などと史料上に銘記される地代官たちであった。出自不明なものも多いが、政治的な「中間層」とみなされる人びとである。ここでは、若林が提起した「武人的代官」（第一段階）から「民政的代官」（第二・三段階）への転換という図式について再考してみたい。まず、陣屋役人の人材確保は、広く市中への呼びかけによって行われていた。このことは中井家文書の次の記事からも確認できる。

〔史料3〕(27)

御代官望申者之覚

一大沢兵部様御知行村□(消字)村　岡井七郎(マヽ)左衛門

一気賀町　是ハ縫殿様御代勘勤申候所ニ　竹田七郎左衛門
公事人之儀御座候御暇被下候

一同所　中村市郎右衛門

一小森村　是ハ縫殿様御代官相勤申候　石野久大夫
御暇被下時分久敷閉門罷有候

一高部村　美濃部五右衛門殿支配所袋井　本間十左衛門
近所ニ而御座候、御代官平野三郎右衛門殿甥

一横須賀浪人知行百石取申候由　中嶋甚兵衛

一大沢兵部様御知行堀江村　佐藤七左衛門
一濱松領野口村 以前摂津守様ニ罷有候者　羽田平四郎
一服部主殿様御知行大久保村　土屋喜八郎
一うか里谷村　藤兵衛

岡井七郎左衛門が、享保期に実際に地代官として活躍していたことを示す史料があることから(28)、史料3も十八世紀前半に書かれたものとみてよいだろう。ここでは、支配地を超えて幅広い範囲の地域から代官志願者が集まっていたことを確認できる。井伊谷における地代官の典型は、地元の有力者である中井氏と兵藤氏であったが、浪人身分の者たちへも門戸が開かれていたことがわかる。

こうして採用された地代官たちは、年貢の収納と扶持米・御切米などの差配を主要な職務とした。中井一族のなかには、扶持をもらい受け、江戸屋敷に奉公に出ている者も散見され、地域の有力者としてリーダー的な存在であったといえるだろう。井伊谷陣屋では、幕末まで中井猪藤次という代官の名が確認できるが、中井家文書のなかで代官としての役務がうかがえるのは享保期頃までである。これは、中井家が専業神主化していくなかで、代官となる中井家と、神主の中井家に分家したことを物語っている。なお、地代官中井氏と地域との関係について、次の史料に注目してみたい。

〔史料4〕(29)

乍恐口上書を以 御願奉申上候

遠州井伊谷村惣百姓

一今度奉　御願申上候儀當村田地用水西川・東川筋掛り申候、東川之水上黒田村幷ニ伊平村・花平村三ヶ村ニ堰三拾枚余積掛ヶ申候、當村ニ茂堰六枚掛ヶ候得共川すそニ而水拂庭年々日損仕、百性困窮仕候、其上當夏百日余之旱りニ而田畑諸作大違百性難立故、當　御年貢御皆済仕候ハバ、其上ニ而　御救米弐百俵被下候様ニ、御陣

屋御役人様江御願申上候得者不相叶無是非罷下り御願奉申上候、

一當年御検見合毛程　御年貢米出来兼迷惑仕候、向後坪苅百性和談ニ被為遊候様ニ御願奉申上候、

一西川用水樋圦修覆、殿様ゟ　被為遊被下候様ニ御願奉申上候、

一外下谷戸・不生堂上野前田分ケ而旱損場所合毛歩苅八合以下三合毛迠御定り之御検見御取立ニ而諸役掛り夫銭等勤り不申候故、前々畑高ニ御願申上置候、右場所相高之通り畑高ニ御願奉申上候、

一御蔵米附拂之義、前々當村ニ高六拾疋余ニ而相勤申候所ニ百姓困窮之上、只今ハやセ高多ク米附候馬少々十疋余ニ而遠拂勤り兼申候、向後壱里拂ニ御願奉申上候、

……（中略）……

一惣百姓近年困窮仕被有之所ニ藤田甚兵衛殿・中井良助殿御両人去年今年御検見相違之御了簡御年貢御取立惣而諸事被成方惣鋪百姓相談申候躰ニ被成迷惑至極仕候、向後右両人當村地方御支配之儀、御慈悲ニ御免被為遊被下候ハバ偏ニ御救と難有可奉存候、

右之通り被為　聞召分ケ普代之御百姓ニ御座候、御救御慈悲ニ御了簡之上御願申上候通り被為　仰付被下候ハ永々難有可奉存候、委細御尋之上口上ニ可申上候、以上、

享保十一丙午十二月廿九日

井伊谷村

百姓代　太郎左衛門

（以下七名略）

与惣左衛門名代

弥五左衛門

御役人衆中様

御披露

史料4は、井伊谷村の百姓たちが、「地方支配」の藤田甚五兵衛と中井良助の罷免を求めたものである。その百姓側の主体の一人として同族の中井弥五左衛門の名も確認できる。よって、少なくとも享保期頃には、代官中井家（ここでは中井良助）と神主中井家（ここでは彌五左衛門）が、別家となっていたことが推定される。また、史料4のように、享保期には惣百姓たちが代官の交替を求める動きも出てきており、領主権力と民衆との間に立つ、代官の微妙な立場もうかがえる。

次に、同じく井伊谷近藤氏領で井伊谷村の隣村神宮寺村出身の兵藤家の場合をみていくことにしよう。若林は、戦国期に浪人身分であったこの兵藤氏の事例に注目し、旗本権力は家来を召し抱えていた兵藤の組織力を利用し編成したが、正保三年（一六四六）に「井伊谷近藤氏の家臣として約二十年間その勢力を振っていた兵藤は、ある日突然、江戸から派遣された国家老小沢助右衛門と交替わずかの隠居扶持が与えられ、その地位から追われることになったのである。……（中略）……このような兵藤から小沢への推移は明らかに旗本権力の発展過程における重要な画期であった」として、ここに「軍役体制に対応する武人的代官から窮乏克服を目的とする民政的代官への推移」をみている。しかし、実態は、若林の図式よりもさらに複雑であった。次の史料は、すでに地役人を退任していた兵藤が、役所に差し出した願書である。長文にわたるが、後の行論でも重要となるので、ここで示しておきたい。

〔史料5〕(30)

乍恐奉願上候書付之覚

一私先祖共之義ハ三州浪人ニ而天正之頃ゟ神宮寺村ニ住居仕御　殿様御代々之御憐愍を以年久敷渡世仕、誠ニ御情ニ而是迄立居候義難有奉存候、寳永之頃ハ御代官職迠も被仰付首尾能相勤候為御褒美と隠居扶持被下置、其上御召下ケ之御上下代々着仕候様ニ奉拝領、愚親共迠着用仕候程之不顧御厚恩も私無差別ニ不存寄不調法仕候義、一言之申訳ヶも無御座候得共、御慈悲を以軽御咎ニ而御免許被成下、生々世々難有奉存候、何卒可相成御儀ニ御座候ハバ前々之通ニ被仰付被下置候様偏々ニ奉願上候、一私義折々危難を請勝手向不如意ニ相成内借金相重り候ニ付、所持之田地餘程金主方へ相渡シ申候得共未引足不申、去々卯ノ暮ハ内山磯右衛門殿・山下安右衛門殿へ御預ヶ置候祝田村大藤寺無尽落札金御返シ被下、暮方御年貢通相済シ申候、去暮之義ハ致方無之別家之者共相頼致借用御年貢御皆済仕候得共、当三月返済金ニ差支当時迄も甚難渋仕候、今暮迄之年限之内ニ奉願上候ハ奉恐入候義ニ候得共、何卒可相成御義ニ御座候ハバ徳役金三拾両御返済被下置候様偏ニ奉願上候、私義も前々之通ニ致居候得ハ仮令不如意ニ相成候而も一度御用立候金子ニ御座候上、御　上様ゟ被下置候節迄ハ御返済之御訴訟ハ不仕候、誠ニ御　上様ニ御存ハ有御座間敷候得共、去々卯ノ九月私村役被召上候跡ニ而御代官様方之御咎有之候欤、此末神宮寺村市郎右衛門と村役人ハ勿論小前之者ニ至迄不寄何事ニ内談等も致間敷、若シ左様成義於有之ハ急度可及吟味ニ旨厳御触御廻状ニ村方庄屋之請印形被遊御取候由、年番伊平ゟ沙汰有之候ニ付奉驚入候、御上様ゟ御咎之義ハ冨田嘉平治様ゟ御書付を以被仰付候ゟ外ニ無之所、御代官様方之御咎之義ハ如何之義と奉存御窺申上度候得共奉恐入御権威ニ御窺も不得申上、是迄差控罷有候、右就申触ニ私義諸人之付合等も難相成、誠ニ日影者同前ニ相成死を相待ゟ外ハ無之義と奉存相慎罷有候、依之御知行所中ニ而ハ金子等僅ニ候者も無之、剰是迄借り居候所ゟも被取立候ニ付田地賣拂候ニも御他領之衆へ相頼賣付候程之義ニ御座候、夫而已不成、田畑下作人相願候ニも迷惑仕候、尤去々卯ノ十二月廿五日村役人を以、私用之義ハ不及遠慮ニ様被仰渡ニ候得共、是迄も私へ計り之被仰渡ニ而、居村ハ勿論諸村へも何之御触無之候上村々ニ而ハ先達而御触之通堅相守被居可申と奉存罷有候、私義も御　殿様之御百性ニ而一軒之門を立居候上御年貢御触役其外諸役等勤居候間私用計りニ而御公邊向之義ハ一切無之義とも難計、殊更御高少々所持仕候間御代官様方ゟ御　殿様之御知行所中を不寄何事ニ内談等迄も致間敷と被御塞置候而ハ私相立不申候、依之当暮ハ御年貢金ニ差支難義至極仕候ニ付無拠徳役金之御訴訟仕候御賢察之上金三拾両被下置候様偏ニ奉願上候、

一去暮村中相談ニ而村役之義何卒市郎右衛門ニ帰役被仰付被下置候様御願可被下ヶ惣村中為名代四五人年番伊平

方へ頼出候所、伊平申候ニハ、其義ハ仮令願上候而も御陣屋表相叶不申候間取治申間敷と致挨拶一切取上不申候ニ付頼出候者共無是非罷帰、其後同家恒八へ村役相頼度段村方ゟ噺シ有之候ニ付、此義も伊平へ申聞候所一両日打過候而、伊平ゟ私へ申候ハ、此間被噺候恒八村役之義我等之了簡を以内山磯右衛門殿ニ御窺申候所、此末市郎右衛門別家之者共ニも村役之義ハ急度相成不申候と内山磯右衛門殿ゟ直ニ被仰付候、然ル上ハ恒八方ニ而も難相成候間左ニ相心得可申と之義ニ有之候、此義去々卯ノ九月私村役被召上候節、御　上様ゟ別家之者共へ何之御構無之所、去暮内山磯右衛門殿ゟ別家之者共へ村役御差留之義ハ如何之御咎ニ有之候哉此段奉御窺候

……（下略）……、

まず、傍線部より、兵藤が宝永期まで代官をつとめていたことが確認される。また、国家老身分である小沢と、地代官である兵藤は同一レヴェルで対比できる存在ではない（なお、史料5中で兵藤が、家中の冨田嘉平治に対して「様」を使い、内山磯右衛門に対して「殿」を使用している点に注意する必要がある）。むしろ小沢ら江戸詰の近藤氏の家臣が、十七世紀中頃になると、地方支配にも大きく関与するようになっていったというのが妥当な解釈であろう。小沢は、旗本近藤氏のもとで歴代の家老をつとめた家筋であり、その中心は江戸での役務であった。宝永年間の龍潭寺住職の日記（「宝永年中記録」本書第四章参照）によれば、井伊谷近藤氏の江戸屋敷には三家老として小沢・須田・三谷の三名が確認でき、彼らのいずれかが交替で地方の知行所へと行き「国家老」となっていたとみられる。よって、兵藤から小沢への推移に「旗本権力の発展過程における重要な画期」をみることは位相を見誤った見解であろう。むしろ注目されるのは、史料5にあるように、十八世紀後半になると、兵藤の経済状況がかなり困窮していた点である。兵藤家が神宮寺村内で持高としても別格であったことは間違いないが[31]、世襲的に代官をつとめていたわけではない。逆に史料5からは、兵藤氏が村落内部に抱えていた政治的・経済的な矛盾をみてとることができる（これは史料4の中井家の場合と類似する）。兵藤市郎右衛門は同族の兵藤恒八の村役就任に際して年番伊平や陣屋役人（代官）らと対立していたことがわかるが、これは徳役金[32]の支払いなど、旗本知行所内での地代官クラスの者たちの

負担がきわめて大きかったことを物語っている。兵藤家にとっての「画期」としては、家来として従えていた仁右衛門・弥三郎の二人に一石一斗の土地と門一軒を与えて解放した安永期があげられる[33]。寛政十二年（一八〇〇）六月二十五日、兵藤一族の市右衛門秀有が地方賄役に就任しているが[34]、こうした兵藤の転身について、若林は「家来を解放し、丸腰になった兵藤こそが地方賄役に登用される条件であったと考えられる」という[35]。しかし、むしろ地方賄役をつとめることになったことによって、代々家来であった仁右衛門や弥三郎らを抱えきれなくなったと考えるのが妥当な見方ではないだろうか。

さて、十八世紀後半～十九世紀前半の旗本井伊谷近藤氏の領政の特徴は、兵藤のような在地の有力者たちを地方賄役として支配側に取り込むことによって旗本財政の基盤を確保することにあったが、それは彼らに大きな負担を背負わせることにもつながった。たとえば、豪商横田家（現在の浜北区に拠点を置いた）は、旗本井伊谷近藤氏や金指近藤氏、旗本松平氏などに融通を行っている。文政十二年（一八二九）の「当座出入日記」[36]によれば、井伊谷近藤氏は火消役就任の準備費として金五百両を賄うために、百両を横田家から融通してもらい、知行所村々から二百両を、金指町酒屋金兵衛から五十両を、残り百五十両については祝田市郎兵衛を通じて手配している。井伊谷・金指近藤氏はそれぞれ金指町の金兵衛を仲介として横田家より融通を受けていたことがわかる。

安政年間には、米役方兵藤市造、勘定奉行田中鑑之助、元〆役中井猪左衛門が、大坂役に任命された旗本近藤氏に付き従い活動している様子が確認でき[37]、旗本井伊谷近藤氏の財政はこうした在地の豪農・豪商らの活動に支えられて展開したことがわかる。もちろん、地方の有力者たちのなかに、政治へと主体的に関与しようという欲求があったことも事実であろうが、その負担は、近藤氏の幕府内での役職に大きく左右される不安定なものだったとみられる。

では、具体的に近藤氏の財政状況をみていくことにしよう。表9は「寅年御物成勘定帳」（嘉永七年（一八五四））[38]と「旗本近藤家御勝手仕法」（安政三年（一八五六））[39]をもとに作成したものであるが、現在のところ旗本井伊谷近藤氏の財政について知られる唯一の史料である（御仕送惣代高田市兵衛の子孫の家に伝わった）。これによれば、嘉永期の井伊谷近藤氏の年貢俵数は五六七五俵余であり、ここから寺社への初穂九俵、中井猪左衛門ら十六名の扶持米分、拝借返納米五〇俵などを除いた五三六〇俵余を払米として、金二八六九両余を得ていた（このほかに小物成四六両余、講金三三九両余があった）。この年の収支は金六〇五両余の赤字であり、赤字分は村々出金二六七両一分余、横田茂兵衛・中平村利平両名一五三両、気賀岩井半十郎六一両、御仕送役五名一二二両、中井猪左衛門一両余の借金で賄われている。なお、表9から嘉永年間の旗本財政において、講金が収入の約一割五分を占めていたこともわかる。

このときの収支簿は、ペリー来航にともなう一連の軍役臨時費によるところが大きく、これをもって常態的に旗本近藤氏財政が窮乏していたとはいえない。しかし、こうした財政状況の悪化に対して、安政三年、御仕送り物代高田市兵衛、御用達岩井半十郎、村役物代らは財政改革の要望をまとめて、「御勝手御仕法」を作成し、財政規模の緊縮を図っている(40)。このときの様子については「近藤遠江守様御勝手御用向ニ付、京都ニ条城江被召呼候諸用向」（安政三年二月）が詳しい。これによれば、代官中井猪左衛門、御用達岩井林右衛門、村役物代後藤勘七・八左衛門、御仕送物代市左衛門が二月六日に京都へ向け出立し、十三日に領主と御目見を果たしたことがわかる。このときの目的は、財政改革の案として、次の点を確認することにあった。

〔史料6〕(41)

覚

一御物成高十ヶ年平均俵数之事
一御運上物其外御助米物之事
一御林当時立木有之場所之事
一江戸表御家中御知行高幷ニ御扶持方ノ事
一御在所御家中右同断之事
一御当表中間方人数幷ニ御給金御扶持方ノ事

一利下ヶ御借財惣金高幷ニ利足銘々仕訳ノ事
一御積講当辰ゟ子迄金高之事
一遠州表御定式御入用之事
一頼母子御加入之事
一寅卯御不足金高之事
一御定式年中金高之事
一江戸表御借財明細仕訳之事
一御帰府御供御家中上下御人数銘々書訳之事
一右御道中旅籠銭幷ニ昼支度宛行之事
　御雇通日雇惣人数之事
　御荷物類幷ニ御家中継人馬員数之事
　御休泊り御本陣御手宛之事
右十五ケ条之外御入用向之事
御役御足高幷ニ御在番中御入用之事
右之条々奉承知度銘々御下ケ紙被成下候様奉願上候、以上、
　安政三辰二月十四日
市兵衛
八左衛門
後藤勘七
岩井林右衛門
中井猪左衛門殿

四月分		五月分		六月分	
宮口村八幡江御初穂料被下分	2朱	芝金書替分下金	15両	銀百両替代弥介江払利（9カ月）	永20文4分5厘
利（10カ月）	永30文9分3厘	利（9カ月）	1両1分 永100文	六月御定式金（五月下分）	45両
秋葉山江御初穂料	1分	小沢助蔵道中御宸路	13両	利（8カ月）	3両2分 永100文
利（10カ月）	永25文	利（9カ月）	1両 永170文	六月分米炭代	40両
四月御定式金（三月下分）	50両	五十・勘蔵・与右衛門・源十、八幡金共ニ弐両四月払残り	1両 永170文	利（8カ月）	3両 永200文
利（10カ月）	5両	伊藤民之助講掛金	6両3分 永83文3分4厘	近々御臨時金（五月下分）	125両
四月御米炭代（三月下分）	45両	利（9カ月）	2分 永115文	利（8カ月）	10両
利（10カ月）	4両2分	去丑暮御不足壱百七十両利兵衛ニて借入金半金三月払残り分	89両1分	小沢助蔵殿道中御雑用等	10両
五月御定式金（四月下分）	45両	利（9カ月）	8両 永32文5分	利（8カ月）	3分 永50文
利（9カ月）	4両 永50文	銀百両替代弥介江払	永227文2分7厘	江戸御用生石調代茂兵衛払	5両
五月分米炭代（四月下分）	45両			利（8カ月）	1分 永150文
利（9カ月）	四両 永50文			村上猪熊・山下斧右衛門・鈴木五郎左衛門右三人四月ゟ壱人扶持被下分	5両3分 永92文2分6厘

表 9　旗本井伊谷近藤氏の財政（嘉永 7 年）

正月分		二月分		三月分	
二月御定式金（正月下分）	50 両	正月秋葉山江御初尾米壱俵代	1 両	三月米炭代利（11 カ月）	4 両 3 分 永 200 文
利（11 カ月）	6 両	利（12 カ月）	永 110 文	伊勢御初穂米三俵代喜太夫手代ニ渡ス	1 両 2 分
二月米炭代（正月下分）	45 両	太平次金 30 両引壱両参分永 50 文余り	永 116 文	利（11 カ月）	永 165 文
利（12 カ月）	5 両 1 分 永 150 文	軍用金御手当（2 月下分）	100 両	杉檜木苗千百本調代（宮口藤吉払分元り）	1 分 永 151 文 8 分
正月正楽寺星祭り之節御初尾米	1 分	利（11 カ月）	11 両	東隠院派中講掛金壱口三会掛	6 両 2 朱 永 22 文 6 分 4 厘
利（12 カ月）	永 30 文	軍用金御手当下金借入分壱ヶ月引	1 両	去丑暮御不足金酒利ニて借入金半金八五両元利四ヶ月分	88 両 1 分 永 150 文
		利（11 カ月）	永 110 文	利（10 カ月）	8 両 3 分 永 90 文
		臨時歩人廿人給金壱人前弐両ツ、半金渡し	20 両	去丑暮御不足金四五両借入分三ヶ月払元利	46 両 3 分 永 50 文
		利（11 カ月）	1 両 永 200 文	利（10 カ月）	4 両 2 分 永 120 文
		三月御定式金（二月下分）	165 両	合薬代外包手間代茂兵衛払	5 両 1 分 永 59 文 3 分 3 厘
		利（11 カ月）	18 両 永 150 文	利（10 カ月）	1 分 永 30 文 9 分 3 厘
		三月米炭代（11 カ月）	45 両		

九〜十二月分						借金返納分など	
十二月御定式金205両下分残り利（1カ月）	1両 永50文	馬喰町拝借金御割済ミ分	66両1分	年内遠州御台所渡し金元り	34両3分 永2文5分	当寅年御講事御止立先納半利払	306両
11月芝金利足下分	20両	御断御拝借千三百両利納下し分	143両2分	江戸下し御用紙代	20両 永233文5分9厘	去子暮御不足金立替分元利払	22両1分2朱 永31文2分1厘
仙之介・治兵衛谷寿村金利下分	31両3分	十二月御定式金205両之内下し	100両	国御陣谷年内御用紙代	1両1分 永166文6分	蔵龍院江歳末	1分
龍潭講掛金親2口小掛1口分	21両2分2朱 永41文4分	来正月分御定式金下分	45両	四分利金 千四百三十両利払	55両 永200文	横田茂兵衛江被下分	3分
金百両弥助ニて借入返金2カ月	2分	同月炭代金下し	5両	五分利金 五百七十壱両利払	28両2分 永50文	利兵衛・半十同断	1両
駿河返金三百五十両拝借元利割済分	58両	御陣谷仲間壱人給金分	52両2分	六分利金 八百九十六両壱分利払	53両3分 永25文	弥助江同断	1両
金百両半十郎ニて借入利足但し駿府返金之節	1分	光明勝栗御初穂	2朱	当二月非常夫人廿人江戸下し但し十一月下し	20両	御仕送り五人江同断	1両1分
秋葉山火祭り之節御初穂	2分	方広寺御代々様御仏具料	3両	村々先納四分利金 六百八十五両壱分利	27両1分 永160文	船問屋江同断	2分
御里披御祝ひ入用外御役金共ニ	44両2分	兵藤久兵衛給金	1両2分	右同断五分利金 千八百四十七両利	110両3分 永70文	猪左衛門江御手宛被下分	1両2分
船運賃舟方払分	2両1分2朱	冨幕下前弐人江御手宛被下分	2両	八幡金源太郎口金庄兵衛切手金利払	22両2分 永100文	新右衛門・猪藤次・猪熊江同断	1両2分
御道具御修覆代諸看板不残ら新規御修覆代共	46両	祝田堤普請ニ付人足江御手宛被下分	5両	去子暮御不足借入金三百両返金元利但し弥助太平次藤蔵江	336両	斧右衛門・五郎左衛門・源太郎江同断	1両2分
						忠兵衛・勘七江同断	1両
						粂左衛門江被下分	1分
						栄蔵江同断	2分

七月分		八月分			
村上猪熊・山下斧右衛門・鈴木五郎左衛門右三人四月ゟ壱人扶持被下分利（8カ月）	1分 永217文8分6厘	龍潭寺・方広寺・三宝寺三ケ寺御せがき料利（6カ月）	1両2分	江戸御下屋敷利（5カ月）	永100文
七月御定式金（高205両之内）	90両	江戸運賃舟方払	3両1分2朱 永29文	奥ノ山村長寿講欠金	6両 永152文8分8厘
利（7カ月）	6両1分 永50文	利（6カ月）	永240文2分4厘	利（4カ月）	永246文1分1厘
仙之介・次兵衛金、谷寿村金利下分	27両2分	壬七月御定式米炭代共（七月下し）	85両	扶専院江御初穂料	1分
利（7カ月）	1両3分 永175文	利（6カ月）	5両 永100文	利（4カ月）	永10文
七月御定式金（六月下し残り）	115両	九月御定式金米炭代共	85両	十月御定式金米炭代共ニ	85両
利（6カ月）	6両3分 永150文	利（5カ月）	4両1分	利（4カ月）	3両1分 永150文
御貸鉄砲其外大筒・小筒不残修復（代七月下し）	15両	八月講金預廿両引弐両払残り	永100文	十一月御定式金米炭代共（十月下し）	85両
利（6カ月）	3分 永150文	江戸御下屋敷	2両	利（3カ月）	2両2分 永50文
龍潭寺・方広寺・三宝寺三ケ寺御せがき料	1両2分			十二月御定式金205両下分残り	105両

※その他　借金返納分など
- 当寅年御講事御止立先納半利払　306両
- 去子暮御不足金立替分元利払　22両1分2朱、永31文2分1厘
- 蔵龍院江歳末　1分
- 横田茂兵衛江被下分　3分
- 利兵衛・半十同断　1両
- 弥助江同断　1両
- 御仕送り五人江同断　1両1分
- 船問屋江同断　2分
- 猪左衛門江御手宛被下分　1両2分
- 新右衛門・猪藤次・猪熊江同断　1両2分
- 斧右衛門・五郎左衛門・源太郎江同断　1両2分
- 忠兵衛・勘七江同断　1両
- 粂左衛門江被下分　1分
- 栄蔵江同断　2分

そして、御用達岩井林右衛門を中心に次のような取り決めも行われている。

〔史料7〕

三月朔日乍恐以書付奉願上候

一今般御勝手向御改革ニ付、是迄江戸表御勝手方御重役様御壱人之御掛りニ御座候所、以後御両人様ニ被仰付御月番之御勤メ被下置候様奉願上候、

一御在所御勝手掛り御元方御壱人様ニ御座候処、以後御仕送り之者幷ニ村役人共罷出、尊卑之隔者御座候得共、御同意ニ御相談支度候様奉願上候、

一江戸表御賄方御仕法長月ニ拝見仕度候間、翌月中ニ御送り被下候様奉願上候

一相州御知行所御物成之儀御取調之上、江戸表御用米ニ御差加へ被下置候様、右断、

一江戸表御賄拝見之上万一御費之儀も御座候ハ、乍恐御省略之儀可奉申上哉難斗奉存候、

右之五ヶ条御聞届被下候様奉願上候、乍恐愚安仕候義も御座候得共、先日以書面ヲ御窺ひ申上候儀以今御沙駄無之候ニ付、御仕法も基付不申候御沙駄次第早速御仕法書取調可奉差上候、

辰三月

市兵衛
八左衛門
後藤勘七
岩井林右衛門

御勝手方
御役人中様

なお、安政六年の「諸留帳」(42)によれば、兵藤市造という人物が米役方として御合力金の管理(換金・前借等)を担当していた(このとき家老小野泰輔・勘定奉行田中瑞之助、元〆役中井猪左衛門)。また、同じく同年の近藤遠江守

表10　井伊谷近藤氏御用金の推移

	元金	利金	元利	不足	差引
文久2年(1862)	290両3分 永270文	22両2分 永207文5分	313両1分 永207文5分	194両2分 (寅卯辰巳四カ年不足預分)	119両 永107文5分
文久3年(1863)	221両1分	13両1分 永1貫387文5分	235両3分ト 永137文5分	154両1分 (寅卯辰巳四カ年不足預分)	81両2分ト 永137文5分
文久4年(1864)	218両2分	14両ト 永22文5分	232両2分ト 永22文5分	125両2分 (寅卯辰巳不足分)	107両ト 永22文5分
元治2年(1865)	261両1分	15両3分2朱ト 永92文5分	277両2朱ト 永92文5分	125両2分 (寅卯辰不足分)	151両2分2朱ト 永92文5分

注）「御用金請取通」（高田家文書14・17号）、『浜北市史』資料編3（原文書浜松市市民ミュージアム浜北蔵）より作成。

の江戸帰国の際には、継人足の担当役として兵藤市造と山下斧右衛門の名が確認でき(43)、この時期、神宮寺村の出身者の政治的・経済的な活動が目立つようになっていたことがわかる。また、安政期以降の旗本近藤氏財政における御用金についてまとめたものが表10である。これによると、安政年間の近藤家の軍役によって生じた財政の不足分（「寅卯辰巳四カ年不足」分）を、少なくとも元治二年（一八六五）まで引きずっていたことがわかる。ただし、こうした臨時入用金を根拠として近藤家の財政が恒常的に破綻していたとまではいえない。むしろ、近藤氏の中央での政治的活動が地域財政を圧迫する構造そのものに問題があったというべきであろう。

なお、井伊谷陣屋の財政においては、積講などの費用（金融講による収入）も重要な役割を果たしていた（本書80頁）。たとえば、中井為十郎・伊東勝五郎・伊東民右衛門ら三名は、天保四年（一八三四）十二月に積講金十九両を祝田村磯田利兵衛より落札(44)、同じく井伊谷村利左衛門・弥助より金十七両を落札しており(45)陣屋の入用に宛てている。とくに、井伊谷陣屋の経営において祝田村磯右衛門が果たした役割は重要であった。年不詳であるが、次のような史料もみられる。

〔史料8(46)〕

祝田村

磯右衛門

今般
御上大金之御入用御時節ニ付、其方儀為冥加金子五拾両差上度由ニ而則右金子於其表致上納候旨被為及　御聴、誠奇特之志、殊外御満悦思召候、依之思召も有之候得共、此節御役用至而御取込ニ付不被及其儀候、猶追而御沙汰可有之候条、其旨可相心得候、

十二月朔日

三谷郡太夫（印）
伊原丹治（印）
小沢助右衛門（印）
小沢次部右衛門（印）

近世後期になると、引佐地方でも領主が地域に対して冥加金の差し出しを求めることが多くなるが、こうした動向は、在地の有徳者の政治参加（身上り）の要求と密接に結びついていた。実際、祝田村磯右衛門も、冥加金五〇両を旗本近藤氏に用立てることで、給人格となることに成功したのである。その後、磯右衛門家は近藤家に出役して長年奉公を続け、十八世紀後半～十九世紀の前半にかけて一時的にその地位から追われることになるが、陣屋運営に大きく貢献していくことになる。

以上、近世後期の近藤家の財政状況について確認してきた。とりわけ、村の上層のなかに旗本陣屋へ用立てすることで領主権力に結びつこうとする動きがあり、こうした資金源によって近世後期の旗本財政が動いていたことなどをみてきた。嘉永・安政期には、旗本近藤氏の二条城警備軍役などによって、在地に対して、金銭的なしわ寄せが起こり、財政改革の要求が出されことは重要であろう。また、この時期、旗本近藤氏と在地の有徳者との結びつきが強まっていたことも見逃せない。さて、こうした旗本財政と密接に関わりつつ展開した龍潭寺を含む当地の地方寺院の様子について、以下でみていくことにしたい。

二　旗本と地方寺院

（1）旗本陣屋による御救と寺院

旗本井伊谷近藤氏において、近世後期になると地方賄役の存在意義が高まってくることは、すでに川崎文昭によって明らかにされている。しかし、この背景には一体何があったのだろうか。井伊谷・神宮寺村周辺は、十七世紀末以降になると災害や飢饉によって慢性的な窮乏状態におちいった。とくに元禄期になると、井伊谷町では火災が相次ぎ、これへの対策が講じられている。元禄九年（一六九六）四月四日の井伊谷町での火災に対しての諸主体の支援についてまとめたものが表11である。これをみると、浜松や佐浜、阿多古、山吉田など、かなり広い範囲から支援があったことがうかがえる(47)。またここでも、周辺寺院が領内外を問わず支援を行っており、当該地域のセーフティーネットとして寺院が果たした役割の大きさも確認できる。また、焼失した家屋をつくり直すために、林業の発展している伊平村や奥山村など旧引佐町の山間の村落から縄や茅の融通を受けている。旗本井伊谷近藤氏の家老小沢九郎兵衛からの個別支援を別として、陣屋による公的な支援が行われることはなかった（あるいは不十分であった）とみられる。

しかし、一方でこれと同じ時期に起きた凶作に際しては、領主旗本近藤氏より「御救」が行われた。中井家には次のような史料が残されている。

〔史料9〕(48)

差上申証文之事

一子丑両年作毛不宜吉年畑方諸作別而違百性難儀仕候段、殿様達御耳ニ今度御知行中為御救百石ニ付米三拾俵宛并御借米三俵、新田斗持候百性ニ者御救米百石ニ三俵積り被下置、村中惣百性難有奉存候、御借米之儀者当暮

表 11　元禄 9 年の井伊谷町火災に対する救援（抜萃）

地名	人名	救援物資等
阿多古	庄右衛門 十右衛門	わん 10 人前 300 文
井伊谷陣屋	小沢九郎兵衛	白米 1 俵
井伊谷町	六左衛門	米 5 斗・すりばち 1 つ・ちゃわん 2 つ・□くし三本、火入 2 つ
	角左衛門後家	麦 3 斗
	文七	麦 1 俵
	喜太夫	麦 1 俵
	ゐ兵衛	牛房・人じん
	弥七右衛門	ちんとん足打
	伊右衛門	てぬくい 2 すし
	吉右衛門	たはこ 2 わ
	八助	めしひつ 1 つ・おしき 2 敷
	左衛門	めしつき 1 つ
	伊兵衛	ひつ 1 つ
	七右衛門	たはこ
	五兵衛	かや 2 束
	角平	
	七郎兵衛	なえ 4 わ
	与二右衛門	60 わ
伊平	弥五左衛門 喜左衛門 四五左衛門	かや 1 駄 かや 100 わ 10 わ
一見（人見）	十左衛門 大蔵	たはこ むしろ 5 枚
入野	庄二郎	米 2 俵・せんちゃ・わん 10 人前
祝田	八左衛門	二わ内 かや 50 なわ
宇川	かづま	金 1 分
内野	孫左衛門 清右衛門	わん 5 人前 おしき 10 枚・めしひつ 1 つなど
小木村	三郎兵衛	わら 1 駄・竹 3 束
奥山	源右衛門 七左衛門 八兵衛	わん 10 人前 むしろ 6 敷 酒 1 斗
刑部	おいぬ	麦 2 俵
小野	六助 十郎兵衛 藤右衛門 武右衛門	めし かや 1 駄 かや 1 駄 かや 1 駄
かうや	新吉	木 1 本
金指	庄兵衛 四兵衛	たはこ なへ 1 つ・酒 1 斗
気賀	三右衛門 与太夫	米 2 俵 金 5 両
北岡		むしろ 25 枚
佐浜	庄右衛門	麦 6 俵
神宮寺	市郎右衛門 市郎右衛門 市兵衛	ちゃ・重ゆ 麦 2 俵 麦 2 俵
たか	長右衛門	ておけ 1 つ・おけ 1 つ
つくた	文左衛門後家 〔　　　〕	せんちゃ・だいこん 〔　　　〕
とつし	五兵衛	米 1 俵
中野	八助	40 わ
野□	実蔵院	金 1 ト
花平	八郎左衛門	なわ 3 束
濱松	半次 蔵人殿	うす□□ 20 枚 重壱人之酒
久留女木	刑部八	
広岡	二郎兵衛	酒 1 斗
別所		
三岳	仁兵衛	わん 10 人前
山吉田	李右衛門	うすへり 2 枚
横町	武右衛門	ちゃ
寺院	定光坊	とうふ 2 丁・酒 2 斗
	正楽寺	二わ内
	龍潭寺	米 2 俵・味噌たは 2 ほん・せんちゃ・
	光善庵	□麦 1 斗
	初山	ちゃたて 1 つ・くわし 1 ふくろ
	明円寺	ちゃ・たはこ 2 わ

典拠）「当町出火時見廻帳」（井伊谷中井家文書 130 号）

ゟ三年上納仕候様ニと被仰付候事、
一御救米拾八俵四升七合御備ｼ米拾七俵弐斗九升九合御渡ｼ被成請取申候、則村中へ庄屋・組頭相談仕惣百性へ割符仕相渡ｼ申候、村中惣百性難有奉存候事、右御備米当暮ゟ三年ニ急度上納可仕候、若相滞申候者御年貢米にて御引取被成候、為其証文仍而如件、

元禄十一年寅之二月十六日

井伊谷組頭　惣助
同　権右衛門
同　五郎左衛門
同　喜太夫
同　惣兵衛
同　伊右衛門
文右衛門
庄屋　弥五左衛門

岡井七郎左衛門殿
鈴木善六郎殿

このときの御救米は、尾野村の場合、本田分二十俵三斗一升三合、新田分一俵六合、御備米（本田分）が二十俵三斗一升二合であり、[49] 宮口村の場合は、本田分御救米が三十四俵一斗三升一合、新田分が二俵八升二合、本田分の御備米が三十四俵一斗六升一合であった。[50] さらに十八世紀中ごろになると、洪水被害などにともない百姓の困窮状態はますます深刻化し、領主に「御救」を願い出ることが増えた。[51] 延享四年（一七四七）四月七日に起きたという雷・雹による「前代未聞」の天災では、地頭方（近藤氏）から「御救」として「畑高壱石目ニ麦壱斗宛之積にて当村（神宮寺

村）江茂両永廿文被下置候、村方ニ而割相を致シ半分門割半分人別ニわり申候、門一軒に弐百五拾文宛人一人ニ四十弐文宛頂戴仕候」という[52]。また、文化二年（一八〇五）四月八日の井伊谷村の火災（計四八軒類焼）では、軒別に米壱俵宛（ただし、火元は除く）下されている[53]。

十九世紀の前半まではこうした「御救」が比較的機能していたようで、「大雲霞」（イナゴの大量発生か）に見舞われた文化五年には、村方からの願をもとに国役人らの検分を経て、米四百俵（その後再願にてさらに三百俵）が惣知行所中に下されている[54]。いずれの場合も、地代官である中井猪左衛門・内山磯右衛門や、兵藤市郎右衛門らの働きかけが大きかったとみられる。なお、これに加えて神宮寺・井伊谷両村においては干ばつも深刻であった。慶安年間、小沢助右衛門によって用水の設置が進められたが、享保十六年（一七三一）頃になると「新堰」の建設によって神宮寺・井伊谷両村間でトラブルも生じてくる（神宮寺区有文書H―一）。この後、天保年間にも、南神宮寺・北神宮寺（十九世紀前半に分村）・井伊谷の各村で再び、親堰の「水落」の問題が浮上しており（神宮寺区有文書H―四）、用水の確保が当地においてとくに重要な課題であったことがわかる。

ただし、災害への対応は、領主から村への一方向的なものではなく、天保十四年（一八四四）十二月二十八日、江戸木挽町の旗本近藤屋敷の類焼の際には、広く領国への寄附献金が求められた（表12）。十九世紀に入ると、旗本近藤氏の地域への経済的な依存度は高くなっていくが、その際とくに重要となったのが、寺院からの金銭の借用である[55]。この点について、川崎文昭は井伊谷近藤氏の奥山方広寺からの祠堂金借用に注目し、「井伊谷近藤氏も村々に財政的依存を強め、寺院の祠堂金を借用しなければ立ちゆかなくなっていた」と説明している[56]。川崎が注目した史料が次の三つである。

〔史料10[57]〕

①

預申祠堂物之事

合金五拾両也

右此度檀那方江預申所実正也、此金子之儀者十方信心之施主志を以積置、其利倍を以永代春秋両度為羅謹講式執行被預置候得者、縦如何様之儀出来候共如才有之間敷候、若元金御入用之節者何時ニ而茂済可致候、利足之儀者壱割之勘定を以、年々極月於奥山村金五両宛年貢ニ御差次可有之候、尤名主共江茂訳申付置候、為後証手形仍如件、

明和七庚寅年十二月

近藤甲之丞内

太田忠左衛門（印）

村上新右衛門（印）

三谷右膳（印）

小沢九郎兵衛（印）

方広寺

東隠院

臥雲院

三生院

蔵龍院

②

「（端裏書）表書之通相違無之者也、

近藤彦九郎（印）」

祠堂物預り証文之事

合金百両者　文字小判也

村名		人名	金額
奥山村		庄治郎	1 両
		源重	1 両
	小前	勘十	2 歩
		治郎八	2 歩
		源蔵	2 歩
		佐次右衛門	1 歩 2 朱
		五郎右衛門	1 歩 2 朱
		松右衛門 十右衛門 磯八 善六	1 両
		多三郎	1 歩
		清四郎 新治郎 助三郎 助左衛門	2 歩
合計			6 両
横尾村		長左衛門	2 分
		五兵衛	2 分
		文右衛門	2 分
		惣兵衛	2 分
	小前	七右衛門	2 歩
		善八	1 歩
		助九郎	1 歩
		佐兵衛	1 歩
		清右衛門	1 歩
		半兵衛	2 朱
合計			3 両 2 歩 2 朱
井小野村	村役人		1 両 2 歩
	小前	七兵衛	2 歩
		源兵衛	1 歩
		久兵衛	1 歩
合計			2 両 2 歩
北神宮寺村中			2 両
東尾野村		定右衛門	1 歩 2 朱
		平蔵 忠作	2 分
	御馬蔵	茂右衛門	1 両
	小前	重左衛門 又右衛門	1 歩
		久右衛門 傳右衛門 伴蔵 源左衛門	1 歩
合計			2 両 2 歩 2 朱
西尾野村		七兵衛	2 両
		益右衛門	1 両 2 歩
		平八	1 歩 2 朱
		権右衛門	1 歩 2 朱
		八左衛門	1 歩
	小前	長四郎	2 歩
		政七	1 歩 2 朱
		米八	1 歩
		弥次六 半三郎	1 歩
合計			5 両 3 歩 2 朱
祝田村		久右衛門	1 両
		三右衛門	2 歩
		孫四良	2 歩
		卯右衛門	1 歩
		金次	1 歩
	小前	守太夫	1 歩
		長太夫	1 歩
		治右衛門	1 歩
		善太夫 傳右衛門 久蔵 孫太夫 宇右衛門 平四郎	1 両 2 歩
合計			5 両 1 歩

総計　49 両 3 歩 2 朱

表 12　天保 14 年 12 月 28 日の江戸木挽町屋敷類焼の献金一覧

村名		人名	金額
宮口村		助七 杢兵衛 源蔵	1 歩 2 朱
		与惣右衛門	2 歩
		甚蔵	2 歩
		与平	1 歩
		善左衛門	1 歩
		吉郎兵衛	1 歩
		長右衛門 嘉平 兵右衛門	1 歩
		与右衛門 角右衛門 五郎右衛門	1 歩 2 朱
合計			14 両 1 歩
南神宮寺村	村役人		3 歩
		与右衛門	1 両
		五右衛門	1 歩
	小前のもの		2 歩
合計			2 両 3 歩
井伊谷村		栄三郎	3 歩
		長左衛門	2 歩
		八五郎	2 歩
		五郎左衛門	2 歩
		岩二 半蔵	2 歩
	小前	惣兵衛 権四郎 長五郎	3 歩
		半重 源蔵 長七	3 歩
		源七 金二	1 歩
	（上ノ）	栄蔵 源七	2 歩
合計			5 両

注）細江町伊東家文書（浜松市博物館蔵）より作成。

村名		人名	金額
宮口村		弥治平	3 歩
		金右衛門	2 歩
		儀右衛門	2 歩
		忠吉	2 歩
		忠右衛門	2 歩
		佐右衛門	1 歩
	御蔵当番	平左衛門	1 歩
	小前	市兵衛	1 歩
		和吉	1 歩 2 朱
		次郎吉	1 歩 2 朱
		長左衛門	2 歩
		惣兵衛 久次郎 伊兵衛 源兵衛 利兵衛 久兵衛 長十	1 両
		多重	1 歩 2 朱
		源兵衛	1 歩 2 朱
		弥右衛門 庄左衛門 弥七 吉右衛門	2 歩
	（小前）	八蔵	2 歩
		半兵衛 久之丞 清蔵 治右衛門	2 歩
		喜右衛門	2 歩
		傳右衛門	1 歩
		瀬平	1 歩
		五郎七	1 歩
		平三郎 久右衛門 源七 七左衛門 武太夫 庄三郎	3 歩

右此金子之儀者三生院拙岩和尚御善願ニ而御本山宝蔵江永被附置以其利倍年々勤番之衆僧被致扶持度思召也、依之御衆評之上領主外護之因縁を以御預ケ被成度旨被仰聞、則旦那要用之時節預り申所実正也、然上者縦如何程年代重り勿論　公辺金銀御吹替幷如何様之御触等有之候而茂於此金子者永世聊違変致間鋪候、若又元金御入用之節者不依何時急度皆納可致候、利足之儀者年壱割相定、毎年於奥山村金拾両宛年貢ニ御差次可有之候、尤其訳名主方江茂申付置候、為後証旦那裏判役人連印仍而如件、

安永四未年七月

村上新右衛門（印）
小沢次郎右衛門（印）
小沢助右衛門（印）
伊原丹解（印）
渥美喜兵衛（印）
三谷郡太夫（印）

深奥山　東隠院
臥雲院
三生院
蔵龍院

「（端裏書）表書之通相違無之者也、
渥美喜兵衛」

③

預申金子之事

一金七拾五両也　　利息壱割半

右者旦那方要用ニ付借用申候処実正ニ御座候、返済之儀者来戌ノ極月廿日ニ限り元利共急度返済可致候、為後證
仍而如件、

近藤隼人内
山下安右衛門（印）
太田茂太夫（印）

安永六年酉極月

東隠院
臥雲院
三生院
蔵龍院

①～③はいずれも方広寺から井伊谷近藤氏へと預置かれた金子であるが、事実上は井伊谷近藤の借金である。しかし、これも明和九年（一七七二）二月十五日、浜松藩主井上正定（当時、奏者番）が三州鳳来寺への参詣のために井伊谷陣屋に立ち寄ったことを背景とするものであり、非日常的な臨時入用分と解釈するのが妥当である。この浜松藩主の立寄に対しては、井伊谷村分だけでは不足となり、神宮寺村（人足五人・馬四匹）、横尾村（人足三人）、奥山村（人足一一人、井小野村（人足五人）、祝田村（馬六疋）からも出役しており[58]、この準備のために臨時費用が必要となったとみられる。よって、これをもって井伊谷近藤氏の財政悪化をみることはいささか早計であろう。

なお、明和・安永期には一方で、神宮寺村の兵藤家から龍潭寺に土地と堂宇（十王堂・久昌院）の寄進が行われている[59]。この詳細については次の史料が端的にまとめている。

〔史料11[60]〕

寄附一札

一当宇者拙家持庵にて古来神宮寺村中ニ有之、私祖父栄松再建仕置候而田地等致寄附候、近年無住彼是ニ付、却

而簾末に相成申候間、今度貴寺様江右之一宇幷諸道具田地等不残奉寄附候間、御境内江御引移御塔中一統に御取立被遊、則号久昌院と永々拙家菩提所と可被成下旨難有奉存候、尚又右之田地加地子を以住寺壱人被指置修理等被仰付可被下候、尤田地坪付等者別紙書付差上申候、右為念一札依而如件、

施主　兵藤恒右衛門（印）
同門　兵藤丈右衛門（印）
同門　兵藤恒八（印）
同門　兵藤磯右衛門（印）

安永二癸巳七月吉日

龍潭寺御納所様

十王堂一札

一十王堂者古来ゟ神宮寺村中ニ有之地蔵菩薩幷十王之尊像者小沢九郎兵衛様御先祖及拙家私祖母桂岩為施主願主建立仕置候、今度右之一宇茂再建申候、諸尊像安座仕候以後者十王堂幷地鋪等貴寺様御控に可被成下候、尤庵主有之節者寄附田地加地子之中ゟ為御供料米四斗、月々三升ツヽ、盆正ハ五升ツ、壬月有之候節者右外ニ三升被差遣可被下候、右為念一札如件、

安永二癸巳年七月吉日　兵藤恒右衛門（印）

龍潭寺御納所様

史料11（傍線部）にあるように、元々、十王堂は井伊谷近藤氏家老の小沢九郎兵衛との由縁が深い堂宇であったが、十八世紀後半には無住状態が続き、再建が必要となっていた。この十王堂が龍潭寺に寄進された主な理由は、再建のための費用を兵藤家のみで賄えなくなったことによると思われる。享和元年（一八〇一）、兵藤秀由は十王堂の再建のために近村から施主を集めており、多くの人びとから寄付金を集めることに成功している。このとき、十王堂に寄進された観音（一体料金一分二朱）の施主となっている人物には、祝田村磯部利兵衛、正楽寺村影山与右衛門母、内野村横田茂兵衛（小森村町田八五郎と連名）、三岳村安間助右衛門、呉石村竹田五太夫、それから金指陣屋の

長瀬氏の母などがおり、兵藤家のネットワークの広さを示していると同時に、この背景には龍潭寺の存在があったとみられる[61]。また同時に十王堂が龍潭寺に寄進され、宗教的な「場」が地域のなかで一元化されたことによって、龍潭寺のもつ宗教的権威は、ますます高まることになった。

このように、十八世紀後半～十九世紀前半にかけて、龍潭寺をはじめとした地方寺院（方広寺や宝林寺など）の社会的な信頼が高まった。享保期には旗本近藤家から龍潭寺への茶湯料の寄進も始まっており[62]、寺院と個別家（領主・在地有力者）との結びつきが強まってくる傾向が指摘できる。以下、江戸時代の龍潭寺について、その概略をあらためて確認しておきたい。

（2）井伊谷龍潭寺の檀家圏

ここまで、領主権力の内部や代官らの存在に注目し、その構造の特質についてみてきたが、当地域の社会構造をより深く分析するためには寺院の規模、すなわち檀家圏についても確認しておく必要があろう。

井伊谷龍潭寺を取り巻く空間構造としては、九十六石余の寺領を有し、寺領百姓たちが耕作にあたっていた（表13）。境内には八幡宮があり、周辺には祝田の大藤寺（朱印高四石五斗）、宮口の報恩寺（朱印高八石三斗）・大覚寺（朱印高四石）、井伊谷の円通寺（龍潭寺住職の隠居場となった）があり、その後、寛政年間までの間に井伊谷の明円寺、神宮寺の妙雲寺、北岡の光照寺、黒渕の正受庵が末寺となった。年貢の納入やそのほかの広汎な事務などの寺院経営については「納所」が担当し、御使などの雑用をこなす寺僧が数名おり、さらに門前百姓とみられる俗人の姿も確認できる。歴代住職は一代交替制であったが、檀家村である神宮寺・井伊谷・祝田・横尾の四か村との関係はとくに密接であった。一方、周辺には奥山方広寺（とその末寺）や近藤氏の菩提寺である実相寺・宝林寺などがあり、宗派を超えた交流関係を有していたが、ときには檀那をめぐって「競合」することもあった（後述の横尾村一件など[63]）。享保九年（一七二一）十一月住職祖山の頃に、「拙寺檀方村々江散在御先祖代々焼香仕致来候、然所近年家督相分、又者仮名相替候方も有之古来之檀那帳と出入有之候」として檀那帳の更新が行われている[64]。これは「拙僧出世近寄申候付キ出世後惣檀方大小不残申請一飯振舞、又ハ門並ニ御尋申事ハ先祖代々之古例ニ御座候、其節之為ニ御座候」とあり、住職の引き継ぎのためであったと思われる。このとき新たに連印された惣檀家帳にみられる各村ごとの人数をまとめたものが表14である。井伊谷・神宮寺・祝田・横尾の各村に檀家が集中していたことがわかる。

では、龍潭寺住職と村人との関係はどのようなものであったか。ここでは、寛永二十一年（一六四四）二月十日の昊天和尚の遷化とその後住の決定の過程についてみていきたい。昊天が没して三日後、江州の万亀和尚が井伊谷へと下着した。次の史料はこのときの様子について書かれたものである。

居村	作人	作地	土地面積
神宮寺村	吉兵衛	同所やぶた	中田1反4畝1歩半
	六郎左衛門	谷田	中畑6歩
		神宮寺平ちかうた	中田1半2畝7歩
	金左衛門	同所東谷田	上田3畝26歩
			上畑4畝4歩半
（北岡圓通寺）	圓通寺	北岡前	上田1反4畝9歩
	弥左衛門	圓通寺前	中畑20歩
	彦市（圓通寺に成）		中畑3畝9歩
	作蔵（佐右衛門に成）		中畑4畝10歩
	藤六（喜左衛門に成）		中畑3畝15歩
	圓通寺		中畑3畝15歩
	弥左衛門		中畑6畝15歩
	次郎助		中畑5畝20歩
	左門七（角右衛門に成）		中畑4畝3歩
	藤六		中畑1畝
	惣左衛門（金右衛門に成）		下畑1畝13歩
	藤蔵（藤兵衛に成）		下畑15歩
	藤右衛門	観音領ゟ圓通寺前	下畑1畝6歩
	彦市		下畑3畝14歩
	太郎右衛門		下畑5畝29歩

注）井伊谷龍潭寺文書13・14号より作成。

表13　龍潭寺領高（元禄15年2月）

居村	作人	作地	土地面積
正楽寺村	久次郎	越前	中田4畝7歩半
			下畑8歩
	徳兵衛	岩沢道上	下田4畝13歩
		岩沢道南	下田6畝8歩
	清兵衛	作田道下	中田5畝3歩半
	平兵衛	岡下道上	中田7畝21歩
小野村（桃渓院領）	孫太夫	岡下休石	中田1反21歩
正楽寺村	甚三郎	作田	上田1反1畝17歩
	庄左衛門	作田	中田8畝7歩
		作田	上畑4歩半
		橋詰	中田4畝28歩
小野村	小野村	井領田	中田3反8畝6歩半
	寺作	鳥居本西通り	中田9畝3歩
		同所	中田24歩
		同所中通	中田8畝15歩
		同所東通	中田1反24歩半
正楽寺村	甚三郎	同所かすかひ田	中田8畝15歩半
	庄左衛門	長田地蔵寺前	上田2畝22歩
			上田1反26歩
		長田すか町	中田1反4畝11歩半
	久次郎		中田1反2畝13歩
	清兵衛		中田8畝29歩
市場	十太夫	市場下十王前	上田7畝1歩
			上畑1畝6歩
上野村	権右衛門	市場下不生堂	上田5畝17歩
市ノ沢	吉左衛門		中畑3畝7歩
上野村	権右衛門	同所道東不生堂	上田6畝18歩
市ノ沢村	十左衛門		中畑5畝9歩
谷津	九左衛門	同所子入淵	上田1反4畝3分
市場町	茂助	同所井ノ口	上田3畝
		同所子入淵	上畑3畝1歩
谷津村	清十郎	同所角田	中田5畝12歩半
	小右衛門	同所不生本やふ田	上田1反1畝25歩
	傳三郎		上田1反4歩
	弥右衛門		中田7畝13歩
	甚五兵衛		中田1反1町25歩
市場村	茂平		中田1反2畝
谷津	九左衛門	やぶた南	中田8畝29歩
天王	孫次郎	やぶ田	中田6畝20歩半
市場町	権左衛門		中田1反3畝7歩
			中畑23歩
谷津村	市左衛門	背戸田	上田2反4畝27歩半
			上畑2畝10歩半
	長三郎	背戸田下	上田9畝15歩
			上田21歩
市場	茂助	背戸田三ノ坪	上田1反2畝11歩
谷津村	清左衛門	背戸田	上田1反2畝12歩
	次右衛門		上田1反3畝16歩半
	清左衛門		上田1反3畝15歩
			上田3畝26歩半
市場	武右衛門		上田8畝20歩半
谷津	傳三郎	藤の木	中田3畝10歩
市場町	十内		中田2反20歩半
正楽寺村	庄左衛門	清水下	下田6畝16歩
谷津	与右衛門	坂田五反田	下田1反3畝10歩
正楽寺村	庄左衛門	同所源田	下田2反3畝11歩
	三郎平	同所舟原	中田1反5歩
坂田村	次郎七		中田1反
			中畑19歩
	六兵衛	坂田源田	中田9畝24歩
正楽寺村	与四兵衛		中田1反3畝12歩
	利平		中田1反25歩
谷津村	長三郎		中田9畝9歩
正楽寺村	徳兵衛	同所なますのを	中田1反4畝27歩
神宮寺村	藤兵衛・（右居屋敷）	西谷田ちかうた	中畑3畝14歩
	半右衛門・六郎左衛門	針原西	中田1反4畝12歩
	半右衛門	針原東通り	中田9畝8歩
			中田8畝8歩半
	半右衛門・六郎左衛門	針原西	中畑1畝15歩
	半右衛門	針原東通り	中畑8畝9歩
谷津村	清左衛門	藤木三反田	上畑9畝11歩半
	与右衛門		上畑8畝11歩
坂田村	茂平	坂田源田	中田1反7畝9歩半
正楽寺村	仁平	横堤	下田1反4畝25歩
谷津村	長三郎	同所牧作	中田1反2畝14歩
神宮寺村	吉兵衛		中田1反1畝17歩半
谷津村	藤右衛門		中田1半7畝25歩

表14　龍潭寺の檀家一覧（享保9年）

村名		採録年月	人数
井伊谷	井伊谷町	寛延3年6月	71
	北岡		15
	市之沢		13
	上野		35
	谷津		16
	東牧		9
	組頭		8
神宮寺村	神宮寺村		65
	向イ組分		28
	組頭・庄屋		5
祝田村	祝田村		73
	組頭・庄屋		8
横尾村	横尾村		35
	組頭		5
井小野村	井小野村		4
	組頭・庄屋		3
伊目村		享保9年11月	13
		享保10年3月	14
油田村		享保10年2月	18
老ヶ谷村			3
気賀上村			13
呉石村			7
下気賀村			9
上刑部村		享保10年3月	18
（村名不明）		享保10年4月	28

注）「龍潭寺惣旦那帳」（井伊谷龍潭寺文書32号）、「宗門御改人数控帳」（井伊谷龍潭寺文書33号）により作成。

〔史料12(65)〕

一同十五日万斛村の甘露寺・大柳村富泉寺両寺中井弥五左衛門所へ御出、龍潭寺後住の内談御座候、与三左衛門・弥五左衛門父子共万亀和尚旅宿松岳院江参断申候得ハ十五日萬亀和尚常住へ移申され候、

この後、伊豆国の大龍和尚は、〝龍潭寺住職の後住は自分だという前住職との約束がある〟として本寺妙心寺に対して訴えたが、結局万亀和尚が後住と定まった。ここでは史料12のように、龍潭寺住職の決定に際して、井伊谷村の中井与三左衛門らが重要な役割を果たしている点に注意しておきたい。村からの支持が、万亀和尚を後住とする一つの決め手になったとみられる。

なお、龍潭寺と井伊谷村は、一方で対立することもあった。元和元年（一六一五）に検地をめぐって井伊谷を二分する大きな争論が起きているが、このとき一方の大将である河合勘右衛門と「密談」した悦岫和尚に対して、もう一

方の与三左衛門方は「(悦岫は) 龍潭和尚に不似合被成方と申、与三左衛門一門を初いのや四百石ノ百姓三年龍潭寺へ出入不申候」と主張している[66]。このように龍潭寺は、ときには村人たちと対立し、ときには村人たちの先頭に立って領主と争ったりと、村の寺院として活躍した。そして、この背景には、龍潭寺に対する村人たちの強い社会的な信頼と期待があったのである。

表14でみたように、享保期には、龍潭寺の檀家圏は井伊谷・神宮寺を中心に気賀地域などにまで広がっていた。とくに井伊谷・神宮寺村は龍潭寺の「一統檀家」であり、兵藤家や八幡宮神主山本氏などもその例外ではなかった。この頃には、「一郷一同ニ龍潭寺檀那ニ御座候、向後村中ハ勿論兵藤氏一家共ニ如前永代自耕庵并龍潭寺離檀致間鋪」ことが、神宮寺村住人と龍潭寺の間で約束されている[67]。この頃から、当該地域における方広寺末寺の勢力が強くなったこともあり、元文二年(一七三七)には龍潭寺と方広寺(末寺・吉祥庵)の間で、横尾村俊庵の母の葬儀をめぐる争論(横尾村一件)が起こり、井伊谷陣屋の取扱いになっている[68]。これは、結局、横尾村の一同を旧来通り龍潭寺の檀那とすることが確認されて終結している[69]。

以上のように、龍潭寺の檀家圏は、方広寺などと「競合」するかたちで展開していったが、十八世紀前半までには、龍潭寺と檀家村との関係は揺るぎないものになっていたと考えられる。これ以降、井伊谷周辺村落と龍潭寺との関係は、幕末の一時期を除いて大きな動揺もなく展開した。

(3) 地域金融における寺社の位置

さて、最後に地域金融における寺社の立ち位置について可能な限り明らかにしてみたい。十九世紀前半には、長寿講という金融講が史料上頻繁にあらわれるようになる。天保十年(一八三九)の「長寿講口数仕様帳」によれば、参加者は合計一五名で、神宮寺八幡宮神主の山本氏を中心に、金指・井伊谷陣屋の代官や村役人らも参加した(表15)。こうした長寿講に際しては、次のような規定が作成されている。

表15 長寿講参加者一覧（天保10年）

1口	会主
1口	村役人
	与右衛門（南神宮寺村）
1口	金指御陣屋
	伊東磯右衛門
	中井猪左衛門
	祝田村
1口	村役人
	会主
1口	惣氏子中
1口	奥方氏子
	下気賀喜左衛門
1口	次太夫（奥山）
	庄五郎（神宮寺村）
	藤右衛門（井伊谷）
	平左衛門（花平）
	伊兵衛（岩水）
1口	横尾村
	井小野村
	南神宮寺村
	山村氏
1口（16両入）	金右衛門（谷畑）
1口	同人
1口	金右衛門（谷畑）
	村方氏子中
1口	氏子中
1口	村方主中
1口	助九郎（横尾）
1口	兵藤市郎右衛門
	官蔵（横尾）
1口	同人
合計	15名

注）「長寿講口数仕様帳」（神宮寺区有文書F18号）参照。丸括弧内地名以外は、史料の記載のまま記した。

〔史料13[70]〕

規定

一 掛金会席江揃之事

一 落札方証文引替金子相渡可申事、

一 如何様之凶年ニ相成り候共休会仕間敷事、

一 証文質地金高ニ五割増書入可申候事、

但シ質地壱所ニ相成候節者差替書入可申候事、

一講主惣掛返之儀者金預り方より掛続可申事、
一会日難費之儀落札方ゟ壱口ニ付金壱両壱分方宛会主申請候事、

天保十己亥年四月日

講主　八幡宮神主　山本常陸之助（印）
下社家　西尾左内（印）
下気賀親類　喜左衛門
岩水同断　伊平
世話人　神宮寺村　組頭　金左衛門（印）
同断　次郎左衛門（印）
同断　勘蔵（印）
庄屋　惣重（印）
横尾村　村役　官蔵（印）
南神宮寺村　村役　与右衛門（印）
金預り　井伊谷村　村役　藤右衛門（印）

ここで講主となっているのが、神宮寺八幡宮の神主である山本常陸之助であり、中井や伊東など井伊谷陣屋の地役人たちもこれに参加している。天保十二年には、兵藤市太夫が金二〇両を落札しているが、このときの宛所も「山本左京殿長寿講世話人中様」である[71]。八幡宮神主山本氏が中心となる講としては、「神主講」というものもあった。次の史料がそれである。

〔史料14〕[72]

借用申金子證文之事

一金弐拾両也

右者当村神主講其　御役所様へ御落札ニ付、右御落札金追々残金延引仕罷在候処、厳鋪御催促被　仰聞何共申訳無御座候得共、当時ニ寄り金子調達出来兼候ニ付貴所様へ厚御頼申候処書面之金子御取替被下御上納仕候処實正也、返済之儀者来ル子ノ十一月限 り月壱割之利足を加へ元利急度返金可仕候、若返済相滞候節者　御役所様ゟ之御掛返金年々貴所様方へ直ニ御引取可被成候、其節一言之申分ヶ無御座候、為後日連印証文、依而如件、

神宮寺村借用主
神主講世話人
組頭　治郎左衛門（印）
同断　佐右衛門（印）
庄屋　金右衛門（印）
奥山村
証人庄屋　源十（印）
井小野村
証人庄屋　堀越作兵衛（印）

嘉永四壬年十二月

金指　酒屋市左衛門殿

この史料から、嘉永年間において、神宮寺村の経済的な行き詰まりと、金指町の酒屋市左衛門への経済的な依存がみえてくる。嘉永四年（一八五一）は、彦根藩主井伊直弼が井伊谷へと来訪した時期でもあり、そのことが神宮寺村の財政を圧迫していたとも考えられる。金指酒屋市左衛門のように、旗本や地方中核寺院へと金銭の貸付をしている人物としては、このほかに伊東磯右衛門の名も確認できる。

長寿講が地域の金融のなかでどの程度の機能を果たしていたのかについては、史料の散失から具体的でない点も多いが、弘化三年（一八四六）の長寿講の帳簿[73]によれば、長寿講の規模が概ね金数十両程度であり、井伊谷陣屋から村

方への資金の流れ（「御上様掛ケ」として金七両が計上されている）があったこと、比較的広域（井伊谷・井小野・神宮寺・横尾・三岳・祝田・谷津などの村役人層が中心）にわたって取引が行われていたことがあるだろう。長寿講金は、村の入費に役立つと同時に領主財政にも一役買っていたことがわかる。

神主山本氏を中心とした長寿講とは別に、この地域において、もう一つ中心的な役割を果たしたのが龍潭寺（松山）役寮による長寿講であった。天保十一年（一八四〇）には、栃窪村の住人が長寿講金二五両を落札している[74]。また、この翌年にも白岩村の人びとよりほぼ同様の証文が龍潭寺役寮へと送られている。

〔史料15[75]〕

長寿講金預申証文事

一　金五拾両也

右者御寺為御続御一統様以御取持被成御企候、長寿講此度拙者方落札ニ付書面之金子慥ニ預り申所実正明白ニ御座候、然ル上者掛金毎年十一月廿六日御会席江金子五両宛未年ゟ辰年迄急度掛返可申候、為右質物拙者持高内上畑四石五斗目別歩坪附之通り書入置申候、万一預り主不得之義御座候得者、証人加印者引取致支配金子を以聊無達滞急度掛返可申候、縦合如何様之凶作等御座候とも講金預之義御座候得者於此金子者少茂無相違急度懸近御重并御連中江御世話掛申間敷候、為後日証人加印依如件、

天保五卯年十一月

白岩村
預り主　宇兵衛（印）
証人　宇七（印）
組頭　庄右衛門（印）
同断　宇兵衛（印）
庄屋　繁右衛門（印）

龍潭寺御役寮様

御連中

こうした史料は、いずれも「為御寺（相）続」などとあり、龍潭寺の相続を名目としたものである。天保十五年には村でも積講金五〇両の落札が行われており(76)、規模の大きな講が広範囲に展開していたことがわかる。また、嘉永年間になると、領主も龍潭寺の長寿講に関わり、入用分を落札していることがわかる。次の史料である。

〔史料16(77)〕

長寿講落札金之事

一金百両也

右者貴寺長寿講旦那加入分今回落札ニ付書面之金子只今慥ニ請取申候処相違無之候、掛返金各講定之通年々金拾両宛会日急度掛返可申候、為念一札差入置申処相違無之候、仍而如件、

嘉永三戌年十一月

近藤冨治郎様内

横田禮助（印）

大野要人（印）

梅原新右衛門（印）

龍潭寺長寿講御世話人中

冨次郎とは、旗本大谷近藤のことであり、差出人は大谷陣屋の役人たちである。龍潭寺は井伊谷村・神宮寺村という井伊谷近藤氏の領地に位置しているが、別領地の金融活動にも深く関わっていたことが確認できる。なお、嘉永年間以降は、河合友右衛門ら気賀近藤家の役人たちによる、長寿講金の落札が頻繁に行われるようになる。たとえば、次の史料が挙げられる。

〔史料17[78]〕

長寿講落札金預り之事

一金百両也

右者此度拙者落札之所預り慥ニ請取申所実正也、然ル上者来子之会ヨリ酉年迄拾会之間金拾両宛会日急度掛返シ可申候、講落札金之儀ニ付如何様之違変有之候共、右日限無相違差出可申候、為後証仍如件、

文久三亥年十一月

河合友右衛門（印）

龍潭寺長寿講　御世話人中

これらを一覧にしたものが表16であるが、十九世紀後半になると、気賀陣屋の役人などが、長寿講金を百両程度落札している。近世の龍潭寺の長寿講については、断片的な史料しか残っておらず不明な点も多いが、山本神主講よりも金額が大きく、神宮寺村や井伊谷村以外の地域の人びとが多く参加していたことがわかる[79]。なお、龍潭寺住職の日記のなかには次のような記録もみられる。

〔史料18[80]〕

客十五六人

茶之間ニて先ッ他旦之衆江対面、先月十六日家中衆内談、廿日講之事有之候得共、此祠堂講之義、子細無之今日相招キ候義ハ明年開山三百年忌相当ニ付、法事執行申度候間、何れニも旦縁ヲ以何分御取持被下度、此段御頼之為今日相招候と申、馳走致候、末山衆ゟも一通り置頼已後之義ハ横尾寛蔵内談之処、程能可頼呉候、内話旦中之村役衆江茶之間ニて惣対面一通り、開山忌支度之事、三年前相談相頼み申ニ付、百両百俵寄進被下度相頼候処五十両寄進、尤古借世話人賄中ニ寺江取替被置候金子ニ差引ニ相成候、百俵之頼ハ不承知ニて両度之秋ニ初穂五ヶ年取集呉候間、此上寄進相頼む義ハ如何敷候得共、両度之初穂聊の事、金子五十両者旦中者大義被致呉候得共、

表 16　龍潭寺長寿講の一覧

年号	落札金	預主	証人	質物	備考	出典
天保 4 年（1833）11 月	25 両	栃窪村弥左衛門	藤蔵・藤左衛門・親類八左衛門・庄屋仁右衛門	—	毎年十一月廿六日金 22 両 2 分宛、10 ヶ年の間掛返	龍 931 号
天保 5 年（1834）11 月	50 両	白岩村宇兵衛	宇七・庄右衛門・宇兵衛・庄屋緊右衛門	持高の内上畑 4 石 5 斗	金子 5 両宛未年ゟ辰年まで掛返	龍 981 号
天保 5 年（1834）11 月	50 両	善右衛門	善太郎・喜六・長七	—	10 ヶ年の間金 5 両宛掛返	龍 1141 号
嘉永 3 年（1850）11 月	100 両	近藤冨治郎内横田禮助・大野要人・梅原新右衛門	—	—	年々金 10 両宛掛返	龍 1133 号
嘉永 5 年（1852）11/10	100 両	鵜飼八郎・白井嘉右衛門・河合友右衛門（気賀陣屋役人）	—	—	丑 11 月ゟ金 10 両宛終会まで掛返	龍 1140 号
文久 3 年（1863）11 月	100 両	河合友右衛門（気賀陣屋役人）	—	—	子の会ゟ酉年まで金 10 両宛会日掛返	龍 1135 号

表 17　神宮寺村—龍潭寺祠堂講金の一覧

年号	祠堂講金	預主	証人	質物	備考	出典
文政11年 2 月	4 両 3 朱	神宮寺村重郎兵衛	冨右衛門 金右衛門 龍助 （井伊谷組頭） 弥吉 （井伊谷庄屋）	上田 8 畝 8 分	毎年 3/20・11/20 の二回、金 1 分宛、祠堂講終会まで返済	神 10 号
天保 2 年 11 月	13 両 3 分 2 朱	北神宮寺村兵右衛門	惣重 利左衛門 （井伊谷中組） 与右衛門 （南神宮寺村庄屋）		毎年 3/20・11/20 の二回、金 3 分宛、祠堂講終会まで返済	神 12 号
天保 4 年 3/20	4 両 3 歩 1 朱	神宮寺村直四郎	金右衛門 金左衛門 （庄屋）		毎年 3/20・11/20 の二回、金 1 分宛、祠堂講終会まで返済	神 13 号
天保 9 年 3 月	5 両	神宮寺村清十	幸助 次郎左衛門 （庄屋）	中田 23 歩（うり作） 上畑 3 畝 13 歩（〃） 上畑 4 畝 14 歩（〃） →田地代金 6 両 2 分	毎年 3/20・11/20 の二回、金 1 分宛、祠堂講終会まで返済	神 14 号
天保10年 3 月	10 両	神宮寺村庄五郎	定右衛門 勘四郎 惣十（庄屋）	上田 1 反 4 畝（永田） 祠堂講半口子方 →1 石 4 斗 5 升	毎年 3/20・11/20 の二回、金 2 分宛、祠堂講終会まで返済	神 11 号

注）出典の「神～号」は、神宮寺村文書（引佐図書館旧蔵）を示す。

古借差引ニ候得者此度開山忌の支度ニ者用立不申、誠ニ古借之向も本　三百両並山崎ニも其外有之、三年も打続殿様方御立寄、前後雑費臨時入用毎分ニて、年々引込賄込ニ相成、乍不束開山忌支度出来不申、已ニ明年之法事故心痛のミニ候間、惣旦中何分宜敷世話頼入候、

これは龍潭寺開山遠忌法要に際して、村方に支援を求めたときの記録である。このように龍潭寺は開山忌や井伊家の参詣（「打続殿様方御立寄」）に際して、まとまった費用（ここでは金百両）を必要としていた。

なお、史料17でみられる祠堂講について、わかる限りで一覧にしたものが表17である。十八～十九世紀にかけての龍潭寺の経済全体を体系的に示す史料はなく、その実態については不明な点も多いが、たとえば次のようなものがある。

〔史料19(81)〕

添証文之事

一先年本寺無拠入用有之其元以御働其表永住寺祠堂金百両壱割利を以致借用候所、近来勝手向不手廻ニ付小野兵蔵殿御世話を以五歩利ニ御頼受被下致大慶候、然ル上ハ末々無相違勘定相立可申候、萬一相滞候ハバ龍潭寺境内之杉木幷檜等之立木右金子相当之代物其元御勝手次第御伐取可被成候、其節違乱申間敷候、為後証添証文如件、

宝暦七丑年十二月　　遠州伊井谷

龍潭寺　仮住　印

同寺　隠居　印

三州折揚町

銀屋吉右衛門殿

ここでの「無拠入用」というのは、時期から判断して井伊家の法事のためであると思われるが（本書251頁表34参照）、龍潭寺境内の杉木・檜を質物にしている点は重要である。龍潭寺経済もこの時期逼迫していたとみられる。

さて、近世における旗本井伊谷近藤氏領の大まかな略図についてみてきた。とくに、旗本陣屋の政治・経済の面で寺院の存在がいかに大きかったのかが確認できたと思う。以下、井伊谷周辺の人びとと寺院との関係について、「アジール」をもとに考えてみたい。

註

(1) 近世の引佐地方を対象とした個別論文としては、小野将「幕末期の在地神職集団と「草莽隊」運動」(久留島浩・吉田伸之編『近世の社会集団』山川出版社、一九九五年)、澤博勝『近世の宗教組織と地域社会』(吉川弘文館、一九九九年)、佐藤孝之『駆込寺と村社会』(吉川弘文館、二〇〇六年)、拙著『アジールの日本史』(同成社、二〇〇九年)などがある。
(2) 『引佐町史』(上巻、一九九一年)。
(3) 若林淳之「旗本領の政治過程」(『旗本領の研究』吉川弘文館、一九八七年)。
(4) しかし、『引佐町史』編纂時に調査された資料の保管先が不明なものも多い。今後あらたな悉皆調査が必要とされている。
(5) 川崎文昭「井伊谷・金指近藤の財政と財政改革」(『引佐町史』上巻、第八章)。
(6) 川崎文昭「江戸末期の井伊谷近藤氏」(『引佐町史』上巻、第九章)一部、巨島泰雄氏が執筆。
(7) 「駿府為御台所入井伊谷筋ニ而松下常慶御代官所六千石相渡り申候」(「中井日記」)とあり、この時期、幕府直轄地となっていたことがわかる(『引佐町史』上巻、小和田哲男執筆)。
(8) 「井殿宮墨付手形写」(中井家文書二三九号)。
(9) 井伊谷龍潭寺文書二六三号。
(10) 井伊谷龍潭寺文書二六七号。
(11) 「紀州御領地ニ被成候節之寺領指出」(慶長十四年、井伊谷龍潭寺文書二六九号)。
(12) 「中井日記」(井伊谷町中井家文書二一七号、『静岡県史 資料編12近世四』一九九五年所収)を参照。
(13) 従来の研究では、旗本近藤氏の突然の分知について、「旗本増員方策」など幕政の問題とリンクさせて論じられる傾向があったが、本文で述べたように、旗本近藤氏の分知には、すでに近藤氏が当地を実質的に支配していたという一定の歴史的な必然性が存在していたと考えるのが妥当である。

(14) 井伊谷龍潭寺文書九八四号。本文にあるように、史料1は元禄八年に写し取られたものと考えられる。
(15) 白井家文書K〇二B（静岡県歴史文化情報センター紙焼き）。
(16) 中井家文書四一号（元和二年一月三十日）。
(17) 「金指村野原大明神領之事」（慶長十三年正月二十八日、近登之介貞用）鈴木家文書四八号。
(18) 「金指村新正院領之事」（元和元年十一月、近登之介貞用）鈴木家文書四九号。
(19) 「井伊谷近藤家系譜」（宝林山房二八二―二二―MK、浜松市中央図書館蔵）。
(20) 若林淳之前掲書、一一六頁。
(21) 井伊谷龍潭寺文書一二五号。
(22) 今泉家文書K〇九A（静岡県歴史文化情報センター紙焼き）。
(23) 龍潭寺文書のなかに「格式覚」として「家老、用人、取次、納戸、給人、目付役、吟味役、番頭、中小姓、代官、普請奉行、蔵方、平番、右目見以上」「徒士、料理人、山守徒士格坊主、地方普請奉行、中間頭、平坊主、足頭、右目見以下」という記録（井伊谷龍潭寺文書一二五号）がみえ、井伊谷近藤陣屋の役職を示していると考えられる。
(24) 中井家文書二六号。
(25) 「陣屋日誌」（杉山氏蔵、引佐図書館蔵紙焼き資料）を参照。若林は、同史料を弘化元年のものと理解しているが（前掲書五六頁）、本史料中の「天保十亥年五月十日」の書状写があることから、ここでは、天保十年のものと考える。
(26) 栃窪村の岩間寺は真言宗高野山平等院末であり、朱印高六石を有した。なお、同寺が蔵書を多く保有していたことも知られており（松尾由希子「近世後期から明治初年における遠江国神職の蔵書傾向」『静岡大学教育研究』八号、二〇一二年）、地方中核寺院（宝林寺など）を通した蔵書の貸借関係などのネットワークの分析が求められるところである。なお、近藤氏の菩提寺である金指の初山宝林寺も、多くの蔵書を有して貸借を行っていた。
(27) 中井家文書二〇四号。
(28) 服部伸知行所の大久保村でみつかった放馬について井伊谷村の住民に調査を行っている様子が確認できる（中井家文書五号、元禄九年十二月八日）。
(29) 中井家文書一三四号。
(30) 柴田宏祐氏所蔵兵藤家文書五号（天明五年十一月、兵藤市太夫↓小沢九郎兵衛）、以下「兵藤家文書」と略す。

(31) 明和期の兵藤家の持高については、「田畑持高坪附帳」(兵藤家文書三号) など。
(32) 安永二年には、井伊谷村の周辺村三十二名に対して金一〇両~五〇両の徳役頼金を仰付ており、兵藤市郎右衛門も金五〇両を上納している (「前々之記録書出ス」兵藤家文書、引佐図書館蔵紙焼き資料)。
(33) 兵藤家文書四号。
(34) 『引佐町史』上巻、一〇七一頁掲載の兵藤家文書を参照 (原文書・紙焼きともに所在不明)。
(35) 若林前掲書、二八頁。
(36) 『引佐町史』(上巻、一九九一年) 一〇八一頁。
(37) 兵藤家文書六五号。
(38) 高田家文書六号 (『浜北市史』資料編近世Ⅲ)。
(39) 高田家文書九号 (前掲)。
(40) 『浜北市史』(通史編上巻、一九八九年)。
(41) 高田家文書八号 (『浜北市史』資料編近世Ⅲ、原文書浜松市市民ミュージアム浜北所蔵)。
(42) 兵藤家文書六五号。虫損甚大のため開閉・読解不能な箇所多数。
(43) 兵藤家文書六六号。
(44) 細江町伊東家文書 (未整理、仮番号四―一五号)。
(45) 兵藤家文書二九号。
(46) 細江町伊東家文書 (未整理)。
(47) こうしたネットワークは、戦国期に龍潭寺がもっていたものと重なる部分も多い (第四章参照)。
(48) 井伊谷中井家文書一三一号。
(49) 中井家文書一三二号。
(50) 中井家文書一三三号。
(51) 享保十一年にも井伊谷村百姓らが御救米二〇〇俵を求めて陣屋役人へ願い出ている (中井家文書一三四号)。この時期とくに困窮状態が続いていた。
(52) 「山下甚左衛門記録」(山本家文書二二四号)。

(53) 兵藤家文書一四四号。
(54) 兵藤家文書一四四号。
(55) たとえば、寛政五年四月には、近藤家の内山磯右衛門と富田嘉平次が兵藤市郎右衛門から「旦那方要用」のために金四〇両を借用している（兵藤家文書一八号）。
(56) 川崎文昭「井伊谷・金指近藤の財政と財政改革」（『引佐町史』上巻、第八章）。
(57) ①〜③は、『引佐町史』上巻に採録（①は方広寺文書二四号、②は同二六号、③は同二七号）。
(58) 「諸書付留」（井伊谷中井家文書二二三号）。
(59) 本新田分合計八反二畝二十九歩の持高（その大半は上田・上畑）が寄進されている（「田畑持高坪附帳外ニ小作預ケ口帳」井伊谷龍潭寺文書九四五号）。
(60) 井伊谷龍潭寺文書一九二九号。
(61) 兵藤家文書二一号。
(62) 「御茶湯田坪附」（井伊谷龍潭寺文書二九四号、享保十八年三月十二日）。差出人は、近藤隼人内中井林左衛門と山尾兵左衛門。
(63) 龍潭寺と方広寺の檀那をめぐる対立は、横尾村の一件（井伊谷龍潭寺文書一一二二号など）のほかに確認されないが、寛政七年、龍潭寺住職仲山は「遠州十六ケ寺惣代」として龍雲寺・慈眼寺とともに方広寺の色衣の綱代輿の使用禁止を求める願書を提出している（井伊谷龍潭寺文書一九〇四号）。
(64) 「口上覚」（龍潭寺文書一八九二号）。
(65) 井伊谷龍潭寺文書一一六号。これは「中井日記」の記事を写し取ったものである。
(66) 前掲「中井日記」寛永元年二月条。
(67) 井伊谷龍潭寺文書九〇五号、神宮寺区有文書K—七五号（引佐図書館蔵紙焼き資料）。
(68) 井伊谷龍潭寺文書八八九号。
(69) 井伊谷龍潭寺文書八九七号。
(70) 神宮寺区有文書F—一九号（引佐図書館蔵紙焼き資料）。
(71) 兵藤家文書三二一号。

(72) 神宮寺区有文書F―七九号（引佐図書館蔵紙焼き資料）。
(73)「長寿講金銀出入帳」（神宮寺区有文書 静岡県歴史文化情報センター六八号）。
(74) 井伊谷龍潭寺文書九三一号。
(75) 井伊谷龍潭寺文書九八一号。
(76) 井伊谷龍潭寺文書一一四一号。
(77) 井伊谷龍潭寺文書一一三三号。
(78) 井伊谷龍潭寺一一三五号。
(79) 慶応元年には、内野村の龍泉寺が金五〇両落札している（井伊谷龍潭寺文書一二八一号）。
(80) 井伊谷龍潭寺文書一五九号。
(81) 井伊谷龍潭寺一九二七号。

第三章　龍潭寺の「アジール」

「アジール」とは、国家権力の介入できない治外法権的な空間を指す用語である。この概念は大正時代に中世史家の平泉澄によっていち早く注目され[1]、戦後も網野善彦らによって脚光を浴びてきた[2]。とくに、平泉は中世の寺社がこの特権を有していたことに焦点をあて、治安が十分に保障されない前近代社会において、アジールが重要な役割を果たしてきたことを明らかにした。一方、網野はアジールよりも高次な概念として「無縁」という用語を立て、日本中世の社会における自由・平和・平等としての「無縁・公界・楽」に着目し、大きな反響を呼んだ。このように、専ら日本中世史の問題として議論されてきたイメージの強いアジールであるが、実際は、戦後から現在にいたるまで近世史の研究者によって多く注目されてきた。たとえば、伊東多三郎[3]、阿部善雄[4]、秀村選三[5]、高木侃[6]、広瀬良弘[7]らが、一九六〇年代以降、近世の寺院がもつアジール的特権（駆込寺）について、様々な事例をもとに明らかにしてきた。こうしたなかでも、とくに重要な意味をもったのが、佐藤孝之の駆込寺論である[8]。佐藤は、「入寺慣行」（罪人が寺へ一時的に匿われる慣習）をもつ「駆込寺」が、日本全国に存在していたことを明らかにした。佐藤の基本的な考えは、中世に広汎に存在していたアジールの特権が江戸時代の村落寺院にも残存し、①謝罪・謹慎、②処罰・制裁、③救済・調停という三つの機能を有したという。これは、従来「縁切寺」と同値され、東慶寺などの一部の限られた寺院しかないと考えられていた「駆込寺」の捉え直しを行った点で画期的であった。なお、筆者も、中世の寺社勢力がもったアジール権は、領主権力としての側面が強く、ボランティアや平和・公平の概念をもつヨーロッパ教会のアジールとは基本的に異質であると考え、近世の駆込寺こそが日本における「アジール」の典型であるという理解を示したことがある[9]。しかしながら、こうした江戸時代の駆込寺（アジール）が成立した具体的な背景については、依然として納得のいく結論が導き出せていないのが現状だろう。そもそも、前近代社会においては、復讐（フェーデ）は、その所属する社会集団全体に向くことが多かったが、アジールは、本来、あくまで「個人」の問題である。寺入をする主体は、ほとんどの場合（まれにその関係者が寺入することもある）、罪を犯した当人であった。こうした観点から、江戸時代の駆込寺（アジール）が、「個人」をどのように捉えていたのかということにも留意しつつ、龍潭寺を中心とする引佐地方のアジールの展開をみていくことにしたい。

一　井伊谷・神宮寺村におけるアジールと寺院

まず、龍潭寺のアジールの実態について検討する。当地域のアジールについては、すでに佐藤の論考もあり[10]、筆者自身のアジール論の基盤にもなっている。近世の引佐地方のアジールに関わる出来事を一覧にしたものが表18である。この表では、寺院への「寺入」や「山林」（寺に駆け込むことを「山林」と呼ぶ）のほかに、僧侶による詫言などの各種紛争解決についても網羅した。おおむね十七世紀から十八世紀まで寺院が村の紛争解決機能をもっていた点を確認することができるだろう（なお、こうした慣習は、当地方では幕末まで継続している）。冒頭で述べたようにアジールとは、権力の介入できない空間であり、犯罪者がそこに入ると罪が許されてしまう場所のことを指す。近世村落では、犯罪者（火元人を含む）が寺院を頼りに「山林」し、領主権力からの庇護を求める風習が頻繁に行われていた。いくつかの事例を具体的にみていこう。まずは、龍潭寺のアジールを示す典型的な一件について。十七世紀前半に、井伊谷町二宮神社神主中井直頼によって執筆された「中井日記」[11]には、次のような記録が残る。

一、寛永元年子ノ二月石見様いのやへ御越被成候、其砌金指兵蔵様九郎兵衛取持を以三竹村の百姓ニ先年之いのやとの山公事之儀ヲ発立、石見様へ三竹之ものニ目安を上ヶさせ申候ニ付而、いのやへ御せんさくつよく有之上、いのやノもの申様ニ御地頭をあい手に致公事仕候事ハ成かたく、先年三竹と山公事致候上、石見様いのやノものヲ御にくみ被成、其上去年亥年石見様御意ニ而候と申三竹よりいのやへ山境之証文なと書渡し申候、それニもいのやノものハ少もかまいなく、其分ニ致置候処ニ、又々哉石見様御前ニ而三竹と先年之山公事致候事ハ中々罷成間敷候と申、子ノ二月十四日ニ与三左衛門・与三兵衛・惣兵衛・六郎三・藤八・清次郎、此等六人龍潭寺へ山林仕候処ニ、右之面々ノ妻子ヲとらへ篭舎被仰付候、其上龍潭寺色々詫言被成候へ共公事ノ埒ハ明不申候、弥々いのやノもの御にくみ申候て八年龍潭寺へ在寺仕候、其間ニ先年三竹とかま取相論なと致候ものを一々書立を以三竹之ものあるとあらゆる事共片口ニて石見様へ申上候ニ付、寛永弐年丑ノ年惣兵衛内ノもの左門六、又与三左衛門内者彦市郎、此二人ノ者共小田原へ御よひ下候て二人なから成敗被成、それニ而も御不足ニ候哉覧、寛永五年辰十月廿七日ニいのやニおゐて与三左衛門内もの五助ヲせいはい被成候、か様ニ赦免無之候ておしこめられ申候、寛永八年未二月六日ニ石見様御遠行以後近藤御一紋中御談合を以、其年之夏中ニ山林之もの御免被成候事

すなわち、近藤石見守が領主として井伊谷陣屋にやって来た当時、三岳村と井伊谷村との間で「山公事」が生じていた。この公事のなかで、近藤氏は三岳村の方が有利となるような判断をしたようで、井伊谷村のなかで反発者が多数でたようである。井伊谷の中井直頼も、「石見様いのやノものヲ御にくみ被成」として、石見守が井伊谷村の村人たちに対して個人的な恨みをもっていたような書き方をしている（与三左衛門・与兵衛は、中井家の一族である）。

この争論のなかで、井伊谷村の人びとは龍潭寺に「山林」した。残された妻子たちは「篭舎」に入れられているのに対して、当人たちは捕まっていない。明らかに、龍潭寺が、領主近藤家に対してアジールとなっていることがわかる。ここで五助という人物が成敗となっているが、これについては、井伊谷周辺に今も民話として伝わっている（「まった坂」の伝承、五助を祀る祠が残る）。

表 18 引佐地方の寺院による紛争解決一覧

No.	年号（西暦）	史料用語	内容	寺名	出典
1	寛永 1.2.14（1624.4.1）	山林	領主に対する抵抗	龍潭寺	中 653
2	寛永 13.12.21（1637.1.17）	御詫言	火本→篭舎→赦免	龍潭寺	中 662
3	寛永 14.2.18（1637.3.14）	山林	所払→詫言→赦免	龍潭寺・正楽寺	中 662
4	寛永 18.9.21（1641.10.25）	走篭出家	欠落→母妹篭舎→赦免	本法寺（江戸）	中 672
5	寛永 19.8.12（1642.9.6）	侘言	曲事→寺入の子供→成敗	こんがう寺	中 676
6	慶安 1 年（1648）	坊主ニ致	篭舎→出家→赦免	龍潭寺	中 689
7	慶安 2.5.22（1649.7.1）	詫言	篭舎→詫言→ゆるされ	龍潭寺	中 690
8	万治 4.4.17（1661.5.15）	詫言	対決非分→篭舎→詫言	龍潭寺	中 704
9	寛文 5.9.22（1665.10.30）	走入	妻殺害→走入→成敗	方広寺	中 717
10	寛文 6.3.14（1666.4.18）	頼入	篭舎→詫言→成敗	龍潭寺・正泉寺	中 739
11	寛文 12.5.10（1672.6.5）	走込	悪行→詫言→詫言叶不	龍潭寺	中 740
12	延宝 2 年（1674）？	詫言	篭舎→詫言→赦免	神宮寺	中 740
13	延宝 4.2.8（1676.3.22）	詫言	篭舎→詫言→赦免無之	大宝寺・報恩寺・正泉寺	中 744
14	延宝 4.4.1（1676.5.13）	走入	詫言→相済	正楽寺	中 744
15	延宝 4.5.14（1676.6.25）	走入	せんさく→詫言→相済	龍潭寺	中 745
16	延宝 5.12.15（1678.1.8）	詫言	篭舎→詫言→ゆるされ	常光坊	中 749
17	延宝 6.2.1（1678.3.23）	詫言	篭舎→詫言→ゆるされ	浜松中出家衆	中 749
18	延宝 8.1.7（1680.2.7）	山林	せんさく→詫言→相済	明円寺	中 753
19	延宝 8.1（1680.2）	頼上	詫言→相済	龍潭寺	中 754
20	天和 1.（1681）	山林	兄を誤射→山林→事納	方広寺	中 762
21	天和 2.（1682）	山林	留主に付き山林できず	龍潭寺	中 765
22	元禄 11.2（1698.3）	寺入	我儘→仕置→寺入	龍洞院	宮 6
23	元禄 13.6.7（1700.7.22）	寺え入なり	火元→寺入	龍潭寺	宮 8
24	元禄 14 年（1701）	頼入	不埒→頼入→埒明	実相寺	宮 10
25	元禄 16.4（1703.5）	山林	我儘→山林→訴詔	洞泉庵	宮 14
26	元禄 16 年（1703）	御詫	籠舎→御詫→御免	柴本村出家衆	宮 16
27	元禄 17.1（1704.2）	山林	板引→山林→参侘	寿龍庵	宮 16
28	元禄 17.12.23（1705.1.18）	御侘	籠舎→御侘→出籠	楞厳寺	宮 17
29	宝永 2.5.7（1705.6.27）	御侘	籠舎→御侘→御免	実相寺	宮 19
30	享保 6.3（1721.3）	御侘	不届→御侘→ゆるし	実相寺	宮 27
31	享保 11.3（1726.4）	御侘	籠舎→御侘→御免	実相寺	宮 29
32	享保 12.3.25（1727.5.15）	頼入	詮義→頼入御侘→相済	寿龍庵	宮 30
33	享保 13.7.19（1728.8.24）	寺入	詮義→寺入→埒明	？	宮 30
34	享保 14.5.4（1729.6.10）	御侘	籠舎→御侘→出籠	実相寺	宮 30
35	享保 16.4.7（1731.5.12）	御侘	枝荒→御侘言→相済	岩間寺・東光院・林慶寺	宮 33
36	享保 19.4.4（1734.5.6）	御侘	迷惑→御侘→相済	楞厳寺	宮 34

No.	年号（西暦）	史料用語	内　容	寺　名	出典
37	元文2年（1737）	御侘	籠舎→御侘→出籠	東光院	宮37
38	寛保3.2.17（1743.3.12）	御侘	荒山→御侘→相延	長興寺・洞泉庵・本流寺	宮40
39	寛延2年（1749）	寺入	盗切→寺入→？	本龍寺	宮42
40	寛延4年（1751）	寺入	火元→寺入→御免	龍潭寺	宮45
41	宝暦4（1754）	御侘	無作法→御侘→相済	龍珠院・龍翔寺	宮45

注）拙著『アジールの日本史』より転載。中653は「中井家日記」『静岡県史』653頁、宮45は「宮田日記」『引佐町史料』45頁を示す。

なお、この事件の後も龍潭寺や周辺寺院は、アジール権を維持し続けた。地方文書からその点をみていきたい。

〔史料1〕(12)

差上申一札之事

今度当所之八兵へ・久左衛門ばくち打之宿を仕、何国之ものともしれす、名もしらさるものともをかかへかくし置宿かし候、其上郷中之ものともを八兵へ近々かたらい八兵へ人数ニて、久左衛門・八兵へ所に而ばくちを打、当所ニ而過分ニ金子とられしもの御座候ニ付、右弐人之もの御呼寄、御せんさく被成候処ニ、申口有て相違致紛たる事共申ニ付而、五人組ニ御預ケ置御公儀御披露可被成候と之訳候所ニ、久左衛門・八兵へ、明円寺へ走入候て、寺ゟ様々御侘言御座候上御隠密ニ被成、一ノ沢村惣百姓ニ八兵衛・久左衛門御預ヶ置被成候、是以争可被成不届仕候者、五人組同此加判之ものともせんさく仕片時も無違候、如斯申上候、為後日請状如件、

一ノ沢村（マヽ）　利兵衛　印
長差右衛門　印
半左右衛門　印
清兵衛　印

寛文八年申極月四日

（他六名連印）

中井与惣左衛門様

史料1は、博奕の罪を公儀から問われることになった久左衛門と八兵衛が明円寺へと「走入」りをし、同寺の住持が彼らを匿い、結果として内済となった一件である。この

明円寺というのは、龍潭寺の末寺（寛永十年以降）であり、井伊谷村のうちに除地二石八斗を有した。明治三年の段階で敷地は二〇四〇坪余、檀家は一九軒ほどであった。明円寺が駆込寺の機能をもつ事例は他にもある。[13]

〔史料2〕

指上申証文之事

一城山之義松茸生申ニ付前々ゟ落葉等取申候義堅御法度ニ而毎年御吟味被仰付候所、今度小兵衛悴藤右衛門忍入落葉かき取申候所御見出し御詮議被遊候ニ付、小兵衛・藤右衛門明円寺江寺入仕色々御詫言明円寺ゟ被仰上今度之義御赦免被遊難有奉存候、村中之者堅吟味仕、向後御山へ一切入申間敷候、此後子共ニ而もかき申者御座候ハバ如何様之曲事ニも可被仰付候、則村中吟味相進、面々ゟ証文私共方へ取置申候間如此証文指上置申候、仍如件、

元禄拾三年辰十一月十三日　井伊谷組頭　庄兵衛（印）
同　伊右衛門（印）
同　惣兵衛（印）
同　喜太夫（印）
同　九左衛門（印）
同　権右衛門（印）
同　惣助（印）

岡井七郎左衛門殿
中井弥五左衛門殿

史料2も史料1と同様、村内において内済となった事例である。すなわち、明円寺が仲裁に入ることによって、公儀の扱い（裁判沙汰）となることを事前に回避したものである（史料1「隠密ニ」）。また逆に、明円寺が、村に対して一定の「公」的な役割を果たしていたともいえる。[14] 史料1は市ノ沢村、史料2は井伊谷村の事例であるが、いずれも距離的に近い明円寺へと「寺入」したことがわかる。明円寺の社会的信頼を担保として、罪の減免が行われている

と解釈してよい。なお、この地域においてアジール権を有したのは龍潭寺や明円寺だけではない。時には寺院同士で協力して紛争解決にあたる場合もあった。次の史料をみてみたい。

〔史料3〕(15)

一　同年（寛永十四年）丑二月十八日夜、神宮寺源右衛門へ火を付損申候故、源右衛門ハ為仕置と申、自正楽寺へ山林申候、其上いのや神宮寺千石之百姓共ニハ為仕置、歳十五ヲ切、同二月廿日ニ於八幡起請をかゝせ申候、角右衛門・伝右衛門・弥五左衛門、検使ニ参候、源右衛門儀ハ　殿様ゟ在所を追払可被成由被仰出候へ共、龍潭寺幷正楽寺御詫言ニ而赦免ニ成候事、

史料3には、三つ注目すべき点がある。一つは、正楽寺に「山林」した源右衛門に対して殿様（領主近藤・陣屋）から所払を命じられたにもかかわらず、龍潭寺・正楽寺が協力して赦免として落着させていること。二つめは、井伊谷・神宮寺村の百姓らが神宮寺八幡宮において起請文を書き「仕置」としていることである（なお、当地域の起請文はこの頃、気賀村の長楽寺の住職が誓詞を書くことが慣習となっている）。ここでは、正楽寺・龍潭寺・八幡宮というそれぞれ固有の宗教主体がそれぞれの役割を担い、紛争解決を進めている様子がみてとれる。とくに、宗派の違う、龍潭寺と正楽寺が共同して解決に臨んでいる点に注目したい。三つめは、源右衛門の罪が、井伊谷・神宮寺両村の百姓全体（十五歳以上）にまで及んでいることである。これは、明らかに連帯責任的な前近代社会の特徴を有している。しかし、これだけの事態にもかかわらず、源右衛門当人は、龍潭寺・正楽寺の詫言によって赦免されている。罪を犯した当人すら、寺院の仲裁によって許されている点に注目する必要があるだろう。

このように十七世紀の後半になると、村で起きた様々な紛争の解決に際して、寺院同士（「出家衆」）で、協力して仲裁にあたることが多くなる。史料3の場合では、正楽寺だけでは問題を処理できず、龍潭寺の権威が必要とされたとみられる。こうした、紛争解決にあたっての寺院間の協力関係としては、たとえば、延享年間に、浜松藩林忠左衛門組同心頭の安達安右衛門が、「奢物」として成敗された一件で、「籠舎」となった祝言人たちに対し、浜松中の出家

衆が詫言を入れたことでその罪が赦されたという例もある。(16)

このほかにも、寛文六年（一六六六）の刑部村、延宝二年（一六七四）の祝田村の一件では龍潭寺と正泉寺（祝田村の一件では定光坊も）が、延宝三年の尾野・宮口村の一件では「大宝寺・報恩寺・いのや正泉寺三ヶ寺之出家衆度々詫言」を行っている。十七世紀後半にはこうした宗派・地域を超えた僧侶たちが「出家衆」として連帯した行動が目立つようになった。

以上の事例は、いずれも十七世紀のものであるが、十八世紀以降、アジールはどのように展開していくのであろうか。十七世紀末において目立つのは、引佐地方の山間部の小規模寺院が活発に詫言をしている点である。元禄十一年（一六九八）二月には、瀬戸村庄屋平兵衛が都田村の龍洞院へ「寺入」した。これは、山奉行の松本佐左衛門へ我儘申し入れたことに対して「御仕置」となることを事前に耳にしてのことであった。結局、平兵衛は庄屋役を取り上げられるが、それ以上の罰を受けることはなかった。元禄十三年、金指町の火事の火元となった鍋屋庄兵衛も、龍潭寺へ入ることで罪を赦されている。とくに、元禄・享保以降には、自村の寺が積極的に紛争解決に乗り出し、内済させることが多くなる。たとえば、以下のような事例がみられる。

〔史料4〕(17)

一寛保三亥年霧山大分荒申候に付二月十七日伊平村・兎荷村・川名村・東黒田村・的場村・梅平村・四方浄村・青砥村・別所村両久留女木村庄屋衆呼右御山荒御屋敷え御披露可申上と申渡候処、伊平村長興寺・洞泉庵・本流寺三ヶ寺御出被成様々御侘被成候に付御披露之義相延候、

このように、寺院が村で起きた一件の解決をめざし、他寺院の僧侶を巻き込みつつ対処する方式が、少なくとも十八世紀中ごろまでには定着していた。これは、寺檀関係が整備され、村と寺院との関係性がより密になったことと同時に、一村を超えた地域的なつながりが、山や川を介して形成されたことに基づくものであろう。こうして地域社会が内外に複雑化してくると、それに合わせて様々なケースが生じてくる。なかでも、次の争論が注目される。長文

にわたるが、全文を掲載したい。

〔史料5〕[18]

乍恐以書付を奉申上候

私儀不調法者ニ御座候処、去ル午年以知行所中ニ而御仕送り致候ニ付、惣方一統之相談を以、御勝手向世話役ニ被相頼幷ニ右之趣、御上様ゟ茂被　仰付、是迄無滞御用相勤冥加至極難有仕合奉存候、然処去七月中　御殿様御役被為蒙　仰恐悦至極之御儀ニ奉存候折柄御入用等茂相増シ候ニ付御用金調達仕差上候様被　仰付、近年不身上ニハ罷成候得共、乍恐　御殿様御家督後始而之　御役成ル故何卒と奉存出精仕、金五拾両御上納仕候処、右金子手元ニ者無御座候得共、他借等仕り御間ニ合セ候儀ニ御座候、然ル処御知行所村々江茂一統　御用金被　仰付、依之村庄屋・与頭・惣百姓相談之由ニ而村中之者共私方江参り申聞候者、此度御用金被　仰付候処村困窮ニ付、金子調達致兼候間才覚致呉候様申之候故、何卒金主方江も奉会見可申候間、村連印之借用証文等金主方ニ而奸候節ニ者承知有之候哉相尋候処、随分村連印ニ而茂差出シ可申旨ニ付、金主方江種々無心申入候得共、折節金子手廻り不申候由ニ而調達不仕候ニ付、其趣庄屋・与頭方江懸合候処、極月十八日夜村方善明庵江村内不残寄合相催、私を呼寄セ申聞候者、①其方　御地頭所様ゟ被仰付候御用金差出候程之身分ニ而有之なから兼々村中御頼候金子才覚者不致、村用之極難を打捨置候段、百姓仲間合も不存不実之ものニ付、与頭役取放シ以来村内附合相背キ候旨申聞候故、甚驚入候得共、畢竟　御殿様御大切之御時節ニ付、御用金指上候処、其儀者悪敷被相含候故たねみニ而難題被　申懸候儀と難心得存罷有候処、尚又同月廿五日之夜村方慶雲庵江寄合私を呼附ケ申聞候者、村内利兵衛へ借金有之由、村附合相背候上者右借金只今退時ニ返済致候様ニ申聞候得共、右之金子ハ商元手ニ借用致候砌相対任候者、商元手之事ニ候間年々利分相済シ、元金之儀者商ひ繁昌之上皆済可致約束ニ而貸呉候処、去暮も利足勘定仕候得者、右躰之催促ハ致間敷処理、兵衛催促ハ格別、村方一同之催促ハ難心得儀と存候得共、何連村一躰ニ而被申懸候事故、其意ニまかせ度存候得共、差当り金子茂無御座候事故漸断仕、勿論去暮之利勘定茂其以前ニ相済シ置候

処、約束候者引替異変之催促仕候段甚当惑仕、別而利兵衛とハ睦敷致合候処、右躰之催促ハ難心得、全此段者私江急難申懸難儀可為致巧ニ而、余人之進メを以右之催促難題被申懸候儀と存、当り障りなく挨拶致罷在候処、猶亦年番庄屋儀左衛門懐中ゟ書付取出シ読聞セ候者、其方御定法を相破り塀門其外馬小屋・下男部屋等相建家作致候段不埒ニ付、村中一統相談之上、右之家作明日中ニ取拂申渡シ候間、其旨心得急度取片付候様申聞候ニ付私存候者、普請以後年数相立、殊ニ塀門相建候儀ハ其砌村方江及相談ニ承知之上、江戸御役所江茂御届ケ申上置候、決今更右躰之指図ハ驚入、何卒来春までニ否哉相答可申候間、夫迄相待呉候様利非ニ不構相詫候処、一同承知不致候ニ付、左候ハバ一両日相待呉候様申入候処、漸一日之延致呉候ニ付村一統と申事ニ驚入、先一通りハ井伊谷御役所江茂御訴申上置、②夫ゟ寺院相頼詫可仕と存、当村善明庵同村大藤寺ヲ頼春迠之日延仕候処、大勢之もの共不得心之由ニ而取合不申、依而菩提所龍潭寺江入寺仕罷在、同寺ゟ使僧を以春迠日延懸合被呉候御内、最早同廿七日昼七ッ時年番庄屋儀左衛門真先ニ相立、夫ゟ村役共引続キ大勢之もの共を連来、私を呼出シ候処、右ニ申上候通り入寺中故留主之由申候処、私悴勝五郎を呼出シ申渡し候者、先達而其方家作取拂之儀申付候処、彼是日間取候ニ付、今日村中打寄り取こわし候間、左様可相心得旨、右儀左衛門申之候ニ付、家内者共甚相歎、親磯右衛門右之儀ニ付入寺致罷在候間、何分相待呉候様ニ相詫候得共取合不申、右家作之分銘々道具を以打こわし候段、甚及狼藉ニ候得共、大勢之事故家内もの共手出し等不相成、火之元のミ大切ニ相守罷在、夫ゟ私方江始末申遣候故、無是非儀と奉存、右之趣井伊谷御役所江御訴申上候儀ニ御座候、如何之訳ニ而右躰大勢之もの共徒党仕私儀を相掠メ候哉、甚難儀至極相続難仕歎ヶ敷奉存候、私家作之儀ハ□（＝欠損）ニ御役人様方御廻村之節御宿等仕、乍恐御存知下置候通りニ而何ニ而も御定法ニ相背候普請ハ不仕候処、③金子之世話相調不申候を意恨ニ存、其上私御用金差出シ候をたねみ数代之百姓村附合ヲ被相省、役儀ハ被取放、其上十年余住居仕候家作右之通理不尽ニ打こわされ候段、甚歎ヶ敷奉存候、乍恐此上私身分相立候様　御慈悲奉願上候、委細御尋之上口上ニ而可奉申上候、以上、

安永六酉ノ正月　　遠州引佐郡祝田村

磯右衛門　印

御地頭所様

御役人中様

ここでは、家を取り壊そうと迫ってくる村人たちに対して、龍潭寺に「寺入」して抵抗しようとする磯右衛門の鬼気迫る様子がみてとれる（傍線部②）。この後、磯右衛門家は領主側から給金を得て、長屋門の設置も認められてもいるため、磯右衛門の要求は基本的に受け入れられたとみられる。しかし、地頭所（旗本陣屋）が、磯右衛門ら在地の有徳人に対して行った御用金負担の政策が、村内に大きな混乱を招いたことがわかる（傍線部①・③）。

とくに、「其方　御地頭所様ゟ被仰付候御用金差出候程之身分ニ而有之なから兼々村中御頼候金子才覚者不致、村用之極難を打捨置候段、百姓仲間合も不存不実之ものニ付」（傍線部①）という言葉には、磯右衛門と百姓仲間の間に生じていた政治的・経済的な格差が如実に反映している。また、実力行使に走る百姓らに対して、龍潭寺が逃げ込みの場となっている点も注目されるだろう。この場合、使僧による仲介は功を奏していないようにみられるが、犯罪者だけではなく、磯右衛門のような上層百姓にとっても、寺はアジールとなり得た。龍潭寺と磯右衛門の関係については、文政七年（一八二四）に祠堂物として金二両が寄進されている[19]ほかは、具体的に知ることができない。ただ、磯右衛門・民右衛門は井伊谷近藤氏の陣屋役人をしていた際、近藤家祖康用の遠忌法要の準備などのために、龍潭寺と頻繁にやりとりをしていたことが確認できる[20]。しかし、磯右衛門が龍潭寺に「寺入」した理由は、史料にみられるように、「菩提所」（傍線部②）であった。たしかに、どの寺院もアジールを有したが、最終的には菩提寺との関係が重要であったことがわかる。

二　アジールの背景と社会的機能

では、近世村落におけるこうした寺院のアジール権の背景にあったのは、一体どのような権原なのだろうか。その一つは出家・遁世という古くから広く知られていた寺院の機能である。次の史料をみてみよう。

〔史料6〕[21]

一　此年（延享二年）　秋作殊之外違申候、御年貢直段廿弐俵ナリ、此年向イ組之組頭影山九平と申者納米四拾八石余御未進致候、ろうしや致候、其故村中難儀致し候、家財諸道具払、親類江割掛ヶ門割高割り色々ニ致し、金都合三拾五両壱分上納致候、

一此九平と申者ハ元来横尾村之者也、金左衛門と申候而、親此九兵衛之聟也、親九兵衛之実子早世ニ而居住なきゆへ彼ノ聟之金左衛門を呼寄セ家を相続致し候、名を改めて九兵衛と申、組頭役と致し候所ニ如此仕合ニ而村方御難儀致し候、

……（中略）……

一向イ村九兵衛義、去暮ゟ獄囚ニ罷有候所ニ、御仕置事重ク死罪に被仰付、（延享三年）五月廿一日獄囚を引出シ打首に所成所ニ、龍潭寺御もらい被成、一命を助かり申候、落髪致し候得共、又其後還俗致し妻子を朋ない黒渕村ニ居住致候、御未進相残而廿弐石余者七年賦ニ村中江被仰付、村方迷惑致候、

神宮寺村向組の組頭九兵衛[22]は、年貢未進の罪で死罪を仰せ付けられるが、龍潭寺の仲裁により一命をとりとめている。ここで重要なのは、九兵衛が「落髪」し、出家していることである。明らかにこれは僧体になることによって世俗の罪（死罪）から遁れていることを意味している。なお、さらに注目されるのは、九兵衛がその後「還俗」して妻子を娶り、別村（黒渕村は、横尾村にほど近い）で普通に生活している点であり、こうしたシステムが慣習として社

会に根付いていた。村共同体のセーフティーネットからもはずれた「個人」が、救われる一つの途としてアジールが用意されていたことがわかる。ちなみに、駆込寺の本質が、寺院への出家遁世に由来していることの証左はほかにもある。

〔史料7〕[23]

一気賀井伊谷棒打ニ付而井伊谷筋ニ而篭舎致候もの、御わび事、「(加筆)慶安元年」同年子ノ春中、村々ゟ江戸へ下り候て御訴訟申候へ共不叶罷登候、又同年夏中江戸へ下候て、永々相詰近藤小十様・近藤勘右衛門様ヲ頼上色々御訴訟申付而、右御両所彦九様・登様と御内談被成、縫殿様へ気賀ニ御座候付而気賀へ飛脚被遣候、其上右之篭舎之内ニ而先鋒ニあい申候村々庄屋金指領ニ而壱人、同いのや領ニ而壱人、双方ニ而弐人、気賀ノしに申候もの、げし人と定候て龍潭寺ニ而坊主ニ致、在所ヲ払候て田地家財之儀ハ検断いたし地頭へ召上ケ申候様ニと、小十様・勘右衛門様御あつかいさはきニ而被仰付候上、「慶安元年」子ノ七月十六日ニ奥村之源太郎・白岩村之左近右衛門龍潭寺へ召つれ参候て坊主ニ致候、金指ゟハ松井六左衛門いのやゟハ弥五左衛門見使ニ龍潭寺へ参候、右弐人坊主ニ成申候もの共ヲハ龍潭寺ゟ此方へ御渡し無之ニ付而、其段江戸へ注進申候て、同年子八月六日源太郎・左近右衛門妻子所ヲ払申候、相残ル篭舎之もの共ハ無別儀在所へ帰り申候、乍此上油田之もの共右之げし人気ニ入不申候由申候て、二者江戸へ下り申候へ共、御取上ヶ無之候て罷登候事、

ここでは、龍潭寺にて「坊主ニ致」ことで、アジール権を確保している。たしかに、彼らの妻子は「所払」となっているが、坊主になった二人には罰が及んでいない。ここに、江戸時代の寺入が、中世文学のなかに出てくる「山林に交わる」という表現（＝出家を意味する）のように、「山林」と呼ばれた本質が見えてくるだろう[24]。

次に問題となるのが、このシステムが龍潭寺などの地方大寺院特有のものなのか、それ以外の末寺院も持ち合わせたものなのか、という点である。すでに確認しているように、明円寺などの中小規模の寺院も紛争解決のために走入や託言をしていたことは間違いないが、「山林」の特権は限定的なものであった。天和元年（一六八一）、惣百姓が江

戸へ越訴を試みる事件が起こった際、「惣百姓痛入色々出家衆ヲ頼御詫言申候へ共、とかく書付なくてハ叶間敷と被仰付、皆々赤面致山林ヲも可仕候と内談申候へ共、龍潭寺ハ江戸留主ノ事山林可致寺も無之候」と述べている。住持らの詫言による紛争解決システムと、「山林」には、はっきりとした違いがある。前者が村共同体の内部にて問題を円滑に処理することを目的とするのに対して、後者はむしろ共同体からの逸脱であり、外部への逃避であった。なお、アジールが円滑に機能するためには、住持の裁量もきわめて重要であった。嘉永四年（一八五一）十一月十五日に、神宮寺村の妙雲寺へと入寺した嘉蔵という人物が、悪口雑言し大切な過去帳を蹴飛ばし、散々な振る舞いをした。妙雲寺の住職は、龍潭寺に対して、嘉蔵の「御糺」を依頼している。[25] これは、龍潭寺の教育的機能が、妙雲寺に上回るものであったことを示しており、こうした点も駆込寺の社会的信頼を支える重要な要素となっていた。

このように、当地におけるアジールは、江戸時代一貫してみられるものであったが、本来その機能を支えたものは、出家遁世観であった。しかしそれは住職の社会的な信頼へとシフトしていくことになる。以下、龍潭寺が地域社会のなかでどのような立ち位置にあったのかについてみていくことにしたい。

三　近世村落における寺院の社会活動

龍潭寺は、基本的に村に支えられて存続しており、主体的に社会活動（ボランティア活動）を展開している様子は見出せない（ただし、後述する井伊家参詣にともなう道路普請などはある）。しかし、臨済宗の中興の祖とされる白隠和尚（一六八六〜一七六九）を龍潭寺へと招いたことが結果として、社会事業へとつながったという事例はある。

〔史料8〕[26]

一　此年（寛保二年）八月ゟ十月迠龍潭寺に大会有之候、駿州原宿之松蔭寺白隠和尚をしやうだい被成、御誦物有之候、此時親清右衛門日々御誦物聞に被参候而御所に預り川殺生ノあミを切破り殺生をやめくれ候、一白隠和尚当村又井伊谷村などにて大水出候節川々小橋無難儀致し候由を御聞被成、井伊谷川と神宮寺川に高橋をかけさせたく思召、橋奉加を御取立被成置候、何様時を得て成就可致候、此和尚者学文能悟道之人也と僧俗申候、絵をも上手にかき給ふ、我等方も六字ノ名号。三社。達磨。有之、

……（中略）……

一　此年（延享二年）正月廿八日ゟ前川大橋普請取掛リ二月廿日迄ニ成就致候、是者去ル戌ノ八月龍潭寺江駿州原宿之松蔭寺白院（マヽ）和尚を請戴ニ而御出被成御読物有之、其節白院和尚発願被成願主ニ而勧化被成候而当村自耕庵・井ノや明円寺之世話ニ而出来致候、尤村方ゟ人足を出シ候、人足七百人余掛り申候、二月廿三日ニ供養有り、龍潭寺和尚御出被成候、

ここには白隠和尚の発願によって井伊谷・神宮寺川の橋普請が行われたことが記録されているが、神宮寺村自耕庵と井伊谷明円寺（ともに龍潭寺末）の「世話」によって完成されたことがわかる。なお、このとき勧化によって集められた余剰分は村へと還元された。次の史料がそのことを物語っている。

〔史料9〕(27)

覚

白隠和尚様御発起之矢畑川繕副橋勧化金之余分金三両今度村方江請取申候、依而村方ニ而相廻シ置候而永々無退転修理可仕候、為後証仍而如件、

寛延三年午ノ五月日

神宮寺村　組頭　傳右衛門（印）
同　五郎右衛門（印）
同　市郎右衛門（印）
同　与惣右衛門（印）
庄屋　甚左衛門（印）

龍潭寺　貫宗和尚様
自耕庵　性首座様

史料9の宛所が龍潭寺とその塔頭自耕庵の住持になっていることからもわかるように、この橋普請の主体は紛れもなく龍潭寺（当住貫宗和尚）であり、史料8より、供養も龍潭寺が執行していることが確認できる。この件は、白隠和尚の発起とされているが、龍潭寺の社会的ネットワークによってこうした高僧・文化人たちを神宮寺や井伊谷へと招き入れることになっている点に注目したい。

また、龍潭寺は、延享年間の神宮寺八幡宮再建に際しても経済的に重要な役割を果たしている。このときの勧化帳をまとめたものが表19[28]である。この際に行われた彦根井伊家からの寄進について、神宮寺村名主山下甚左衛門は「是者龍潭寺和尚を御頼願候へ者御寄進被遊候」と記している。また延享元年に他村へ向け出された八幡宮再建の勧化帳（奉加帳）の序文も龍潭寺貫宗和尚に依頼しており、村内の宗教的秩序の頂点に龍潭寺が位置づけられていたことが、明らかとなる。このときの序文は次のようなものであった。

〔史料10[29]〕

一他村江出シ候勧化帳序書之写　龍潭寺貫宗長老之作

遠江引佐郡井伊谷神宮寺八幡宮造営奉加帳

夫レ当社八幡宮者此所に鎮座あらセ給ふて、はるか久しけれ者何連の地、何連の時に遷座なし奉ると審に知りかたし、偶延喜の神名帳を考ルに遠江国六十二座之中、引佐郡六座之第一渭伊神社と申奉るハ則チ此御社也、上古ハ渭伊と云イ、寛弘年中井伊備中守共保公當社之御手洗井中より御出誕あり、夫ゟ以来井の字ニ改爾以来治乱盛衰世同じからずといへども、神徳霊応古今みることなし、然に吾郷近来俗薄く人劣にして禮敬或ハ密ならず、是又信無にはあらす、力之足ざればなり、故に宝殿霜古りて、柱根　ことありといへとも、改め造る遑あらず、或は朽欄を補ひ、時損壊を修する耳、孰図らん、天焔忽に起て霊廟一朝に烏有とならんとは嗚呼夫レ天地の間物各数有り、神宇といへとも亦避べからざるか、抑宮殿古りたり、神通鼎新を告給ふか、神は不測あり、凡情の深るべきにあらず、徐灰燼を祓へば神躰儼然として火中より出現まし〳〵て、しかも焦損なし、於《カ》戯残に思議すべからざる者歟、依而遂に造営せんことを欲すれども、吾郷刀滋足さることをなせん、故ニ勧簿を散邑に携へ資助を遠近に募る、俗願は貨物の多少を論せす、信力之豊倹に随て、神納し給ハ、神殿不日に成就し、祭奠時を遂て新なる事を得て神明弥威霊を増し、諸人咸嘉運を添ること又何ぞうたがわん、神然ハ則國家安全萬民和楽福寿延長子孫繁栄之擁護天壌とともに窮まる疆りなからん者也

敬白

神主　山本宗兵衛判

禰宜　西尾五郎右衛門　判

庄屋　山下甚左衛門　判

旹延享元龍集甲子秋南呂因

ここでは、「吾郷」の民と八幡宮が運命共同体であるという論理が巧みに利用されており、現世利益的な内容も含意されている。この文章が龍潭寺住職に依頼された理由は、その社会的な信頼によるとみられるが、このなかで井伊家との関係もわかりやすく説明されている（本書97頁とも関連）。

なお、近世後期になると、在地有力者のなかに仏教へと接近していく動きもみられる。まず神宮寺村名主山下甚左衛門政冨について。山下家は、清和源氏の流れをくむ家であり、この末裔の政冨は「山下甚左衛門記録」という日記を残している。これによって、神宮寺村周辺の当時の様子が詳しくわかるが、とくにこの記録には、周辺寺院の開帳や、西国順礼など、政冨の仏教への信仰心が如実に描かれている。

同じく神宮寺村の兵藤氏が記した日記には、こうした傾向がさらに著しい。兵藤の日記には、「本尊様へ法花経壱部読誦之願三日六日七日ニ相勤候、願主光明院秀由[30]」といった日課念仏の記録や、「安永三年二月四日迄ニ兵藤恒右衛門法花経二之巻書写仕候事[31]」など、丹念に書き続けられている。また、周辺寺院の開帳などの情報を細かくメモ書きしている様子もみえる。

村外			
井伊谷町	金 1 両 21 文	五日市場村	金 1 分 423 文
谷津村	金 1 分 300 文	伊目村	銭 300 文
上野村	銭 500 文	別所村	金 1 分 800 文
市之沢村	銭 527 文	渋川村	金 1 両 926 文
北岡村	銭 300 文	別所村太郎兵衛	金 1 分
神宮寺村向組	金 3 分 800 文	濱名大福寺村	銭 100 文
横尾村	銭 4 貫 56 文	濱名岡本村	銭 806 文
白岩村	金 1 分	青戸村	銭 200 文
黒渕村	銭 108 文	あたご東藤平村	銭 526 文
栃窪村	銭 622 文	大福寺清水甚七郎	銭 200 文
田畑村	銭 363 文		
奥山村	金 1 分	井伊掃部頭様	白銀 5 枚
谷沢村	銭 524 文	近藤主殿様	白銀 2 枚
狩宿村	銭 236 文	龍潭寺	金 1 分
的場村	銭 200 文	方広寺	金 1 分
田沢村	銭 592 文	谷沢村与五兵衛	金 2 分
山吉田村	銭 100 文	イや町源七郎	金 1 分
東黒田村	銭 700 文	伊平村勘左衛門	銭 200 文
四方浄村	銭 100 文		
伊平村	銭 500 文		
花平村	銭 1 貫 312 文		
東牧村	銭 150 文		
三嶽村	銭 632 文		
鷲沢村	銭 251 文		
瀧沢村	金 1 分		
河名村	銭 500 文		
大平村	銭 265 文		
上都田村	金 2 分銭 70 文		
下都田村	銭 355 文		
金指町	金 1 分		
西石岡村	銭 450 文		
東石岡村	銭 230 文		
瀬戸村	銭 524 文		
祝田村上下	米 1 俵銭 400 文		

注）「山下甚左衛門記録」（山本家文書 224 号）より作成。

表 19　神宮寺八幡宮奉加帳（延享元年）

神宮寺村			
山本宗兵衛（神主）	金 1 分	小左衛門	銭 300 文
山下甚左衛門（庄屋）	金 2 両	山本与左衛門	銭 300 文
山下斧右衛門	金 2 分	西尾勘兵衛	銭 300 文
兵藤市郎右衛門	金 2 両	西尾傳左右衛門	銭 300 文
西尾五郎右衛門（祢宜）	金 1 両	渡戸源右衛門	銭 300 文
森下伊兵衛	金 2 分	平助	銭 300 文
兵藤長左衛門	金 1 分	内山七郎左衛門	銭 300 文
宮本玄泰	金 1 分	かぢや長十郎	銭 300 文
西尾安左衛門	金 1 分	七蔵	銭 200 文
西尾六郎右衛門	金 1 分	影山嘉兵衛	銭 200 文
内山六郎左衛門	金 1 分	山下五郎左衛門	金 2 朱
山本茂右衛門	金 1 分	才四郎	銭 200 文
山本角兵衛	金 1 分	幸助（市郎左衛門家来之末）	銭 200 文
鈴木宇右衛門（浜松ゟ来る人）	金 1 分	仁左衛門（兵藤市郎右衛門）	銭 200 文
内山孫次郎	金 1 分	太郎左衛門	銭 100 文
西尾次郎左衛門	金 1 分	七兵衛（矢畑）	銭 100 文
山下文太郎	金 1 分	西尾□右衛門	銭 100 文
内山九郎左衛門（神子禰宜）	金 2 朱	山下源六郎	銭 100 文
沖村兵右衛門	金 2 朱	山本権兵衛	銭 100 文
山下喜平太	金 2 朱	内山作左衛門	銭 100 文
矢畑吉平	金 2 朱	内山次郎八	銭 100 文
内山平蔵	金 2 朱	角助（市郎左衛門家来）	銭 100 文
矢畑七左衛門	銭 300 文	沖村善之助	銭 100 文
矢畑孫左衛門	銭 300 文	平八妻	銭 36 文
えしま藤吉	銭 300 文	影山喜左衛門	銭 100 文
瀬兵衛	銭 300 文	十次郎	銭 48 文
宮田与惣右衛門	銭 300 文	吉助	銭 35 文
山下文右衛門	銭 300 文	作兵衛	銭 48 文
西尾次右衛門	銭 300 文	七助	銭 100 文
山本孫右衛門	銭 300 文	左助	銭 300 文
山本市左衛門	銭 300 文	櫻井氏入道永仙	銭 100 文
		櫻井清次郎	銭 200 文
		自耕庵現住	銭 200 文
		山下源左衛門（浜松元魚町借宅）	金 1 分

以上のように、十八世紀後半以降の引佐地方では、村役人クラスの者（山下家や兵藤家）のなかに、仏教への比較的強い関心をもつ者が多く現れた。とくに、兵藤家は、一族全体で仏教への信仰があつく、安永年間までは兵藤家独自の菩提寺も有していた（安永年間に龍潭寺へ寄進している）。こうした背景については、さらなる具体的な検討が求められるところであるが（その理由の一つには、一族の分家化にともない家のまとまりを再構成することがあったとみられる）、こうした信仰心は、龍潭寺の社会的な信頼にかかわる問題であり、その意味でアジールを支える一つの大きな要因となっていた。一般に、「悪党」の再チャレンジの場となった寺院は、ややもすれば、世俗ではやっていけない、犯罪者の巣窟として認識されてしまう危険を常に孕んでいた（実際、辻善之助の近世仏教堕落論は、まさにこの点を儒学者らによる仏教批判から読み取り、立論したものである）。その克服は、寺院僧侶個人に対する裁量に委ねられていたのが実際のところであろう。

なお、「山下甚左衛門記録」や兵藤家の日記には、龍潭寺に関する様々な記事が載せられているが、とくに井伊家の参詣に関するものと、遠忌法要についての記事が目立つ。そのほか、兵藤家の記録には、龍潭寺住職の「出世」（禅宗では大寺院（勅許の紫衣道場）の住職となることを意味する）に関する次のような記事がみられる(32)。

天明二年（一七八二）、龍潭寺和尚の「出世」に際して、「山崎天神町入野之和尚幷ニ海福寺・大藤寺其外之和尚」から井伊谷・神宮寺村の庄屋組頭らに連絡があり、「御遣能金」が村によって用意されている。この内訳は、井伊谷・神宮寺・祝田村で金十両宛、横尾村が金七両、さらに井小野村幸庵・三岳村助蔵・油田吉兵衛などが支払った（ただし、金七両不足したので、御修復金の利息分三両を加え合計金五拾両を差し出したとされる）。また、京都から住職が帰る際には、村をあげて三カ日周辺まで迎えに上がり（神宮寺村では二〇名近くの名前が確認できる）、盛大に御祝をしている。このとき近藤家の代官である小野兵蔵・村上甚五右衛門・大河内織右衛門の子息らも龍潭寺へと赴いた。龍潭寺住職の「出世」が、檀家圏である井伊谷・神宮寺・横尾・祝田各村にとっていかに重要であったかがわかる。これは龍潭寺住職の村社会における存在感、言い換えれば社会的な信頼に関わるものであったといえよう。

近世における駆込寺＝アジールとは、権力にその根源をもつものではなく、寺院の主体としての活動の上に成り立つものであったということができる。では、その〝信頼〟や〝権威〟には、どのような背景があったのだろうか。以下でみていくことにしたい。

註

(1) 平泉澄『中世に於ける社寺と社会との関係』(至文堂、一九二六年)。
(2) 網野善彦『無縁・公界・楽』(平凡社、一九七八年)。
(3) 伊東多三郎「近世における政治権力と宗教的権威」(『国民生活史研究』第四、吉川弘文館、一九六〇年)。
(4) 阿部善雄『駈入り農民史』(至文堂、一九六五年)。
(5) 秀村選三「幕末期薩摩藩におけるアジールの痕跡」(『経済学研究』三〇―一、一九六四年、のちに『幕末期薩摩藩の農業と社会』創文社、二〇〇四年所収)。
(6) 高木侃『縁切寺満徳寺の研究』(成文堂、一九九〇年)。また、井上禅定『鎌倉東慶寺の縁切寺法』(鎌倉市教育委員会、一九六六年)、五十嵐富夫『縁切寺の研究』(西毛新聞社、一九六七年)などもその先駆けとして挙げられる。
(7) 広瀬良弘「戦国期の禅宗寺院と地域権力」(所理喜夫編『戦国大名から将軍権力へ』吉川弘文館、二〇〇〇年)。
(8) 佐藤孝之『駆込寺と村社会』(吉川弘文館、二〇〇六年)。
(9) 拙著『アジールの日本史』(同成社、二〇〇九年)。
(10) とくに遠駿豆地方の駆込寺の実態については、佐藤孝之「近世の村と「入寺」「欠入」」(『地方史静岡』二五号、一九九五年)。
(11) 「中井日記」には、近世前期に井伊谷周辺で起きた出来事が詳細に記録されており重要である。中井直頼は「かきをき」も残しており(本書210頁)、この時期(寛永頃)に二宮神社神主としての中井「家」が成立したと考えられる。
(12) 中井家文書二号。
(13) 中井家文書九号。
(14) 斉藤悦正「近世村社会の「公」と寺院」(『歴史評論』五八七号、一九九九年)など。

(15)「中井日記」(中井家文書二一七号)。
(16)「中井日記」(前掲)。
(17)「宮田日記」(藤原明徳氏旧蔵、現在は静岡県立中央図書館蔵)。
(18)細江町伊東家文書(未整理)。
(19)細江町伊東家文書(未整理)。なお、磯右衛門は、弘化五年八月に勘定帳の不正を糾弾され、出奔している(神宮寺区有文書A―四一号)。
(20)兵藤家文書三一号など。
(21)「山下甚左衛門記録」(山本家文書二二四号)。
(22)影山九兵衛が、享保年間に組頭をつとめていたことは龍潭寺文書からも確認できる(井伊谷龍潭寺文書四八二号)。
(23)「中井日記」(前掲、慶安元年条)。
(24)近世の寺院がアジール権を広汎に有していたという事実は、悪党・犯罪者が寺僧となって寺院で実際に暮らしていたことを示唆するものである。このことが、僧侶の「質」の低下を招いたとするのが辻善之助の「近世仏教堕落論」の骨格であるが、この点(仏教堕落論の克服という観点)からも、近世におけるアジール研究は重要である。
(25)神宮寺区有文書K―五五号(引佐図書館蔵紙焼き資料)。
(26)「山下甚左衛門記録」(前掲)。
(27)井伊谷龍潭寺文書一二四〇号。
(28)「山下甚左衛門記録」(前掲)。
(29)「山下甚左衛門記録」(前掲)。
(30)兵藤家文書一四四号。
(31)「前々之記録改書出ス」(兵藤家文書)、引佐図書館所蔵の紙焼き資料参照。
(32)「前々之記録改書出ス」天明二年条。

第四章　由緒の井戸

ここでは、龍潭寺の門前に現存する井伊家の始祖共保出生の伝説をもつ井戸[1]（以下、「由緒の井戸」と呼ぶ）をめぐって十八世紀初頭におきた争論（「井之出入」）に注目し、その経過を追うとともに、その背景にある政治的関係を明らかにしてみたい。

一　「由緒の井戸」をめぐる争論

(1) 龍潭寺と正楽寺

まず、本章で対象とする出入の当事者である井伊谷龍潭寺と正楽寺という二つの寺院について、あらためてその概略を述べる。ここまでみてきたように、龍潭寺は臨済宗妙心寺派の寺院であり、井伊家の菩提寺として有名である[2]。とくに、戦国期に同寺の住職であった南渓和尚は、井伊信濃守直平の子（養子）であり、後に徳川四天王と称される井伊直政の成長を支えたことで知られている。龍潭寺は徳川家康から判物を受け、寺領の安堵と諸役不入の特権を得ているが[3]、それも直政の仲介によるものだと伝えられている。また、天正十七年（一五八九）四月に行われた徳川氏による検地（天正検地）によれば、寺領は田畠四町六反大七六歩、屋敷六八八七坪であり、末寺分もあわせると寺領は九六石余であった[4]（本書99頁）。

図９　井伊共保出生伝説をもつ井戸

一方の正楽寺は、古義真言宗高野山宝性院の末寺で、行基の開基と伝えられる。文明三年（一四七一）に来漸和尚を中興開山とし二坊を有したというが、明治初年には廃寺となった。寺領は一五石余であり、決して小さくはないが、龍潭寺の規模に比べると差があった。

さて、すでに第二章で詳しく述べたが、今一度引佐地方の領主について、簡単に確認しておきたい。引佐地方は、井伊谷近藤氏（五四〇〇石余）・気賀近藤氏（三九〇〇石余）・金指近藤氏（二〇〇〇石余）・大谷近藤氏（二〇〇〇石）・花平近藤氏（三三〇〇石余）という分家した五つの旗本近藤氏によって支配された[5]。五近藤氏のなかで、井伊谷近藤氏が本家筋にあたるが、金指・気賀近藤氏の勢力も強く、とくに金指近藤氏の登之助（貞用・語石）[6]は、黄檗宗の寺僧を招き、初山宝林寺という大きな寺院を開基させている。五近藤氏のそれぞれが陣屋をもち、そこを拠点に地方支配を行った。本章で対象とする正徳期の出入りの当時、井伊谷近藤氏（近藤左門用連）[7]の配下には須田岡右衛門・三谷右近右衛門・小沢九郎兵衛という三人の家老がおり、とくに小沢が在地支配を監督する立場にあった[8]。

次に、龍潭寺のある井伊谷村と正楽寺のある神宮寺村について、今さらながらその概要を述べておきたい（両村とも井伊谷近藤氏の支配下）。井伊谷村は、井伊谷川と神宮寺が合流する小盆地に位置し、正保郷帳によれば、田方三七〇石余、畑方二〇〇石余で、ほかに龍潭寺領八三石余、二宮神主屋敷一石余、井大明神領二石余、明円寺領一石余などの寺社領地があった。井伊谷近藤氏の支配の中核となった井伊谷陣屋は、元和六年（一六二〇）頃に旧井伊谷城三の丸跡地に建設され、享保十年（一七二五）頃に大手門・高壁などの外観が整備されたという。なお、享保年間には、困窮した井伊谷村の人々が、領主に対して「御救」を求める動きが相次いだ（本書89頁）。

また「由緒の井戸」のある神宮寺村は、井伊谷村の西隣に位置し、正保郷帳では田方二六二石余、畑方一四三石余、ほかに大日領一五石、正楽寺領一五石、八幡領一五石、八幡神主屋敷九斗余などの寺社領地がある。家数は、寛政五年（一七九三）で一〇五軒、人数は四六三人であった。神宮寺の八幡宮は、神宮寺村の村社であると同時に、「井伊郷」（ほぼ旧引佐郡全体を指す）の中核的な神社であった。「由緒の井戸」も本来は、八幡宮の「御手洗井」であり、龍潭寺が創建された際、社殿は神宮寺村へと遷されたが、この井戸はそのまま残されたという。元禄五年（一六九二）六月二十八日、井伊谷近藤家老小沢九郎兵衛によって八幡宮の神務役高が定められている。それによれば、八幡宮御朱印高のうち禰宜惣兵衛は三斗三升三合、禰宜五郎右衛門も三斗三升三合、神子九郎右衛門分三斗三升三合は役免引されている。[9] ここで惣兵衛と五郎右衛門の間に役高の差はみられないが、「井之出入」のなかでは、惣兵衛が「本神主」、五郎右衛門が「脇禰宜」として扱われており、実際には惣兵衛が八幡宮神事の責任者であった。なお、神宮寺村は、文政十三年（一八三〇）に村運営の効率化を理由に北神宮寺村と南神宮寺村に分村している（南神宮寺村は、古来より「神宮寺村正楽寺」と呼ばれてきた地であった）。以上のことを前提に、早速、「由緒の井戸」をめぐる正徳元年（一七一一）の出入りの経緯についてみていきたい。

（2）出入りの経過

「由緒の井戸」の存在を確認できる最初の史料は、永正四年（一五〇七）の井伊直平による寄進状である。[10] ここでは井伊家の当時の当主直平によって龍潭寺に対し「井領田」として三石が寄進されたことが記されており、戦国期に「由緒の井戸」が龍潭寺の管理下にあったことが確認できる。しかし、戦国期の混乱もあり、天正・慶長年間の寺領検地の結果、「由緒の井戸」の所属が曖昧になったという。やがて正保年間になると、正楽寺がこの由緒の井戸の周りに「井宮」を建立し、毎年の神事祭礼を担当するようになった。[11] 明暦二年（一六五六）、正楽寺は井伊家に対して百姓の「切添」のために「井伊殿様御先祖御出生之御井之本」が穢れてしまう危機にあることを指摘し、修復費の援助を依頼している(12)。このように、正楽寺による由緒の井戸の管理はなかば常態化していたとみられる。なお、正楽寺と龍潭寺は、貞享五年（一六八八）にも出入りを起こしており、このときは領主である近藤氏によって吟味され、結果、正楽寺が勝訴した（この出入りの詳細は不明である(13)）。このとき「由緒の井戸」の普請も、龍潭寺ではなく正楽寺が担当することも決められたが、当時龍潭寺の住職であった徹叟和尚は〝彦根井伊家から直接龍潭寺へと普請依頼があったので今回に限り龍潭寺が普請を担当したい〟と主張。そして「普請出来仕候以後、此井ニ拙僧構無御座候間、左様ニ御心得可被下候」とする書状（「先住書状」）を領主の旗本近藤彦九郎に宛てて出した上で(14)、普請を行った。こうした状況をみると、少なくとも在地社会のレヴェルでは「由緒の井戸」の普請を正楽寺が担当することは決定事項であったことがわかる。

しかし、宝永四年（一七〇七）に遠州地方を襲った大地震（宝永地震）によって事態はあらたな局面をむかえた。この地震によって「由緒の井戸」にも破損が生じ、正楽寺は再び修理費の援助を彦根藩の家老中に宛てて提出した。次の史料がそれである。

〔史料1(15)〕

奉願口上之趣

殿様御先祖井伊共保公、法名　寂明大居士御出生之井者、従往古拙寺別当ニ而支配仕来候、御宮之祭礼勤行等無懈怠相勤申候、然処去亥之年大地震ニ而瑞籬及破損、其砌御届可申上儀ニ候得共傳も無之、殊ニ遠国之儀候故遅延ニ罷成候為御届罷越候、　御先祖御遺跡之地御座候間、何とそ井幷御宮共御造替被仰付被下候様奉願候、以上、

寶永七年

寅三月十八日

遠州井伊谷井之別当

正楽寺

實賢（印）

彦根

御家老中

これに対して当時龍潭寺住職を継いでいた祖山和尚は、由緒の井戸の管理権は龍潭寺にあると主張し、後でみる複雑なプロセスを経て、ついに寺社奉行所へ訴えることになった。かくして「由緒の井戸」をめぐる大きな争論が発生したのである。

では、まず、この出入における双方の主張について整理しておこう（表20）。龍潭寺祖山が寺社奉行所に提出した口上書は次のようなものであった。(16)

〔史料2〕

口上書覚

訴訟寺　禅宗京妙心寺末　遠州引佐郡井伊谷郷　龍潭寺

相手　真言宗高野下　同国同郡神宮寺村大日別当　正楽寺

一、龍潭寺門前ニ井伊家元祖共保出生八幡宮御手洗之井御座候、先年井伊家ゟ御手洗之由緒有之故龍潭寺江普請被申付、石碑之文言ニ使龍潭寺主修理此地と井伊家ゟ造立ニ而御座候、右普請之節大日別当正楽寺御手洗ニ由緒無之候得共、色々と取立候而同所ニ而彼是と障り申候ヲ地頭家取上之上取持之方有之、兎角、地頭家江当分之品ニ候得者、此井普請成就以後構無之由、書通成共仕候ハバ相談調可申段被申候故、先住当分之方復且取紛之手前江と存書通仕候、勿論正楽寺江之書通ニ而ハ無之候、先住書通申候段ハ取持候方又何方ゟ茂、井伊家江一切沙汰不被致候故、井伊家ニハ兼而不被存候、委細ハ御尋之旨可申上候、

一、先年普請以後、井伊家ゟ御手洗破損并掃除等之事後々迠龍潭寺江頼被申候而書状被差越候故、近年右石碑園等破損ニ及候得者、井伊家ゟ前々之通龍潭寺江頼、修理被致度被存候所ニ、右正楽寺御手洗ニ由緒無之所ニ御手洗修理被申付候様ニと願出候、右之訳ニ而正楽寺障ニ罷成、内所ニ而難埒明、普請段々延引、龍潭寺と御手洗・井伊家共ニ重々之由緒有之ニ付打捨置難整迷惑仕候故無拠申上候条、正楽寺被召出井伊家由緒御吟味之上、右

表20　正徳争論における意見の対立

	主　張	評定の過程（口上書に対する反応）		結　果
		寺社奉行の質問	それぞれの応答	
龍潭寺（訴人）	(1) 龍潭寺の住持は代々、毎年の元朝に「生粥」を始祖共保の牌前へ献じ、三が日勤行、末山郷中の人々を呼び聚め斉仕、共保の菩提を弔祭してきた（龍潭寺現住八代以前の南渓和尚は直平の実子である）。(2) 井伊直盛、御手洗井を中央にして、東西南北の境を立て、龍潭寺へ寄進した（龍潭寺境内は往古八幡宮旧地である）。龍潭寺領の違乱は井伊家への由緒が薄くなってしまうことになる。	【質問1】證拠は？【質問1】龍潭寺門前の井戸（元々八幡宮の御手洗の井戸であるが）について代々支配してきた証拠はあるか。【質問2】先年の出入では、地頭近藤氏へ提出した龍潭寺先住の書状に井戸の支配を放棄する文面がある。今回あらためて出入に及ぶのは「不審」であるが、理由は？【質問3】石碑にも「八幡宮御手洗之井」とあり、正楽寺支配の様にもみえる。龍潭寺が支配している明証を申し上げよ。【指示】証人として八幡宮神主惣兵衛を呼ぶこと。	【応答1】井伊家の19代前共保が龍潭寺門前井の内から出生し、龍潭寺塔頭自浄寺で産湯をつかった（井伊家系図に有）。（中略）井戸については直盛寄進状の系図、南北の中央にあるので龍潭寺支配の井戸に紛れなし。【応答2】先住が出した書状については、先住がどうゆう存念で出したか、無念である。先住の無調法であり、拙僧はもうしひらきできない。井戸は、直盛寄進の中央にあり、龍潭寺の支配に紛れなし。天正年中より井の近辺は近藤氏の知行所になったが、井と鳥居本・井領田の三ケ所は直盛寄進の地であり、拙寺の支配だ。たしかに先住無調法書付を近藤氏へ提出したが、御判物や御代々の御朱印の裏に相違ないようお願いします。【応答3】不審は尤もである。八幡宮の御手洗の井に違いないが、八幡宮が只今の場所へ引移されたとき、井は自浄院であって井伊家先祖産湯掛の因縁もあるので、そのまま直盛から龍潭寺へ寄進された。石碑の裏書にも「龍潭寺主修理此地」とある。その上、八幡宮には神主がいる。正楽寺義は別当でも社僧でもない。	先年、井戸について地頭近藤彦九郎の吟味があった際に、龍潭寺先住が井戸について関与しない旨の書状を提出したことは事実だが、当地にのこる石碑には「使龍潭寺主修理此地」と書かれている以上、証拠にはならない。その上、棟札には正楽寺は「遷宮導師」と書かれており、「社僧」や「別当」ではない。その上、正楽寺の社領は八幡宮の社領内に存在していない。地頭の命により神主地から正楽寺へと引き渡されたので支配していたが、このことをもって八幡社領とは言い切れない。また神主惣兵衛によれば、正楽寺は神主に頼まれて遷宮していただけである。また龍潭寺には代々の朱印状や南北東西の中央に井戸がある旨の直盛寄進状がのこっている。以上より、井戸は龍潭寺支配が妥当である。
彦根井伊家	【大久保新右衛門】早くから出入において龍潭寺を擁護。【鈴木権兵衛】絵図・御判物・寄進状・井伊家書付を持参するよう要求。			
与板井伊家	【小野七郎左衛門】口上書について相談。【松下源六郎】口上書について相談。出入について書付を作成するよう指示。			
妙心寺系寺院	【松源寺】寺社奉行から朱印吟味の沙汰なしに公事に申し立てたことを責められ、そのことについて相談。【海禅寺】同上。【龍興寺】間部越前守家老植田半蔵を通じ本多弾正・森川出羽守役人との仲介を依頼。			
正楽寺（相手）	今、井戸の四方は近藤氏の支配であるが、この井だけが龍潭寺御朱印とは思われない。その上、井戸のきわにある洗米田は正楽寺が支配している。また、そもそも八幡宮の御手洗であるので、拙僧が八幡宮の社僧であるから、右の御手洗も支配するのは正楽寺の役である。	【質問1】井伊家出生の井はかなり古いようだが往古より正楽寺が支配してきた証拠はあるのか。【質問2】口で申す事は証拠にならない。書かれたものはないのか。【指摘】證拠ニ成り不申候間、證拠ハないなとせめつけ御尋候【指示】棟札を証拠として持参すること。	【応答1】往古より注連を張って、勤行・掃除などもつとめてきたといっている。【応答2】領主から井領の御供を願付けられ、八幡宮の祭礼などをつとめてきた。八幡宮御手洗については古くから文がある。【龍潭寺の意見に対する批判】只今井之四方ハ龍潭寺御朱印ニ而無之。地頭地之旨、其外、色々之事申候、	
旗本近藤家	家老衆（須田・小沢・三谷）：龍潭寺の先住徹叟が、井戸の権利を放棄する書状を残しているため、祖山の主張は通らない。須田・小沢：龍潭寺の口上書には納得できない。／小沢九郎兵衛：正楽寺の住職が井伊家の役人と会えるように手引きするよう祖山に依頼〔祖山は拒否〕。／平田長右衛門：物語する〔内容は不明〕。			

注1）龍潭寺・正楽寺以外の各々の主張については、井之出入がはじまって以降の反応を中心にまとめた。

注2）「主張」「評定の過程」欄については「宝永年中記録」に基づく。「結果」欄については「井伊家伝記」に載せられた10月6日付で正楽寺が寺社奉行に宛てて提出した写書等を参考に作成した。

注3）「評定の過程」欄については、龍潭寺の主張は、9月2日の寺社奉行本多弾正の取調の際の応答を、正楽寺の主張については、8月27日に森川出羽守のところでの評定の際の正楽寺の発言をもとに作成した。

之場所江向後正楽寺相障り井伊家江普請修理頼不申候様ニ彼仰付被下候ハバ難有可奉存候、

一、右御手洗之場所龍潭寺支配ニ紛無之段幷井伊家江之由緒重キ儀者御尋之上委細可申上候、以上、

正徳元年辛卯八月三日　　遠州引佐郡井伊谷龍潭寺　印

寺社御奉行所

史料2より明らかなように、龍潭寺住職の祖山は、井伊家との由緒をもつのは龍潭寺であり、正楽寺には由緒がない、ということを一貫して主張している。表20に示したように、龍潭寺の主張の具体的な根拠は、代々、龍潭寺住職が正月元朝に始祖井伊共保の位牌前で「生粥」行事を行い、郷中の者を呼び集め、共保の菩提を供養してきたこと、それから井伊直盛寄進状には龍潭寺領の中央に「御手洗井」（由緒の井戸）が記載されていることの二点であった(17)。とくに井伊家との縁故を強調し、歴代将軍の朱印状を保持していることに正当性の論拠を置いている。

一方の正楽寺は次のように主張する。すなわち、現在「由緒の井戸」の四方は近藤氏の知行地となっており、この井戸だけが龍潭寺の朱印地であるというのは不自然である、と。さらに、井戸の「きわ」にある洗米田も正楽寺が所持している。そして、そもそも「由緒の井戸」は八幡宮の御手洗井であり、正楽寺が八幡宮の「社僧」であるのだから、当然この井戸を支配するのも正楽寺のつとめだという。

こうした二者の主張に対して、鍵となるのが先述した貞享年間の出入りにおける先住徹叟和尚が近藤彦九郎に宛てて出した書状（「先住書状」）の存在である。正楽寺としてはこの書状を最大の根拠に龍潭寺の主張を退けようとしていた。

訴えをうけた寺社奉行は、双方に対して質問を行った。先掲の表20に挙げたが、龍潭寺に対する質問としては、やはり「先住書状」の存在が厳しく問われており、祖山和尚もこれに対しては申し開きもできないと述べている。しかし、ここで祖山は、直盛寄進状を根拠に、御手洗井・鳥居本・井領田の三箇所は旗本知行所となった後も要所として龍潭寺の支配であったことを主張する。一方、正楽寺実賢和尚は、実質的に祭礼などを通し、実質的に井戸の管理を

行っている旨を主張するが、寺社奉行からは「證拠」となる文書（「書申候證拠」）の不在を厳しく追及された。

こうした応答を経て、寺社奉行所は龍潭寺に対して証人として神宮寺村八幡宮の神主を召喚するように、正楽寺には棟札を持参するようにとの指示を出した。

呼び出された神主惣兵衛は、次のような主張をしている。すなわち、正楽寺は別当でも社僧でもなく、神主から依頼されて遷宮を担当しただけである。たしかに社中に庵をたて出家一人を置いているが、これは神宮寺村から派遣されたものであって八幡宮の社僧や別当というわけではない(18)。

惣兵衛のこうした理解は、先に少し触れた貞享年間の出入りの際も同じであった。すなわち、近藤氏は神宮寺村の組頭や八幡宮神主に対して正楽寺の由緒の有無について次のような文書を提出させていた。

〔史料3〕(19)

差上申手形之事

一、八幡ミたらし井之宮之儀、酉年御検地之時ハ宮無御座候、其以後宮立申候、

一、酉年志やりやう御付被成候ニ付、戌正月十日ニはしめてまつり仕候、戌亥子三年私・五郎右衛門両人ニ而まつり仕候、右之社領正楽寺江相渡候様ニと助右衛門殿被仰付候ニ付、子年ゟ正楽寺江相渡申候事、

一、今度殿様ゟ被仰付候正楽寺江之手形之儀ハ、私手形致候得者、八幡之被遊候同意ニ御座候間、被仰付候とも手形仕候儀ハ罷成間敷候、為後日仍而如件、

貞享三寅正月晦日

神宮寺村八幡神主　惣兵衛

小沢九郎兵衛殿
笠原弥次右衛門殿

〔史料4〕[20]

指上申手形之事

一八幡ミたらし井之宮之儀、先年酉御検地以前ゟ小宮御座候而、正楽寺志はい被致候事、

一今度殿様ゟ被仰付候正楽寺江之手形之儀被仰付次第何様ニも手形仕相渡し可申事、

一井之宮きわに御座候せんまい田、酉之御検地ニものそきニ罷成、正楽寺しはい被致候、為後日仍如件、

貞享三寅正月晦日　神宮寺村　八幡神主

五郎右衛門

組頭　市太夫

同　五郎兵衛

同　源左衛門

同　五郎左衛門

同　佐太夫

小沢九郎兵衛殿

笠原弥次右衛門殿

ここで、本神主である惣兵衛と、脇彌宜五郎右衛門・組頭らの間には明らかに認識の相違があったことを確認しておきたい。すなわち、史料3では、正保二年（一六二九）の検地以前に宮はなかったことが指摘されているのに対して、史料4では小宮はすでにあったとされている。龍潭寺はこの両証文の写を所有しており、自身の正当性の根拠の一つとして掲げていた。そのため、証人として神主惣兵衛を招くことになったのである。

（3）出入りの結果

この出入りの結末は、正徳元年十月六日に龍潭寺と正楽寺の双方によって寺社奉行所へと提出された文書からうかがうことができる。要点は次のようなものである。

①龍潭寺は、井戸の所有の証拠となる井伊直盛よりの寄進状と、歴代将軍による朱印状を保持している。
②たしかに、徹叟和尚から地頭近藤彦九郎に宛てられた書状のなかには、以後、龍潭寺は「由緒の井戸」に関与しないことが約束されている。しかし、現地の石碑に「使龍潭寺主修理此地」と刻まれている通り、実際に普請を担当したのは龍潭寺である。
③正楽寺は「社僧」「別当」であると自称しているが、現地の棟札には「遷宮導師」とあり誤りである。
④八幡宮神主物兵衛の証言によれば、〝正楽寺は神主が依頼して遷宮を担当してもらっただけであり、社中に庵があるがこれは村の管理下に置かれているものであって、正楽寺が八幡宮の社僧であるとはいえない〟という。よって、社僧や別当とは認められない。

上記の理由から、「由緒の井戸」の管理は龍潭寺が担当することが妥当とされた。ここで注意しなくてはならないのは、①や②だけではなく、③・④など在地社会における正楽寺の位置についても一応検証されたが、あまり効を奏さなかったことである。この出入りに際して神宮寺村の人びとがどのくらい主体的に関わったかは不明である。しかし、正楽寺が祭礼を担当し「神事勤行」をしてきた事実は、裁許のなかでは顧みられなかった（少なくとも神宮寺村の組頭などは召喚されていない）。こうした点を踏まえると、文面上は②〜④で合理的に説明されているが、やはり①に関連する井伊家との縁故の問題が優先された判決だったといわざるをえない。この判決を受け、正楽寺は寺社奉行所に対し、自身の落度を認めたうえで「右之井ニ以来差構申間敷」とする旨の文書を提出し[21]、一件落着となった。

以上、この争論は龍潭寺の勝訴に終わったが、その背景にはさらに複雑な政治的関係が潜んでいたように思われる。次節で少し掘り下げて検討してみたい。

二　出入りの背景にあるもの――政治的関係――

前節では、正徳期におきた「由緒の井戸」をめぐる管理権の争いの経過について概略的にみてきた。しかし、考えてみると、この争論は、正楽寺の支配として領主近藤氏から認定を得ていた井戸の管理権を、寺社奉行所の判決によって覆した事案であり、地域にとって非常に大きな意味があった。この背後にもっと本質的で政治的な駆け引きが隠されていたようにも思われる。本節では、当時の龍潭寺住職である祖山和尚が残した日記「宝永年中記録」[22]（以下、括弧中の月日はこの日記の条項に基づく）をもとに、この出入りの背景に潜む問題について、より深く考えていくことにしたい（なお、当時の彦根・与板藩と井伊谷近藤氏の家中の役職については図10を参照のこと）。

(1) 争論の原因

この争論が発生した大きな理由の一つに、彦根・与板両井伊家の藩士たちの存在があった。井伊家は、井伊直政の次男直孝系の彦根藩掃部頭家と、長男直勝系の与板藩（元・掛川藩）兵部少輔家がある。この当時与板藩主であった井伊直矩は、彦根藩主井伊直興（別名直治・直該という）の四男であり、この頃の相互の結びつきはとくに強かった。祖山は、江戸在府中にこの両井伊家の屋敷へほぼ毎日出かけ、藩士たちと話し合いを繰り返している。こうした祖山と両井伊家のつながりに注目してみよう。

まず、出入りが始まる前、朱印改のために出府中であった祖山は彦根藩の用人大久保新右衛門から「（由緒の井戸は）正楽寺支配ニ相極候哉、又別当ニ候哉、又八幡宮別当ニ候哉、又拙寺由緒之事ニ候何とそ正楽寺支配申候哉」と立て続けに質問を受けていた。こうした動きから近藤氏の吟味によって「由緒の井戸」が正楽寺支配となった事実について彦根藩士たちが知らなかったことがうかがえる。当然、正楽寺が井戸の近くに立てたという宮についても、正

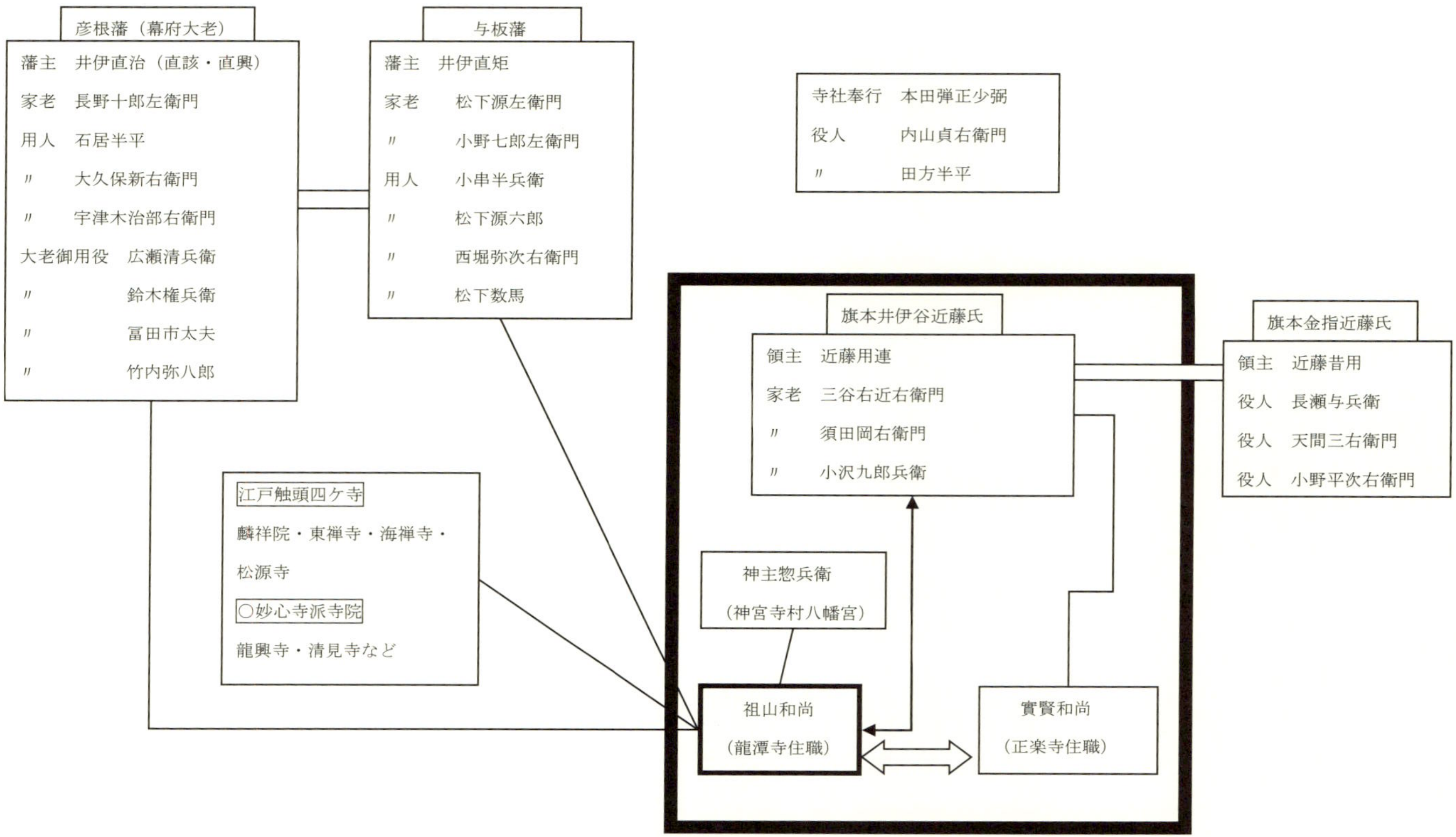

図10　正徳争論の関係図

楽寺から願書が届いてはじめて問題になった。すぐさま、年寄格のものが集まって相談した結果、「此方之家（＝彦根井伊家）ニ不存候間とらせ可申」（彦根井伊家が関知していないものだから撤去すべき）という結論となった。この報告を受けた祖山は「当惑」し、「是ハ正楽寺ハ地頭家荷擔故、普請後ニ無理ニ立申候小宮ニ候へ者今度出入可申候心入ニ而、兼而たくミ《（企み）》申候事ニ候へハ拙僧力にてハ中々取申間敷候」と述べたという（五月二十九日）。

さて、彦根藩士に対して上のように述べた後、祖山はその日のうちに与板藩屋敷へと出向き、彦根藩の用人たちに言われたことを伝えている。それに対して与板藩士の小野七郎左衛門は「夫ハ用人衆申事ニ而無之候、直治様御内意と可存候、無調法ニ挨拶不宜と申候」と答えている。祖山は、その際も同座していた家老源太郎・弥次右衛門に対して「此之宮取申候事中々容易ニ申出かたく候、正楽寺地頭方と壱門ニ罷成申候而、兼而此井ヲ手ニ入可申たくミに宮立申候上ハ、拙寺申分ニ而ハ中々取申間敷候へ者、右之宮取申事拙寺ハ難致」と述べている。これに対して、家老衆は「其レハ不宜候、宮取申事成り不申者、先龍潭寺へ普請被仰付可被下候、其上ニ而左門殿へ文を遣可被下候様ニ相頼可申旨被申候」と述べたという（五月二十九日）。

翌日、祖山はこのことを彦根藩士たちに告げると、「其レハ何程ニ申候而も成かたく候、只今御役柄に候故、左様之押付候事難致候、拙寺由緒之事ニ候間、何様共出入ニ成共仕、埒明可然」との返答を受けた。これに対して、祖山も、「拙寺之分として中々埒明申かたく候、井之本亡所ニ罷成申候間、御家ゟ被思食立可然」と援助を願い出るが、藩士たちは「尤先祖之地大切之段、其元ゟも此方ハ重ク候、併入組候事軽キ正楽寺□（＝虫損）此方相手に仕事、家ニ而不致候事ニ、是も今度拙寺埒明不申候而ハ末代亡所ニ候間、是非ニ情《（精カ）》出し可申候而、色々と用人引入申候様ニ」と念を押した。

祖山はまた即日に与板藩屋敷を訪れて相談しているが、家老衆二人は「右之旨ハ直治様之被仰と思可申候、逢レ申候事成かたく候間、出入ニ成共致候而埒明可申」とするが、祖山は「色々と辞退申候、中々出入ニハ仕間敷」と答えた。これに対し、小野七郎左衛門は「夫ハ龍潭寺為ニ不宜候、其元ハ一代、寺ハ末代之事、龍潭寺為ニ候間是非ニ」

と述べたという。

このように、少なくとも五月末日の段階では、彦根藩士や与板藩士の方が祖山よりも出入りに積極的であったことがうかがえる。しかし、当時井伊直治は大老職にあり、彦根藩士が表立って出入りに関与することは避けなければならなかった。実際、彦根藩の用人衆たちは出入りを勧めてはいるが、実際出入りとなった場合は「拙寺勝手次第可仕」よう繰り返している[23]。

以上みてきたように、当時の彦根家中のなかでは正楽寺の知名度が低く[24]、そのため両井伊家の藩士たちの多くは龍潭寺を後押しした。ここで注意しなければならないのは、彦根藩士たちが必ずしも祖山和尚との私的な関係によって龍潭寺を支持しているわけでない点である。すなわち、彦根藩の用人の一人が「先祖之地大切之段、其元ゟも此方ハ重ク候」と述べていることや、与板藩の小野七郎左衛門が「龍潭寺為ニ候」と言っていることからも明らかなように、彼らは「先祖之地」である龍潭寺そのもののために支援していた。旗本近藤氏領で暮らす祖山は最初訴訟を起こすことに積極的ではなかった。近藤左門に対して、くりかえし「今度掃部頭普請障り不申候様ニ頼申」したが、結局、納得は得られなかった[25]。こうして、龍潭寺と近藤家の関係はかなり拗れ（「拙寺事ヲ左門殿散々ニ被申候と新右衛門申候事、拙僧申候ハ、此比左門殿へ参、家老共散々不宜事被申候間、定而右之趣被申候事、内々ニ而ハ中々埒明不申候間、安藤右京之進殿へ罷出可申候」（七月四日））、ついに龍潭寺が寺社奉行所へ訴え出ることになったのである（この詳しい経緯については表21参照）。

では、彦根・与板・近藤の三者の立場について個々の人物の動向にも注意し、この出入りをあらためて整理してみたい。

（2）彦根井伊家・与板井伊家の対応

先述のように、両井伊家の家臣のなかに出入りを起こすように促したグループがおり、彼らは〝龍潭寺こそが始祖

表 21「宝永年中記録」にみる正徳元年中の祖山の行動（抜粋）

月日		出来事
4/26	朱印改	祖山、江戸へ出立。5 月 2 日に江戸へ到着する。
5/2		祖山、御朱印提出の目録を作成。
5/3		麟祥院にて添翰を申請。海禅寺にも届ける。安藤右京之進・松平備前守の所へ参る。備前守の役人野村弥太夫に目録と添翰を提出。「権現様之御書出」を「判物」とするように指示を受ける。
5/11		寺社奉行所に朱印持参。「掃部頭様御威光」により帳頭となる。「藤原家康」という文言について伺いが立てられる。兵部殿と書院にて面会。判物について松源寺・小野七郎左衛門と調査を開始する。
5/28	訴訟前	掃部頭書院次之間にて馳走。鈴木権兵衛・大久保新右衛門と対談。正楽寺のこと（井戸の支配など）について逐一尋ねられる。
5/29		掃部頭屋敷へ参上。権兵衛より、井宮を撤去すべきであると説明を受ける。兵部家老衆からも同様のことを言われ、もし井宮の撤去ができない場合は、まず龍潭寺へ普請を依頼し、その後に近藤氏に連絡すべきであると言われる。
5/30		掃部頭屋敷へ行き、用人衆から、今回の井戸の問題は、出入に発展させても解決すべきだと指摘される。与板藩の家老衆からも、同様のことをいわれるが、祖山は「中々ニ出入ニハ仕間敷」と答える。
6/2		鈴木権兵衛らの指示で「八幡宮御手洗龍潭寺由緒之事」という書付を作成する。
6/17		近藤登之助屋敷を訪ね、問題になっている先年の井戸の普請についての書状の事情を聞く。
6/20		掃部頭屋敷で広瀬清兵衛・新右衛門・市太夫に会い、近藤左門の所へ行き、正楽寺が井戸を支配している証拠があるのかどうか尋ねることを伝える。新右衛門より、17 日に近藤左門が正楽寺の事について話にやってきたことを聞かされる。同日、兵部屋敷に行き、掃部頭屋敷での話を逐一伝える。
6/29		左門殿屋敷に参上。龍潭寺井の支配に紛れない事を口上書をもって伝える。九郎兵衛と岡右衛門は納得できないとして、口上書をつきかえす。
7/6		松源寺の指示で天沢寺へ行き、事情を説明する。詳細について記した書付と絵図を近いうちに持参するように指示される。同日、麟祥院と金指近藤氏の屋敷を訪問する。
7/17		江戸触頭四ケ寺の寄合にて口上書を見せ、添手紙の作成、由緒の吟味などを行う。
7/23		朱印担当奉行の安藤右京のもとへ参り、絵図その他の書付、口上書を提出する。朱印吟味の沙汰なしに公事に申し立てたことを責められる。松源寺へ行きそのことを相談。掃部頭・海禅寺に相談するように言われる。即日、海禅寺へ行き相談する。
8/3	訴訟中	寺社奉行本多弾正方に参り、寺社役内山貞右衛門に口上書差出。訴訟に際して掃部頭へ伺いを立てたかどうか訪ねられる（伺いは立てたが、差図はないと答える）。晩に口上書三枚認め提出、裏判をもらう。安藤右京の所へ参り御判頂戴する。
9/22		神主惣兵衛到着、直ちに左門殿屋敷へ参り、家老衆三人と藤左衛門に会い、（今回の出入りは）地頭方や在方のためにもよくない旨が伝えられる。
9/23		神主同道の上、弾正方へ参る。25 日夕方に来るように言われる。右京・出羽両方へも参る。同日、兵部屋敷・掃部頭屋敷へ参る。この日、直治より間部越前守家老植田半蔵・奥村次右衛門へ直々に龍潭寺の事頼入。
10/6		龍潭寺の勝訴に決まる。

出生の井戸の由緒をもつ寺である〟という意識を共有していた。この出入りが起きた頃、彦根藩主井伊直治と家老長野十郎左衛門はともに体調が悪く、祖山和尚となかなか面会できていなかったようである。よって、藩主自身がどのような認識をしていたのかについては家臣の言葉をもって理解するほかない。祖山が江戸で面会した人物とその回数を示したのが表22である。以下で、各藩士がどのような行動をとっていたのか、具体的に考察しておこう。

①彦根藩士の対応

大久保新右衛門の場合　大久保新右衛門は、宝永五年（一七〇八）四月七日より享保七年（一七二二）二月四日まで用人役を勤め、知行高は一四〇〇石（のち二〇〇〇石）であった。用人役は、彦根と江戸それぞれに三～四人程度配置され、家老・中老役の次席として評議へも参加し、奥方・諸屋敷奥方を支配した。新右衛門は、龍潭寺と正楽寺の出入りが避けられなくなった折、「御判物ヲ以可被仰立旨被申候事ニ候」として、訴訟に関する具体的なアドバイスを行っている。ここでいう「御判物」とは、龍潭寺に伝わる徳川家康判物のことである。正徳元年五月の「朱印改」の際、祖山はこれを「権現様書出」として寺社奉行所へ提出し、担当役人の野村弥太夫から「御書出と申物ニ而無之候、御判物と申而、権現様御直判ニ而、御朱印ゟハ重キ物ニ候」と教えられている（五月三日）。この時期はじめて「判物」の重要性が意識されたことがわかる。

大久保は、この朱印改の際にも祖山の対応にあたっており（五月五日）、用役鈴木権兵衛とともに、井伊谷龍潭寺に関わる一連の問題の担当役人となった。大久保と鈴木は、井之出入が生じる前から「正楽寺参候而も取合申間敷候、左門殿家老衆何と申而も御判物等之由緒ヲ以挨拶可申候、此上不限何時此方へ御相談被成度候ハバ御志らせ可被成候、用役三人之内、其外用人衆相談御挨拶被成可被下旨約束申事」という約束を取り交わし（六月十日）、一貫して龍潭寺の側を支援した。とくに大久保の「御判物等之由緒ヲ以」権利を訴えるべきとの指摘が出入りのなかで功を奏することになった（本書148頁）。

広瀬清兵衛の場合　祖山和尚が争論を展開するに際し、最も重要な役割を果たした人物の一人として広瀬清兵衛があげられる（広瀬清兵衛家の幕末段階の知行高は一八〇石である）[26]。

広瀬は、出入りの直前に「清兵衛内意被申候ハ兎角ニ其元ゟ訴訟ニ可被仰立候、寺社御奉行所へ手入致候事も、又手立も可有之事ニ候、是非と申候而訴訟可仕」と述べ、祖山を後押しした張本人である（六月十六日）。実際、祖山も、広瀬に対して「清兵衛ハ呑込能候」などと記している。出入りが本格化するなか、祖山に対し「貴僧様、此度之御訴訟指つかへ承引申候ニ付何共気毒ニ存候間、少ハたりニも成可申哉と存候ニ付、昨日弾正様御内田方半平方此下書之通ニ手紙遣候所ニ今日返事如此申来候、中々能キ挨拶ニ御座候付大慶仕候」という書状を送っている（九月二十一日）。広瀬は寺社奉行本田弾正の家中である田方半平に手紙を遣わし、便宜をはかっていたことがわかる[27]。広瀬については、「誠之中興開山之和尚様と被存候」と祖山和尚を称した書状が龍潭寺所蔵の文書群のなかにも確認でき[28]、この出入りを通じて祖山との私的なつながりも深くなっていったとみられる。

長野十郎左衛門の場合　当時、彦根藩の家老であったのが、長野十郎左衛門である。正徳元年の頃、彦根藩の家老は五名で、仕置の評議や意見具申、法度違反者や公事出入りの詮議などを担当する藩の政策決定にお

表22　祖山和尚在府中の面会回数（抜粋）

面会回数	人　名（所属）	立　場
19	大久保新右衛門（彦根藩）	井伊掃部頭家用人役
17	小野七郎左衛門（与板藩）	井伊兵部少輔家家老
16	松下源六郎（与板藩）	井伊兵部少輔家用人
13	広瀬清兵衛（彦根藩）	大老御用役
10	竹内弥八郎（彦根藩）	大老御用役
10	鈴木権兵衛（彦根藩）	大老御用役
9	松下源左衛門（与板藩）	井伊兵部少輔家家老
7	西堀弥次右衛門（与板藩）	井伊兵部少輔家用人
7	内山貞右衛門	本多弾正少弼用人
6	大拙和尚（松源寺）	江戸触頭四ケ寺住職
6	（海禅寺）	江戸触頭四ケ寺住職
6	富田市太夫（彦根藩）	大老御用役
6	小沢九郎兵衛（旗本井伊谷近藤）	近藤左門家老
6	須田岡右衛門（旗本井伊谷近藤）	近藤左門家老

注）「宝永年中記録」をもとに作成。面会回数の少ない人物は省略した。

ける最重要ポストである。[29] 長野は、知行高として五〇〇〇石を有し、彦根藩のなかでも屈指の実力者であったが、先述のように当時は「病床」であった（五月四日）。

しかし、正徳元年六月に長野は、旗本近藤左門と面会し、懸案となっている「井之出入」について話し合いをした。すなわち、次のような応答が行われたという。まず近藤は、「正楽寺由緒之事、旧冬彦九郎書付ヲ以物語仕候通ニ御座候間、正楽寺ニ普請被仰付候様ニ」、「又正楽寺ニ御逢被下候様ニ」と述べた。これに対し長野は「夫ハ思食相違申候、家之由緒正楽寺ニ有之旨古来ゟ此方ニ覚無之候、龍潭寺元祖以来之由緒先祖出家仕住持相勤申候、只今正楽寺ニ普請申付事難致、又ハ正楽寺ニ逢申事も難致候間、左様ニ御心得可被成」と言ったという（六月十六日）。

このことについて、祖山和尚は彦根藩用人の大久保新右衛門と広瀬清兵衛より伝聞しているが、家老であった長野が、龍潭寺の元祖以来の由緒を認め、井伊家との由緒をもたない正楽寺とは「逢申事も難致候」と述べていることは重要であろう。長野は他の政務に多忙であり、「井之出入」に積極的に関わった様子はうかがえないが、少なくとも龍潭寺を支持していたことは間違いない。

②与板藩士の対応

与板藩士は、幕府要職についていた彦根藩士よりも積極的に祖山を支援した。とくに、小野・松下の二名の行動が注目される。

小野七郎左衛門の場合　祖山和尚が訴訟を起こす際に必要となった諸書類（口上書や由緒書など）の作成に具体的なアドバイスを与えたのは与板藩士の小野七郎左衛門である。小野家と次にみる松下家は与板藩の家老を世襲し、藩政全体を統括するポストにあった。両家はともに井伊家との縁故が深く、先祖は徳川家康に仕えたこともあるため、年頭には江戸城へ上り、献上品を差出すこともできたという。[30]

「右者（＝「拙寺江被下置候御判物由緒之覚」）兵部様ニ而小野七郎左衛門殿認被下候書付」（五月十四日）、「左（＝

「遠州井伊谷龍潭寺井之由来」）、小野七郎左衛門相談ニ而相認申遣候書付」（八月十五日）などの祖山の記録からわかるように、龍潭寺の由緒書の作成には小野が深く関与している。この時期、祖山は井戸の由緒を主張するために、由緒書を熱心に作成しているが、これは小野との相談のなかで進められていった。このことからも、小野が、かなり井伊谷の歴史や龍潭寺所蔵の古文書（朱印状・判物など）に詳しい人物であったことがわかる。また、小野と祖山との間で次のような話が密かに行われていた。「七郎左衛門殿ひそかに申候ハ、十年已前に霊夢見申候物ハとり申候、是ハ単紙ニつくしかたく候、扨又龍潭寺境内に清浄之所も候ハバ八幡宮ヲ勧進申度旨帰事申候ハバつくり可申遣旨ひそかに被申候事、此義ハ他言申間敷旨被申候」（八月十五日）。

このように小野の先祖故郷井伊谷への思い入れは強く、祖山との私的なつながりも深かった。龍潭寺所蔵文書のなかに「小野氏系図」[31]が確認できる理由もこうした事情と関係しているであろう。

松下源六郎の場合　与板藩士の松下源六郎も、小野家と同様に家老を世襲した家柄である。松下は、与板藩井伊家の家中から近藤彦九郎家へと養子に入った徳美喜兵衛という人物から、近藤用連と家老衆が「是ハ何ヲ申候而龍潭寺構申間敷旨之證文出置申候へ者、先年埒明申候間、龍潭寺何程掃部頭様御威光ヲかり申候而も別条無之と物語申候」と家中に対して述べていたことを聞き出し、それを祖山和尚に伝えている（六月十日）。松下源六郎も小野と同様に井伊谷についての関心が強かったようで、祖山和尚を屋敷に招いて御馳走した際には、地元井伊谷村の有力者である中井多吉[32]の事などについて委細に尋ねている（五月二十六日）。

こうした彦根・与板藩士の活動は、他ならぬ祖山和尚自身によって執筆された日記からみえてくるものであり、当然史料批判の視点が要求される。しかし、龍潭寺に彼らとのつながりを示す書状が多くのこされていることからもわかる通り、祖山和尚が正楽寺の実賢和尚よりも井伊家に対してより強いパイプを有していたことは確実であろう。

また、彦根・与板藩の個々の藩士のなかで出入りにとりわけ協力的であったグループがいたことも見逃せない。経済的な側面からすれば、「由緒の井戸」自体にそれほど直接的なメリットがあったとは思われない。(33) しかし、それを管理することの政治的・宗教的な意味はかなり大きかったと考えられる。アンソニー・ギデンズは、伝統的権威というかたちで権能をもつ人びとは、「定式的真理のもつ原因力に特別に接近利用できることで、権能を有したり、権威となってきた」と論じているが、(34) まさにこの「由緒の井戸」の「守護者」となることが、当地の宗教者としての尊厳に関わる重大な問題となっていた。その背景には上述のような彦根・与板両井伊家や近藤家を中心とした複雑な政治的関係があったのである。

いずれにせよ、この出入りを通じて、井伊家の先祖故郷である井伊谷についての認識が、井伊家の家中の間で相当深まったことがわかる。このことは、後の当地の歴史にとって大きな意味をもつことになる。

(3) 領主旗本近藤氏の対応

さて一方の、旗本近藤氏側の対応は、井伊両家とは正反対なものであった。先述したように、かつて近藤氏は正楽寺の支配が正当だという判断を示しており、当然、今回の出入りに際しても正楽寺の主張を支持した。

井伊谷近藤氏（近藤）の三家老である三谷右近右衛門・須田岡右衛門・小沢九郎兵衛は、六月九日に近藤家の屋敷に訪れた祖山和尚に対して次のように言っている。

岡右衛門申候ハ、其レハ先年出入有之候而彦九郎・語石取扱之上、御先住ゟ向後構無之旨、此方江書状被遣候上ハ幸相済申候事、其元ハ御構不被成候筈、正楽寺支配ニ相究申候故、定而別当と申参候と存候間、其元御構さへ無之上ハ、別ニ掃部頭様ゟ普請ニ障り申候事ハ無之と存候、当分左門ニ申聞せ候而も親致べき候事、其元思食之通ニハ挨拶難致候間、左様ニ相心得可申候（六月九日）

ここでの発言からもわかるように、近藤三家老は終始一貫して正楽寺支配の正当性を主張している。在地においては、正楽寺側につく人物が多かったようで、たとえば岩間寺より「何時発足申候哉日限しらせ申候」との連絡を受けた祖山は「是ハ正楽寺ゟ岩間寺ヲ頼入と相見申」と解釈している（六月七日）。しかし、先述したように、この後、近藤氏は彦根井伊家と面会もままならない正楽寺の實賢和尚を何とか井伊家と引き合わせようと躍起になっており、すでにみたように彦根井伊家の家老長野十郎左衛門と旗本近藤左門が面会して事情を説明している。

なお、近藤氏の三家老のなかで、特徴的な動きをしているのが小沢九郎兵衛である。祖山が近藤左門の屋敷へ来訪した折、小沢は一言も発さなかったというが、祖山は「是ハ先年ゟ之御たくミ之事、兼而小沢九郎兵衛こしらへ申候事」と小沢こそが今回の出入りの黒幕であると理解していたことが知られる（六月十七日）。実際、出入りの際、小沢が様々な根回しに動いていたとみてよいだろう。

さて、近藤氏には井伊谷近藤氏の他に四つの分家が存在しているが、彼らの動きも気になるところである。ここでは近藤登之助家（金指近藤）の動きをみてみよう。祖山自身が「左門殿とハ相違申候」と述べているように、家中長瀬与兵衛・平田長右衛門の話では、貞享年間の出入りの際、金指近藤語石は「正楽寺荷擔」したのではなく、出入りに発展するのを回避したに過ぎないという（六月十七日）。しかし、近藤左門の家老衆は、金指近藤登之助の家中たちにも事情（先住書状の有無、「正楽寺七百年已来之古跡ニ候、龍潭寺ハ百四五十年以来之事ニ御座候旨」など）を説明し、協力を呼びかけた（六月二十三日）。出入りがいよいよ避けられなくなると、小沢は近藤登之助の家中長瀬与兵衛や天間三右衛門を通じて、龍潭寺に訴訟をやめさせるように頼み込んでいる。このとき、天間と小沢の間で次のような応答が交わされている。

> 天間三右衛門と申候ハ、兎角ニ乍憚近藤家井伊家江出入申候ハ、先祖之武功ニ而全以心易ク出入申候間、此儀ニ付已後左門様・掃部頭様へ御出入ニ付御隔心無之様ニ被成可然と乍憚存寄申と被申候事、九郎兵衛申候ハ、其段ハ合点仕候、左門申候ハ掃部頭様御内ニ候、往古ゟ正楽寺支配ニ紛レ無之候、只今龍潭寺申候様ニ致候而ハ御先祖之御為も不宜候故、却而掃部頭様御為ニ候と被申候、三右衛門もさわらす挨拶申候

これを受けて長瀬与兵衛は祖山和尚に、「右之わけニ候間、此儀相談合手ハ与兵衛と左門様并家老衆さげすミに逢

申事気之どくニ候間、向後ハ在江戸中屋敷江ハ勿論拙者とハ対面書通等も御無用ニ」と述べ（七月六日）、龍潭寺と絶縁状態になった。[35] 五近藤家は、少なくとも七月中にはそれぞれ正楽寺支配を正当とするよう意見を一致させていた。こうした背景には、小沢を中心とした近藤左門の家老衆の政治的活動があったのであろう。

なお、近藤左門は自らも度々井伊掃部頭屋敷を訪れ、広瀬清兵衛や鈴木権兵衛などに「龍潭寺公義江罷出候事不得其意、断も不申候而公義江罷出申候段不届此方於ふみつけニ致候段色々と被申」ているが（八月二十五日）、先にみたように彦根藩士たちは龍潭寺の支配を正当としており、こうした発言に取り合っていない。領主近藤氏と龍潭寺の対立がこのときかなり深刻なものであったことがわかる。[36]

最後に、江戸触頭四ケ寺を中心とする妙心寺派の寺院ネットワークの存在についても指摘しておきたい。祖山が訴訟を起こす際、江戸触頭四ケ寺の承認が必要であったようで、訴訟に必要とされる書類についても逐一確認している。また同じ妙心寺派の清見寺や龍興寺との協力もうかがえ、たとえば龍興寺住職は、祖山の書いた由緒書を本田弾正の役人のところへ遣わし「兼而弾正殿耳ニ立置キ可申候」ように依頼している（八月十七日）。

この点に関して、正楽寺側がどうであったか（真言宗系寺院のつながりを示す）史料が確認できないため強調はできないが、こうした妙心寺派系寺院間のネットワークも祖山の行動を支えた重要なファクターであったことは間違いなかろう。

三　出入りの影響

では、出入りの影響についてみていきたい。すでに述べたように、結局のところ井戸普請は龍潭寺が担当することになり、正徳二年（一七一二）八月十五日に完成し、あらためて石碑が建立された。「井之出入」は、同元年八月から十月にかけての三カ月間にわたったが、その間、江戸にいた祖山和尚は、数回井伊直該に呼び出され、次のような要請を受けたという。

〔史料5〕[37]

一、正徳元年卯之八月九月十月三ヶ月之中、井出入取組在江戸仕候、直該公御居間数度被召候而出入之事御尋被遊候上にて段々御先祖之事、又御位牌御法名逐一御尋被遊候故、段々と申上候、直盛公之御影ハ先住徹叟造立仕候段申上候得者、直該公被仰候ハ、夫ハ先住ハ奇特之心底ニ而直盛公之御影ハ如何様致候哉と御尋ニ候、拙僧申上候ハ先住京都六波羅ニ直政公之御影御座候を存候故、佛師江申付直政公之御影と同前致申候旨申上候得者、即チ仰候ハ先住ハ能直政公之御影を存候と御意有之、即被仰候ハ、元祖共保公之御影直政公之御影ハ造立可被成旨元祖共保公ゟ直澄公迄御代々之御位牌不残弐拾本、又御廟所・仮屋・御位牌堂共ニ御手金百三拾両御渡不残御造立に御座候、御参詣之後ニ相考申候得者其節よりも井伊谷御参詣之思召有之故、右之通ニ被仰付候と相見申候なり

……（中略）……右共保公御影、直政公御影並共保公ゟ二十代之位牌不残御造立、

「宝永年中記録」のなかには、井伊直該と祖山が直接面会し、上述のような約束を交わした記録はみられないが（「宝永年中記録」に記載のない十月頃に面会があった可能性もある）、少なくとも井伊家の家中には井伊家とその家臣の先祖崇拝の意識が根強くあったことは確認でき、こうした要請も存在したとみられる。実際、祖山は、正徳五年三月に家老の長野十郎左衛門と筆頭家老の木俣清左衛門に対し、「井之事も拙僧十三年之間苦労ニ仕失却分ニ過申候へ共、兎や角と仕、落着仕候」と述べたうえ、「御両体（共保・直政）御影御位牌ハ不残直興様被仰付候故立置申候」という覚書を提出している。[38]

いずれにせよ、正徳元年の出入りを通じて井伊家と龍潭寺の結びつきが急速に強まったことがわかる。具体的には、井伊家先祖の位牌や木像などの表象物がつくられたことも重要であるが、彦根藩主による井伊谷参詣が始まったことが大きい。すなわち、正徳二年の井伊直親公一五〇年遠忌法事には御代参として今村忠右衛門が来訪しており、正徳四年九月十五日には井伊直治本人も参詣し、止宿している。このとき、共保公へ銀子五枚、直親公へ五枚、すべ

て合計で銀子一七二枚が龍潭寺に下賜されたという。また、井伊谷村の二宮神社神主中井氏は、このときの参詣について次のように記録している。[39]

〔史料6〕

一、井伊右門督直治公、遠江見附昼休、夫ゟ市野通り並木筋気賀落合ゟ井小野村観音堂おゐて支度、夫ゟ井ノ元江参詣、龍潭寺江休息、同日八幡宮江社参、案内龍潭寺祖山代、八幡宮江御刀馬代金壱枚神納、奥様ゟ白銀弐枚神納、翌十六日朝龍潭寺八幡宮江奥様御同道ニ而御参詣、夫ゟ同日御出立之節中門外おゐて御目見、井伊谷中井与惣左衛門、神宮寺山本六兵衛、横尾大石徳右衛門、祝田萩原新之丞、気賀岩井庄右衛門、井伊谷村役直右衛門、神宮寺村役久左衛門、銘々上下着用為御目録金百疋宛被下之、祝田村大藤寺住きうわん同弟子恵信茂

一同ニ御目見仕候事、但シ中井近直代

このように、神主や村役が藩主に御目見し、金百疋宛をもらい受けたが、正楽寺の名はここにはない。彦根藩主による井伊谷参詣は、この後歴代にわたって継続的に行われるようになり、とくに大老井伊直弼のときにはかなり大規模な参詣も行われている。[40] また、正徳二年以降、井伊直該に対して、正月祭礼で祈祷された「由緒の井戸」の水（「井水」）の献上が行われるようになり、その風習はやがて井伊家のなかに定着していった。[41]

さて、本章では、「由緒の井戸」をめぐる出入りを対象とし、とくに「場」をめぐる様々な意識が複雑に絡み合い、〝聖地〟のようなものが創られていく過程について、政治的な視点から注目してきた。「井之出入」の結果は、在地社会のこれまでの秩序に大きく再編を迫るものであったとみられる（領主近藤家の支援を得ていた正楽寺の敗訴がもたらした影響は大きい）。そしてそれは、「由緒の井戸」を神聖化することにつながっていった。龍潭寺にとって、「由緒の井戸」の存在は、費用は井伊家からの補助が出るとしても、普請・掃除などの維持において、短期的にみれば負担が多いものであった。井戸の周囲は田地が囲んでおり、一般百姓たちにとって、井戸の〝聖地〟化は開発の障害になるものでしかなかったと考えられる。[42] 正楽寺も龍潭寺もこうした一般百姓から「由緒の井戸」を守るために宮

を造立するなどの〝聖地化〟の努力を続けてきたが、それは常に対立のリスクを孕むものであった。しかし、それでもなお、龍潭寺にとっては井伊家とのつながりを維持することが重要であり、結果として、龍潭寺は井戸をツールに井伊家との関係維持に成功し、経済的にも文化・政治的にも、やがて大きな恩恵を受けることになる。「由緒の井戸」をめぐる争論の結果は、単なる帰属の変更という事実にとどまらず、後述していく当地の歴史にとっても非常に重要な画期となった。それでは、その後の当地の歴史について、もう一つの権威である天皇・朝廷意識という観点からみていくことにしよう。

註

（1）井伊共保（一〇一〇～九三）は、遠江守藤原共資の養子で、井伊谷に居城を構えて「井伊氏」を称した。

（2）佐藤孝之は、龍潭寺の村社会における駆込寺の機能に注目している（「近世の村と「入寺」「欠入」」『地方史静岡』二三号、一九九五年）、『駆込寺と村社会』（吉川弘文館、二〇〇六年）、「「山林」からさぐるアジールの変容」（広瀬良弘編『禅と地域社会』吉川弘文館、二〇一〇年）など）。

（3）徳川家康判物写（龍潭寺文書二五四・二九五号）。この判物には「藤原三位中将家康」とあり、祖山がこの文書を寺社奉行所に提出した際に問題となった。

（4）「遠州井伊谷龍潭寺御縄打水帳」（龍潭寺文書一・二・七号）。

（5）旗本近藤氏の支配体制については、若林淳之『旗本領の研究』（吉川弘文館、一九八七年）が詳しい。若林は旗本近藤氏による地方支配を「大名と何ら遜色のない主体性と創造性」をもつと理解している。

（6）語石は、元禄九年二月二日、九十一歳で死去する。なお、「井之出入」の時期、金指近藤家の当主は近藤昔用である。昔用は、定火消・百人組頭などをつとめた後、寛保元年九月四日に死去（享年五十二）した（『寛政重修諸家譜』）。

（7）旗本近藤用連（左門・彦九郎）は、正徳元年二月二十一日、十四歳にして井伊谷近藤氏を継いだ。定火消などを勤めるが、享保元年閏二月二十二日死去。享年三十五である。なお、貞享期の彦九郎は、用連の養父・近藤用慶のことである。用慶は貞享元年七月十九日に家督を継ぎ、定火消・百人組頭・御旗奉行などを勤めた（『寛政重修諸家譜』）。

（8）元禄～享保期にかけて、地方代官の中井氏がとりまとめた年貢を家老の小沢九郎兵衛へ宛てて提出しており、小沢が地方支配の要となっていた様子がうかがえる（中井家文書一二・一五・一六号など）。

（9）宝林山房一七四―一―ＭＫ（浜松市立中央図書館蔵）。

（10）井伊谷龍潭寺文書三二四号。

（11）「山下甚左衛門記録」（山本家文書二三四号）、引佐図書館所蔵。

（12）正楽寺文書（正泉寺所蔵文書）一号。史料番号は、静岡県立中央図書館歴史文化情報センターのものによる。

（13）「宝永年中記録」（井伊谷龍潭寺文書九四一号）の記事を参照。「宝永年中記録」は、祖山和尚が江戸在府中（正徳元年五月一日～九月二十五日まで）の日記である。

（14）正楽寺文書（正泉寺所蔵文書）四号。

（15）正楽寺文書（正泉寺所蔵文書）五号。

（16）「宝永年中記録」（八月三日条）。

（17）「宝永年中記録」（八月八日条）。寺社奉行所に提出した由緒書による。

（18）井伊谷龍潭寺文書一八八一号。

（19）「宝永年中記録」（六月二日条）より。祖山はこの文書をこのとき書写している。

（20）井伊谷龍潭寺文書一八七九号。

（21）井伊谷龍潭寺文書一八八二号。

（22）井伊谷龍潭寺文書九四一号。

（23）藩主井伊直治より龍潭寺に対して井戸普請を依頼した上で祖山が出入りを起こすこと、そしてその後彦根藩は一切出入りに関与しないことが内約されていたが（六月十一日）、これは事態が深刻化したことでとりやめとなっている。

（24）大久保新右衛門も「正楽寺事ハ家ニ由緒なき事ニ候間、何程之事申候而も御取上被成間敷」と述べている（六月五日）。

（25）「宝永年中記録」（六月二十九日）。小沢と須田はこうした祖山の願いに対し、「正楽寺とあいたんニ而御普請被成候何之障り可有之哉、此段合点不参候」と述べている。

（26）『侍中由緒帳』三巻。

（27）このときの広瀬から田方への書状は、龍潭寺文書九六六号のなかにも確認できる。

（28）井伊谷龍潭寺文書九八八号。

(29) 藤井譲治編『彦根城博物館叢書四　彦根藩の藩政機構』(彦根城博物館、二〇〇三年)。
(30)『与板町史』(上巻、一九九九年)。
(31) 龍潭寺文書六二六・六二七号。
(32) 中井多吉については、「中井系図」のなかに名前が見られないが、井伊谷町の住人の「酒屋多吉」という人物を指すとみられる(中井家文書九一号)。また立願祈願も多く行っている(中井家文書一八五号)。
(33)「由緒の井戸」に関わる普請費用が具体的にどのくらいかかり、どれだけ龍潭寺や正楽寺が負担するのかなどについては、残念ながら史料が乏しく詳細についてはわからないが、後述するように井伊家の当主や家中の参詣・代参の際には多くの初穂料が出されており、長期的にみれば経済的なメリットが大きかった。
(34) ギデンズほか編／松尾精文ほか訳『再帰的近代化』(而立書房、一九九七年)、一五七頁。
(35) しかし、実際に訴訟を起こす際、近藤左門が祖山に対して「若公儀江罷出候ハバ先年語石彦九郎埒明申候間、登之助殿江可申」と指摘されたため、仕方なく近藤登之助の家中の小野平次右衛門という人物のところへ行き、書状で経緯を説明している(七月十九日)。
(36) ただし、この出入り以外の日常生活では、近藤氏と龍潭寺は親密な関係をもっている。たとえば、出入りが発生する前の朱印改の際にも、祖山は左門・登之助・采女それぞれを訪ねており(五月十七日)、采女屋敷にて振舞も受けている(同月二十五日)。
(37)「井伊家伝記　上・下」(龍潭寺文書四三・四四号)。
(38) 井伊谷龍潭寺文書二八六号。
(39)「諸書附留」(中井家文書二二三号)。
(40) 龍潭寺文書一六六・一六七・一六八号。
(41) 井伊谷龍潭寺文書のなかには、歴代の井伊家当主や藩士よりの年始状が多数ある。これによれば、十八世紀の中頃より、井戸の水の献上が定式化していたことが確認できる。
(42) 明暦二年に正楽寺が井伊兵部家へ宛てた書状のなかに「御井之本百姓作場之中ニ御座候故御井之廻り百姓共連々作之内へ切添申候ニ付而井之廻り残少ク罷成惟今之躰ニ而ハ五三年之内ニハ御井之中も穢シ可申躰ニ御座候」とある(正楽寺文書一号)。

第五章　遠州における朝廷権威の浸透と禅宗寺院

――遠州井伊谷における「宗良親王墓」の整備をめぐって――

遠州における天皇・朝廷権威の広がりは、幕末の神職たちの草莽隊である「遠州報国隊」に連なる問題であり、従来から関心を集めてきた。しかし、これまでの研究では、近世後期（主に幕末）の一時期のみが検討の対象とされ、遠州国学の隆盛や、神職集団の編成に関心が集中しており、どのような経緯をもって、朝廷権威が在地のなかに広まっていったのかについてはほとんど明らかにされていない。本章では、地域を限定し、十八世紀から十九世紀の比較的長いスパンのなかで、(1)天皇・朝廷権威の在地への広がりについて考察することで、この問題の克服を試みたい。

なお、近年、上田長生は、畿内の陵墓と地域社会との関係を検証し、陵墓と積極的に結びつこうとする村役人層や豪農商層の動きに注目する一方で、天皇・朝廷権威が最幕末期の畿内社会においても絶対的ではなかった点を明らかにした。(2)上田の視点は、過度に強調されがちな地域における天皇・朝廷権威の浮上を相対化するものであり、画期的な論点であった。しかし、ここでの上田の分析は、自身も認めているように、畿内社会に限られたものであり、なおかつ近世後期から幕末維新期に限られたものでもあり、天皇・朝廷観の社会への浸透・不浸透過程を論じる視点としては、やはり限界もみえる。

本章では、こうした限界を乗り越えるべく、遠州の地域社会における天皇・朝廷観の浮上の過程について、十八世紀まで遡り検討することにしたい。

表23 井伊谷周辺寺院の由緒など一覧

寺院名	山号	所在地	所属	開山・開基	由緒の内容
龍潭寺	萬松山	井伊谷（神宮寺村）	京都妙心寺派	黙宗大和尚（引佐郡久留木村大倉殿（「郷主」）ノ子息）	延徳年中、知識・文叔大和尚（瑞都）が井伊谷自浄院に住する時、黙宗を随侍参学。文叔が信州松源寺の住職となる。黙宗は、奥山因幡守親朝の寺・正法寺へ移り、やがて方廣寺の住職となり再建中興を果たす。その後、井伊氏の請待に応じて自浄院へ遷り、妙心寺に転位。井伊直平公の子息が出家して、黙宗の弟子となる。直平公の代に「龍泰寺」と改号。直盛の代に元八幡宮を殿村薬師山へ遷座。永禄三年炎上後、再建時に「龍潭寺」となる。
自浄院	—	—	天台宗→龍潭寺塔頭	文叔大和尚（黙宗和尚・南渓和尚とも）	荒廃につき、文叔和尚より禅法はじめて執行。
圓通寺	二宮山	井伊谷町	天台宗→龍潭寺末	妙法院宮建立→禅宗開山南渓和尚	井伊直満・直義の菩提所（御塚并に位牌あり）。本尊は足切観音（宗良親王の御念持仏）。御朱印地。
方廣寺	深奥山	奥山村	—	無文和尚（後醍醐天皇の皇子） 開基は、奥山六良次郎朝藤	御朱印五〇石、南渓和尚の世話にて頂戴する。慶安年中、奥山六良次郎の菩提所・真言宗正法寺に留在のとき、奥山朝藤一箇寺建立（至徳元年）。無文元選、「方廣寺」と名付ける。
長興寺	再香山	伊平村	方廣寺派	開山関宗和尚	応仁二年八月十三日に開山遷化。開基なし。
東禅庵	「不分」	伊平村	「不知、多分禅臨済」	開基は、東禅全了首座	本尊観世音。「御代以前ヨリ年数久敷破壊」。一代の住職にて寺跡畑になり。本尊ならびに位牌は長興寺に預けおく。
慶岩寺	太萃山	花平村	方廣寺末	開山悦山和尚	慶長十九年四月八日開山遷化、開基なし。
渓源庵	龍末山	花平村	方廣寺末	瑞応和尚	慶長九年十月十九日開山遷化。「少檀中アリ、無録ノ地」。
華厳庵	龍吟山	花平村	方廣寺末	竹渓和尚	慶長九年三月二十日開山遷化。「無録無檀地」。
宝光庵	月江山	花平村	方廣寺末	悦翁和尚	応永二十五年十月二十三日（遷化）。方廣寺無文和尚の弟子。「無録小旦那アリ」。
洞泉寺	—	石岡村	方廣寺末	—	「今年回録〔ママ〕ニ逢ヒ何事モ不分」。

正法寺	―	奥山村	真言宗→方廣寺末	開基は、奥山左エ門太郎朝清	奥山新羅堂という真言宗千坊のうちの一つで、奥山因幡守の菩提所。今も妻子は正法寺取置、亭主ばかり方廣寺引導。
大藤寺	福寿山	祝田村	龍潭寺末	開山黙宗和尚	井伊直親公の菩提所。門前に肥後殿松という名木（塚印）あり。二百五十年忌の節、柵ならびに石碑建立。本尊世継ノ観音。元は井伊谷村にあり。
興禅庵	井澤山	中野（井伊谷村内）	方廣寺ノ小庵	開山與宗和尚	中野氏の内庵にて位牌あり。先祖の廟所は龍潭寺にあり。
可睡齋	萬松山	遠州周知郡上久野村	曹洞宗	（省略）	（省略）
明圓寺	法鏡山	井伊谷町	龍潭寺末	開山南渓大和尚	除地。郷中の惣庵にて町ならびに市ノ沢に旦中あり。近藤家寄附山あり。
光照寺	瑠璃山	北岡（井伊谷村内）	龍潭寺末	開山南渓大和尚	御朱印分地。北岡組ならびに東牧と旦中なり。
西楽寺	常圓山	上野（井伊谷村内）	方廣寺末	―	小地、折々焼失、古実不分。
常圓寺	―	上野（井伊谷村内）	―	―	昔は井伊谷町にあって、除地。近藤遠江守陣屋の前にあった。その後、上野へ引き移し、正楽寺に合す。
大慈庵	―	谷津（井伊谷村内）	龍潭寺ノ控へ	―	谷津組の今は念仏所。古代事は不分。
妙雲寺	浩徳山	神宮寺村	龍潭寺末	開山南渓大和尚	昔、井伊次郎法師建立の時は自耕庵という。逝去の後、妙雲寺と改正。境内除地。
定光坊	神宮山	神宮寺村	真言宗→八幡宮社僧	―	「年来破壊、無住ニ而事実不詳、御当代ノ中也」
正泉寺	龍谷山	岡	曹洞宗	開山潜龍恵湛大和尚	永禄九年十二月二十三日開山遷化。御朱印地。檀中には近藤石見守殿家老職長瀬与兵衛兼盛（元和二年八月一日死去）。中興は近藤遠江守小沢九郎兵衛（宝永七年八月一日）。焼失ゆえ初めて建立の時代不分。御朱印地。
正楽寺	金剛山	正楽寺組（今ハ神宮寺村ト云）	真言宗古義	開基行基大士（和銅年中）	本尊大日如来（弘法大師作）。文明三年の記録に御朱印一三〇石寺院十二坊七堂伽藍と見える。今御朱印一五石なり。近藤家祈願所。
桃渓院	―	正楽寺組	龍潭寺塔頭	南渓大和尚	旦中は正楽寺組四拾余軒。

（注）井伊谷龍潭寺文書六六号（史料の性格については本文参照）に基づく。表内の記述は基本的に原文を反映したものであるが、一部意味を変えない程度に訳したものもある。表中の「―」は記載が見られないことを指す。

一　十八世紀遠州における天皇・朝廷観の形成過程——龍潭寺住職の活動を中心に——

まず寺社の「由緒」という観点から、引佐地方を眺めてみよう。奥山村の方広寺（臨済宗方廣寺派本山）は、後醍醐天皇の皇子無文元選による開基とされ、元選の「陵墓」も存在している。後陽成天皇の綸旨によって「勅願所」とされ(3)、戦国期には大名権力から「無縁所」とされた(4)（本書第一章参照）。貞享二年（一六八五）の寺社奉行に宛てた由緒書（神宮寺村の兵藤家文書に写が現存）には、この綸旨を貰い受けた経緯が家康の由緒と合わせて語られている(5)。

奥山村から浜松宿方面へおよそ五キロほど進んだ井伊谷の龍潭寺にも後醍醐天皇の由緒が伝わる。龍潭寺は、井伊家の菩提寺として有名であるが、宗良親王の葬地（弟・無文元選が葬儀）として伝えられており（親王の法名は「冷湛寺殿」）、宗良親王の位牌も安置されている。これは、宗良の四五〇年忌の際に奉納されたものだという。また、宗良親王の忠臣・井伊道政も有名であるが、これは虚構の人物であった可能性も指摘されている(6)。

では、井伊谷周辺の他の寺院の由緒についてもみてみよう。龍潭寺住職による寺院取調帳（弘化四年（一八四七(7)））の内容をまとめたのが表23である。これをみると、南北朝期の由緒をもつ寺院とその末寺がこの地域には多く、方広寺派寺院と龍潭寺系寺院が相互に併存していたことがわかる。

引佐地方だけではなく、遠州地方にはこのほかにも南朝由緒をもつ寺院が数多くある。龍潭寺と同様の妙心寺派寺院である入野村安寧寺は、東山天皇より勅諡「本体如然禅師」を賜った寺院であり、東山天皇宸翰が現存している。浜松の中心街にある鴨江寺（真言宗）にも、後醍醐天皇の綸旨が現存する。鴨江寺の末寺である報恩寺にも後醍醐天皇の皇太后による綸旨があり、総じてこの地域は南朝由来の由緒をもつ寺院が多いといえる（もともと、南朝の大覚寺統の荘園が多い地域であった）。

こうした歴史的経緯もあり、井伊谷村では十七世紀の初頭から、二宮神社神主中井直頼など、はやくに宗良親王を祀る神主が現れ、記録を残した。しかし、これらは自家（社）内の由緒に限られたものであり、他者との関係のなかで生まれてくる由緒意識ではなく、情報としての発信力は弱かった。それが十八世紀になると、朝廷との関係のなかで、むしろ地方寺院によって天皇・朝廷とのつながりを求める動きが生まれた。享保期の龍潭寺の事例をもとに検討していこう。

（1）東山天皇御遺物の寄進と井伊谷龍潭寺

享保期は、一般的に門跡寺院が財政悪化のために内部組織の変化が進む時期とされ、いわゆる「御立入」という門跡へ出入りする人びとが登場してくる時代といわれる[8]。こうしたなかで、本書の主役である井伊谷龍潭寺でも、朝廷との結びつきが生まれてくる。

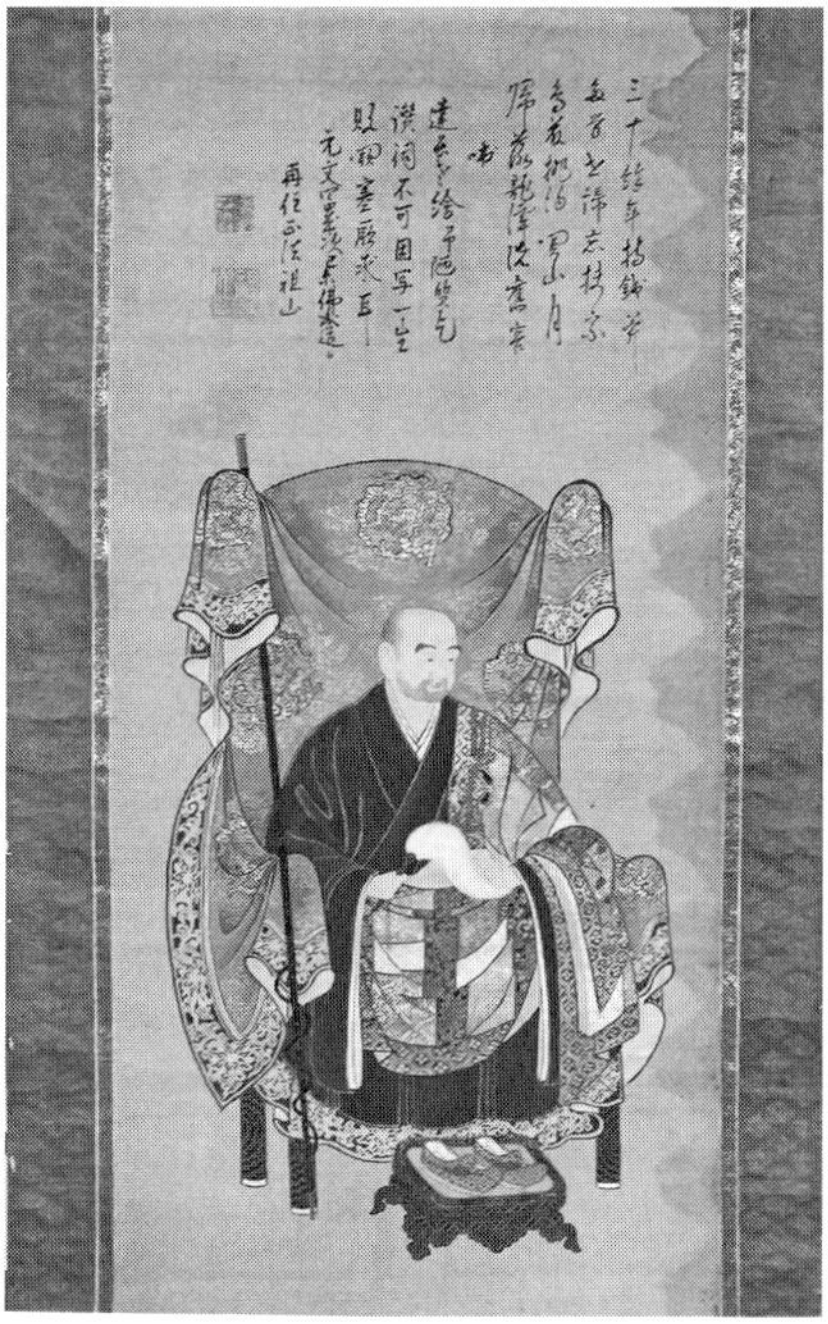

図 11　祖山和尚頂相（井伊谷龍潭寺蔵）

当時、龍潭寺の住職であった祖山和尚の動きに注目してみたい。前章で述べたように、祖山は、彦根・与板井伊家の藩士たちとの人脈を広げた功績者であったが、実は同じ時期に朝廷との関係を深めることにも成功している（祖山の履歴をまとめたものが表24である）。

具体的には、綏心院という人物を介して祖山は、朝廷との交流を深めていった。綏心院（芳子）については、龍潭寺に次のような記録が残る。

表 24　祖山和尚（井伊谷龍潭寺第九世）の履歴

年　号	齢	事　　歴	典　拠
寛文 12 年（1672）頃	1	遠江国油田村尾藤彦四郎の子として誕生。大野村淵竜寺陽舜と兄弟。	「龍潭寺歴代書上」（龍潭寺文書 No.355）
宝永 4 年（1707）3 月 21 日	35	龍潭寺前住職徹叟和尚遷化。	「龍潭寺歴代書上」（同 No.355）
正徳 4 年（1714）9 月 15 日	43	彦根藩主井伊直該、井伊谷龍潭寺を参詣。案内役をつとめる。	「井伊家伝記」（同 No.43・44・45・46）
享保元年（1716）	45	龍潭寺鎮守稲荷堂建立	—
享保 9 年（1724）8 月	53	京都妙心寺へ出張。	同 No.72
享保 10 年（1725）11 月 24 日	54	妙心寺住職勅請（妙心三五二世）。	同 No.1030
享保 11 年（1726）正月	55	甘露寺規長、東山天皇の御遺品を龍潭寺祖山和尚へ贈る。	同 No.325
享保 12 年（1727）	56	のちに龍潭寺第十二世敬堂和尚となる甥（掛川宿奥山喜兵衛の子）が誕生。	「龍潭寺歴代書上」（同 No.355）
享保 15 年（1730）4 月	59	彦根藩老中木俣半蔵の要請により『井伊家伝記』を完成させる。	「井伊家伝記」（同 No.43・44・45・46）
元文 3 年（1738）4 月 10 日	67	宗良親王三百五十年忌法要執行。	同 No.74
元文 3 年（1738）7 月 6 日	67	京都出張。井伊谷・神宮寺村庄屋・組頭、三ヶ日まで見送り。	「山下甚左衛門日記」（山本健一家文書）
元文 5 年（1740）3 月 1 日	69	書院にて遷化。葬儀には神宮寺・井伊谷村の人びとが大勢参加した。	「龍潭寺歴代書上」（同 No.355）「山下甚左衛門日記」（山本健一家文書）

〔史料 1〕[9]

綏心院殿
甘露寺故大納言方長卿女、東
山院様御在位中権典侍御局、
御譲位已後改称花園局崩御已
後号綏心院殿候也、

大典侍殿
園故儀同三司基福公女、従東
山院様御在位至当今大典侍御
局近年辞官称藤大納言殿候
也、

すなわち、綏心院は妙心寺伝奏である甘露寺規長の娘で、東山院内女房（御局）、権典侍とされる。彼女と祖山の交流のきっかけは、享保九年（一七二四）八月に祖山が京都本山妙心寺の住番となったことによる[10]。このときに参内の機会があったらしく[11]、龍潭寺文書のなかには参内絵図（享保十年、慈雲院良積法橋写[12]も残されている。こうしたなかで、祖山は綏心院の帰依を受けることになった。次のような書状が残されている。

〔史料2〕[13]

愈無御別条御逗留珍重思召候、以使者御尋之趣、此品被贈進之候、右之段綏心院殿仰之事ニ御座候、以上、

綏心院殿使者

九月十五日　牧但見

龍潭寺和尚

ここで「此品」が何かは定かではないが、「逗留」とは、祖山の京都出張（参内）のことを指していると考えられ、この史料は享保十年のものであると推定される。祖山は、綏心院を介して朝廷との関係を深め、享保十一年正月には、甘露寺家より東山天皇御遺品の下賜が許可されるに至った。次の書状がそれを示している。

〔史料3〕[14]

甘露寺殿依仰啓達仕候、餘寒甚鋪候得共、貴院弥無御別条御勤行与珍重被存候、当家無異儀被在之候、然者当家伯母従綏心院殿目録之通貴院江被成御寄附候、則自年寄女房之一書差添進之候、可被成御落掌候、右可申達、如此御座候、恐惶謹言、

森本頼母

正月十五日　義次（花押）

寺内宮内

甚（花押）

龍潭寺

祖山大和尚

侍者御中

史料3の「当家」は、甘露寺家を指しており、堂上公家甘露寺―(妙心寺伝奏)―龍潭寺という、本山妙心寺を介さない直接的なルートが形成されていたことを確認することができる。なお、このときの「寄附目録」が史料4である。

〔史料4〕(15)

寄附目録

東山院御宸翰　大典侍殿添文

御反故　二通有之　一嚢

此御反故紙製之佛像ニ可令作繕

同帝着御

御指貫　一領

一笏

心経　近衛准后家熈公親筆　一巻

緋袴　綏心院殿着用　一領

和尚之儀伯母綏心院殿殊勝ニ被存、右五品為東山院故皇之御菩提被寄附畢、永々寺納、尚九拾六石之内ニ而御供養所希也、

享保十一年正月十五日　規長

遠州井伊谷龍潭寺
祖山和尚

史料4からわかるように、この寄進は、甘露寺規長の伯母綏心院の「殊勝」によってもたらされたものである。これによって、龍潭寺は東山院の「菩提」を弔う「供養所」としての性格をもつことになった。また、享保十六年に近衛家煕公の親筆（般若心経）が「勅請妙心現住賜紫沙門祖山」へと送られるなど[16]、この時期、朝廷と龍潭寺の距離が急速に縮められていった。

それでは、東山天皇の位牌や宝物は、この後どのように扱われていったであろうか。明治四年（一八七一）の記録になるが、造立された東山天皇の位牌に対して「右尊牌を本堂内江安置、朝暮御供養申上候、御忌日十二月廿七日ニ而尚更御供養奉申上候」という[17]。また、後述する彦根藩主の龍潭寺参詣の際にも、藩主に「御覧」に入れている。たとえば寛保二年（一七四二）の井伊直定の際には、当時の住職獨叟和尚から「東山院様着御之品々掛御目度旨申上候所、後刻罷立候節拝見可致と被仰出、則佛前ニ合いかざり置候」、「御位牌近附於佛前宝物拝見被遊、殊の外珍敷思召」されたという[18]。これが先例となり、東山天皇ゆかりの宝物を歴代藩主に「御覧」に入れるようになった[19]。

ただし、この宝物についての地域の反応はきわめて薄く、名主山下甚左衛門や神主中井家などの周辺家々の記録にはほとんど確認されないし、祖山和尚筆『井伊家伝記』にも、井伊直興の参詣や井伊家歴代位牌の造立・祭祀執行についての記述はみられるものの、東山天皇の位牌についての記載はみられない。また、この時期の朝廷と龍潭寺の関係性は、あくまで位牌を弔うという機能（仏事的性格）に限定されたものであった（東山天皇の「御反故」は佛像へ入れ保管された）。龍潭寺は村の寺院として、一方で地域と密接な関係を有し、文化的にも在地有力者との間に盛んな交流をもった。と同時に、朝廷と結びつく機会をも有していた。しかし、だからといって東山天皇を通じた天皇・朝廷観の浸透という単純な図式を構想するのは、いささか論理の飛躍があるだろう。ただし、次に論じる宗良親王に関する由緒は、これとは異質であり、地域のなかに深く浸透していくことになった。以下、具体的にみていきたい。

表25　獨叟和尚（井伊谷龍潭寺第十世）の履歴

年　号	齢	事　歴	典　拠
元禄5年（1692）	1	美濃国厚見郡下卯食村大塚半右衛門の子として誕生。	「龍潭寺歴代書上」（No.355）
元文2年（1737）5月	46	井伊谷近藤氏の代官中井林左衛門に対し、久昌院旧蹟などについての書付を提出する。	No.1106
寛保2年（1742）5月17日	51	井伊直定、井伊谷龍潭寺を参詣。	No.158, 159
寛保2年（1742）8月10日	51	龍潭寺境内に宗良親王の宝篋印塔を建立。	No.318, 319
寛保3年（1743）3月10日	52	「井伊家由緒記録 全」を作成。	No.48
宝暦2年（1752）頃	61	井伊直政150遠忌法要執行	No.1395, 1445
宝暦2年（1752）9月	61	伝奏幕下に対して文叔和尚の推挙状を提出する。	No.360
宝暦8年（1758）5月	67	井伊直英参詣に際して、交渉役となる。	No.160
明和8年（1771）	80	「題元旦之句言」をのこす。この頃には隠居。	No.338
安永5年（1776）正月9日	85	圓通寺にて遷化。	「龍潭寺歴代書上」（No.355）

（2）「宗良親王墓」の形成と龍潭寺

寛保期の天皇・朝廷意識についてみていく。このときの龍潭寺住職は獨叟和尚である（履歴は、表25を参照）。龍潭寺の住職は世襲制ではないが、隠居して圓通寺（井伊谷町）に入寺する場合が多く、必ずしも文化・思想的な断絶があるわけではない。獨叟の代になると、突如、信州の旗本知久氏との交流が生まれることになった。この経緯について検討してみたい。

知久氏は、下伊那郡阿島の陣屋で交替寄合をつとめた旗本で、その先祖は宗良親王の忠臣である。知久氏の事跡については、龍潭寺に残る次の史料がよく示している。

〔史料5〕[20]

冷湛寺殿宗良親王御石塔造営之事

一信州伊那郡住千久四郎某申と申者（木曽郎等也）昔年宗良親王家へ与力奉り、応永年中宗良乃御子尹良親王於同国伊奈郡御傷害の御時も供奉しまいらせけるに、南帝より御授与被成たりし錦の御旗等を知久に給り、夫ゟ千久家代々の重宝と仕るとかや、今度　四郎十八世の孫信州阿嶋の居住知久監物源頼久、昔年の君命を感して去年寛保二戌八月十日、於龍潭寺宗良親王の宝塔を造立奉りて、茲年亥の春三月十日被馳専使をて山口氏宝塔供養の議を執行奉る、当寺現住獨叟たり、

史料5のように、知久頼久は「昔年の君命を感して」、宗良親王の宝塔を造立した。龍潭寺と知久氏間で実際に交わされた書状が次である。

〔史料6－1〕[21]

未得御意候得共一翰致啓達候、然弟子的蔵主松源寺罷申候度々貴殿へ得御意候ニ付、於當寺妙法院尊澄親王之御由緒有之儀、且又御石塔立致度候処、右親王家江　監物様御由緒有之候ニ付御石塔造立之御施主付ニ致度奉存候旨共内々貴殿江御噺申候由、貴殿御挨拶之旨委細申越令承知候、拙寺儀茂累歳御石塔造立致度罷有候得者、弥以監物様御施主付御座候得者太慶之至ニ奉存候、

一尊澄親王、元中二年八月十日薨逝、宮之御弟方廣寺無文和尚御葬送於當寺葬号冷湛寺殿申候、委細之儀ハ兵家茶話并合記有之略之候、右之通御座候間、此旨御役人中江被仰達、監物様御施主号ニ而御石塔造立相調申候様ニ頼入存候、

一弥御役人中御得心有之候而、監物様御施主ニ而御造立之上、末々何方ゟ少茂相構申儀無御座候間、左様思召可被下候、右為可得御意如此御座候、恐惶不備、

遠州井伊谷

龍潭寺

独叟（花押）

九月十二日

知久監物様御内

山口孫左衛門殿

机下

「追而申上候、外ゟ由緒無之方ゟ造立願有之候とも難成儀ニ御座候、御家之儀格別之御由緒事ニ御座候故、御家より御立被成候得ハ何ゟ以珍重ニ奉存候、何分ニも可然御役人中へ被仰達可被下候、委細的蔵主方へ申遣候、口上ニ可申上候、」

〔史料6－2〕(22)

去九月之貴札相達拝見仕候、如仰未得貴意候、然者御弟子的蔵主御事、松源寺へ御越折々得御意候付、於貴寺妙法院尊澄親王御由緒在之義、且又御石塔御造立被成度思召ニ而、右親王家へ監物御由緒依在之、御石碑御造立之施主付ニ被成度段、的蔵主御物語承之、其節拙者御挨拶仕候義御承知被成、弥施主付ニ被罷成候様ニ被成度候間、役人共へ其訳可申達旨被仰聞、将又、

尊澄親王御由緒之一通り被仰越何茂御紙上之趣、逐一承知、則役人共へ為申聞候所、近年倹約等被申付、物入之筋何方へ茂領掌不被致候得共、被仰聞候義者御由緒有之格別之義御座候へ者、少々之造料ニ而施主付罷成候事ニ御座候者可及御相談旨、役人とも申候、左様御心得可被成候、

一造立施主付ニ被罷成候而も何方ゟも末々相構申事無御座候由、是又承知仕候、委曲的蔵主へ得御意候条不能審候、恐惶謹言、

山口孫左衛門

重休（花押）

四月十日

龍潭寺

独叟和尚様

こうして寛保二年（一七四二）に知久頼久が宝篋印塔を寄進することになったが（井伊谷宮境内に現存）、ここでは次の二点に注目したい。まず、龍潭寺と知久氏の双方に、宗良親王墓を建てるという意識があったこと。史料6に

あるように、この話は龍潭寺側から持ち出したようであるが、一方で知久氏側にも宗良親王との由緒を深めたいという意識があった。

そして、次に宗良親王墓の造立を、龍潭寺と同じ妙心寺派の松源寺が仲介していること。ここには、龍潭寺のネットワークの広がりと、さらに史料6－1にみられる「兵家茶話」などの歴史書の流布による歴史意識の共有が前提として考えられる。実際には、史料6にみられる知久監物の家臣である山口孫左衛門重休が事務を担当し、松源寺に金三両が渡され造立が行われた。

では、龍潭寺が宗良親王墓造立に積極的に動いた理由はどこにあったのか。それは、元文三年（一七三八）八月十日、龍潭寺において宗良親王三五〇年忌法要が執り行われたことに関連するとみられる。これは前住の祖山和尚の代であったが、このときの様子を示すのが次の史料7である。

〔史料7〕[23]

冷湛寺殿三百五十年忌幷尊牌造立之事

一元文三年八月十日ハ冷湛寺殿三百五十余年の遠忌也（今年正當ハ三百五十四年也）、此冷湛寺殿と申奉ルハ、後醍醐帝第二ノ宮妙法院尊澄法親王（後御還俗被遊候、宗良親王と申也）御事也、元弘・建武大平記乱の比より度々井伊城に被成御座、井伊介か娘と御馴染御子尹良君御誕生有り、其後信州に御忍ひまし〳〵て弘和二年に再ひ井伊谷へ御入被成終に元中二年丑八月初十日井伊城において御薨去、則冷湛寺殿と謚奉り、於龍潭寺御葬送なし奉ル也、昔年弘和応永の比迠長谷川大炊助某シと申者、宗良親王并に御子尹良親王に仕へ奉りて忠戦を尽し奉りとかや、今當に其末流たる者有り昔年乃君恩を感して於當寺恭ク宗良親王の（冷湛寺殿）尊牌を修造奉り、午の四月十日三百五十年法事を営ミ奉る、當寺現住祖山老漢導師たり、則其法語に云

忌辰三百五十年　温故新薦修昔縁
萬松再癸無生曲　直得鸞膠續断絃

……（中略）……

元文三歳戊午首夏初十日

前妙心現龍潭寺沙門祖山法忍

この法要は、（1）で論じた東山天皇の菩提寺となったこととおそらく無関係ではないが、これ自体は龍潭寺が単独で執行したものであった（「尊牌を修造奉り午の四月十日三百五十年法事を営ミ奉る」）。こうした法要を執行していくにあたって、龍潭寺は支援者を必要としたのだろう。

「宗良親王墓」は、この後、多くの書物に書き残されていくことになる。井伊谷町の神主中井氏や神宮寺村の神主山本氏はもちろんのこと、浜松藩の儒官村尾元融による「宗良親王画像記」（嘉永三年（一八五〇）十一月）など、浜松藩地域にも「宗良親王廟」の情報は広がっていった。何より獨叟和尚自身による、宗良親王研究がこの後に開始される。寛保三年（一七四三）三月十日に叙された「井伊家由緒記録全」[25]はその集大成であり、古代井伊谷郷（八幡宮縁起・井伊介の活躍について）から宗良親王の事蹟（太平記の時代の検討）、宗良親王三五〇遠忌および尊牌造立などについて記された。とくに、太平記を中心に多くの南北朝期の書物が引用され[26]、兵家茶話・南方紀伝・合記の解釈をめぐっての様々な議論も取り入れられている。もちろん、これは旗本知久氏へも献本されている[27]。宗良親王を通じた文化的な交流が形成されていく様子がここから知られる。

また、宗良親王墓は、近世後期から幕末にかけて、神主山本金木による宗良親王墓調査にも大きな影響を与えた。こうした動きは明らかに、十八世紀前半に形成されてきた動きの延長に位置づけるべきであろう。十八世紀の朝廷と大寺院の関係構造の変質が先にみたような具体的なプロセスを経て、地方寺院にまで影響を与えた。しかし、この動きは、地域社会へは十分な広がりをもたなかった。ところが、それが地域に根差す伝承（ここでは宗良親王）と結びついたとき、大きく開花することになったのである。いずれにせよ、天皇・朝廷意識の広がりは、十八世紀も射程に入れた上で議論を組み立てていくべきであろう。

二　十九世紀遠州における天皇・朝廷権威の広がりと地方寺社

（1）在地神主家における天皇・朝廷権威の浸透と歴史認識

前節では龍潭寺の動向に注目してきたが、続いて二宮神社の専業神主中井氏の動きに注目し、この問題にアプローチしたい。

まず中井家には京都本所吉田家よりの神職の許状が伝えられている（表26）。この地域の神主としては、研究史上、神宮寺村八幡宮神主の山本氏が注目されることが多かったが、近世後期まで中井家が中心的な神職として活躍していた。中井氏は、古くから井伊谷町の祭礼を執行し、在地有力者への祈祷などにも対応してきた。たとえば、寛政五年（一七九三）の神主中井直英の場合、上野村の天神祭（権左衛門宅泊）、谷津村の熊野権現祭（幸左衛門宅泊）、東牧村の水神祭（勘右衛門宅泊）、一ノ沢村の水神祭（庄次郎宅泊）など、井伊谷周辺の神社祭礼および地鎮祭にも毎年神職として出ている（礼金は百文程度であった）(28)。ここから、中井氏が地域に着実に地盤を固めていたことがわかる。

十九世紀になると、中井氏は、井伊谷周辺の地誌や歴史に関心を強く示すようになり、体系的な記録を著すようになる。その集大成ともいえるのが、中井直恕による「礎石伝」（天保十五年（一八四四））であろう（本書216頁以降を参照）。この書は、井伊谷周辺の地誌（歴史書）としての性格が強く、引佐地方に広く残る南北朝期の城跡などを踏査して書かれたものである。とくに、宗良親王に関する記述に多くの頁が割かれている。たとえば、次のようなものである。

〔史料8〕(29)

廿一、元中二年秋八月十日一品入道将軍薨御坐シ而御中院之内井伊城之乾隅に野鶏数百羽集而羽音如雷鳴、亦或

表26　中井家にのこる本所吉田家よりの許状

No.	宛　名	発給人	年　代	内　　容
1	中井筑後藤原直英	良延	天明4年5月10日（1784年6月27日）	「遠江國引佐郡中井筑後藤原直英令為井伊谷村二宮大明神神主着風折烏帽子紗狩衣専守社例神式可抽太平精祈者神道裁許状如件」
2	中井伊賀藤原直恕	良運	享和3年7月28日（1803年9月13日）	「遠江國引佐郡井伊谷村二宮大明神神主中井伊賀藤原直恕着風折烏帽子狩衣任先例専守社職格式可抽太平精祈者神道裁許状如件」
3	中井伊豫藤原直長	良凞	嘉永7年7月15日（1854年8月8日）	「遠江國引佐郡井伊谷村二宮大明神井伊大明神両社神主中井伊豫藤原直長着風折烏帽子狩衣任先例専守社職格式可抽太平精祈者神道裁許状如件」
4	中井伊賀藤原舉直	良義	文久3年6月17日（1863年8月1日）	「遠江國引佐郡井伊谷村二宮大明神井伊大明神両社神主中井伊賀藤原舉直着風折烏帽子狩衣任先例専守社職格式可抽太平精祈者神道裁許状如件」

注）中井家文書（引佐図書館所蔵）のうち、朱印箱入の文書より抜粋。

夜如鼎大火乾方之山林中ニ落テ赫々たる光明に如昼、此時宮之御奏者役左衛門佐真清神火を尋行て再拝稽首して仰ギ見レ者、岩上に輝き給ひて近付事不能十間餘隔而扇を抜き屈服而拝ミ居れば、いつの間に歟神火扇に乗り給へば、こはありかたしと扇と共にかしこみいただけば、光りは消へて扇の上に一ッの物残れり、是はあやしと思ひければ早々帰城して二品尹良親王并御亡君随従の公御方へ具ニ申上ければ皆々令驚給ひ、早々芳野へ御使をして二品尹良親王幷御亡君随従の公御方へ具ニ申上ければ、皆々令驚給ひ、早々芳野へ御使を被遣けり、
南帝勅願あらせられ給ひ一品将軍宮之御廟仰井伊介道政、新タニ奉造宮于貶元中二年冬十一月十有八日中院大納言為久卿祭主ヲ被勤給ひ美弓具良をも取調へ奉り、宮の大霊璽ヲ勘請し令坐奉り大御殿に永鎮りまします、

ここには、「神火」の話が入れられるなど、神道的な世界観のなかで叙述されていることがわかる。もともと、中井氏の先祖である直頼も自身を「一品将軍宮之御家臣左衛門尉直清十四代之嫡孫　藤原朝臣直頼記之」と規定しており[30]、直恕の認識ともつながっている[31]。中井直恕は地元の歴史に密着した井伊家の事蹟を追うことで、自然と、宗良親王の由緒に辿りついたとい

うが、その路線の深淵はすでに直頼時代に用意されていたものであった。

では、神宮寺村の八幡宮神主山本氏の場合はどうか。すでに澤博勝によって明らかにされているように、この八幡宮において、寛政年間に大きな争論が生じている[32]。これについては後述するが（本書311頁参照）、この争論以降、神主山本氏は神葬祭運動を開始し、吉田家・龍潭寺の本寺である妙心寺、領主旗本近藤氏との間で様々な調整が行われた。この経緯については澤も触れているが、龍潭寺の立ち位置について、若干の修正の余地があるので指摘しておきたい。

この神葬祭を許可するか、それとも不許可とするかの問題については、龍潭寺と旗本井伊谷近藤氏の家老三谷胤呂との間で「密書」が飛び交っている[32]。龍潭寺が本山との間で取り交わした書状[33]の内容から判断すれば、むしろ、龍潭寺は山本家の主張を容認する方向に動いていたことがわかる。実際、龍潭寺は文化三年（一八〇六）十一月十五日の書状[35]で山本家の神葬祭について許可を出しており、むしろ、山本自身も龍潭寺を檀那寺としたまま神葬祭を行うように主張している。よって、澤のように「龍潭寺から正式な許可は獲得できなかった」とか、檀那寺院の宗判を離れる必要性から「神職による寺院批判が始まる可能性があった」とは考えにくい。

（2）井伊谷龍潭寺における天皇・朝廷との関係

さて、十九世紀の在地神職の天皇・朝廷意識の形成についてみてきたが、一方、龍潭寺の側にはこの時期天皇・朝廷と結びつく契機はなかったのだろうか。妙心寺から末寺に出された触書に注目してみたい。次の史料は、天保三年（一八三二）に仁孝天皇から正定寺第十六世珍宗全味和尚へ、「玉鳳院塔主」任命の綸旨が送られたことに先駆けて出されたものである。

〔史料9[36]〕

衆議啓

玉鳳御殿塔主職之事、依
花園帝　勅定　御宸翰之御例相勤候、銘々江綸旨頂戴之儀、今般蒙　勅許　御教書降賜候間、別紙定書等熟覧被
得其意、前板位之衆者追々ニ登山、右之綸旨可被相願候条、塔頭並末々寺者従某小本寺不洩様可被申達候、不宣、
年号
八月十二日
聖澤院宗渕　判
霊雲院慧通　判
東海庵慧諦　判
龍泉庵祖堅　判
遠江
門派中
奉願口上之覚
…一何州何郡何村―寺々座元儀、今般　玉鳳御殿塔主職奉願候、尤　綸旨頂戴之上者御定之通、御威光ヲ以、御
領主御地頭者不及申、同門他門江対シ異論ケ間敷儀、決而為致間敷候間何卒御許容之上、
天邊江御執奏被成下候様、本山表江宜敷御取成幾重ニも奉希候、以上、
年号
同州―
―
―判
何州何郡何村
―寺
拝晋
某宿院
号諱判

ここでは天皇から「綸旨」授与が行われるのに先立ち、「御威光ヲ以、御領主御地頭者不及申、同門他門江対シ異論ケ間敷儀、決而為致間敷」とされている。龍潭寺の本寺である妙心寺の関山国師慧玄禅師は、後醍醐天皇・花園法皇ゆかりの禅僧として知られており、開山国師遠忌法要が十七世紀から継続的に執行されている（表27）。龍潭寺は、これに際して金銭の収納を行っており、たとえば、三〇〇遠忌のときには次の史料が残る。

〔史料10〕(37)

謹啓

開山本有圓成國師三百年忌、正當今年冬十二月矣、此故今上帝累賜佛心覚照國師之號所以尊重　始祖遺徳也、宗門大幸何支如之預於来秋九月十二日勅請五嶽大衆於法山以執行大會齋焉、此以前住和尚単寮禅師凡列派脉法孫之徒、可来未詣本山被消炷拝矣、蓋夫粉骨碎身亦不足酬莫太法恩豈又禅陸海之嶮哉、雖然或羅病痾或世事難免則勿敢狂高歩矣上来意旨傳達國中諸禅刹者所希望也、恐惶敬白、

妙心寺

維那　禅列（花押）

納所　慧忠（花押）

侍眞　慈峻（花押）

萬治二年正月十二日

拝晋　龍潭寺

侍衣閣下

また、開山国師五〇〇年忌法要の際の史料では、「一別住和尚　白銀二枚、一長老・座元禅師　同壱枚　一住末寺僧　金壱分、一住末々寺平僧　多少随意、一各寺会下之徒　多少随意」などと香資額が定式化されている(38)様子がわかる。本山からは、度々風紀粛正を求める触(39)や、開山年忌法要に関わる触書も出されている。本山妙心寺に

表 27　龍潭寺に記録が残る妙心寺の開山国師遠忌法要

	年　代	香資金	差出人	宛　所	典　拠
開山国師三百遠忌法要	万治2年（1659）9月8日	白銀3両	祖恭・祖珎・祖林	亀仙庵免僧禅師	龍1115号
	万治2年（1659）9月9日	黄金1分 白銀10両	笑姓座元・了宗座元	亀仙庵免僧禅師	龍1116号
	万治2年（1659）9月8日	白銀20両	喝岩和尚	亀仙庵免僧禅師	龍1117号
開山国師四百遠忌法要	宝暦7年（1757）9月29日		遠江龍潭寺	妙心寺	龍1214号
	宝暦7年（1757）9月29日	白銀1枚ほか	遠江龍潭寺	妙心寺	龍1218号
	宝暦8年（1758）9月21日		遠州龍潭寺	妙心寺	龍1212号
	宝暦9年（1759）9月9日	白銀2両	遠江龍潭寺	妙心寺	龍1217号
開山国師四百五十遠忌法要	文化5年（1808）1月22日	白銀1枚ほか	遠江龍潭寺	妙心寺	龍1199号
	文化5年（1808）1月22日	白銀2枚ほか	遠州実心院	妙心寺	龍1201号
	文化5年（1808）1月22日	白銀1両	遠州桃渓院	妙心寺	龍1203号
	文化5年（1808）1月22日	白銀1銭	遠州正受庵	妙心寺	龍1205号
	文化5年（1808）1月22日	白銀2銭	遠州大覚寺	妙心寺	龍1207号
	文化5年（1808）1月22日	白銀1両	遠州妙雲寺	妙心寺	龍1215号
	文化5年（1808）1月22日		遠州久昌院	妙心寺	龍1211号
	文化6年（1809）9月10日	黄金1顆ほか	遠江龍潭寺	妙心寺	龍1200号
花園法皇五百遠忌献香	弘化4年（1847）3月4日	金50疋	遠江龍潭寺	御殿執当	龍1120号
開山国師五百遠忌法要	安政4年（1857）9月	白銀2銭目	遠州実心院	妙心寺	龍1202号
	安政4年（1857）9月	白銀	遠州龍潭寺	妙心寺	龍1204号
	安政4年（1857）9月		遠州光明寺	妙心寺	龍1210号
	安政6年（1859）9月	金2銖	遠州龍潭寺	妙心寺	龍1206号

おいても、花園法皇五〇〇年の遠忌法要が執行されるなど、天皇・朝廷権威に連なる契機があったことがわかる。

龍潭寺の由緒にとって、こうした妙心寺派特有の状況が、少なからず影響を与えたことは事実であろう。しかし、それでもなお、天皇・朝廷意識が京都直輸入型として現れず、宗良親王由緒という地域密着型の歴史意識が形成された点に注目する必要があるだろう。

天保六年（一八三五）の宗良親王四五〇遠忌の際には、南朝の遺臣としての由緒をもつ長谷川氏によって親王ゆかりの宝剣が龍潭寺に寄進されるなど、由緒が次第に具体的なものになっていくが、近世の段階では、妙心寺派に関わる由緒や東山天皇に関わるそれ、さらに宗良親王にまつわる由緒はそれぞれ固有のものとして、認識されていたということができるであろう。これらがいわゆる天皇・朝廷意識として体系的に理解されるようになっていくのは、幕末維新期を経てのことであった。以下、明治期の引佐地方の様子について考慮していきたい。

三　明治初頭における井伊谷宮の創建と井伊谷龍潭寺

(1)「宗良親王墓」をめぐる歴史論争の展開

すでにみてきたように、引佐地方にはすでに寛保期から宗良親王についての由緒書が見出される。こうした認識は、明治になってからも基本的には引き継がれていくことになるが、近世と近代の間には少なからず差がある。

明治初頭に書かれた次の三点の龍潭寺由緒書（旧記）をみてみよう。

①「宗良親王山陵明細牒（訂正「宗良親王墓其外明細言上帳」）」（龍潭寺文書七四号）

②「一品宗良親王記」（同七三号）

③「万松山龍潭寺旧記」（同一〇〇号）

これらは、明治四年（一八七一）に浜松郡方役所に提出した書類の写（下書）であり、いずれも、宗良親王墓建立経緯の由緒（井伊介道政による修営）について書かれたものであって、宗良親王・尹良親王・東山天皇の位牌のことと、その定期的な拝礼について記載されている。そしてさらに圓通寺の由緒が詳細に書かれている点にも特徴がみられる。圓通寺は、「当寺末同村圓通寺境内坪数弐千弐百四十坪余有之、右地所者、後醍醐天皇御二宮宗良親王御殿跡ニ而年暦不詳井伊介道政為御菩提建立御念持佛観世音菩薩一躰幷尊牌等奉安置其頃者御供養田地有之候与之申傳候得共、其後兵乱ニ而如何相成候哉、当時無之候得共御忌日者勿論朝暮御供養奉申上候」などとされ(40)、宗良親王のゆかりの深い寺院として注目された。こうした動きは、羽賀祥二や上田長生が明らかにした明治四年以降の政府による皇族墓の調査（治定）の進展と対応した動きであると考えられよう[41]。浜松郡方役所からも龍潭寺へと宗良親王墓の調査依頼があり、それを明文化する必要性が生まれたことによる。ちなみに、こうした高位高官の御墓の詮索は、列島レヴェルで行われており、たとえば信州大河内村では尹良親王（宗良の皇子）の由緒が主張されていたことが確認できる[42]。井伊谷の宗良親王にまつわる伝承についても、近世後期になると、神職・僧侶間で認識の差異が生じてきた。明治三年十二月、二宮神社の神主であった中井真雄は、二宮神社を宗良親王の霊を祀る神社と規定し、「神主中井真雄家筋之儀者元祖左衛門左直清、井伊家之士族ニ而、南朝皇子宗良親王江奉仕、其後元中年中宗良親王井伊城ニ而薨御、則神霊ヲ相殿ニ奉齋二宮大明神ト奉禰、直清江神主職被仰付候ヨリ当中井真雄迄廿一代相続仕候」と述べている。また、明治五年二月、再度の「御尋」に対して、宗良親王墓として「火穴」の存在を指摘している。それが次の史料である。

〔史料11[43]〕

乍恐以書付奉申上候

一去辰年御一新以来

南朝皇子御陵墓御尋御座候ニ付、井伊城ニ而薨御被遊候　宗良親王御山稜之儀、程々探索仕候処、井伊城之跡近藤隼人元陣屋囲外ニ御座候、呼世俗ニ火穴と相唱候場所、是ヲ碑穴之相違ニ御座候哉も難計、尤、宗良親王　御山稜ト申傳も御……（虫損・中略）……取調候処確証等無御座候ニ付、先般宮田葆光様二宮社ゟ御社参御座候節も右之段不達申……（中略）……御尋ニ付、此段奉申上候、以上、

井伊谷
二宮社神職　中井真雄

明治五壬午年二月

上

ここにみられる「火穴」（碑穴）＝宗良親王御山陵説は、渭伊神社神主の山本金木が文久元年（一八六一）に「宗良

親王御墓地考」(44)のなかで論じたものであり（金木自身は「其後中井應助[カ]二宮神主中井氏ノ別家ニテ当時遠州浦川ニ住スト云者井伊ノ古城跡ヲ見ント井伊谷村宮本仁三郎ト云者ヲ案内トシテ初メテ此火穴ヲ見出テコレコソ親王ノ御墓ナルベシ云々ト云ハレタリト聞ケリ。然シテ吾ガ調べ出セル龍潭寺境内ナル御墓ト云ウハ違ヘル由ニテ此古城跡幷火穴写ノ図面ヲ認メテ羽田埜へ差出セル由後ニ傳承ス」とする、龍潭寺にある宗良親王墓（知久氏寄進）の存在を否定している。また、金木は、井伊氏の先祖を三宅氏として捉えているが、これは中井氏の二宮神社の前身が式内社の三宅神社であったという由緒から来ているものであろう。

一方、龍潭寺の由緒意識はどうであろうか。龍潭寺は、天野信景の説に依拠し、龍潭寺の寺号が「冷湛寺」から「龍潭寺」へと変遷したことを強調している(45)。明治初期、龍潭寺の由緒書ではこのような寺号の変遷についての記述が目立つようになる。たとえば、「二宮東傳記ニ元中二年　宗良親王御薨去ノ後、無文和尚於地蔵寺ニ一七昼夜大法会御執行トアルハ自浄院ノ誤りナリ、是ヨリ二百九十余年前ニ寺号改シナリ、此時ヨリ自浄院ヲ　冷湛寺ト改メ御佛事奉仕ノ内追日世ノ中サワガシク自然読経ノ声モ絶エユキ終ニハ寺堂荒廃セリ」など(46)、明らかに宗良親王の法名「冷湛寺」に合わせた解釈が行われている。

こうした動きは、上（明治政府）からの指示でというよりも、むしろ、十八世紀以来培ってきた由緒意識に基づき行われている点が重要である。すなわち、維新期にこうした歴史観の相違がみられてくる前提には、近世段階での由緒調査の進展があったと考えられる。この点については後述することにし、以下で井伊谷宮の創建について考察していきたい。

（2）井伊谷宮の創建と井伊家・龍潭寺

井伊谷宮は、近代社格制度上の官幣中社（明治六年）であり、建武中興十五社の一つでもある（その創建経緯については、表28にまとめた）。宗良親王を主祭神としており、明治国家の宗教政策の上でも、きわめて重要な神社とし

図12　井伊谷宮

て位置づけられた。

井伊谷宮創建に関しては古くから研究がある。藤井貞文は、井伊谷宮の社宇造営に彦根藩が全力を挙げて関与したが、政府はこれを「御手伝」として名義を政府に置いた点を指摘し、さらにその背後には維新期の彦根藩が置かれた苦しい立場があったとしているという[46]。なお、明治初年の陵墓治定のプロセスについては、先に述べたように上田長生が注目している[47]。しかし、そこでは、宗良親王の事例は触れられていない。明治元年～二年における変化を在地社会からみていく視座が必要とされるだろう。以下、この点に注意してみていきたい。

明治元年十一月初め、政府（刑法方監察使）による皇族陵墓の調査が開始された。井伊家は、政府の弁事に対して宗良親王墓の建設を要求した。これに対して、十二月、弁事から井伊家と龍潭寺へ「御手伝」の要請があった。しかし、こうした動き以前にも、明治元年九月の段階で龍潭寺から次のような要求があった。

〔史料12〕[48]

奉願達上候

御由緒之事

一　拙寺境内

後醍醐天皇之皇子二宮

宗良親王御陵御座候、則御法號之奉称

表28　井伊谷宮創建の経緯

年代	事　項
文久元年（1861）	山本金木、羽田野敬雄の依頼で宗良親王の墓所を調査。
明治元年（1868） 11月始	政府の刑法官・鞠獄司判事　新貞老、井伊谷地方で宗良親王の遺跡を調査。
明治元年（1868） 11月3日	龍潭寺、井伊家が宗良親王の御墓等の改修を志願している旨を弁官に報告。
明治元年（1868） 11月29日	彦根井伊家の当主直憲、弁事官に対して宗良親王御墓の改修を願い出る。
明治元年（1868） 12月5日	政府は、彦根藩公用人を召して、親王墓改修の「御手傳」を仰せ付ける。
明治2年（1869） 2月28日	営繕司権判事山田隆次郎・下調塚本松之助・匠工肝煎水上左右平・同付属川村豊太郎・井上三之助、彦根藩から西堀権蔵・石原善太右衛門・青木平輔らが龍潭寺に派遣され、起工。経費のほとんどは、彦根藩が出費。
明治2年（1869） 3月29日	竣工。
明治2年（1869） 12月	龍潭寺完応禅師、復飾して宗良親王の御祭典勤を行いたい旨を静岡藩庁に伝える。
明治3年（1870） 正月24日	静岡藩庁、完応禅師の復飾神勤の件について神祇官に相談。由緒あること故、許可をえる。
明治3年（1870） 2月24日	龍潭寺蔵の宗良親王の太刀を神祇官に送るように、彦根藩公用人を媒介に指示。3月14日に刀を護送する。
明治3年（1870）	台風により御宮大破。大蔵省が修理費56両余りを交付。
明治3年（1870） 10月	奥山泰人（完応）、濱松郡政役所に対して遷宮鎮座祭の執行を呼びかける。
明治4年（1871） 正月4日	井伊直憲、神鏡を調製して神祇官に献上。
明治5年（1872） 正月20日	井伊谷宮と改称。
明治5年（1872） 2月12日	鎮座祭執行（祭主・三田葆光）。

注）「山本金木日記」、『引佐町史　下巻』などをもとに作成。

冷湛寺殿御尊牌御厨子入并御奉納之御太刀一腰于今御太切ニ安置罷在候、薨御之儀者元中二年乙丑八月十日、乍
恐忌日者勿論日々奉献御供物御供養奉申上候、今般　御一新之折柄ニ付、
御陵御修営之儀、以後如何可仕哉奉伺上候、
一古来ゟ
御紋付御封印ニ而不開之御箱所持仕候間、於太政官御開封被成下置候様奉願上候、
東山帝御指貫一領御　一笏添
御同帝御宸翰御反故ニ而御紙制之地蔵菩薩一躰御厨子入御奉納御座候、
一　　末寺二宮山圓通寺儀者
宗良親王御所地御旧跡之御由緒を以、為御菩提井伊家ゟ一寺建立、右
親王御守佛正観音を安置有之候、右御由緒御座候ニ付、古来ゟ拙寺并末寺圓通寺御紋付用来候、先々通御紋相用
候様奉願上候、
一　　拙寺朱印
高九拾六百七斗余末寺四石御座候、委細者朱章面ニ御座候、右高之内凡延地拾九石余御座候、秀吉公・家康公
両将軍家ゟ当節迠朱章申受、内四石分徳川家ゟ末寺大覚寺江受領申候、今般御一新ニ付前顕之御由緒柄茂御座
候ニ付延地共従
王朝前々之通朱章高無相違頂戴被仰付被下置候様偏ニ奉願上候、
一秀吉公ゟ山内禁制札印章申受居候、右奉申上候通格別之御由緒御座候間出格之御調を以、何卒別段之寺格御取
立被成下置候様奉願上候、右預之通御許容被成下置候ハバ乍恐
後醍醐天皇奉始
宗良親王御神徳被為輝御威光茂御増長可被為慥与奉存候、此段只管奉懇願上候、誠恐誠惶頓首、

遠州引佐郡
井伊谷
龍潭寺（印）

明治元年辰九月
太政官
御辯事
御役所

この史料から二つの点を読み取れる。一つは、先述してきた歴史的経緯（天皇とのつながり）がこの文面に明確にあらわれていること、もう一つは明治元年の早い時期（七月頃より、慈雲院（妙心寺塔頭）と調整の上、太政官宛の願書は用意されていた[50]）に政府の南朝顕彰の動向を的確につかんだ上でこの文面を書いていることである。[51]一方、神主中井氏の場合、明治二年六月二十三日に郡方役所から「今度宗良親王様へ御由緒有之候者相尋候様、東京ゟ申来り」、「古き書類」や「系図等」の調査をするとの要請があって、はじめて調査を開始している。龍潭寺の動きは、二宮神社神主中井真雄よりも早いのである。[52]こうした違いはどこから来るのであろうか。

その一つには、先述したような歴史的な経緯があったであろう。すなわち、慶応四年の段階で龍潭寺は本山の妙心寺を介して太政官弁事役所との交渉ルートを有していた。[53]こうした近世以来の政治的なつながりが、大きく功を奏したと理解できる。

宗良親王墓の修復は、政府主導のもと、井伊家が中心となって実施することになった。明治元年十一月、刑法官鞫獄司判事新貞老が、井伊谷を訪問し、具体的な造営計画を立て、翌二年二月には、鎌倉大塔宮御社とともに遠江国龍潭寺の宗良親王御社の造営が行われた。

この造営には、井伊谷の村々の人びとが「夫役」動員されていることも知られるが、その具体的な様子まではわからない。明治二年七月十九日、井伊直憲の龍潭寺参詣が実現することになるが、その際に「宗良親王御宮」造営に関わった人びとが御目見を要求している。そのときの史料が次である。

〔史料13〕(54)

一　　御願申上候口上書

岡田五　左衛門
中山栄吉郎
大谷弥助
大石龍助
右四人無之添書

右之者共
先般
宗良親王御宮造営ニ付、御用被仰付候者ニ御座候、然処今般
井伊中将様拙寺江御参詣之節、右之者共御機嫌御伺奉申上度義願出候、依而面々ゟ之願書之通御聞済被下置候ハ
バ重々難有仕合可奉存候間何卒宜布御執成願之通御聞済可被下奉願上候、以上、

七月十八日　　井伊谷　龍潭寺

……(中略)……

御上棟之節恐悦奉申上大慶仕、猶又御扇子箱奉頂戴冥加至極難有仕合奉存候、依之御通り掛奉伺御機嫌度奉存
候、何卒宜敷御執成之程偏ニ奉願上候、以上、

巳七月十九日　　井町　大石龍助

龍潭寺様

御役寮

書附ヲ以奉願上候

先般

宗良親王様　御宮殿御創営之御時節聊献金仕候、其為御恩賞御上下拝領被仰付難有頂戴仕候、然処今般御上国被為遊御通行候御儀ニ付右御礼　御機嫌御窺奉申上度奉存候間格外之御憐愍ヲ以　御目見被為　仰付被下置候様仕度奉願上候間可然御執成願之通被為仰付被下置候ハバ重々難有可奉存候、以上、

井伊谷津

巳七月十六日　大谷弥助

龍潭寺

御役寮

この史料から宗良親王墓の建設が、地域社会のなかの上層百姓を巻き込んで行われたものであったことが明らかとなる。しかし、こうした一部民衆の動きの背景には、天皇権威の受容という側面よりも、近世以来、当地に深く根付いた井伊家への権威意識が直接的にはあったとみられる。

なお、明治三年には、龍潭寺住職の完応和尚が神職へと「復飾」し、「奥山泰人」と名乗り、「宗良親王御宮守」となっている。これは、宗良親王への由緒意識が、僧侶であることよりも優先されていることを示している。次の史料に注目してみたい。

〔史料14〕[55]

明治二年巳三月龍潭寺内ニ而宗良親王御宮新ニ御造営ニ相成候ニ付、願之通私復飾被仰付、当五月ヨリ御宮守護被仰罷在候処、今以御宮造営之儘ニ御座候、何卒早々御遷宮相成候様奉願上候ニ付而は是迄御宮掃除万端同寺収納

内ニ而相弁し罷在候得共、何分行届兼奉恐存候間、相応之御賄料被仰付被下置候様奉願上候、乍恐私儀同寺内ニ長々同居罷在候而ハ、御趣意之折柄且者神祭習学向何トモ不都合相心得候間、御宮社内ニ如何様之居宅ニ而モ別宅仕度奉願上候、何分ニモ早々御遷宮奉願上候、右件々願之通御聞済相成候様、神祇官御執達被成下候様、偏ニ奉願上候、以上、

遠江国引佐郡井伊谷
宗良親王御宮守　奥山泰人（印）

明治三年午十月

濱松郡方役所

龍潭寺住職のこうした動きの背後には、実は彦根井伊家（具体的には家扶の田中央）からの助言があった。次の史料がそれを物語る。

〔史料15〕[56]

當春其御寺中宗良親王創営之処御遷宮モ無之ニ付、品々御遷宮相成候様、神祇官員江申談置候処御遷宮相成候時ハ一日モ神職無之而ハ難成、先神職ヲ定候様内意有之、且神祇官中諸陵墓ヲ被置諸国之山陵モ御神祭之御調ニ有之趣傳承致候、然ル時ハ親王御陵モ僧体ニテハ御祭式難勤左候迚他ゟ神職被命候時ハ御由緒モ不立千載之遺憾不得止義ニ付、方丈復飾シテ神職被相勤候様、左スレハ永世不朽之御神縁ト被存難有事ニ候、龍潭寺門ハ後住ヲ撰法系ヲ譲り寺務相続為致可然候、能々一山申談後日之故障無之様相治メ復飾神職之義管轄藩ヲ以神祇官ヘ被相願可然事、

一神佛両立ニ付テハ寺境両断之義適宜ニ相定メ絵図面ヘ朱引ニテ被申立可然事、

一御遷宮相成候跡ハ是迠之寺領即チ社領ニ相成候修理修理之由夫ニテハ寺之立行方見込無之ニ付、寺領ハ其侭社領別ニ被為附候様歎願致可然、若不叶時ハ半数ヲ寺領ニ被為附御朱章各別ニ賜候様、若不相叶時ハ年々社領之内ゟ何程ハ寺ヘ分チ可申と之御達ヲ蒙り度旨歎願致可然、若夫モ不叶時ハ寺門之立行候様如何様トモ當家ゟ助成之義御取

持可致事、

十一月

宗良親王墓の管理費等の負担は龍潭寺が負っており、井伊谷宮創建にとって龍潭寺の力は不可欠なものであった。それは政治的・経済的な面だけではなく、文化・思想史的な側面でも大きい。龍潭寺に伝わる宝物舞房太刀[56]（これは、宗良親王の家臣長谷川氏が所持した宝刀で、龍潭寺に寄進されたもの。江戸触頭松源寺住職の由来書が付されている）の井伊谷宮への寄進はその典型である。この経緯は次のようなものであった。すなわち、明治三年三月、神祇官により龍潭寺の書物提出の要請があり、同十二年には、宝刀が井伊谷宮社務所の神庫に奉納されたという。

〔史料16[58]〕

舞房太刀　　壱口

右者

宗良親王御尊牌往年長谷川忠崇ヨリ献納尓後為寳物御傳来有之候処、今般長谷川忠恕与御協議更ニ御献納相成正ニ領掌永ク神庫ニ可相納候也、

井伊谷宮

明治十二年九月十一日　　社務所（印）

龍潭寺住職

橘碩渓殿

この宝剣がなかば強制的に井伊谷宮へ寄進されたのか、そうでないかについては、史料の制約もあり定かではないが、井伊谷宮が龍潭寺の由緒を前提に形成されたことは間違いないだろう。

さて、天皇・朝廷意識という点での当地の社会意識の大きな流れをみてきた。次に、個々の人びとの思想のなかにみられる歴史を読み解いていくことにしたい。

註

（1）天皇・朝廷意識の地域社会への広がり、および「朝廷権威の浮上」を問題にする近年の研究では、朝廷権威が浮上する歴史的場面が論者によって意図的に選択される場合が多い。そうした問題を克服するためには、地域を限定し、そこにおける天皇をめぐる社会意識の歴史的変遷を適確に押さえる方法論が有効である。
（2）上田長生『幕末維新期の陵墓と社会』（思文閣出版、二〇一二年）。
（3）奥山方広寺文書一号（『引佐町史』目録番号による）。
（4）奥山方広寺文書三号。
（5）兵藤家文書一号。
（6）小和田哲男『争乱の地域史』（清文堂、二〇〇二年）など。
（7）この史料は、弘化四丁未九月に彦根御系譜方河村万右衛門からの依頼によって調べ上げた井伊谷村々寺院等の記録の下書・草稿である（井伊谷龍潭寺文書六六号）。井伊谷郷の歴史（古代市場の場所等）について記載。
（8）田中潤「門跡に出入りの人びと」（高埜利彦編『朝廷をとりまく人びと』吉川弘文館、二〇〇七年）。
（9）井伊谷龍潭寺文書一一四六―六号。
（10）祖山和尚の京都出張に際しては、井伊谷・神宮寺の村役が三カ日あたりまで見送りに出ている様子がうかがえ（なお「是時村々旦那中江御遺金を御頼被成候間、方々ゟ御合力致し候、神宮寺村ゟも金三両一分御寄進申候」という）、龍潭寺と村との関係の深さをよく物語っている（「山下甚左衛門記録」山本家文書二二四号）。
（11）この経緯については、明治期の史料になるが「宗良親王山陵明細牒」（明治四年四月、井伊谷龍潭寺文書七二号）に詳しい。
（12）井伊谷龍潭寺文書三三二号。
（13）井伊谷龍潭寺文書一二四六―一号。
（14）井伊谷龍潭寺文書一二四六―七号。
（15）井伊谷龍潭寺文書三二五号。
（16）井伊谷龍潭寺文書九三五号。
（17）井伊谷龍潭寺文書七二号。
（18）井伊谷龍潭寺文書一五九号。

(19) 明治二年の記録では、寛保年間に東山天皇の位牌を井伊家へ見せたという先例が重要性を増している（「明治二己巳七月十九日井伊中将様御参詣物記録清書」井伊谷龍潭寺文書一六九号）。
(20) 井伊谷龍潭寺文書七四号。
(21) 井伊谷龍潭寺文書三一八号。
(22) 井伊谷龍潭寺文書三一九号。
(23) 井伊谷龍潭寺文書七四号。
(24) 中井家文書一五八号。
(25) 井伊谷龍潭寺文書四八号。
(26) 若尾政希『「太平記読み」の時代』（平凡社、一九九九年）。
(27) 龍潭寺の寺僧および周辺神社中井家・山本家における「太平記」などの書物を通じての思想形成や文化交流については第八章を参照のこと。
(28) 「月日録」（中井家文書二二二号）。
(29) 「礎石伝」（中井家文書一五七号）。
(30) 「中井日記」（中井家文書二一七号）裏表紙による。
(31) 神主中井氏が、近世後期にこうした書物を書くことになる社会背景については、第六章で詳論する。
(32) 澤博勝「近世後期の神道と仏教」（『近世の宗教組織と地域社会』吉川弘文館、一九九九年）。
(33) 井伊谷龍潭寺文書一六四八・一六四九・一六五二号。
(34) 井伊谷龍潭寺文書一六五七号。
(35) 井伊谷龍潭寺文書一六五八号。
(36) 井伊谷龍潭寺文書一二〇号。
(37) 井伊谷龍潭寺文書三六一号。
(38) 井伊谷龍潭寺文書一二一号。
(39) 井伊谷龍潭寺文書八九六号など。
(40) 井伊谷龍潭寺文書七二号。

(41) 中井家文書内にも、妃・皇子・皇女の御陵墓取調を五月までに行うよう指示した太政官布告の写しが確認される。これに対し中井真雄は四月に「御陵墓守護仕候義無御座候」という書状を浜松郡方役所宛に提出している（中井家文書二二三〇号、明治四年二月）。
(42) 井伊谷龍潭寺文書九五六号。宛所は見られない。
(43) 中井家文書二二三〇号。
(44) この史料は、冒頭に「文久元年京都町与力隠居平塚瓢翁と云人陵墓一隅選述ノ節、宗良親王ノ御墓所取調候ハムト三州羽田埜神主ニ託シテ依頼アリ。依テ中井家・龍潭寺等ノ旧記及實録ヲ抄出シ送ル」とあり、この書は中井家と龍潭寺の記録を参照しつつ編まれていることが確認できる。なお、同様の史料が、羽田野文庫（豊橋市立中央図書館蔵、九四九号）のなかにもみられる。
(45) 井伊谷龍潭寺文書七〇号。
(46) 井伊谷龍潭寺文書一〇〇号。
(47) 藤井貞文「井伊谷宮創建始末」。『引佐町史』下巻（一九九三年）より。
(48) 上田長生「近世陵墓体系の形成」（『日本史研究』六〇〇号、二〇一二年）。
(49) 井伊谷龍潭寺文書八九一号。
(50)「諸事覚書」（井伊谷龍潭寺文書一〇五号）。七月十七日には、太政官役所と慈雲院に宛てて、史料12とほぼ同内容の願書が提出されている。
(51) 龍潭寺は、すでに元治二年の段階で弁事官に対して由緒を主張している（井伊谷龍潭寺文書一七七八号）。
(52) 中井家文書二二三〇号。
(53) 井伊谷龍潭寺文書三七〇号。
(54) 井伊谷龍潭寺文書一六九号。
(55)「井伊谷宮創営記」（『引佐町史』下巻）。
(56) 井伊谷龍潭寺文書一二四八号。
(57) 井伊谷龍潭寺文書一二六号。
(58) 井伊谷龍潭寺文書三四七号。

第六章　近世における在地宗教者の歴史意識
――二宮神社神主中井直恕の「礎石伝」とその意味――

近世後期になると、引佐地方でも歴史書・地誌の編纂が行われるようになる。その担い手となったのは、僧侶や神職などの宗教者たちであった。ここでは、井伊谷地方を代表する二つの書物（「井伊家伝記」と「礎石伝」）の検討を通して、この二書が記された社会的背景について明らかにする。

前者が享保期に、僧侶によって書かれたものであるのに対して、後者は天保期に、神職によって叙されたものであり、一見すると、両者には比較検討する余地がないように思われる。しかし、両者はともに井伊谷周辺地方の歴史を中心に描いたものであり、同時に彦根井伊家との関係を意識した上で叙述された書物である。ここでは、書き手である祖山和尚と中井直恕、それぞれの思想形成の過程に注目しつつ、二書の内容を深く検討していきたい。

一　十八世紀の在地宗教者による歴史叙述

(1) 祖山和尚の『井伊家伝記』

まず、歴史書『井伊家伝記』を叙した祖山和尚の人となりについてあらためて確認しておこう。

祖山和尚は、第四章でみたように正徳元年の争論において活躍している。これは井伊共保出生伝説をもつ井戸をめぐって起きたものであったが、この争論を契機として龍潭寺と、井伊家とのつながりがより密接になったことは書状のやりとりからも確認される（表29）。祖山はこの争論を一つの契機として、井伊家の先祖と龍潭寺の由緒について調べ始めた。実際、祖山によって『井伊家伝記』が書かれる以前は、龍潭寺の由緒については曖昧な点も多かった。たとえば祖山和尚の先住である徹叟和尚は、家綱将軍の代替の継目御礼の際、寺社奉行から由来の御尋があり、それに対して「遠州伊那佐郡井伊谷萬松山龍潭寺草創之由来」（延宝四年）という提出している。そこには次のようにある。

〔史料1〕

遠州伊那佐郡井伊谷萬松山龍潭寺草創之由来

一當寺者延徳年中ニ京妙心寺紫衣之人黙宗和尚之開闢之地於当国有妙心寺派之元祖也、天文年中ニ井伊信濃守直盛公為菩提所境内幷寺領以下寄進被致候、依之後永禄三年ニ従氏真公為直盛菩提所之證文一通有之、
天正十四年ニ　大権現様御直判之御證文被為下置候、則　御文言之写……（後略）[1]

ここでは、龍潭寺が井伊直盛の菩提所であり、氏真・家康判物が残存しているという二点の他は特記されておらず、正月の勤行についても「正月三ヶ日中五部大乗教転読幷般若理趣分諸経陀羅尼等読誦致、至満教楞厳呪行道有之」として、由緒の井戸にまつわる祭礼なども一切記されていない。

一方、祖山和尚が正徳元年の井戸の出入の際に記した由緒書には次のようにある。

〔史料2〕[2]

遠州井伊谷龍潭寺井之由来

一井伊之元祖共保者遠州引佐郡井伊谷八幡宮瑞籬之内御手洗之井在之、其井中より出生之由、一條院之御宇寛弘七年正月元朝、神主社参候所ニ於井中稚児之声有之付、不審ニ思、井中を見候得者赤子有、則懐上近所龍潭寺之塔頭自浄寺ニ而生湯を掛ヶ生粥を進め養育、漸成長武功有之、井伊谷を領知す、共保十三代之孫井伊信濃守

表 29-1　与板井伊家よりの書状 一覧

当主名	生没年	数量	内容					備考
			年始	見舞	訃報	新入院	その他	
直矩	1694～1742	6	2	1	2	0	1	「訃報」は彦根井伊家当主の死去のしらせ（1504・5号）「その他」は祝儀に対する礼状（1502号）
直存	1719～1760	1	0	0	0	1	0	
直朗	1750～1820	26	22	1	1	0	2	「その他」は礼状（1508・9号）
直暉	1791～1826	3	3	0	0	0	0	
直経	1799～1856	18	18	0	0	0	0	

表 29-2　彦根井伊家よりの書状 一覧

当主名	生没年	数量	内容						備考
			年始	見舞	訃報	新入院	八幡宮祭礼	その他	
直該	1656～1717	1	0	0	0	0	0	1	「礼状」（1602号）
直惟	1700～1736	4	1	2	0	0	0	1	「その他」は婚礼についての報告（1319号）
直定	1700～1760	18	4	1	0	0	9	4	改名の御祝儀（1599号）、屋鋪御目掛につき（1605号）、竹千代様御宮参につき（1600号）など。
直英	1729～1789	3	1	0	0	0	0	2	御祝目録（1758号）など
直中	1766～1831	17	17	0	0	0	0	0	
直亮	1794～1850	30	29	0	0	0	0	1	「その他」は家督相続の祝儀（1675号）

直平属今川義元之幕下井伊谷を領知す、義元ゟ永正二年遠州引馬之城主ニ移され、十二万石領知、依之永正四年ニ御手洗井之井領田直平ゟ自浄寺江寄附、其後直盛寄進状ニ、

一自浄院領為行輝西月寄進之上相違不可有之事

行輝ハ共保法名
西月ハ直平法名

右之通御座候、此由緒ニより龍潭寺住持毎年元朝生湯之吉例ニ而湯を掛、御生粥を共保牌前江献シ、三ヶ日勤行末山郷中呼集斎仕、共保菩提吊祭仕候、龍潭寺拙僧ゟ八世以前南渓和尚を直平実子ニ而御座候、依之此第より勤来候、

一共保十五代之孫井伊信濃守直盛右之御手洗を中央ニ致シ東西南北之境を相立、龍潭寺江寄進龍潭寺境内者往古八幡宮旧地之由申傳候、井伊家之系図ニ茂南ハ下馬鳥居と有之候、然者龍潭寺境内者往古八幡宮旧地与相見へ申候、絵図御引合御覧被遊可被下候、右之訳故龍潭寺領ハ井を本ニ致直盛寄進ニ而御座候、直盛ハ龍潭寺中興之開基ニ而御座候、依之

御判物ニ茂為直盛菩提与被遊候、直盛寄進状ニ、

……(中略)……

天文十二年より永禄八年迄吉本信長争戦故、井伊家一門家老迄討死此節中絶仕候、井伊信濃守直盛者永禄三年五月十九日今川義元与一所ニ討死、息肥後守直親ハ

権現様遠州御発向之御内通仕陰謀露顕、今川氏真之為ニ永禄五年十二月十四日遠州掛川ニ而傷害、引馬之城主直盛父直平者永禄六年九月十八日引馬之城ニ而傷害、依之右之通中絶仕候、右之間龍潭寺寺領等端ニ替り混乱仕候、旧記共御座候得共、事長御座候間書付不申候、右肥後守直親討死之節、息虎松ニ歳龍潭寺ニ来居候、其内

権現様江御内縁之御由緒有之、内々虎松義　御耳ニ達置候ニ付而虎松十五歳之時、

権現様江被召出名万千代と御付被遊、十六歳之時ゟ度々之依戦功、兵部大輔直政と改可申旨被　仰付、井伊谷旧知ニ付而被下候由ニ而六万石拝領、龍潭寺ハ井伊家菩提寺之由緒委細、
権現様江被致言上、為末代　御判物頂戴仕度由被奉願、則天正十四年九月七日　御判物被下置、夫ゟ
御代々御朱印頂戴仕候、直盛寄進之寺領高少も相違不仕、又御手洗・井領田・鳥居本之三ヶ所之地茂替不申候、
然所ニ右之御手洗井他之支配ニ成候得而者井伊家江之由緒茂薄ク罷成、此段何共迷惑千万ニ奉存候、御吟味之上
由緒相立候様ニ奉願候、以上、

正徳元年辛卯八月

遠州引佐郡井伊谷
龍潭寺（印）

本多弾正少弼様　御役人中

一見して明らかなように、ここでは龍潭寺と井伊家の関係や歴史が、リアリティをもって描かれている。この由緒書の執筆にあたっては、松源寺住職や与板井伊家の家老小野七郎左衛門らの助言があった（本書157頁も参照）。少なくとも龍潭寺では、祖山和尚の代になってはじめて、由緒書の整備が行われ、この動きの延長線上に享保期の史書『井伊家伝記』の執筆も位置づけられる。しかし、『井伊家伝記』が祖山によって叙されるのは、享保十五年（一七三〇）のことであり[3]、正徳年間から若干の時間的な開きがある[4]。この間、祖山は朝廷との関係を深めていき（本書172頁）、その一方では檀那帳をつくって寺檀関係の整理を行うなど、地域のなかでの活動もみられる。しかし井伊家との関係については、正徳四年（一七一四）の長寿院（井伊直興）の参詣以降、「遠国」故に、法事料が滞るなどの事態が生じていたようである。祖山の危機感は、次の史料にみえる。長文になるが、祖山の晩年の思想をよくあらわしているのでそのまま引用することにする。

〔史料3〕(5)

奉願申〔　　　　〕

一井伊元祖共保公者寛治七酉八月十五日ニ逝去、近年之中六百五拾年之遠忌到来申候、先年長寿院様井再興被為遊、石碑共保二十代之後胤直該と御造立被為遊候、右二十代之中十七代之御先祖ハ拙寺ニ御廟所有之、長寿院様御代々之御位牌幷御廟所共ニ御立置被下候、然共遠国故自然と御追善之御届無之候、長寿院様肥後守様百五拾年忌之節、御法事料被遣法華経大会興行御代参今村忠右衛門被遣候、因茲今度御注進申上候而願申候覚、

一米弐拾俵　是ハ御年始ニ被遣可被下候ハ於拙寺井之祭禮元朝ゟ三ヶ日ニハ寺中郷中末山寄合執行申候、

……(中略)……

一弐拾俵　是ハ七月御施餓鬼料ニ被遣可被下候ハ十七代御先祖男女御亡霊之御追善……(中略)……

一弐拾俵　是ハ御先祖御代々御斎米毎月御代々之御立日ニハ霊供御膳相備……(中略)……

一五拾俵　是ハ井江御付可被下候、右之井御家ゟ御付届無之諸人参詣之輩不審ニ申候、惣而諸国神社仏閣参詣之輩当国へ入申候御先祖井出誕奇瑞承及申候故、立寄拝見仕候、石碑ニハ長寿院様・泰源院様御名乗相□(虫損)り申候、日本国中之御聞エニ奉存候間、右之通被遣可被下候、

金百拾俵　諸人ニ御家ゟ百石付申候様ニ申度候、

右之通毎年御向力被為遊被下候様ニ今度願上申候、右之通ニ被為仰付被下候ハバ元祖之御寺自浄院、只今敗壊ニ及申候、来年中ニ建立致置御位牌費ハ長寿院様当分仮屋ニ被仰付候、是も相応ニ仕来年にも御法事相応ニ執行仕度候、若遠国寺院殊更百俵余御向力年々難被遊思召候ハバ金子三百両壱年ニ成共、又御事両(マヽ)御座候ハバ百両宛三年ニ成共被遣被下候ハバ此元ニ而漸々田地百石相調……(中略)……末代御家ゟ百石之寺領相付申候様ニ無退転ニ可致候、拙僧事御由緒御大切ニ奉存候故末代退転不仕候様ニ仕度故、右之中当分御菩提所御先祖御壱人ニ而も無之候得共、二十年已然願申候得者、金子四百両宛御合力殿堂建立修復無残所旨、往来之僧衆龍門寺之僧物語ニ而承

及、拙寺事ニ改候事ニハ御座候得共、井伊元祖出誕之霊地、井伊家之氏寺直平公御証文氏寺之御文言有之元祖ゟ十七代之御先祖御菩提所累代之御位牌、長寿院様御立被下候、御参詣御一宿被遊候程之御由緒、権現様御判物ニも直盛無縁所他事格別之御証文頂戴仕候上者、他寺格別ニ今度之願ハ御聞届被為遊可被下候、是則、當掃部頭様御武運御長久之御祈禱御児孫御繁栄之御懇祈と奉存候間、宜敷右之願成就申候様ニ御被取成奉願候、此段御聞届ヶ被為遊被下候迄ハ恣度も御願申覚悟ニ御座候、御年忌正当之年ニも無之不連ると可被思召候得共拙僧年寄病身ニ御座候故、存命之中右之願成就仕度故如此御座候、以上、此願成就申候上ハ重而獨叟差越相談御願申覚悟ニ御座候、以上、

この書付は、享保十二年頃に書かれたものと推測されるが、正徳元年から数十年隔たったこの時期になると、井伊家と龍潭寺との関係に若干の翳りが見え始めていた（と、少なくとも祖山は感じていた）。こうしたなかで、井伊家の「菩提寺」としての龍潭寺の歴史を、彦根藩に向けてもう一度説明する必要があった。こうした認識のもとに書かれたのが、『井伊家伝記』であったのではないか。また、すでに述べたように、この時期、井伊谷村の百姓たちは「困窮」し、領主に「御救」を求めていた（本書89頁）。地域の直面していたこうした課題も、祖山のモチベーションに何らかの影響を与えた可能性が考えられる。以下、この書物の内容と証本等の検討を行いたい。

『井伊家伝記』は、管見の限り、西村忠氏蔵本[6]、彦根市立図書館蔵本（今村本・乾坤本の二部）、彦根城博物館蔵本、井伊谷龍潭寺蔵本（四部）、山本金木写本（一部）が確認できる。このうち彦根図書館本の「乾坤」は、二宮神社神主の中井直恕によって写されたものだと思われ、「忠恕考」という挿入文もみられる。末尾には、老中木俣半蔵殿の所望によって之を記録したこと、古記、口伝、御系図、三河記などは本稿の在所を吟味せず遠国で記録したものであるため間違いも多いこと、「井伊家伝記」は井伊家の代々の年代を考え、確かなる証拠に基づいて記録したものであることなどが述べられている。

『井伊家伝記』は上・下巻に分かれており、上巻が井伊直政より前の遠江井伊氏の活躍を描き、下巻には井伊直政の活躍と正徳年間の井戸の出入りなどが言及されている。概ね、井伊直盛から直政にいたる井伊家苦難の時期をドラ

マチックに描いた書物といえるであろう[7]。とくに、遠州井伊谷を舞台とした歴史像を導き出そうとしているところに特徴がみられる。ただし、当地の歴史を描いた他書とは違い、宗良親王の活躍については描写がみられず、井伊直平・直盛・直虎・直政の活躍に特化された内容となっている。また、井伊家の始祖共保＝井中出誕説が強調されていること、戦国期の南渓和尚の活躍（焼香・井伊家の危機における活躍）に記述が多く割かれていることなど、井伊家と龍潭寺の歴史的関係性に焦点があてられている。ちなみに、「太平記」にみられる井伊介は、祖山和尚の頃に作成されたと考えられる井伊家系図粗覧には、「井伊直朝」のことを指すと書かれており、「井伊道政」の名前も記載されていない。

なお、『井伊家伝記』では「三河記」などの他に、あまり書物の引用はみられない。むしろ、『井伊家伝記』が論拠としているのは、南渓過去帳（第一章参照）や龍潭寺所蔵文書、彦根藩家老の岡本半助編という系図などである。また、「祝田村羽鳥明神神主萩原新之丞之物語」や龍潭寺先住の徹叟和尚からの伝聞もみられる。龍潭寺所蔵文書のうち、とくに徳川家康判物については、正徳元年の朱印改の際、その重要性を認識した（本書154頁）[8]。

ちなみに龍潭寺に残存する近世の写本のうち、井伊家にまつわるものをまとめたものが表30である。ここから、歴代住職がいかに井伊家や宗良親王の事蹟について考証してきたのかが知られる。祖山後住の獨叟和尚以降は、宗良親王にまつわる研究も進められたが、祖山和尚の関心は、あくまで井伊家の始祖共保公の事蹟と、戦国期の井伊家の顕彰に絞られていた。これは、第四章でみたような江戸での経験（朱印改・正徳争論）が大きかったように思われる[9]。祖山筆『井伊家伝記』は、今日、遠江井伊氏の事跡を知る上での基本文献とされ、広く読まれている。しかし、その背景には、龍潭寺住職として祖山が歩んできた人生そのものが凝縮されているといえるであろう。

（2）中井近直の歴史意識

神主中井近直（一六九七～一七四二）の生まれた中井家は、遠江国引佐郡井伊谷町の鎮守である二宮神社および井

表30　龍潭寺住職・二宮神社神主による考証本（系図含）一覧

作成年代	タイトル	作者	内容	備考	出典
延宝8年	遠州伊那佐郡井伊谷萬松山龍潭寺草創之由来	徹叟和尚	龍潭寺の由来、龍潭寺所蔵の文書の写など		龍1953号
享保6年	今村家伝記	祖山和尚	戦国期今村藤七郎の活躍など		龍81号
（享保7年）	中野姓忌日法名記		中野家先祖の戒名、法事など		龍80号
享保19年	彦根片桐権之丞系譜	（祖山和尚）	家康御預人片桐権之丞の系譜		龍77号
享保15年	井伊家伝記	祖山和尚	遠江井伊氏から井伊直政の活躍の歴史が詳述		龍45・46号
寛保3年3月10日	井伊家由緒記録 全	獨叟和尚	遠江国引佐郡井伊谷郷名幷井伊家古代由緒の覚書、宗良親王三百五十年忌・尊牌造立について　など	—	龍48号
	井伊家由緒記引書 完		上と同内容	—	龍53号
	井伊谷古代付井伊家由緒記引書		上と同内容	—	龍54号
（寛政元年）	「此壱冊ハ当国二俣の東大谷村弥兵衛と申仁、遠州風土記をあみ候ニ付尋来ル故、認め遺す記録なり」	—	・「萬松山龍潭寺者往古號冷湛寺而後醍醐帝第二皇子宗良親王香火地也（陵在寺后）」 ・「一冷湛寺殿陵の傍に印の木松三囲はかりなる者あり、十ケ年ほと已前より段々い朽木なり、去ル寛政元酉年二月四日まで倒る、今根株のミあり」	年代は「遠江国風土記伝」の成立の年	龍106号
弘化4年	井伊家由緒古代抜書	—	「往古冷湛寺令申由来ハ後醍醐帝之二宮宗良親王井伊城ニ而崩御を時ハ南朝之元中二年北朝ハ至徳二年之八月十日御遺骸を当寺境内に葬ル、依之往古冷湛寺令号、親王之御陵今に在之」	井伊家の依頼に際して、村々寺院聞合にて作成	龍52号
安政5年	奥山家古代記	—	奥山家代々の事歴／奥山古城址図・跡支配人など／奥山城落城について（永禄5年頃）／宗良親王と井伊道政の事歴（宗良親王・井伊谷死亡説）／二宮神社の創建について／奥山方廣寺の創建について／奥山家の事歴（井伊谷三人衆との関係）など		龍88号
—	小野氏系図	—	小野政直（井伊谷城主の家老職）以降の系図／天保15年まで		龍76号
—	新野左馬之助家系図	—	今川義為系新野家の系図（戦国期まで）		龍82号
—	※二宮東伝記	中井近直	宗良親王の事績について／井伊谷周辺の歴史について考察		宇布見中村家文書
（天保頃）	神主屋敷留記	中井直恕	井伊家に提出した由緒書の下書／二宮大明神・井伊大明神それぞれの由緒について詳述		中井76号
天保15年	礎石伝	中井直恕	引佐地方中心の地誌的な叙述／古代から近世まで内容は多岐にわたる		中井157号
—	近藤家系譜	—	近藤家の系譜、幕府役職など、後半に読書記録あり。		中井84号

（注）・龍潭寺所蔵の彦根藩士先祖系図なども掲載した。龍は井伊谷龍潭寺文書、中井は中井家文書を指す。
・「—」は不明な箇所を指す。

図13　二宮神社

伊大明神の神主職を代々つとめた家柄である。近世中後期には酒造株をもち、造酒屋としても活躍した[10]。とくに、近世前期に活躍した中井直頼の頃には、二宮神社の神主として在地に定着し、「中井日記」という優れた在地の記録を残している。直頼自身は、慶長二十年七月に、次のような「かきをき[11]」を残している。

おそれながらかきをき申候

一おやこにてもた人にても中たがい申まじき事

一ならざる人に物迄かし大分にてん用志たてとり申まじき事

一代官などさゝへ申まじき事

一下人などおとこおんなによらず、にくまれ候はぬようにつかい候事

一くじとりさばきおやこにてもた人にてもゑこなくあり用の事

一りそくのくい候かり物一圓むやうの事

一さけなと何とよく候とも久にもち申まじき事

何事においても志ひにあまり仕候はゞさいなんあるましく候、天道にもかない可申何たる人と見候事候とも人などさゝへ候事

一圓むやうに候何事も人にだんがう至候、以上、

慶長弐十年きのとの卯七月吉日　浄林（花押）

中与三左衛門殿

同与三兵衛との

二宮神社の神主家としての中井家の起源は、この中井直頼（浄林）に求められるであろう（中井系図では、直頼は

十一代）。本節では、神主中井家の当主近直が撰集した歴史書『二宮東伝記』について検討するが、まずは近直の略歴について確認しておきたい。

近直は中井家の十六代当主であり、「与惣左衛門」と称した。金指村の山田庄右衛門の娘を娶った。井伊谷近藤氏の在地代官として扶持米の取りまとめなどを担当しており、若者不届についての連印状（龍潭寺の仲裁があったとみられる）などが残る。[12] こうしたことから中井近直の代は、神職としてというよりも、むしろ村役人としての活動が多かったとみられる。[13] なお、近直は、いわゆる「遠州国学」の中心的メンバーである諏訪神社神主杉浦国頭家との交流もあった。杉浦比隈麿の書いた『古学始祖略年譜』（浜松市立中央図書館蔵）のなかには、「（享保五年）四月十一日引佐運井伊谷郷南朝第二宮社神主中井主水近直、国頭の教子となれり」とあり、近直が杉浦国頭に入門していることがわかる。諏訪神社神主の杉浦家は、浜松地方全域の神主の筆頭的な立場にあり、井伊谷の中井家との養子・縁組も行われた。その後も、天明四年（一七八四）に中井直英が、享和三年（一八〇三）には中井直恕がそれぞれ杉浦菅満に入門している。

では、中井近直が、法印覚堂（特定できず）とともに編纂したという『南朝聖代二宮東伝記』について検討する。[14] 現在、中井家文書のなかにこの考証本は確認できないが、宇布見村の中村家に写本がある。[15] ここでは、中村家本を参照しつつ、この書物について検討してみたい。

まず、この中村家に伝わる写本は、羽田野敬雄から依頼を受けた山本金木が、文久元年（一八六一）八月に二宮神社神主中井直長から借り受け筆写したものだという。成立期は不明であるが、本文中に掲載された中井家系図について、法印覚堂が、享保九年（一七二四）五月十八日に記したという記事がみえる。少なくとも、中井近直の存命中であった十八世紀前半に編纂されたものと考えられる。これは、祖山和尚が『井伊家伝記』を執筆した時期とも近い。

この内容について、まず上巻は、宗良親王・井伊道政の事歴が詳述されている。宗良親王著の『李花集』などを底本に、和歌などが散りばめられている。一方、下巻は、南北朝期の記述に特化されていた上巻とは異なり、次のような目次に基づき話が進められている。

・「御中院之御法事之事幷山林光照する事」
・「光物井城之艮隅ニ転化する事」
・「二宮神社幷円通寺草創之事」
・「二宮神事上古御旅之事」
・「井八幡宮御遷座幷龍潭寺建立之事」
・「井伊直盛・中井直明尾州討死之事幷後ノ七郎三郎本国へ帰らさる之事」
・「遠州三方原合戦之事幷井城荒廃之事」
・「足利家将軍断滅之事」
・「井城之旧領近藤家へ移る事」
・「甲州深落幷明智光秀三日天下之事」
・「朝鮮御征伐之事幷御当家万々歳之事」
・「二宮御朱印之事」
・「大坂落城之事幷大樹公御法名之事」
・「台徳院様之御事幷井殿社折々修復之事」
・「御当代御朱印之事　附古来今観音堂建立之事」
・「二宮社僧竜興院之事　附中井氏之事」

この目次をみても、井伊谷（中井家先祖）の歴史を下敷きにしつつも、大きな政治史的な流れに留意しつつ歴史叙述が行われていることがわかる。また、戦国期のことに記述が多く割かれており、この点は祖山の『井伊家伝記』と共通する。

上巻は「南朝聖代」として宗良親王の一代記となっているのに対し、下巻では井伊家と中井家先祖の活躍と、二宮神社の歴史を中心に考証している。とくに、二宮神社・圓通寺、龍潭寺の草創について詳述されており、井伊共保出生の井戸（「霊井」）についても井伊谷の地名起源とあわせて記述されている。

また下巻には、近直の戦国時代についての見解もみられる。とくに「遠州三方原合戦之事并井城荒廃之事」の項にこうした認識がよく表れている。ちなみに、先述したように『二宮東伝記』は法印覚堂と中井近直の共編著であるが、この箇所については、中井家文書のなかにもほぼ同内容の近直による文章がみられ、近直によって書かれたものと考えてよい。「遠州三方原合戦之事并井城荒廃之事」の全文は、次のようなものである。

〔史料4〕

遠州三方原合戦并井城荒廃の事

其後足利将軍十四代義栄公の治世、永禄十二己巳年十一月家康公遠州濱松の城へ入御ましく、遠州三州の間にて年々の御合戦止む時なし、信長所々の出陣にも毎度御加勢を遣はさるとなり、三年を歴て元亀三壬申年十二月武田信玄遠州一言坂に出張し三方原にて御合戦有り、此時今川氏真ハ駿河に在り、武田信玄ハ甲州に在り、長尾輝虎ハ越後に在り、越前には浅蔵在り、安房に里見……（中略）……大隅にハ嶋津義久、諸国に分ツて牛角の争ひ一日片時も静ならす、遠くハ建武時行乱の後人王百四代……（中略）……所々国々の兵乱止時なく兵火時を知らず在家ハ勿論神社仏閣も折々回禄に悉く荒廃せり、井伊谷の宿も往古ハ今の龍潭寺前に有りしとなむ市場菅町地蔵寺前長田十王坂など、いふ田畠の字に今以故名を傳え侍れども今処へ引移り乱世年を歴て其微なる事何ンの年代といふ事更に知りかたし、足利将軍十四代義景公の御治世いつしか次郎法師も没落し井城ノ旧地も農民の馬草刈場と荒果て、梟巣……（中略）……去程に古来御旅の神路地も今ハ町民弊屋の窻下となり、或ハ一　乃内に間其形チ有ければ是ハ往昔明神御旅の故道やとかく浅猿世の諺にノミ傳え侍り、八月十日の神事ハ此時より中絶し……（後略）……

ここから、中井近直が、戦国時代＝「乱世」というイメージを、井伊谷の地域像のなかに、そのまま当てはめていた様子がわかる。また、この「乱世」観は、二宮神社を中心とする神社仏閣の荒廃のイメージと結びついている。祖山が戦国期を井伊家の衰退期として観念したのに対して、近直は、井伊谷宿の荒廃として認識している。近直は、このほかにも、二宮神社・圓通寺・龍潭寺の草創について、天変地異や磐座などの神道的な世界観を織り交ぜながら説明していく。こうした近直の認識は、後の中井直恕の歴史認識にも少なからず影響を与えたと考えられる。以下でみていきたい。

二　十九世紀における神主中井直恕の歴史叙述

(1)「礎石伝」の世界

中井直恕については、これまで「礎石伝」（天保十五年（一八四四））と呼ばれる著作の存在が知られ[16]、引佐地方の歴史を知る上での重要史料とされてきた[17]。しかし、直恕個人に関する検討や、「礎石伝」の史料批判などはこれまで全く行われてきていない。「礎石伝」はたしかに中世史料の少ない当該地域の歴史を明らかにする上で貴重な情報を提供してくれるが、そもそもその作者である中井直恕は、どのような史料をもとにこれを記し、またどのような目的でこのような地誌編纂事業を行っていったのであろうか。

直恕は、寛政元年（一七八九）七月十七日朝卯の上刻（午前六時頃）、十七代目中井家当主の直英（別名 長太郎・林右衛門、筑後）と西鹿島村鈴木平兵衛の娘おみなとの間に誕生した。別名は長吉、のちに伊賀、伊豫と名乗ることになる。直恕が生まれて間もなく母が死去（法名・貞操院松巖妙秀大姉、享年二十二）。直恕の出産は安産であったが、二カ月後に病死したといわれる）、七歳の時に父・直英も他界している（享年三十七）。早くに父母を亡くした直恕はまだ若年であったため、別家の富吉が、中井本家に貰い受けられ後目を継ぐことになった。このとき富吉は「中井与左衛門」と改名している。しかし、享和二年（一八〇二）四月四日、与左衛門も死去。井伊谷陣屋を通し、江戸表へ確認を取り、五月十八日には「家内不残本家江引移」となり、再び直恕が本家へと迎え入れられることになった。

享和三年七月二十日、直恕は、京都本所吉田家からの「許状頂戴」のために上京し、刑部村内山五左衛門ら三名とともに無事に許状を得ている。このとき直恕は伏見から大坂、奈良へと向かい大峰山、春日社、伊勢神宮などを参拝して廻った。これは「夫〻伊勢参宮前野喜大夫方江泊り十六日夜九ツ時比着、直ニ御宮江社参仕候而無滞有之趣奉申上候」とあることから、神主職を吉田家より認められたことを報告する儀礼的な目的もあったと考えられる。この吉田家からの神職認定によって、直恕は「伊賀」と名乗るようになり、以降、文書の上では「中井伊賀」あるいは「中井伊豫」の名を用いるようになった。

以上の直恕の生い立ちについては、中井家文書のなかの「二宮神社神主藤原姓中井系図」(18)および「諸書附留」(19)に詳しいが、ここでとくに「諸書附留」の史料的性格について確認しておきたい。この史料は、表紙に「文化二乙丑年十月改写之」「諸書附留」「遠江國引佐郡井伊谷　二宮神社神主　中井伊賀藤原朝臣直恕」と記されており、神主の役務日記としての性格がつよい。表紙の年代から、直恕が十六歳のときに書き始めたものであることがわかる。十六歳（数えで十七歳）というと若過ぎるように思われるが、この頃にはすでに直恕は「濱松諏訪社神祭」に参加するなど（文化元年から）、広く神職としての役割を担うようになっていた。文化元年（一八〇四）正月には、井伊谷町で大きな火事が発生したが、中井家は難を逃れ「別条が無かった」ため、当時すでに火伏せの神として民衆にもよく知られていた秋葉山に「為御礼月参」するようになったという。なお、直恕自身も、文化二年十月二日に自ら秋葉山へと参詣に出ている（「一、同十月二日秋葉山江参詣、夫〻奥院参詣、夫〻当國周智郡山住権現江参詣、同社神主近江守方止宿、夫〻豊田郡神妻山神主月花若狭方泊り天龍川渡外川支ニ付九日目ニ延尾之事、中井直恕、」）。

直恕については、残されている記録も比較的多く、とくに弘化～嘉永にかけての晩年には、自身によってかなり詳細な日記（神勤日記）が綴られている[20]。また「遠江国浜名橋古図[21]」などの絵も残しており、神職として高い教養を有していた人物であることがわかる。

「礎石伝」を執筆した天保十五年の頃は、たとえば同十三年（一八四二）八月十五日に、井伊共保の八〇〇遠忌が執り行われ、彦根から藩主の代参として新野氏が訪れ、井伊家ゆかりの周辺史蹟を参詣した。また村方では慢性的な窮乏状態に陥り、とくに正徳年間には龍潭寺と「共保出生の井戸」の管理権をめぐってしのぎを削ってきた正楽寺の財政が窮迫化し、ほとんど無住状態になっていた。このような社会的な背景のもとで叙された「礎石伝」のもつ意味について、まずはその証本等の分析からみていくことにしたい。

中井直恕は「礎石伝」を書き上げる際、その執筆理由を序文で次のように銘記している。

〔史料5〕

夫遠ッ江ミてふ号は往古近ツ江にむかへて名付けられたる故、美濃、尾張、参河扨こそ遠江迄へかけて云ふ名なる由の古説もありと或人はいへり、旧事記によれば国名三つあり、こは又其をあわせて今の遠江となつけられたるかとも思へり、上世の国造は建比良加多命にぞ坐しける、中比中、井王遠江国へ下向ましましける、其後袖紫中納言遠江国司に受領して下住し給ふといへれども、正史に委曲ならざれば其伝を記するに便りなし、亦一条院御宇九条殿之息男共資卿遠江国司に受領して下向ましましけるが、其家依于荘園而号井伊氏焉、又正史記伝に数多被記たれば井伊遠江介之家係極于玆共南朝聖代　一品征夷大将軍宮中務卿宗良親王と御親戚たりし井伊家の先祖は亦九条殿よりぞ被出たり、于今八百三十餘年を経給ひ、子孫連綿として家風亦全盛なり、井伊城の旧地に井伊大明神の社従往古有之、傍に井伊家の在礎石而一囲にしめ引はへて毎歳祭之、号礎石伝焉、且　一品将軍宮の御伝もをのづから被顕たり、尤発意は井伊氏の巧名出たる所を而已書集んとおもへども、しか片ツヽ、書集しふみははたなければ宮の御伝も自然とかきあらはしたり、あなかしこ、嬉しけれども未ダしければ心およばす、詞詳らかに行渡らねば有職家の男子焼鎌の敏鎌以てをのがじし書ひがめたる訛りをば苅払ひ給はんこと亦

わが幸ひなるらん、時天保申辰之春、直恕自序、

つまり、もともと井伊氏の「巧名」についてだけ書こうとしていたが、そうすると自然と宗良親王についても触れなくてはならなくなった、なんと恐れ多いことだ、という（傍線部）。この序文には、朝廷（宗良親王）に対する敬意の念が明確に記されており、「礎石伝」の根ざす歴史観を知ることができる。ここでは、執筆の大きな理由が、井伊氏の先祖の功績を明らかにしようとすることにあった点をまず確認しておきたい。「礎石伝」では項目ごとに作者によって番号が付けられているが、基本的な構成は次のようになっている。

・井伊氏関連の叙述（一〜九）
・宗良親王・尹良親王に関連した叙述（一〇〜二五、七九・八〇）
・井伊谷周辺の地誌に関する叙述（二九〜四九）
・中井氏に関する叙述（五〇〜五五、八一〜八八）
・井伊直政の活躍（六七〜七七）

「礎石伝」の内容は、順を追って明快に分類できるものではないが、基本的にこれらの内容が絡み合って構成されたものといえる。具体的な内容については後で触れるとして、ここではその証本について検討する。

「礎石伝」に引用されている証本および棟札などの一連の「史料」をまとめたものが表31である。ここで中心に扱われている諸本の性格について確認してみたい。

①『桜雲記』

別名「奥山桜雲記」「南山類聚三代史」などといわれる歴史書。南朝関係の史書のうちでは比較的早い時期に成立した。具体的な成立時期については諸説あるが、最近の研究では慶安五年（一六五二）から寛文十年（一六七〇）の間に成立したものとされ、さらに『南方紀伝』によって作成されたのではないかとも指摘されている。(22)「礎石伝」で

表31「礎石伝」における引用文献の一覧

番号	書籍名（本文のまま）	別名	中井家	内容（本文のまま）	備考
2	位記	位記宣叙宣任口宣案	有	「叙ストハ則位記に所乗ヲ云フ事ニテ三位ニツイズル也」	引用箇所の特定不可。所蔵文書に直恕の書込あり。
3	大将軍源義朝公富士之牧狩御陣記		?	「遠江国には井伊介と在之、則日本八介之家格にして数代に受領す。且嫡子者新介云々」	
8		太平記	?	「遠江ノ井ノ介は妙法院宮を取立進らせて奥山に楯籠ると在之」	
10	或記		?	「或記云御二方共に高部村と申所に暫ク御休息坐して其後井城えわたらせ給ふともいへり。彼の暫クやすらゐ給ふ所を今も高部の御門と申候」	
11	日本外史巻四		―	「延元二年時行遣使詣吉野行在、上言シテ曰、臣父伏天誅、臣不敢怨、所怨者足利尊氏世々受恩於臣家而卒背之、今又天子、臣願クハ討尊氏以贖父罪、詔許之。尋以五千人発伊豆、従官軍将源顕家、撃走足利義詮于鎌倉。退至美濃、与上杉憲顕戦青野原転戦而臻和泉、及顕家敗、終赴行宮任左馬権頭。三年従宗良親王至遠江、撃破今川範氏兵于匹馬駅、従親王、投井伊高顕、亦不知終云々」	「延元二年時行遣使詣吉野行在、上言シテ曰、臣父伏天誅、臣不敢怨、所怨者足利尊氏世々受恩於臣家而卒背之、今又天子、臣願クハ討尊氏以贖父罪、詔許之。尋以五千人発伊豆、従官軍将源顕家、撃走足利義詮于鎌倉。退至美濃、与上杉憲顕戦青野原転戦而臻和泉、及顕家敗、終赴行宮任左馬権頭。三年従宗良親王至遠江、撃破今川範氏兵于匹馬駅、従親王、投井伊高顕、亦不知終云々」（『日本外史』巻四）。
13	光廣大納言の東の記	東行記（烏丸光広）？	?	「光廣大納言の東の記云、勢ひ猛に詈りける井伊谷の井伊介は南朝の宮を迎へ奉つて奥山の城に楯籠る云々と在之」	

14	南朝記		—	「後亀山天皇之天受元乙卯年春三月九州世振山合戦之時、井伊弥太良探題今川了俊が手に属して出陣す。然共于茲討死矣」	「乙卯南朝天授元年（北朝永和元年に当る）春二月二十七日、北朝改元。三月、将軍八幡に参詣。同月三日、九州の探題今川伊豫入道貞世（法名了俊）、大内左京権大夫義弘、筑州世振山に陣す。菊池肥後守松浦党已下、之を攻むる。今川方奥山、井伊、笠原等討死す」（『南朝紀伝』）。
14	桜雲記下巻		有		
18	三州栖山村氏神棟札		—	「三州栖山村氏神棟札云　応安六癸丑年　井伊二良　敬白　信心　施主　熊野三社権現大廣前」	
25	南方紀伝下巻	南方紀伝下巻	—	「南方紀伝下巻に十一年としたるは誤歟」	（26）の記事。『南朝紀伝』では永享十年。
25	同書	南方紀伝下巻？	有	「同書曰、午ノ十一月五日鎌倉之大将持氏則金沢之称名寺へ行時于千葉介俊直警固之役也」	
25	桜雲記	桜雲記	有	「（上に続き）桜雲記には此所之伝落たり」	
26	南朝記	南方紀伝下巻？	？	「南朝記云、後花園天皇御宇永享十一巳未年春二月相州箱根竹下水呑合戦之時井伊弥太良京都将軍義教公に属し出陣して鎌倉之持氏卒す」	「九月十日、箱根山に於て合戦。京方箱根山に於て合戦。京方横池、勝間田、熊谷、寺尾等と、持氏方大森伊豆守兄弟箱根別当挑み戦ひ、京方打負け、寺尾熊谷討死す」（『南朝紀伝』）とあるが、井伊氏の名はない。永享十一年春二月の記事にも無い。
26	桜雲記	桜雲記	有	「桜雲記には此説不見。且又京と鎌倉との鉾楯之事も一向不見」	
27	続太平記	続太平記	？	「続太平記云、永享十一年井伊介、井伊八良、井伊弥四良等属于今川而攻結城朝満ヲと在之」	

28	三河物語	三河物語（大久保彦左衛門）	？	「三河物語云　相州北条家より三河国へ乱入して岩津城主徳川長親公と御合戦之時、遠江国には井伊、勝間多、入野と在之」	「遠江の人びと宇豆山・浜名・堀江・伊野谷・奥野山・乾・三俣・浜松・蝮塚・原河・久野・懸河・蔵見・西郷・角笆・天方・堀越・見蔵・無笠・鷺坂・森・高天神・榛原」（『三河物語』）。
30	遠州神宮寺村八幡社中洪鐘之銘		―	「遠州神宮寺村八幡社中洪鐘之銘ニ云　太永六丙戌年藤原朝臣直隆」	
31	遠州川名村薬師堂釣鐘銘		―	「遠州川名村薬師堂釣鐘銘云　永禄九年　大檀那　次良法師」	
37	御普請中之記録		―	「依之井元之棟札に中居氏之名目書入申候也。御普請中之記録于今所持仕候」	
48	並合記	浪合記	有	「応永十九壬辰年夏四月関東御下向の節は一品征夷大将軍正二位中納言兵部卿尹良親王、御母者井伊重姫ト並合記ニ御座候」	
53	東照宮伝巻七		―	「東照宮伝巻七日、永禄十一年十二月十五日中恕考十二月廿八日に御入城と御座候方似合申候。徳川三河守家康公御居城、岡崎御出馬ありし其日同国牛久保村御陣を被居候時、先陣は菅沼新八郎定盈なり。（下略）」	
55	或記		―	「或記云。匹馬城御攻被成候節、飯尾豊前か女房十八人之女共、兵を相従へ防戦致し候由之伝へも御座候」	
55	引馬軍記	？	―	「引馬軍記云、飯尾乗達親子於駿州生害後、引馬城も無主にして及混雑ニ候而江間安芸。同加賀兄弟不和ニ而壱人は甲州へ従ひ可申存込、壱人は権現様へ引馬城差上可奉心底故終ヒに兄弟共に生害也」	
55	井伊家伝		―	「井伊家伝には兄常陸、弟加賀ト在之候」	「飯尾豊前が家老に江間常陸、同加賀の両家老有之。傷害故、遠州引馬之家人共々大いに騒動す。依之江間常陸、弟加賀に申し候は主人不慮に傷害の上は家来残らず流浪は目の前也」。

57	引馬記	曳馬拾遺（正徳年間）	―	「引馬記ニ云、飯尾が家老江間加賀早々岡崎へ御出馬を奉願候故、本坂山迄御出陣之所気賀一揆相起申候間、夫より新所村御出被成御舟ニ而宇布見村へ御移り被遊候」	
59	古証文		―	「右三士へ今川家より被差出候古証文ニ而相訳り申候」	井伊谷三人衆。
59	誓詞、感状		―	「此時始而権現様よりも御誓詞、御感状等被下候事」	
61	古伝		―	「古伝には（井平直種は直平の）御末子と御座候」	
71	兵家茶話	兵家茶話	有	「兵家茶話云、甲州より花澤城を攻取申は永禄十二年と在之」	
74	井伊家伝	井伊家伝記	有	「井伊家伝云、天正三年より御出勤被成候由ニ御座候」	「即座に三百石被下候事者天正三年直政公十五歳之節也」（『井伊家伝記』）。
79	英雄百人一首		―		
80	英雄百人一首		―		
85	御位牌		―	「久留米鬼村　如意院ニ在之御位牌写之　天文十九年庚戌正月廿五日　当院開基浄心院繁岳妙隆大師神儀」	
88	由緒書		―	「井伊家へ差上候御由緒書には書損にて弐石三斗と書申候。尤之は嘉永元年江戸桜田様へ差出し候也。又同三年戌七月於彦根而者高弐斗三升九合と書申候」	
88	桜雲記上巻		有	「桜雲記上巻日　正平六年十二月　南帝足利義詮と御和睦」	「此間京都の兵少く、危かるに依つて、義詮南帝へ和睦す」（『桜雲記　中巻』）。
88	浜松にての古記		―	「浜松にての古記云　永禄十一戊辰年十二月十二日井伊谷御宿陣被為成候而引馬城へ同十三日に被為入候御事」	
88	的場村氏神棟札		―	「的場村氏神棟札云、天文廿三年井伊保　井伊直真と御座候」	

（注）表中「番号」欄は、「礎石傳」にふられている項目番号を指す。「中井家」欄は、中井家文書のなかに蔵書がみられるものについては「有」、ないものについては「―」、判断がつきかねるものについては「?」と記した。

『桜雲記』が引用される場合、「桜雲記には此所之伝落たり」などとあることから、南北朝期の通史的な理解はこの本に拠っていたと考えられる。ただし井伊氏に関する記事は少ない。

②『浪合記』

室町末期頃の軍記物語の一つ。作者は不詳。書名は「信州浪合の地の近傍において、尹良親王が命を落し、またその皇子良王君も同じ浪合において悪戦苦闘しなければならなかったという因縁をとり、名付けられたものである」[23]。本書の作成の経緯については、江戸期になって天野信景が高須侯蔵本を謄写し私撰したものとみる「天野信景偽撰説」[24]と、第一部・第二部は『浪合記』本来のものであり第三部のみ幕臣が家系出自誇示のために創作加筆したものとする(→安井説)二説がある。中井直恕は、「天野信景の説ニ云」などという記述をしていることからもわかる通り、天野信景の写本した『浪合記』を用いている。

ただ、寛政九年(一七九七)に秋里籬島が著した『東海道名所図会』巻之二津島の項では「『浪合の記』は、『井谷の記』『桜雲記』などといふものと同じく、街巷の談を挙げたる小説にして、拠がたきなるべし」とされており、すでに直恕と同時代には疑いをもたれていた書物である。ちなみに「礎石伝」における『浪合記』の引用は次の箇所である。

応永十九壬辰年夏四月関東御下向の節は一品征夷大将軍正二位中納言兵部卿尹良親王、御母者井伊重姫ト並合記ニ御座候[25]

ここで尹良親王の母が「井伊重姫」とされているが、実際の『浪合記』には「妙法院宗良親王の御子兵部卿尹良を上野国に迎え奉る、此尹良親王は遠江国飯谷《マヽ》が館にて誕生なり、御母君は飯谷井伊介道政が女也」という文言があるのみで、姫君の名については銘記されていない。中井家には『浪合記』と題されるものと、『並合記』とされるものが二冊ある[26]。前者は、中井直恕による写本とみられ、注釈が多数ほどこされている。一方、後者は別人の筆で、「大原堂印」と「信中塩里天籟書閣原氏書画金石之記」という蔵書印が押されている。後者をもとに前者が書かれたと推察される。

③『兵家茶話』

別名「同志夜話」「同志茶話」などと呼ばれる戦記物である（本書179頁も参照）。写本も多数あり、直恕の頃にはかなり流布していたものと考えられる。著者は、日夏繁高といわれ、序文は享保六年に書かれている。「礎石伝」における引用は一箇所だけであるが、直恕はこの本をかなり読み込んでいたものと思われ、中井家文書のなかの『兵家茶話』には直恕による多くの書き込みが見られる。写本自体は、中井生直によるものと推定されている。

④『南朝記』・『南方紀伝』

「礎石伝」には『南朝記』および『南方紀伝』の引用も多い。ここで『南方紀伝』の別名を『南朝記』ともいうため、引用されている『南朝記』が一体何を指すのか、検討しておく必要がある。

まず『南方紀伝』については、基本的には『桜雲記』の類本であり、寛文十年以後の著作であるともいうが確証はない。諸説あるが、新井白石の『読史余論』に『南朝記伝』の名で引用されていることから、十八世紀の前半には成立していたと考えられる。「礎石伝」では『南朝記』が二箇所で引用されている。一つは『南方紀伝』と一致するものの、もう一つは記載が一致しないため、『南朝記』と『南方紀伝』はまったく別物であると考えられる（元和二年（一六一六）に成立した北畠親顕の著作がここでの『南朝記』を指しているのではないかとみられる）。

⑤「礎石伝」の右記以外の証本

その他の「礎石伝」における証本を簡単にみておこう。

・『日本外史』（頼山陽著、文政十年）。「礎石伝」の記事と一致している。
・「光廣大納言の東の記」。烏丸光広著の『あづまの道の記』（元和四年）であると考えられるが、詳しくは不明。
・『続太平記』（杉岸芳通著）。刊本としては延宝五年版、貞享三年版、貞享四年版の三つがある。流布本であり直恕も読んでいた可能性が高いが、中井家文書では今のところ確認できない。
・『三河物語』（大久保彦左衛門著）。引用に誤りがある。
・『東照宮伝』。これが具体的に何を指すのか不明である。山田休心による『東照宮伝再加』または『東照宮神君譜』（天和三年、水野重孟著）か。
・『引馬軍記』、『引馬記』については全く不明。『国書総目録』にも該当文献なし。
・『英雄百人一首』（緑亭川柳編）、写本としては安永六年、刊本としては天保一五年版、弘化二年版がある。刊本が成立した時期は「礎石伝」の成立年代に近く、検討する必要があるが、現在のところ中井家蔵本に確認されない。

⑥「礎石伝」以外の直恕の著作において挙げられている書物

「礎石伝」以外に直恕が把握していたことが明らかな書物としては、次のようなものがある。

『南朝皇胤紹運録』（津久井尚重著、天明五年序）『三河記』・『兵家茶話　第四巻』・『和漢合運』（円智著）・『井伊家伝』・『南方紀』・『桜雲記』・『塩尻の記』（一八九十巻モ在之歟天野信景著述」）・『南朝紀事』（「残冊四五拾丁御旗本屋代太良殿　右之者神田明神下住居在之」）・『座主記』（今枝直方著、享保元年）・『官班記』・『元弘日記裏書』・『関ノ城裏書』・『建武記』（二階堂是円著、建武二年）・『南北二京霊地集弐巻』・『鈴木家系譜』・『将軍宮之記』・『中井日記』・『武徳編年集成』・『菅家遺戒』・『源氏乙女の巻』（廿六丁）・『水府黄門光国卿御歌』・『武徳編年集成九十三巻』・『井伊天正記』・『太平記』・『兵家茶話』・『萬葉集』（廿巻ヲ書写）・『松風抄』・『名寄』・『宗良親王記』・『尹良親王記』・『李花集』。

ここで、それぞれについての検討はしないが、『元弘日記裏書』など『桜雲記』や『南方紀伝』の底本となった史料まで、直恕が情報として把握していたことが知られる。

また、『井伊天正記』は、中井家蔵本のなかにある「井伊氏天正記(27)」のことを指すとみられる。これは、祖山和尚筆の『井伊家伝記』のなかに「『正陣記』（或者天正記と云い、井伊家に相伝在之軍書也。右之軍書には出陣之備立之委細之を記す者也）」「中井氏は井伊家に由緒在る故、天正記古本今に相伝える」（彦根市立図書館蔵本）とあり、中井氏と井伊氏の縁故を示す重要な旧記として考えていたことがわかる(28)。

さて、「礎石伝」におけるいくつかの証本について検討してきたが、直恕は一体どのようにこれらの書物を手に入れていたのだろうか。それぞれの直接的な入手経路については不明であるが、証本等の入手ルートには概ね、①書林からの入手ルート、②井伊谷村周辺の寺院（龍潭寺・方廣寺）および旧家からの入手ルート、③引佐地方以外の在村知識人・旧家・その他の交流圏を通じた入手ルートの三つがあった。

まず①について。直恕は書林などの情報の収集を積極的に行った（「京都堺町松原下ル所、藤井重兵衛　刀、画賛向鑑定家」、「同寺町松原上ル所、書林菱屋治兵衛」など）。これら京都の情報は、おそらく吉田家とのつながりが生じたことで江戸や京都に行く機会が増え（直恕は東都で死去している）、書籍等の知識を得ることができるようになったと推測される。しかし中井家蔵本のうち刊本（とくに直恕の頃に購入したことがはっきりしているもの）は少なく、このルートによる入手は主流ではなかったように考えられる。

次に②について。直恕は引佐地方の旧家をまわり、由緒書等の写本を盛んに作成していた（「金指村の住人内山次郎兵衛方の記録に付候を写置申候事。但し、中恕、文政年中に写し取申候也(29)」など）。文政年間は、直恕が三十代の頃であり、このときにはすでに歴史に対する関心を持っていたことがわかる。また直恕の書物入手ルートとして特徴的なのは、龍潭寺・方広寺の蔵本を積極的に借りて書き写していることである。宗良・尹良親王関係の書物の多くはここから入手したものと考えられる。龍潭寺や方広寺側では、この頃になると直恕の影響もあってか旧記の整理が行われつつあった。

ただ、すでに井伊谷龍潭寺では『井伊家伝記』の著者である祖山和尚が、正徳年間の正楽寺との出入に関連して井伊家と龍潭寺の歴史について調査しており（第四章参照）、このため直恕の頃には井伊氏との関係を示す諸本はかなり整理された状態にあったと考えられる。また、寛保年間以降は、宗良親王についての調査も行われており（第五章参照）、龍潭寺のこうした書物を直恕が参照できた可能性は高い（一方、反対に中井家の文書を龍潭寺住職が閲覧・筆写しているものもある）。近世後期には、周辺の有力寺院や神主も多くの蔵書を有し、貸借を行っていた[30]。

最後に③についてであるが、直恕はどこの誰がどんな諸本や旧記を持っているのかについて、かなり広汎な知識をもっていた。たとえば以下のような記録を残している。

・「南朝紀事残冊四五拾丁御旗本屋代太良殿　右之者神田明神下住居在之」
・「信濃国下条之内伊那郡鎮西西埜村氏神神主朱府廿石也、鎮西五良清宣、右神主方ニ井伊宗良親王ト尹良親王と之御由緒書所持之由承之候、亦清宣ハ弘化四未年ニ四拾位之人也、是ハ鈴木兵左衛門之弓道門人成由也」
・「大和国宇治郡箸村之箸伊左衛門方古記録多在之、皆南朝之御事蹟而巳、南朝紀事五巻所持也」
「中恕考、浜松在伊場村神主岡部氏在之、且又鳴子町ニ上田氏在之、則田家也、此弐軒も相尋度被存候也」
・「右同月（＝嘉永二年七月）浄土寺へも相尋申候処、当住実山ト申候ニ過去帳より外ニハ古記ト申も無御座候と申候」
・「木曽義仲公の長臣今井四郎藤原兼平の次男今井久治右衛門兼益、遠州内山村に致浪居候、嫡子内山三郎兼輝より相続して子孫、内山治右衛門兼重之正統の家、于今祝田村に在之候、此家に真光寺入道（内山長三郎藤原兼恒）慈船被致所持系図在之候処、当時彦根大守の家臣内山作右衛門殿方に本書御座候、祝田村内山平兵衛方に有之候は写し系図に御座候、尤慈船入道の実印を被推候写しに候得ば慥成書付に候、中井直恕慥に致内見候、依之為後日記之」

ここには、井伊谷村から遠く離れた大和国や信濃国の人物についての情報も書かれており、直恕は旧記がありそうな家や寺社にコンタクトを取っていたことが知られる（これらは古書や旧記にとどまらない。たとえば「彦根在枝村之四良兵エ方ニトフメガネ《（遠眼鏡）》の珍敷在之」など）。

以上、三つのルートをもとに直恕は、精力的に書物・古記の蒐集を行っていた。では、次にここから導き出された中井直恕の歴史認識について考察してみたい。

（2）中井直恕の歴史意識と「官軍」「賊軍」

「礎石伝」の題名は「礎石伝　正史記伝諸軍記引証之」とされているが、この「正史」とは何を意味しているのであろうか。まずはその点から考えてみたい。中井直恕が「正史記伝」という言葉をどのような文脈で用いていたのか知られる箇所は「礎石伝」中に二箇所ある。内一つは、先述の序文（史料5）であり、ここでは井伊共資（あるいは共保）の国司受領時代の様子について「正史に委曲ならざれば其伝を記するに便りなし」と述べられている。一方で、その後には井伊氏が宗良親王と親戚であることは「正史記伝に数多被記」としており、先述の『浪合記』などの記録を「正史」としている（「予之遠祖代々奉仕　南帝及宮方矣。故尋南朝ノ記録、以述其故。如キハ波合記、信濃宮記、親房聞書者中世実録也」）。つまり、中井直恕は当時流布していた『桜雲記』・『浪合記』などの通史の内容をほとんどそのまま「正史」として捉え、地誌的な事項については由緒書や棟札などの旧記に基づきながら叙述を行っていた。「南朝正統」という歴史認識もみえ（『神皇正統記』『南朝紹運図』などの跋文の引用もある）、とくに宗良親王と尹良親王の事蹟に注目する傾向は顕著である。また、直恕は、次のような文脈においても「正史」という言葉を引用している。

権現様遠州御入国道筋三伝之旧説、中恕伏考、井伊谷之古伝と又祝田村之古説と宇布見村之伝と三説共に可互用

歟、又二説を略し一説に定むべき歟、御大切なる事を愚論致すも恐あり、云はざるも敬に似て敬にあらず、僻考もぐちより出るは払捨権式より言ふことは用る事も可在之歟、于茲愚考をあらわす、あわれ有識家にたゞされんことをこひねがふのみ、
始而御入国之地は両三度も遠三御通行之節御忍やかに御往来被遊候故、本坂通り御通行被仰出候時は北方宇利村より甚三峠越しに井伊谷宿へ御出被遊候、又東海道御通行被仰出候節は気賀、新居之間湖水を御渡海被遊候歟、夫故旧説紛々として正史に議論なし、

ここからも「正史」という言葉を、地方の旧説に対する概念として用いていたことがわかるが、直恕がそれを比較検証している点に注目したい。直恕にとって、家康と井伊谷の関係に関わる、永禄十一年の家康遠州入りのルートは、非常に重要な論点であった。こうした点からも、彼の歴史考証は、郷土を背景に、旧説と正史を照らし合わせていくという郷土史研究の先駆的なものだったといってよい。では、直恕の地域・空間認識はどのようなものだったのか。まず「礎石伝」の序文で「遠江」の由来が書かれている。これは杉浦国頭の『曳馬拾遺』にも共通して指摘できることであるが、直恕もこの「遠江」「遠州」という地域を一つのバックグラウンドにもち、歴史叙述を行っていることがわかる。後年の直恕の書物には「遠井故城下」と記されることが多いが、これは文字通り「遠江井伊谷故城下」に住んでいるという彼のアイデンティティを、はっきりと示したものである。

また一方で、直恕は「遠江」という広い地域認識よりもさらに身近な空間（郷土）として「引佐郡」を捉えていた。「井伊荘」の歴史を語る際に、それがみえてくる。

三十八、遠江国引佐郡四拾壱村之内者不残井伊之荘也、郷四、

伊福郷（略）

都田郷（略）

井伊谷郷（三十一村・省略）

右井伊荘四十壱村者井伊遠江介共保勅許拝領の庄園ニシテ萬代不易之地也、
……（中略）……
四十七、井伊城之儀は御先祖遠江介共保候長元之始井伊之荘園依于拝領築于井伊城数代居城候、夫より永禄五年迄五百二十年餘ニ相成申候也、且武名ハ保元、建久、元弘、延元、天授、応永、永享、永禄迄正史記伝ニ詳カ也、其後天山、慶長比之事は諸士之知る所なれば略之、井伊城草創之時より引佐郡は数代庄園之地たるによつて末代に至る迄郡中四十一ケ村井伊ノ庄と相唱へ申候

ここで注目すべきなのは「井伊庄」がそのまま「井伊城」の歴史として考えられている点である。果たして「庄園」というものについて、直恕はどのように捉えていたのだろうか。

庄ハ荘ニ同ジ田舎也、又県居抔云在所也、何之庄薗抔云ツテ所領之事ニ用ル也、従往古依勅許而荘薗ヲ賜ヲ例也、或山庄云々、然則国司守護もイロハ又地也、又唐ニテ如村里地所之事ニ用ル、不差当、庄司庄屋ハ則農ニ隠ル兵也、庄保ハ壱在壱村ヲ云、公役も不懸所也、

すなわち直恕にとって「井伊荘」の歴史とは、井伊氏の始祖共保によってつくられた井伊城とその支配域の歩みであって、そのまま井伊氏の歴史を意味していた。さらにそこに「勅許」によって保証されたものであるという認識が入り込んでいる点にその特徴がある（ちなみに、龍潭寺の祖山は、古代の引佐地方を「井伊保」としている）。これに対して、当地の百姓たちの歴史認識はどのようなものであったのだろうか。神宮寺村の兵藤氏が記した記録には次のようにある。

〔史料6〕[31]

当所御地頭所口傳

一此邊之義ハ天文・弘治・永禄之頃迄ハ井伊家之御領分也永禄十二年年権現様濱松へ御入領十七年之内本田作左衛門殿御支配天正十六年ゟ石河伯耆守様御知行ニ而五年文禄元年辰年ゟ堀尾帯刀様「（挿入）御知行ニ而」十年慶

長六丑年ゟ石河半三郎様御知行ニ而八年同十四丙年駿府附御天領「御代官松下常慶角田覚左衛門松下勘左衛門」ニ相成御役人安藤帯刀様彦坂九兵衛様御支配ニ而拾年元和五未年ゟ近藤石見守様御領分ニ相成同年九月廿九日ニ井伊谷御役所江初而御殿様御入領同年十二月十三日ニ江戸表へ被遊御出立候寛永廿未年御領分新田方御検地有之正保二酉年本田新田惣検地有之ゟ正保三戌年五月廿七日近藤彦九郎様井伊谷へ被遊御登十月五日ニ江戸表へ被遊御出立つ候同年九月三日御家老小沢助右衛門様井伊谷へ御引越同四年亥之三月十九日御國御家老ニ被仰付候事

一近藤家御分地ハ寛永二年也、御本家近藤　石見守様江戸御本屋敷昔ハ長根橋之内ニ有之候所御分地後ハ柳原ニ而御拝領有之候、折々御類焼ニ付被遊御願元飯田町御屋敷御拝領也、本郷近藤登之助様御屋敷ハ昔御大名之節之御中屋敷也、下谷近藤縫殿助様御屋敷ハ御下屋敷也、

右ハ前々之記録書抜置申候

兵藤秀由書之

史料6より神宮寺村の百姓たちの間に、「井伊家御元祖共保公井中ゟ出誕ハ寛弘年中也」という認識があったことが推察される。しかし、その内容は簡略であり、とくに南北朝期の宗良親王の活躍などの意識は欠落していた。むしろ、戦国期以降の展開の方が重視されていたようにもみられる。

さて、中井直恕の思想を探る上で一つの重要なキーワードとなるのが、文書の所々に出てくる「官軍」、あるいは「賊軍」といった表現と足利尊氏についての評価である。「礎石伝」では、南北朝期の宗良・尹良親王に関連する記事のなかで「官軍」という言葉が多く用いられているが、嘉永二年（一八四九）までの記録が載せられている直恕の「礎石伝」の別冊本には、次のような記述がある。

・「松風抄云、平城天皇第一皇子高岳親王曰、異朝之法ヲ見テ吾国之掟ヲ能守ル者ハ是我国之宝也、且外国之法ヲ

見テ吾神国之掟ヲ疎ニ見シ者ハ国賊ナリ」

・「南朝之官軍云云大日本惣テ用之亦曰官軍之対語ハ朝敵也、玄慧自嬪武将而慢リニ朝敵之名目ヲ秘焉、高氏奪于王道之受命而天下之政務ヲ自行、是国賊也、治世廿五年也」

・「官軍、西土ニ禁兵ト云、或ハ府兵ト云、亦西魏始而置于府兵矣、且京師ニ置兵、是ヲ謂禁兵、天皇之受命而令朝敵伐退之兵ヲ指テ官軍ト云也、又軍民ト云ふ古語也、則軍ハ農ニ隠ル故也、入則時ハ者兵、出則者農也、周之大祖之時其面ヲ刺給スルニ廩食ヲ以ス、是より兵民始テ別アリ」

ここでは「官軍」あるいはそれに対する「朝敵」、あるいは「国賊」という概念がはっきりと示されており、直恕がこの言葉をかなり意識的に用いていたことがわかる。なお、これは別の書物のなかでもはっきりとあらわれている。中井家文書のなかに「神主屋敷留記」と題する史料がある。[32] 内容は、徳川将軍家による朱印状の写しが書き取られたうえで「御由緒」（井伊大明神）、「権現様御由緒」などと続く。天保十一年（一八四〇）九月十一日の朱印状まで載せられていることから、これも中井直恕によって書かれたものであることがわかる（筆跡一致）。この留記では「官軍」や「錦之御旗」を立てるといった言葉が、推敲の過程であえて挿入されている箇所が多く、井伊氏が「官軍」として宗良親王へと奉仕したことを強調した内容になっている。これは、直恕が、井伊家に由緒書を提出するにあたって、こうした南朝正統観に基づく歴史叙述が有効であると理解していたことを示している。

ただ注目すべきは「礎石伝」において「賊軍」という言葉が使われていないことである。吉野のことを「皇宮」と呼び南朝の事蹟を中心に叙述していることは明らかであるが、北朝を批判したりするような記述はみられない。同時に後醍醐天皇やその「忠臣」への評価もはっきりしない。直恕の歴史観は、南朝を正統とする確固とした歴史観としては成立していなかったとみられる。なお、足利尊氏に関する評価については、叙述自体が南朝（官軍）側から書かれているため記述そのものが相対的に少ないが、『日本外史』の記事を取り上げて次のように述べている。

延元二年時行遣使詣吉野行在、上言シテ曰、臣父伏天誅、臣不敢怨、所怨者足利尊氏世々受恩於臣家而卒背之、今又天子、臣願クハ討尊氏以贖父罪、詔許之、尋以五千人発伊豆、従官軍将源顕家、撃走足利義詮于鎌倉、退至美濃、与上杉憲顕戦青野原転戦而臻和泉、及顕家敗、終赴行宮任左馬権頭、三年従宗良親王至遠江、撃破今川範氏兵于匹馬駅、従親王、投井伊高顕、亦不知終云々、

周知のように『日本外史』は南朝正統史観に基づく書物であるが、直恕も南朝の忠臣井伊家の歴史叙述を捲っていくなかで、自然と、南朝正統観を身につけていった。「礎石伝」にみられる記述の多くは、ほかの歴史書よりの引用がほとんどであり、ダイレクトに彼の歴史意識をあらわしているわけではない。しかしその一方で、直恕が井伊家の歴史や事蹟に対して、祖山や近直も上回るほどの執着をもっていたことは間違いない。それは、二宮神社草創に関わる彼の次の説に顕著である（№は、「礎石伝」にふられている項目番号）。

№21：「元中二年秋八月十日一品入道将軍薨御坐シ而御中院之内井伊城之乾隅に野鶏数百羽集而羽音如雷鳴、亦夜如鼎大火乾方之山林中ニ落テ赫たる光明実に如昼、此時、宮之御奏者役左衛門佐真清神火を尋行て再拝稽首して仰ギ見レ者、岩上に輝き給ひて近付事不能十間餘隔而扇を抜き屈服而拝ミ居れば、いつの間に歟神火扇に乗り給へばこはありかたしと扇と共にかしこみいたゞけば、光りは消へて扇の上に一ツの物残れり。是はあやしと思ひければ早々帰城して二品尹良親王并御亡君随従の公卿方へ具ニ申上ければ皆々令驚給ひ、早々芳野へ御使を被遣けり」

№33：「御嶽山ト申候者井伊谷之内也、往古日本武尊東征之時彼山ニ十三天狗住候而諸氏令難候所、尊井伊谷ニ御滞溜被為有候而御退治被遊候由申伝へ候、依之尊を此山ニ奉齋御嶽大権現ト申候。井伊谷は往古正倉之地也」

こうした表現には、やはり神職としての語りの特徴をみることができるが、宗良親王と尹良親王と井伊谷との直接的なつながりを示そうと試みている点など、中井近直の叙述と少し異質である。直恕の方がより南朝皇族と郷土井伊谷との関係を明確に示していることがわかる。

なお、「礎石伝」のみならず井伊谷村周辺地域の歴史意識の問題を考える上では、井伊共保出生の井戸をめぐる微妙な歴史認識の相違も注目される。この伝説を記す史料をいくつか列挙してみよう。

①『寛政重修諸家譜　十二巻』

寛弘七年正月元旦に遠江國井伊谷八幡の神主社頭に参りしに、瑞籬のかたはら御手洗井の中にいま生れたらむとおほしき、男子忽ち出るをみる。その容貌美麗にして眼睛あきらかなり。神主奇異のおもひをなし、いだきて家にかへり、子のごとく養育す。その井いまなをあり。七歳にをよぶのとき、備中守共資これをきゝて奇なりとし、さいはひ女子ありて男子なきゆへ、養ひて子とし、成長にをよび、其女をめあはす。共保壮年にいたりて器量人にすぐれ、勇武絶倫なり。故に郷人ことゞゝくこれにしたがふ。のち出生の地なりとて井伊谷にうつり住す。寛治七年八月十五日死す。年八十四。法名寂明。」

②「井伊家伝記」（龍潭寺祖山著、享保十五年四月）

一、井伊元祖備中守共保公、人皇六十六代一條院御宇、寛弘七庚戌正月元朝寅ノ刻、井中より化現の人也、遠州引佐郡井伊保に往古より八幡宮之れ有り。右八幡宮有之。右八幡宮は延喜帝六十餘州の神社を山城国吉田へ祭籠給し遠江国六十二社の内引佐郡六社の第一は則井伊保の八幡宮也〔延喜式神名記に相載る也〕。右八幡宮神前瑞籬の傍に神田あり、神田の内に「御手洗の井」あり。神主元朝社参の節忽に井中より嬰児の出生するを見るに其児容姿殊に美麗なり。神主不思議の思をなし、則、龍潭寺中自浄院にて産湯を御掛り、実母なき故に産粥をすゝめ御養育奉候、

右の吉例として龍潭寺住持代々今に至る迄、正月元朝寅刻井の水を汲み、産湯と古来より申し来り候て、産湯を懸り産粥を元祖共保公御影へ献上仕り誦経など相勤め申し候事は古法の嘉例に候。右之由緒故、共保十三代後胤

井伊信濃守直平公、龍潭寺へ寄進状一通有之候、」

③「井伊氏系図」（中井家文書、天保年間？）

井伊氏元祖備中守共保者、傳曰、人皇六十六代　一條院御宇寛弘七庚戌正月元朝、従井中化現之人也、遠江國引佐郡井伊谷八幡宮瑞籬傍有神田、田頭有御手洗井、神主正月朔日寅刻、令社参之次、忽見赤子従井中出生、其児容貌美麗而眼睛明瑩也、神主成奇異之思懐而至御手洗之北、此地蔵寺今之龍潭寺中自浄院也、初浴産湯、次羞生粥畢而帰家、如子養育、逐日生長既及七歳、領主備中守共資、聴而竒之日吾祈男子於八幡、年久想夫神霊克家與之子者也、幸有女子無男子故養而子之至十五歳元服而名之號共保、即以共資女嫁之、及壮年器量超人武勇絶倫郷人悉随之、仰而為主君、後號備中守、因養父之氏相続藤氏、続養父之家督、領地遠江一國、厥后以井伊谷出生之郷、於井伊谷築城而居城、城地之田址大手石掛有今故、因出生之郷并居城之縁以井伊始為氏也、因随井出生以井字為旗幕之紋也、共保出生之時、傍有橘一顆、神主以橘付共保産衣之紋因之、至今以橘為衣類紋也所、出生之井于今有之、去城山西南五町餘立……（下略）……」

④『遠江古蹟図絵』（兵藤庄右衛門著、享和三年九月）(33)

「浜松の宿より北五里隔てて井伊谷村に龍潭寺と云ふ臨済宗の寺有り。この寺の門前二町ばかり過ぎて井戸有り。江州彦根の城主井伊掃部頭先祖井伊備中守共保公、この井より出生有る由を云ひ伝へ、今にその井残る。井の右傍に石碑有り。「井伊氏祖備中守共保出生井」と書き、その脇に「八幡宮御手洗」と細字に書き、前に橘の木二本有り。この井を呼びて柳井戸と云ふ。畑の中に三間四方程に矢来を造り、黒く灰墨にて塗り、内は操石にて畳み、甚だ立派に見ゆ。入口に錠前有りて、猥りに人を入れず。この橘実り熟したる時は箱に入れ彦根に贈る。城主、その橘を家中へ配分して頂戴有由。このいわれ有るに依りて、井伊氏代々紋所、井桁と橘の紋を附くるなり。井には蓋をして覆ひ有り。或る説に曰く、人皇六十六代一条院の御宇、井伊谷八幡宮の神主西尾秀次、正月朔日社参する時、道の傍なる井の端に赤子の泣く声有り。白綾の衣類に纏はれて有り。故有る者の子と見えたれば、取り上げて我が家に帰る。その頃、当国村櫛の城主備中守藤原共資、これを聞き、貰ひ請けて養子とす。この子、十五歳に至り、元服して共保と改む。則共資の娘を娶すと云々。されば大名の先祖、捨子と云ひては悪く、石碑には井戸より出生せしと書きたる事と見ゆ。……（下略）……」

⑤『遠江国風土記伝』（内山真龍著、寛政元年）
「井伊、有田中清水涌出、井邊有橘樹、井伊氏之祖備中守共保生于茲、寛弘以来領此地、甞聞毎年正元、汲井水折橘枝以奉井伊俣称之歌曰、（真龍）橘能、下照道爾、行通ヒ、常世爾久麻牟井伊能真清水」
「井伊家傳記曰、龍潭寺中自浄院者、井伊氏祖共保出誕之時生湯の古跡なり、往古は地蔵寺と号く、改て自浄院と云、永禄三年炎上之後龍潭寺と改号」

①～⑤は、いずれも共保出生の井戸（由緒の井戸）について記しているが、諸本によって微妙なズレがある。たとえば①では龍潭寺中自浄院で産湯を掛けたというくだりがみられないが、これは中井直恕著「神主屋敷留記」と共通している。⑤は『井伊家伝記』や「龍潭寺記」[34]などを参照したうえで、とくに井伊道政の活躍について叙述されている。ここで用いられている史料には「礎石伝」と共通している点も多いが（『遠江国風土記伝』は、『南方紀伝』を多く引用している）、『遠江国風土記伝』を直恕が参照したかどうかはわからない。なお、本章で取り扱った『井伊家伝記』、『二宮東征記』、「礎石伝」の三書は、いずれも井中出誕説を正統なものとし、捨子説などを否定している点で共通している。井戸の問題に関しては、「礎石伝」のなかに次のような指摘がある。

長田井之元儀者往古社中ニ而八幡宮之神井也、然共年暦久敷過去者如山井あさくなりぬれば于茲将軍宮之守護職

中居某願主に相成候而石垣并四方之井垣等迄不残御普請入用等寄附仕候、尚亦棟上之祝儀迄差出し申候、依之井元之棟札に中居氏之名目書入申候也、御普請中之記録于今所持仕候、

しかし、井戸の棟札に中井氏の名が刻まれたのは井戸出入りの後であり、これは共保出生の井戸に対する中井氏の由緒づくりのために創られたものであったと考えられる。地元の神主にとって井伊氏の先祖を育てたという由緒をもつことは、きわめて重要であったのだろう。

しかし、先述しているように、井伊谷地域では、享保年間に龍潭寺住職祖山が叙した『井伊家伝記』の存在があり、中井氏はこれに基づき歴史を叙述する必要があった。中井直恕は、この書物をよく読み、知識を得ていたとみられる。中井直恕が筆写したとみられる『井伊家伝記』写本が存在しているが（表32）、ここでは南渓和尚の出自に疑問を呈したり、「井伊谷七人衆」（戦国期今川氏に従った遠州の国衆七名。中井氏も入る）について書き込みをしている。中井直恕にとって、井伊家の歴史を明らかにし、なおかつ二宮神社および中井家先祖とそのつながりを示すことは非常に重要な使命であったが、その下地には祖山の成果が横たわっていたのである。

直恕は天保・嘉永年間にしきりに「由緒書」の作成を行っており、彦根井伊家へと提出した（「井伊家へ差上候御由緒書には書損にて弐石三斗と書申候、尤是は嘉永元年江戸桜田様へ差出し候也、又同三年戌七月於彦根而者高弐斗三升九合と書申候」：「礎石伝」八八）。これは大老・井伊家の井伊谷参詣を積極的に促し、そこから初穂料を得たいという目的も絡んでいたと考えられる。先述の「神主屋敷留記」などもこのような経緯のなかで記されたものと理解してよいだろう。

さて、中井直恕がこうした歴史叙述を始めた背景には、二つの社会の変化があった。一つは、京都本所吉田家の動きと関連する。寛政期頃より、吉田家は献金さえ払えばとくに詮議も行わず免許を与えるようになっており[35]、本来神職身分でない者が神職となってしまうような状況もあった。このなかにあって、自身の立ち位置をより具体的に地域に対して説明する必要があったと思われる[36]。もう一つは、領主近藤家に対して神社修復費を頼めない状況があったか

表32　中井直恕写『井伊家伝記』（彦根市立図書館蔵本）の注記一覧（上巻のみ）

注記対象箇所	内　容
村櫛郷	「古城旧跡今に、村中之南海岸ニ有り、村とハ少離ル。世俗ニ賤ヶ城ト云、往古賤三郎が築きたる城ト云」
井伊保	「庄保ハ連綿ス、又ハ谷ニテ下略」
自浄院	「南渓和尚過去帳ニ自浄院者天平年中草創トアリ。又龍潭寺中自浄院に者あらす。自浄院は今之龍潭寺也」
井伊信濃守直平公	「直平公父君直氏公ハ永正五年逝」
「井伊保を隔つ事三里余り」	「四里余」に訂正
「共保公出誕之後井伊保山中之民家に七歳迄者」	「長和五丙辰年」
「共保公と御名乗」	「是ハ名乗ニあらす。禁中より位せらるなる」
長寿院様	「直興公」→「二十代目直該公」と訂正
直政	「直政公永禄四年誕生当年廿四歳」
南渓和尚	「直平公之男、直満公之肉兄ト有之候」
	直平─直宗・直満・直義・南渓・直元・直種
井伊	「往古ハ井と一字也。諸軍記井ノ早田・井ノ八郎・井ノ弾正左衛門と云カ如シ。伊ノ井ヲ引し出ル伊故井伊ト連唱也。」
自浄院	「地蔵寺也」
寛治七癸酉年	「正保二年迄五百五十九年」
自浄院	「地蔵寺なり。後御法名によりて自浄院と改るなり」
引馬	「今日濱松」
	「権現様井伊谷三人衆鈴木重路・近藤康用・菅沼忠久等ニ被下候御判物井伊保新知本知之御文言在之候。当時常州水戸御家中鈴木石見守方ニ相傳候。右石見守も三人衆之内ニて井伊保ヨリ直政公ニ附添候て上州箕輪夫ヨリ江州佐和山彦根又右近太夫直勝公ニ附随ひて上州安中へ行、相果申候。此時（以下略）
	「直政公天正十八年於濱松ニ御加増、物高弐拾万石之内六万石ハ本知にて則井伊保高也。御加増壱万石ハ於上州箕輪御拝領高にて御國替御引越し之節也。指高拾弐万石共上州ニ而也。」
飯尾豊前	「則重、後に押領する程の者故、出陣之節諸家応対臣下トハ不見様ニ致したて成へし」

今村藤七郎	「直満公御家老也。今日御附人なり」
南渓和尚	「直満公肉兄、今日異父同母兄弟也」
「…被仰付候也」	「長寿院様御意之由」
「直政公実之叔母」	「直盛公直親公従弟ナレバ俗ニ云又従弟也。不叔母可考又養母ト云テ可也。督姐ナレハ直親公兄弟ナレハ叔母也。」
	「神宮寺村妙雲院、龍潭寺末葬之」
	「夫より下馬札境内門外江引申候而、於今立来候」
屋敷跡	「今之大藤寺近所也」
井伊信濃守直盛大将也	
小野玄蕃	
奥山六郎次郎	
市村信慶	「信州ノ人」
中井宗兵衛	「嫡子七郎三郎ハ少年十四才也。井伊谷江帰り相続ス。直盛公ヨリ貞次ノ太刀拝領、于今傳七郎三郎着用鎧ニテ傳」
直政公誕生	「直政公御姉君御家老川手主水内室春光院様と申御方有之候、御母不詳」
龍潭寺焼香	「此於龍潭寺ニ不審なり。今現ニ祝田村ニ灰塚有之。乱世ニ死骸を勝手ニ持□行事何事あるべからす。元より南渓の御世話ニ相成り候とも聞候す。直親公御供候内乃人肩ニかけ於祝田火葬ニ取計之由也。掛川ニ而御討死之由、井伊谷聞之、井伊谷より掛川へ参り、夫より龍潭寺帰り南渓の焼香を受、又祝田ニて火葬とし、其の骨を渋川の東立院納、乱世ニハ不似合也。」
中野・新野共ニ傷害す	「諸録ニハ討死在之」
永禄七甲子年九月十八日也	「異本作十五日」
	「中野信濃守法名正燈院殿前信州太守頓室元機大居士」
南渓和尚	「南渓和尚ノ自筆過去帳ニ南渓乃父母之法名あり。此法名直平公之御法名ニあらず。又直満公之肉兄とも記しあれハ直平公之実子ニ者あるべからず。南渓実父を尋べし」
	「忠恕考、直平公仮子か、猶可考。」
「直平公実子親族とても無之」	「奥山・中野・伊平・新野等有之。」
「八城山出陣」	「一作社山」

	「軍記等ハ豊前守勝定ト出ス。如何可考。」
天間橋	「中恕按スルニ天間橋と云所、相尋候得共不知候、若しや安間橋之事ニ不在や」
新野左馬助	「城東郡新野村領三千石、内室奥山因幡守娘」
中野信濃守	「初越後守」
	「井伊保」→「井伊城」
直盛公後室	「新野左馬介娘也」
	「中恕考、武徳編年集成ニ曰、永禄之末乃比にや、遠州井伊谷之カキアゲ城ニ中野五郎太夫楯篭ト出タリ」
下馬鳥居（龍潭寺の山境）	「井伊神社之鳥居下馬札なり。井伊神社ハ今日神宮寺村八幡宮之御事也。神宮寺之傳別ニ有之」
十二万石遠州濱松にて加増	「此事大キニ相違なり。天正十三年八月旧領井伊谷二万石御加増に候、合六万意志と有之候、同十八年八月六万石御加増高合十二万石拝領ニ而上州箕輪城へ御引移り被遊候」
	「中恕考、井伊家ハ源義家公以来諸軍記に顕然たり。然所岡本某微功之以筆添編スルナドハ不考之至ナリ」
小野但馬逆心	「永禄五年但馬依終讒言直親公御討死也。猶逆賊出頭ス至此節者歎息之至也」
松下源太良濱松住居之節	「松下源太郎ハ井伊家譜代之家臣也。此比松下濱松ニ住居ハ大不審也。筆者之誤カ猶可考。」
直政公宗徳寺御建立	「直政公ハ佐和山ニ而□逝去」
直政	「虎松か」
次郎法師	「直盛公息女ニテ直政公養母也。直政公之養母アラズ。直親公内室ニアラズ。直盛公女ニテ直親公之養兄弟也。故直政公伯母也。」
松岳院	「此松岳印ハ此度祐椿尼公御内住居難被成故、龍潭寺江御引移在之、小庵御建立ニテ尼公御安座被成候ニ付、松岳印ト号申候。松岳院ハ尼公ノ□宅也。」
	「鈴木長門守重路子、則三郎太夫なり。」
［題目を別に立てる］	「近藤平右衛門・鈴木三郎太夫・菅沼次郎左衛門、井伊谷之城を乗取候事」
小野但馬	「但馬味方一致せず故、又城を抜出近辺ニ忍居候由」

井伊谷三人衆	「井伊谷七人衆古記ニ中野・小野・鈴木・近藤・菅沼・中井・伊平等之七人也。井伊家傳記之三人衆者永禄十一年後乃事也。尹良親王以来酒井・新田・大館・鈴木・朝倉・小野・飯尾・近藤・菅沼等ハ井伊氏幕下也。井伊氏御一門ハ赤佐・奥山・貫名・田中・岡・伊平・中野・上野・中井・石野・谷津・石岡等也。累代之家臣ハ松下・今村・小野・内山・西尾・岩井・堀川（・気賀）氏也。其余少躰之人数、餘多なれとも□ニハ者略し□。舊姓録ニ委。」
堀川城	「堀川城ハ気賀村之内、南ノ□近ニ有城也。諸軍記堀江城者混雑ス故書之。」
永禄八年	「諸記七年。」
江間常陸	「御在城記作安藝。」
	「井伊谷ニ被越住宅候事。是慶長九辰年□御代官領と成故也。又常慶御領ニ相成候者十一午年□利也。」
	「復新左衛門跡役ニ中井与惣左衛門相勤来候。」
権現様	「神君様」
	「中井七郎三郎直吉ハ松下常慶と者別段入魂故前以岡崎江奉服従候間、常慶手附ニ被仰付候。遠州御入国之節御案内仕候。依之井伊谷ニ而御本陣被仰付候。」
権現様御旗を進られ	「六月トなりて考。」
城内	「辰年極月又巳年正月」
飯尾豊前落居	「中恕考、引馬城騒動ニ付、江間兄弟生害之事ハ永禄十一年辰之極月か巳ノ春也。」

（注）本表は『井伊家伝記』（西村忠編『井伊家伝記』たちばな会）を参照。ただし、群馬県立文書館の紙焼きと対照して加筆した。

らである。この時期、井伊谷陣屋では、在地の有力者を賄役などに任命させる地域負担の施策を実行していた（本書88頁参照）。こうしたなか、領主近藤氏でも在地有力者でもない、全く別の支援者を模索しなくてはならなかった。すなわち、換言すれば、在地の有徳人たちが近藤家とのつながりを深めていくなかで、宗教者である彼らは別の拠り所を求める必要があったのだろう。

よって、中井直恕が「礎石伝」を執筆した直接的要因は、あくまで、井伊家との関係形成にあったと考えられる。これは、祖山和尚が、自身の所属する寺院が所蔵する古文書に基づいて歴史叙述をすることが可能であったのに対し、そうした古文書を有しない中井氏の場合、多くの書物を収集し、なおかつ地元の史蹟調査を通じて丹念に歴史を構成していかなければならなかった。そしてその結果こそが、「礎石伝」の成果であった。
では、なぜ中井直恕は他ならぬ井伊家にこだわったのであろうか。次は、その点を解明していかなくてはならない。

註

（1）井伊谷龍潭寺文書一九五三号。後略部分には、秀吉禁制、年中勤行の次第、龍潭寺名称の由来、徳川家の動向などの記載がある。
（2）井伊谷龍潭寺文書二八五号。
（3）今村家本に、「享保十五庚戌四月」とある。実際には、これ以前に作成されていた可能性もある。
（4）ただし、龍潭寺所蔵の「井伊家伝記」には、年号の記載がみられず、井伊家に提出する以前にすでに「井伊家伝記」が作成されていた可能性もある。
（5）井伊谷龍潭寺文書一八九四号。
（6）西村忠ほか編『井伊家伝記』（たちばな会、二〇〇〇年）。
（7）野田浩子「彦根藩による井伊家系譜の編纂」『彦根城博物館研究紀要』八号、一九九七年）。野田は、『井伊家伝記』の信憑性について疑念を示している。
（8）「宝永年中記録」参照。
（9）なお、『井伊家伝記』は、後に彦根で編纂される井伊家系譜に大きな影響を与えることになる（野田前掲書）。
（10）高田家文書（『浜北市史』資料編近世三）。
（11）中井家文書二一六号。とくに、ここで「代官」ではなく「下人」を大切にすべきことを強調している点に注意しておく必要がある。
（12）「覚（辰年御扶持米金勘定書付）」（藤田甚五兵衛・鈴木新左衛門→中井与惣左衛門）享保九年（中井家文書二三号）など。
（13）「五人組帳面（若者不届之儀御侘連印）」享保十一年（中井家文書二四号）など。
（14）「二宮東伝記」は、彦根城博物館にも所蔵されており、ここには享保九年の成立とある（野田前掲論文）。
（15）宇布見中村家文書二三八五号（浜松市博物館保管）。
（16）「礎石伝」（中井家文書一五七号）、『引佐町史料集』第十一集。

（17）たとえば、「礎石伝」を史料として扱った小和田哲男は、「天保十五年（一八四四）、二宮神社の神主中井直恕が著した『礎石伝』には次のように記されている。（中略）これでみると。江戸時代には、引佐郡の四一か村が井伊荘の荘域だったという伝承があったことがわかる」（『争乱の地域史』清文堂、二〇〇二年、四頁）「『礎石伝』に三岳城のことが次のように記載されている。江戸時代の人がどのように理解していたかをみる上で参考になろう」（同五四頁）、「ただ幸いなことに、江戸時代の状況が『礎石伝』に描かれている。『礎石伝』は二宮神社中井直恕が著したもので、天保十五年（一八四四）の著述なので、そのころの様子がよくわかる。『礎石伝』の記述によって、井伊谷城に関する情報がかなり豊かになった」（同一三〇頁）などと述べている。

（18）中井家文書二三一号。

（19）中井家文書二二三号。

（20）「日並之記」（井伊谷中井家文書二二四・二二五・二二六・二二七号）。

（21）中井家文書一七四号。中井直恕は、宗良親王の和歌にある通り、実際に井伊谷城の山上から浜名橋がみえるかどうか確認している（「礎石伝」四九項）。

（22）勢田道生「『南方紀伝』・『桜雲記』の成立時期の再検討」（『語文』第九一輯、二〇〇八年）。

（23）安井久善「『浪合記』攷」（『語文』第六一輯、一九八五年、二二頁）。安井は『浪合記』の作者について「内容から推察するなら、宗良親王の後裔を草奔の間に埋めてしまうことを無念とする人物……浪合における故事を後世に伝えようとする人物……無理のないところは、良王君の子孫である大橋氏またはそれに深いゆかりのある何人か」であると推測しているが、自身も指摘している通り、それを示す論拠はない。

（24）村田正志『増補 南北朝内乱史論』（思文閣出版、一九八三年）三九九頁。

（25）信濃教育会下伊那部会編『伊那史料叢書第一巻』（山村書院、一九一五年）。

（26）中井家文書一六八号。

（27）「井伊氏天正記」（三冊、中井家文書一三八号）。このうち、一冊は、近世初期の写しとみられる。

（28）西村忠ほか編『井伊家伝記』（たちばな会、二〇〇〇年）参照。

（29）「諸留記」（中井家文書二六号）。

（30）峯野家には多くの書物が所蔵されており（「狩宿書蔵目次」龍潭寺文書二三二号、慶応四年）、書物の貸し借りも行われていたとみられる（峯埜伴五郎名入の井伊軍記（龍潭寺文書一三一号）には「右者当国井伊谷二宮大明神神主仲井伊賀所持之旨写本令恩借写之」とあるし、峰野次郎左衛門写の「中井日記」（龍潭寺文書八五号）の所在が確認される）。

（31）兵藤家文書四四号。

（32）中井家文書七六号。

（33）神谷昌志校訂『遠江古蹟図絵』（明文出版社、一九九一年）。

（34）特定できず。明治期の史料に「万松山龍潭寺旧記」（明治六年、井伊谷龍潭寺文書一〇〇号）というものがある。

（35）「陸奥国信夫伊達神社記」（内池長年著、文化九年）では、このような状況により歴史ある式社（惣社）が衰微していく様子が指摘されている。

（36）兵藤氏の記録によれば、中井家の先祖田中修理亮については、少なくとも寛政十二年頃までには祭礼などを通じて地域のなかで知られていたと考えられる（兵藤家文書一四四号）。

第七章　彦根藩井伊家の井伊谷参詣

本章では、彦根藩主井伊家が先祖の故郷である井伊谷の龍潭寺へ参詣する過程に着目し、旧領主井伊家の権威が引佐地方にもたらした影響について考えてみたい[1]。

近年、「藩主信仰」をめぐる研究が進み、領主の祭祀機能が明らかにされるなど[2]、領主権力によるイデオロギー支配一元論的な見方ではなく[3]、地域（民衆）側からの視点を取り入れた研究が目立ってきている[4]。たとえば、岸本覚は、旧領主の年忌法要に注目し、それが地域秩序の確認としての役割を担っていたことなどを明らかにしている[5]。また、東照宮社参をめぐる研究も進められ、東照宮信仰創出の具体的な過程が詳細に検討されたり[6]、権力と地域社会双方の側からの分析が行われたりするなど[7]、領主の権威を在地レヴェルから捉えようとする試みが活発となっている。

本章もこうした研究に学びつつ、井伊谷龍潭寺における大名彦根井伊家の参詣について検討してみたい。いうまでもなく、井伊谷は、彦根藩井伊家の「藩祖」である井伊直政の故郷であるが、彦根からも江戸からも離れており、なおかつ参詣が活発に行われた十八世紀後半はすでに、井伊家が彦根へと移ってから一五〇年が経過した時期である。こうしたなか、なぜ井伊家は先祖の故郷への参詣を行ったのか、またそれは地域にどのような影響を与えたのかについて、先祖の遠忌法要と藩主の参詣という二つの方面から考えていこう。

表33 彦根藩における主要な遠忌法要一覧

年代	年忌	項目藩士名	内容
寛延二年（一七四九）二月一日	直政一五〇遠忌	木俣守易（家老）・西郷員栄・中野幸伝・三浦元彦・印具保重・戸塚正峰・増田良久・沢村之重・横地義良・脇豊房・小野田為充	今年関ケ原御陣百五十年相当り候ニ付、直政公莫太之御軍功、畢竟其御余光を以御繁栄被仰出、依之直政様百五十年御忌御取越被為遊、於御座之御間、去春御拝領御挙之雁頂戴被仰付候上、御相伴ニ而今日御祝儀・御吸物・御酒被下置、御盃頂戴、返盃被仰付、御祝儀之御押直ニ被下置候、同月六日、右御祝儀ニ付騎馬相勤候家来弐拾人、松之御間於御縁頬御吸物・御酒頂戴被仰付候
宝暦八年（一七五八）九月八日	直孝一〇〇遠忌	木俣守将	御側役鈴木平兵衛（四代目重救）為御使者、久昌院御遠忌無滞被為相済候為御祝儀、干鯛一折・金子三百疋被下置候
寛政三年（一七九一）八月十五日	中野直村二五〇遠忌	中野幸路	二代目式太夫直村弐百五十回忌相当仕、依之同三月十五日取越法会執行仕候ニ付、同十四日御小納戸藤田新助為御使被成下、御懇之御意を以御香典銀壱枚頂戴仕候、同十六日、御小姓大野権蔵為使被成下、今般法会無滞執行仕候段御懇之御意を以御祝被為成、干鯛一折被下置候
寛政四年（一七九二）七月二十一日	井伊共保七〇〇回遠忌	中野幸路	寛政四壬子年七月二十一日、御座之御間江被召出、此度自浄院様七百回御忌ニ付、井伊谷龍潭寺江御代拝被仰付、追而罷越候 ・同年八月二十二日、御座之間江被召出、御懇之御意之上、此度井伊谷龍潭寺江御代拝被仰付候処、御法事無御滞相済候ニ付、長御上下壱具・御銀三拾枚被下置候
寛政十三年（一八〇一）二月	直政二〇〇遠忌	木俣守前・中野幸路・脇豊前	・同月（正月）十一日、御前江被為召、当二月祥寿院様御遠忌御法事幷御祝式御用掛り被仰付候段、御懇之蒙御意候、 ・同年二月五日、同席中於御書院被為召、祥寿院様御遠忌無滞相済御大慶被遊候、今日御能被仰付候、緩々拝見御料理頂戴可仕旨、段々御懇之御意被成下置、於御書院御料理頂戴仕候、且又御中入之節、於御座之御間、同席中壱人宛被為召、御盃頂戴被仰付、同月十一日、右御祝儀ニ付騎馬相勤候家来弐拾人、松之御間於御縁頬、御吸物御酒頂戴被仰付候、
享和二年（一八〇二）三月二十三日	三代中野清三〇〇遠忌	中野直経	（省略）
文化元年（一八〇四）三月十三日	中野宗椿二〇〇遠忌		

享和三年（一八〇三）二月十六日	元祖西郷正員二〇〇遠忌	西郷員永	此度元祖弐百年遠忌相当之段達御聴、御使者大塚権弥被成下、御懇之蒙御意、五嶋鯣一折拾把拝領被仰付候、
文化五年（一八〇八）九月五日	井伊直孝一五〇遠忌	中野幸経・三浦元泰・脇豊善・印具培重・新野親良	（省略）
文化七年（一八一〇）正月六日	木俣守勝二〇〇遠忌	木俣守前	先達而元祖守勝二百回忌相済候段御承知被遊候ニ付、従殿様御使者杉原数馬を以段々御懇ニ被仰出、生御肴一折、従若殿様右同人を以同断拝領仕候
文化八年（一八一一）六月二十九日	元祖直房三〇〇遠忌	中野幸経	（省略）
文化十年（一八一三）八月二十九日	新野左馬介親矩二五〇遠忌	木俣守前	新野左馬介親矩当年ニ百五十回遠忌ニ付、仏事修行仕候段達御聴、奇特之事ニ被為思召候、右左馬介儀者於御当家御子細茂有之者ニ付、追遠之節白銀三枚黒谷江御寺納可被下置候間、私方ゟ宜取計可申旨、此度従江戸表被仰付越候、尤其段御用番江茂被仰出候趣、小野田織之丞を以段々御懇ニ被仰出候、
天保十三年（一八四二）八月十六日	自浄院様七五〇遠忌	木俣守易・西郷員将・中野尭三・三浦元泰・宇津木泰交・西山義之	・自浄院様御遠忌済御祝ニ付父子共被為召、御目見、御懇之御意之上御盃頂戴…（木俣） ・於龍潭寺、自浄院様御神像井伊八幡宮御安置被遊候ニ付、家来騎馬役相勤候者共拝礼罷出候様被仰付候ニ付、拝礼罷出申候、（西郷）
弘化三年（一八四六）五月二十四日	—	木俣守易	殿様御前江被為召、井伊八幡宮御宮御造営御用初発ゟ相勤候ニ付、段々御懇之御意之上、御手自御指料盛光之御短刀幷長御上下拝領仕、猶又御自筆ニ而御短刀・御拵目録・本阿弥下ケ札等、是又御手自拝領仕候、
嘉永三年（一八五〇）二月五日	直政二五〇遠忌	木俣守易・西郷員将・小野田為善・宇津木泰交・戸塚正礼（井伊谷龍潭寺代参）	・祥寿院様御遠忌幷御祝之御用掛り、於御前蒙仰候、 ・祥寿院様御遠忌ニ付、於御前御懇之御意之上、御祝之御能見物幷御料理・御酒・御吸物頂戴仕、同十三日騎馬役之者共櫻之御間、殿様於御目通御能見物、其上松之御間於御椽頬御酒・御吸物・御取肴頂戴仕、猶又御座敷向拝見被仰付候、
安政六年（一八五八）四月二十三日	井伊直孝二〇〇遠忌	中野邦三・三浦実好・新野親良・印具嘉重	（省略）

（注）『侍中由緒帳』第一巻・第二巻（彦根城博物館、一九九五年）より。個別藩士の先祖遠忌法要に際しては多岐にわたるため、木俣・中野・新野家のみ記し、そのほかは省略した。また、彦根藩主の年忌法要についても省略した。

一　彦根藩主井伊家の遠忌法要と井伊谷龍潭寺

（1）彦根藩における井伊家先祖の遠忌法要と彦根藩士

まず、彦根井伊家について確認しておきたい。井伊家は、井伊直政の長男である直勝と二男の直孝の系列に分かれ、直勝系の井伊家は掛川藩・越後与板藩の藩主となった。本家を継いだのは二男の直孝系であり、彦根藩主として幕府の要職を歴任した。一方、与板井伊家の方は、彦根井伊家に比べて小身（二万石）で、江戸定府であったが、井伊直朗の代に若年寄としての功績が認められ、城主格（一八〇四年）に昇進した。両家にとって井伊谷は先祖故郷にあたるが、近世において当地の支配を担当したのは、井伊谷三人衆の一人として功績のあった近藤康用の子孫（旗本五近藤氏）であった。

では、彦根藩のなかで井伊谷はどのように認識されていたのだろうか。彦根井伊家では、「藩祖」井伊直政（直孝を藩祖とする見方もある）、それから井伊家の祖である共保の遠忌法要が定期的に行われていた（表33）。こうした動きは十八世紀後半からより顕著にみられ(8)、具体的には藩祖（井伊直政・直孝）、家祖（共保）、各藩士の先祖の法要が行われた。

まず、祥寿院殿（＝井伊直政）遠忌法要について簡単にその概略をみておこう。彦根藩における遠忌法要行事の先駆けとなったのは、関ヶ原の合戦一五〇周年（一七五〇年）であったとみられる。このとき、井伊直政の功績を顕彰をすることで、幕府要職としての権威の正統化が試みられた。直政の遠忌法要は盛大で、能祝の儀礼や、大赦の慣習もあったことが確認できる(9)。

次に自浄院殿（＝始祖共保）の遠忌法要についてであるが、これは七〇〇遠忌法要（一七九一年）が盛大に執り行われたことが確認できる。井伊共保は、藤原氏の家系であり、公家との縁戚関係を示す重要な人物であり、朝廷との交流を深めるために、この時期、その顕彰が行われた可能性も指摘できる[10]。なお、共保の遠忌法要では、その故郷である井伊谷龍潭寺への代拝も行われ、木俣氏・新野氏などの有力譜代が参列した。共保の七五〇遠忌法要はさらに盛大に執り行われ、このとき彦根に井伊神社が建立されている（御用掛は木俣守易・小野田為典）。

ここで各藩士の遠忌法要の特徴についても簡単に確認しておきたい。家中の先祖遠忌法要も、十九世紀を中心に活発に行われた。たとえば、一七九一年に中野助太夫[11]の先祖直村の二五〇遠忌法要が行われ、続いて、筆頭家老の木俣家・西郷家なども行った。こうした譜代藩士の遠忌には、井伊家から使者（御小納戸役など）が派遣され、香奠料も下賜された。これは、戦国以来の旧秩序（井伊家と譜代家の主従関係）の確認としての意味をもったと考えられる。また、戦国期の井伊家の最大功労者といわれる新野左馬介の場合は、一八六三年に先祖の三五〇遠忌を執り行い、やはり井伊家から使者（御小姓）が派遣、香奠料銀三枚が下賜されている。新野家は、十九世紀に木俣家から分かれて再興した家であったため、新野「家」としての由緒を主張することがなおさら重要であった。

このように、井伊家の先祖遠忌法要はいわゆる「藩主信仰」と少なからず関連しつつも、旧秩序の維持が目的とされていた側面がある[12]。なお、二代井伊直孝を藩祖とする考え方が登場し、井伊直政の遠忌は、文化期には「歴代藩主並」になったとする説もある[13]。しかし、井伊谷では、彦根藩とは少し違う認識のなかで遠忌が執り行われた。以下でみていきたい。

（2）井伊谷龍潭寺における遠忌法要

まず、井伊谷龍潭寺で執行された遠忌法要の全体像について確認したい（表34を参照のこと）。龍潭寺で執り行われた遠忌は、主に井伊家の歴代当主（共保・直親（直政の父）・直政など）、親族、歴代住職、藩士の先祖、近藤家の先祖に対して執行された。そこでは、政治権力・宗教者・地域住民の三者がそれぞれの立場で関与することになった。以下、具体的にみていこう。

旗本近藤氏		諸経費	民衆参加状況	備　考	出　典
参詣者	初穂料				
—	—	—	—	—	龍367号
—	—	—	兵藤市郎左衛門方へ止宿。	・圓通寺・今村家本屋鋪・古城地井殿屋敷・井伊大明神・八幡宮代拝。 ・京、大坂、長崎、名古屋、江戸等の出家方凡そ100人余り。	中（『引佐町史料集』11）
—	—	—	—	※「祥寿院殿百五十回忌ニ付於其許右法事御頼被申候」とする彦根藩用人の書状のみ現存	龍1395・1523号
—	—	—	—	—	龍1500号
—	—	—	—	役人見分の上、御手洗之井の柵、御位牌殿の畳替などメ金32両、銀13匁9分6厘にて修復。	龍1298・1582号
—	—	—	—	—	龍1397号
—	—	—	—	250回忌のときに取調。	「永護院殿蘭庭宗徳大姉二百五十回忌御法事留記」（龍206号）
小川治郎右衛門（井伊谷近藤家老）	—	—	—	—	「本光院様二百回御忌御法事御香奠引渡帳」（龍310号）、「本光院殿二百回忌諸事入用記」（龍311号）、龍907号
—	—	—	—	五輪角塔婆造立	「覚心院殿三百五十年遠忌記」（龍183号）
				・中野三季介は、興禅庵へ参詣。 ・奥山六左衛門は、方広寺へも参詣。	龍522・1311号 中（『引佐町史料集』11）
—	—	14両	48人程御出、吉用氏は久昌院に止宿。		・兵144号 ・「祥寿院様弐百年御忌万書留帳」（龍204号）、龍1446号
内山磯右衛門（井伊谷近藤）	白銀１枚（香奠）	—	惣計 990 名が参列（近藤家の家中、檀中など地域社会の人々）。		
小野数馬（金指近藤）	金200疋			・井伊直盛とともに先祖が戦死した奥山六左衛門（彦根藩士）も同様に遠忌法要を要求。 ・八幡宮、方広寺へ参詣。奥山源太郎方へも御立寄。 ・中井直恕が内々に見回り。	龍1700号 中井家文書（『引佐町史料集』11）
				中野家墓所の生垣造営のための見分。	
					龍1396号
—	—	—	—	—	龍1391号

表34　井伊谷龍潭寺における遠忌法要

年　代	対象者	当主	彦根藩		与板藩	
			参詣者	初穂料	参詣者	初穂料
1688年	南渓和尚（100回忌）		—	—	—	—
正徳2年（1712年）	大藤寺殿（150回忌）		今村忠右衛門	—	—	—
宝暦元年2月1日（1751年）	祥寿院殿（150回忌）		—	白銀30枚（法事料）	—	—
1753年	開山和尚（200回忌）	—	—	※出金困難な旨、連絡あり。	—	—
宝暦9年5月19日（1759年）	龍潭寺殿（200回忌）	【彦根】井伊直英	今村源吾（代参人）	白銀10枚（香奠料） 銀子20枚（法事料）	—	銀子3枚（兵部少輔様）
宝暦13年10月14日（1763年）	大藤寺殿（200回忌）	【与板】井伊直朗	小野十右衛門 齋藤富右衛門	—	真砂豊大夫（代香）	—
天明4年8月（1784年）	永護院殿（200回忌）		—	—	—	金1両（法事料）
天明7年3月11日（1787年）	本光院殿（200回忌）		—	—	—	—
1791年	瑞峯院殿（250回忌）		尾崎吉右衛門（代拝）	銀3枚 金200疋（香奠）	—	—
寛政4年8月15日（1792年）	自浄院殿（700回忌）	【与板】井伊直朗	中野三季介（代参人） 奥山六左衛門（御控）	御太刀1腰・御馬1疋 金100疋 （※勧化収入あり）	（代参あり）	金100疋（当主より） 金500疋（惣家中より）
1801年	祥寿院殿（200回忌）		吉用権六（名代） 戸塚常五郎（代拝）	白銀2枚（御香資、御殿様） 白銀1枚（御香資、若殿様） 白銀30枚（御法事御雑用） 金3両（吉用権六様ゟ御家来中御旅宿雑用ニ被遣候）	—	金100疋（井伊兵部様）
1803年	開山和尚（250回忌）		—	—	—	—
文化7年（1810年）	龍潭寺殿（250回忌）	【彦根】井伊直中	奥山六左衛門（以下、約50名）	銀20枚（法事料） 銀10枚（香奠、掃部頭から） 銀5枚（香奠、玄蕃頭から）	奥山茂左衛門（代香、以下30〜40名） ※神宮寺八幡宮への参詣なし。	銀子3枚（茶湯料） 銀子1枚（太刀馬代） 金200疋（香奠、伊豫より） 金200疋（香奠、何茂より） 【元八幡宮】銀子5枚（初穂） 【井伊谷八幡宮】金100疋
文化8年（1811年）	覚心院殿（300回忌）	【彦根藩】中野助太夫	樋口藤兵衛（代拝）	銀3枚（代金2両2朱1厘余） 金200疋（香奠） 施物 【方丈】100疋・【大衆（13名）30疋・【寺内代官】100文・【下男】50文		
文化10年（1813年）	大藤寺殿（250回忌）		※清涼寺へ代拝のため、龍潭寺には代拝なし	銀3枚（香奠料、掃部頭ゟ） 銀1枚（香奠料、玄蕃頭ゟ） ※一緒に持進（河西源五左衛門の指図）	真砂豊大夫（代香）	
文政5年12月23日（1823年）	実心院殿（250回忌）	—	—	金300疋（今村長十郎より）	—	—

—	—	—	—	※「是ハ志摩殿老躰ニ付同伴之医師也」	「永護院殿蘭庭宗徳大姉二百五十回忌御法事留記」（龍206号）
小沢九郎兵衛（代参、家老）	—	—	—	諸道具の準備など	兵31号
—	—	—	—	※先例はないが特別な思召として回向料指出	龍379・380号
村上金右衛門（近藤石見守、代香）	国銀１枚	—	・神宮寺村へ彦根藩士の接待（下宿・馬屋）を「会所」より要請（北神宮寺村金右衛門へは龍潭寺納所より直接要請）／南神宮寺村７軒（北神１軒） ・本陣は正楽寺坊。 ・道具運人足（南神５人、井谷８人、横尾５人など＝弁当小遣 950文）・板敷払70人。 ・井伊谷七郎左衛門へ傭賃２貫 200文。／福治郎へ布団取馬賃 424文など。	・新野氏先祖の遠忌法要も執行（白銀３枚）	「自浄院殿七百五拾回忌ニ付大会中御法事日記」（龍201号） 中（『引佐町史料集』11）
—	—	14両685銭	・「右之書状正月八日爰元出立、若水献上飛脚祝多伊沢瀬平と申者祝田長左衛門之別家也、此者ニ為遊遣、但し寛政　二百回遠忌之節者前年九月御米状と一所ニ御家老衆□内届申上置、翌正月若水献上飛脚ニ披露状御相当届申上候例也、此度ハ殿様之思召ニ而御取越御法事ニ被仰付候ニ付、無届被仰越候也／然ル処余り差当急辺之事故何壱品願申事茂借用修復者不申及、畳表替も致間も無之、迷惑ニ付見苦敷段御断申」	・右京亮の家督相続に際しても、祥寿院殿霊前に金100疋が献上	「祥寿院殿□〔＝欠損〕より遠忌記録」（龍203号）、龍1350・1446号
惣家中を招待（山方代官まで）	（省略）		・齋会献立（300人前）・十五日朝（350人前）・十五日齋生（360人前）・十六日檀齋（千人前）の食事が用意 ・井伊谷郷中180名、神宮寺郷中80名、小野・都田・老ケ谷・金指・黒渕・栃窪の檀中30人余・横尾村約70名など総計990名が参列		「開山三百年遠諱香資并放行控」（龍208号）、
—	—	—	—	—	「日月記」（中228号）
—	—	—	—	—	「覚心院殿三百五十年遠忌記」（龍183号）

天保5年 8月4日 （1834年）	永護院殿 （250回忌）	—	—	—	松下志摩定年（同伴医師茨木宣亭）	金2両1朱（銀3枚代、右京亮様） 金3両2分（銀5枚代、松下志摩様） 金200疋（御香奠、松下志摩御夫婦様・松下源太郎幷御家内） 金100疋（松下相馬様） 国銀1封（松下源之助様） 金1朱（御上御奥様） 金1朱（松下志摩様妾万勢） 国銀1封（茨木宣亭老※） 金300疋（住持へ菓子料） 金200疋（隠居仲山へ菓子料）
1837年	本光院殿 （250回忌）	—	—	—	—	—
1838年	南渓和尚 （250回忌）	—	—	白銀10枚（回向料）	—	銀2枚（回向料）
天保13年 8月15日 （1842年）	自浄院殿 （750回忌）		・新野左馬介（掃部頭名代、西楽寺泊、1500石） ・今村俊治（若殿名代、慈心院宿、800石） ・奥山氏	【龍潭寺】 金100疋（御香料、代拝ゟ） 白銀1枚（御馬代、代拝ゟ） 白銀3枚（御供養料） 太刀馬代銀1枚（自浄院殿、新野氏ゟ） 白銀30枚（自浄院御霊前へ） 金100疋宛（惣霊前、新野氏ゟ）ほか多数 【神宮寺八幡宮】 国銀1両（役僧→村役人へ） 【二宮神社】 御太刀1腰・黄金1枚 12匁（新野氏） 12匁（今村氏）	・土田柔助（御用人、名代）	銀5匁（兵部様より） ほか
嘉永3年 2月1日 （1851年）	祥寿院殿 （250回忌）		戸塚彦五郎	—	松下志摩	金100疋
1853年	開山和尚 （300回忌）		—	—	—	—
安政6年 5月19日 （1859年）	龍潭寺殿 （300回忌）		川手氏 青木氏（御用人）	【二宮神社・井伊大明神】 金100疋（初穂料）	—	—
1861年	覚心院殿 （350回忌）	【彦根藩士】中野小三郎	尾崎吉右衛門（代参）	金1000疋（廻向料）	—	—

注）
①表中の「—」は、史料がなく実態が不明なものを指す。
②網掛けしている法要は、中井家の記録の中で取り上げられているもの、四角で囲ったものは兵藤家の記録にみられる法要を示す。
③出典欄の、「龍」は龍潭寺文書、「中」は中井家文書、「兵」は兵藤家文書を指す。

まず、彦根藩は、井伊谷龍潭寺で行われた遠忌法要に対して、藩主は参詣せず専ら代拝であった。これは法事に参加することの体力的な負担がきわめて重かったことによる[14]。

自浄院殿遠忌法要は、龍潭寺が中心となり大規模に執行された。七〇〇遠忌では、彦根藩士の約一二一〇名から香奠が集められている[15]。これは、龍潭寺僧侶たちの勧化活動によるものであり（金七百疋、白銀一三二封、鳥目八千余、青銅二四五包ほか多数）、おおよそ藩内の役職に合わせて収集されているが、藩士によってバラつきもみられる。勧化金の受取方法も、「直ニ相渡」と「使僧ニ渡」、箱に入れて渡すなどいくつかの方法があり、一様ではなかった。むしろ、儒者や「伊賀衆」、小道具仲間、さらには「忘其名」者まで、彦根の多くの人びとから勧化金が集められたことに注目する必要があるだろう。七五〇遠忌法要も七〇〇遠忌と同様に盛大に行われ、彦根藩士の今村家からは「内々」の供物も送られている[16]。このときは、新野・奥山・今村氏が代参し、同時にそれぞれの藩士の先祖遠忌法要も執り行われた。これは今村・新野氏側から住職に直接依頼したものであった[17]。また、彦根の使者によって霊具膳などの整備も行われた。

次に、祥寿院殿（井伊直政）の遠忌についてもみておこう。二五〇遠忌の際、彦根藩側から龍潭寺へと法要執行の依頼があり、龍潭寺はこの準備に追われた。寺の修復や霊具椀膳の整備は、彦根藩の賄役が積書に従って見分し費用を請け負ったが[18]、藩の経済事情により左右されることも多かった。たとえば、宝暦期の倹約の際には、三カ年限定で毎年の自浄院殿位牌への初穂料を銀一〇枚から五枚へと変更している（寛政期になると銀一〇枚が定着した[19]）。このときの様子については次の書状が残る。

〔史料1〕[20]

二月十五日之御状、今月廿三日相達今拝見候、向暑之砌弥無御別條被成御寺務珍重存候、然者旧冬被相贈候初穂銀、例年とハ致相違候付、江戸表勤番用人方迄内々御尋被成候所、去春ゟ倹約三ヶ年之内家中納米被申付諸方初穂等半減被申付候に、及御返答始而御承知被成候、依之貴寺御由緒之儀並別々倹約被申付候節委細被仰聞候、御紙面之通致承知候、成程被仰越候通御寺儀者格別之儀勿論ニ候得共、此方ニ茂及御聞之通近年不量物入共指潰勝手向以之外不如意ニ相成候而、去春以来萬事厳敷倹約被申付、公邊江茂相達家中納米等も被申付候、就夫諸贈答ハ不及申、諸事倹約減少被致候、如仰御寺者格別御由緒厚キ事ニ候得共、外々相断候申立ニも相成義故、乍少分之儀も無拠減加被致候義ニ御座候間、左様御心得可被下候、先達而御挨拶も不申入候故、間違之様ニも被思召候趣者御尤ニ存候、右之趣ニ候得者、二三ヶ年之内者弥半減御初穂寺納可被致間、左様御心得可被下候、当二日切之御状相添候哉、此程相達候故早々及御報候、恐惶謹言、

（宝暦七年）五月九日

脇　五右衛門　豊高（花押）

庵原助右衛門　朝弘（花押）

木俣土佐　守将（花押）

龍潭寺

御酬

この書状は、初穂銀が半減されたことへの龍潭寺からの窺書に対する返書である。文面より龍潭寺の由緒を尊重しつつも、藩財政の問題を優先している様子がみてとれる。

龍潭寺では、直政の祖父である龍潭寺殿（井伊直盛）と、直政の父・大藤寺殿（井伊直親）、それから龍潭寺の開山や戦国期の井伊家の支援者として知られる南渓和尚の遠忌法要などが営まれた。これらは、龍潭寺の開基に関わりの深い人物であり盛大に行われたが、彦根藩からの公的な支援は少なかったようで、代拝もほとんどなかった。ただ、龍潭寺の方からは「由緒覚書」などを提出し[21]、積極的に支援を呼びかけていた。公的な支援はなかなか得られな

かったようだが、[22]藩士の私的な援助はあったようで、奥山家など、桶狭間の合戦で直盛（龍潭寺殿）とともに戦死した者の一族などが関与した。[23]なお、彦根藩士中野助太夫の先祖の遠忌法要も龍潭寺にて大規模に行われ、これに合わせ中野家先祖の墓地が修造されている。

つづいて、もう一つの井伊家である与板藩の場合をみておこう。与板藩では家老の松下と小野の両家[24]が中心となって龍潭寺での遠忌法要に関与した。とくに、彦根藩の関わりが薄かった大藤寺殿・永護院殿（直政の母）などの遠忌法要により主体的に取り組んでいる。たとえば永護院の遠忌法要の際には、家老の松下志摩が老体をおして代拝している。次の史料はそのときのものである。

〔史料2〕[25]

乍御報貴札致拝見候、薄暑候へ共不同之季節御座候処、弥御安全被成御寺務珍重奉存候、然者先頃永護院殿墓所之儀得御意候処、大藤寺殿石碑ニ合碑ニ而永護院殿法名有之候旨、御書抜別紙致落手候、右様之慥成る証拠有之候得者、正法寺ニ者無之義者曽我山与申所者相分り不申、奥山村ニ有之由委細御紙音之趣致承知候、右寺ニ者拙者先祖三代目正輪院と申墓所有之候、将又天明四辰年永護院殿二百回忌相当之節法事等御頼申候御儀、其節貴寺ニ而取扱向ニ而候義と存候得共、相分り兼候間、右庵御日記等御留可有之候間、御書抜可被下候、猶又御再答旁存可得御意如此御座候、恐惶不備、

松下志摩

定年（花押）

四月朔日

龍潭寺様

ここでは、松下志摩が先祖の故郷である井伊谷周辺（奥山村など）の史跡に関心をもっていたことがわかる。遠忌法要は、藩士たちのこうした歴史意識と不可分な関係にあった。

なお、直勝系井伊家では、掛川藩から与板藩へと移封後に、むしろ井伊谷龍潭寺との結びつきは強化されていた

（初代井伊直矩〜直朗の時期、本書203頁表29参照）。井伊直朗のときには、幼主ながら大藤寺殿の遠忌法要へと初穂料白銀三枚を送っている(26)。彦根と同じく与板藩も、龍潭寺で行われる遠忌法要に代参するなど、深い関わりをもった。

最後に、井伊谷の領主である旗本近藤家の動向も整理しておくことにしよう。近藤氏が、井伊家の遠忌法要に直接的な関与をすることはほとんどなかったが、龍潭寺殿の二五〇遠忌法要の際には、金指近藤家の小野数馬から金二百疋の香奠が送られ、彦根の代拝役人へもこのことが通知されている。

また、一方で龍潭寺では近藤家祖である本光院殿（井伊谷三人衆の一人・近藤康用）の遠忌法要も行われている。これは五つの近藤家のうちの井伊谷近藤家が中心に執行したもので、地役人の伊東氏が中心となって準備を行っている。このときの様子は次の史料から知られる。

〔史料3(27)〕

一当月十一月

本光院様弐百五拾回御忌御法事ニ付、龍潭寺ニ掛合都而取計向之儀御別紙御書付御差登而右之趣ニ相心得取計可申旨、尤同寺江九郎兵衛殿・長居殿ゟ追々御法事御日限十一日ゟ十二日と申儀者皆御掛合被置候得共、尚亦此度御別紙之通掛合可申旨承知仕候、

一同寺ニ御納有之候御幕幷御霊具御膳等之儀同寺江磯右衛門ゟ相尋候処、聊も無之御用ニ相成候由、去年同人出府之節申上候得共、年数相立候事故、御霊具御膳等者此度新規ニ御寺納ニ相成、御幕者痛候様も無之由ニ候、是者御見合ニ相成候旨承知仕候、

一御位牌御取繕可申付旨被仰越承知仕候、然ル処田舎ニ而者何角不都合近辺ニ佛師も無御座何方江申付可然哉之段松山和尚江相談シ候処、和尚被申候者一向痛候様も無御座候得者御取繕被成候ゟ失仕此侭之方却而奥床敷可宜様被申候、殊ニ川支ニ而御状着も大延引彼是日数も無之候故、御沙汰ニ者候得共取繕不仕候、此段申上候、

一御石碑磨直し御法号江金箔入候儀者、旧猟長蔵殿ゟ御達之通又々品々申付出来候様取斗可申旨被仰越承知仕候、

一御玉垣御別紙之通新規申付候様承知仕候、
……（中略）……
一去十日近藤縫殿助様、龍潭寺ゟ初山江御仏参之由、去六日縫殿助様衆ゟ為案内文通有之候ニ付先例之通道筋掃除并御先佛等差出シ申候、此段申上候、
……（中略）……
三月十三日認メ　伊東磯右衛門
伊東民右衛門　各在判
後藤様
小沢様
田中様
渡辺様
田中様

ここでは法要にともない役人の伊東が仏具の修繕などの取り計らいをしている様子がつぶさに知られる。なお、本光院殿の遠忌法要に際しては、井伊谷近藤家の家老小沢氏が代拝しているが、このときの準備費用などについてまとめたものが表35である。これによれば、龍潭寺の側に少なからず利潤が出ていたことがわかる。また、近藤家の先祖法要は、五近藤家の共通の先祖の法要であり、龍潭寺が旧秩序を確認する一つの「場」として機能していたことになる。また逆に、領主近藤氏は龍潭寺住職の遠忌法要に対し、警固の役人を派遣したり、家中のほとんどが香奠料を支払うなど、かなり積極的にかかわっていた（本書70頁）。

さて、遠忌法要に対する領主（政治権力）側の動向を概略的にみてきたが、続いて龍潭寺サイドからみた法要について検討していきたい。まず、遠忌法要は、彦根藩・旗本家からの依頼によって執行する場合がほとんどであった

表 35　本光院殿 200 回忌の収支

<table>
<tr><th colspan="4">入　方</th><th colspan="2">払　方</th></tr>
<tr><th>名前</th><th>名目</th><th>寄進額</th><th>換算</th><th>項目</th><th>費用</th></tr>
<tr><td rowspan="2">近藤隼人</td><td>御法事料</td><td>銀 7 枚</td><td>金 5 両 1 分</td><td rowspan="4">酒・油・糀・石灰など</td><td rowspan="4">4 貫 478 文</td></tr>
<tr><td>御斎米</td><td colspan="2">米 5 表（※ 1）</td></tr>
<tr><td>近藤登助</td><td rowspan="3">御法事料</td><td rowspan="3">銀 10 枚</td><td rowspan="3">金 7 両 2 分</td></tr>
<tr><td>近藤縫殿助</td></tr>
<tr><td>近藤備中守</td><td rowspan="2">饅頭・煎餅など</td><td rowspan="2">1 貫 308 文</td></tr>
<tr><td>近藤源兵衛</td><td>香典料</td><td>金 100 疋</td><td></td></tr>
<tr><td>近藤勘右衛門</td><td>香典料</td><td>金 100 疋</td><td></td><td rowspan="3">勝栗、れんこん、うど、竹の子、長いもなど</td><td rowspan="3">2 貫 25 文</td></tr>
<tr><td>近藤登助</td><td>香典料</td><td>銀 1 枚</td><td></td></tr>
<tr><td>鈴木次郎左衛門</td><td>香典料</td><td>青銅 30 疋</td><td></td></tr>
<tr><td>池谷又右衛門</td><td>香典料</td><td>青銅 30 疋</td><td></td><td rowspan="2">饅頭など</td><td rowspan="2">1 貫 126 文</td></tr>
<tr><td>小野平次右衛門</td><td>香典料</td><td>青銅 30 疋</td><td></td></tr>
<tr><td>長瀬小文司</td><td>香典料</td><td>青銅 30 疋</td><td></td><td rowspan="3">こんにゃく、酒五升、人参など</td><td rowspan="3">2 貫 527 文</td></tr>
<tr><td>近藤縫殿助</td><td>香典料</td><td>銀 1 枚</td><td></td></tr>
<tr><td>細田七郎右衛門</td><td>香典料</td><td>青銅 50 疋</td><td></td></tr>
<tr><td>安藤政右衛門</td><td>香典料</td><td>銀子 1 包</td><td></td><td rowspan="2">人参、ゆば、大根、竹の子など</td><td rowspan="2">2 貫 243 文</td></tr>
<tr><td>松井九右衛門</td><td>香典料</td><td>銀子 1 包</td><td></td></tr>
<tr><td>石野甚太夫</td><td>香典料</td><td>銀子 1 包</td><td></td><td>市箱など</td><td>804 文</td></tr>
<tr><td>堀内又右衛門</td><td>香典料</td><td>銀子 1 包</td><td></td><td>小麦代、小豆代、大豆代</td><td>11 貫 693 文（金 2 分 2 朱）</td></tr>
<tr><td>近藤備中守</td><td>香典料</td><td>銀 1 枚</td><td></td><td rowspan="2">炊餅</td><td rowspan="2">米 2 石 4 斗 4 升（内 斎米入 1 石 7 斗 5 升）</td></tr>
<tr><td>吉田権平</td><td>香典料</td><td>青銅 50 疋</td><td></td></tr>
<tr><td>大野四郎兵衛</td><td>香典料</td><td>青銅 30 疋</td><td></td><td>大衆方御布施</td><td>3 両 1 分</td></tr>
<tr><td>永田太郎右衛門</td><td>香典料</td><td>青銅 30 疋</td><td></td><td>和尚方御布施</td><td>1 両 2 分</td></tr>
<tr><td>井上東馬</td><td>香典料</td><td>青銅 30 疋</td><td></td><td>日雇代</td><td>1 分</td></tr>
<tr><td colspan="2">合　　計</td><td colspan="2">金 19 両 2 分　銭 348 文</td><td colspan="2">8 両 3 分　銭 245 文</td></tr>
<tr><td colspan="2">差引残高</td><td colspan="2">金 10 両　銭 103 文
（※ 3 分は布施で引＝金 10 両）</td><td colspan="2"></td></tr>
</table>

注）（※ 1）本文に「但三斗五升入」とある。
「本光院殿二百回忌諸事入用記」（天明 7 年 3 月、井伊谷龍潭寺文書 311 号）より作成。

（祥寿院・自浄院殿の場合など）。自浄院七〇〇遠忌では、彦根城下の民衆が「赦免」を求めて、井伊谷龍潭寺を頼ってくる事件も起きるなど、[28] 彦根城下においても井伊氏の故郷である井伊谷の龍潭寺の存在は有名であった。龍潭寺は自浄院殿七五〇遠忌に際して、「庫裡造作皆出来幷諸堂等修覆仕候而御法事執行仕度候ニ付」として、領国中の勧化配札を要求し、[29] 認められている。[30] 七〇〇遠忌・七五〇遠忌それぞれの内容は次の通りである。

〔史料4〕[31]

①

一御元祖

共保公明子年七百回忌御相当被為遊候ニ付、先年之通大會興行仕、御法會修行仕度候得共、右支度難及自力候ニ付、当春御願申上候処、御家中並御扶持人衆迠御銘々勧化御高免被　仰付被　下置候、依之今般以役僧致順廻候間何分宜奉伏頼候、以上、

寛政三辛亥年　　井伊谷

八月　　龍潭寺[印]

②

当寺者

井伊家御元祖　共保公御出生之霊地、井伊之氏寺並菩提所也、其来由者、備中太夫藤原共保公者、遠江国井伊神社八幡宮御手洗之井より御出生ニ而御座候、寛弘七年庚寅正月元朝、神主社参之節御手洗井の傍に産子の啼声有り、不思儀乃思ひをなし窺見ると容貌美麗にして玉の如き男子也、奉介抱別当地蔵寺ニおひて産湯を懸申、産粥を進メ奉養育、御手洗井の邊りに橘の樹有り、千秋を祝して橘を産衣の御紋被成せり、夫より神主の家に成長し給ふ、之御時所謂有りて、遠江国司公家藤原共資公の家督を嗣せ給ふ、此ときに至て、御出生の地を氏として井伊備中太夫藤原共保ト名乗給ひ、井伊谷に居城を構へ、遠江国の守護職を勧め給ふ、又別当地蔵寺者産湯を懸

り給ふ因縁によりて、自浄院与改名被成　井伊氏菩提所となし給ふ也、其後幾星霜をへて寛治七年癸酉の八月十五日、御寿八拾三歳ニ而逝去し給ふ、則自浄院ニ葬奉り御法号　自浄院殿と奉称也、然ル処　共保公十五代井伊信濃守直盛公新に一大本寺を被成建立萬松山龍潭寺と号し御代々の御菩提所と御定被成候、往古之自浄院者右本寺と称して、当寺中に今以有之候、以後之御由緒者事繁き故略之候、当寺御建立後、年代久敷ニ付本堂並諸堂共ニ及大破、修覆手当難及自力、今般御家中衆並末々ニ至迄、御銘々御領分中寺社在町共ニ五ヶ年御免・相対勧化被　仰付難有依之今般役僧共　為致巡廻候間、何分宜御助成頼入候、以上、

天保十二年
丑六月日　　　　井伊谷
　　　　　　　　　龍潭寺㊞

口演

一御当家御元祖
共保公七百五拾年御遠忌被為遊御相当候間、殿堂修覆之上大會興行御法會修行仕度志願ニ御座候得共難及自力候間、今般御願申上候処、御家中衆初メ寺社町在末々ニ至迄御領分中相対勧化御免被仰付難有、依之今度以役僧為致巡廻候間、何分宜御助成入候、以上（※後略）

①と②で、②の方がより詳細に由緒が語られていることがわかる。とくに、自浄院殿だけではなく、井伊直盛にも触れ、龍潭寺の草創について叙述している。これはより多くの人びとに勧化を募る工夫であったと同時に、龍潭寺自体の紹介も兼ねていた。実際、龍潭寺では大藤寺殿（井伊直親）の二〇〇遠忌に際して、井伊家へと「由緒書」が提出されているが、こうしたやりとりは家老を通じて掃部頭へと伝達され、一部（龍潭寺殿の遠忌などでは）協力を得ることにも成功している。龍潭寺が井伊家の由緒の叙述を豊富化させていかなくてはならなかった理由にはこうした

点もあった。

なお、龍潭寺では、十八世紀後半より遠忌法要に関する体系的な記録が作成された（祥寿院・自浄院・永護院・開山忌）。これは、法要の内容を次世代に継承・伝達していくことが目的であり、これらの史料群が残存していること自体が重要といえよう。

次に地域住民からみた龍潭寺の遠忌法要についてもみておこう。まず、祥寿院殿二五〇遠忌法要に際して、龍潭寺から人びとに支払われた謝礼金に注目したい（表36）。ここから明らかなように、寺僧だけではなく、村人たちにも謝礼が支払われており、「貼役」など様々な役割を担っていたことがわかる（法事に用いる道具の運搬人足も）。なお、祥寿院殿の三〇〇遠忌法要に際して、次のような史料も確認できる。

傳八	飯たき		400 文
豊吉	飯たき		400 文
長吉	小遣		200 文
庄十	小遣		200 文
宇吉	小遣		100 文
安寿郎	小遣		200 文
老僧	十王		200 文
弐人	下男		200 文
佐源次	小遣		200 文
金作	実心院付		200 文
金右衛門	玄関番		300 文
八人	小供		400 文
役人	弐ヶ村玄関番		400 文宛
弥八	馬宿札		300 文
与右衛門	下宿		300 文
笠安	御代香御休所、金指		200 文
孫左衛門	水汲		200 文
重蔵	同		200 文
七次郎	小遣		300 文
合計	金 2 朱 9900 文		

注）「祥寿院様弐百五拾年御忌親全謝礼控」（嘉永 3 年 2 月、井伊谷龍潭寺文書 205 号）をもとに作成。

表 36　祥寿院殿 250 年忌における謝礼（龍潭寺執事筆）

名前（寺院名）	役職	嘶金		役位謝礼	
		品目	数量	品目	数量
方丈		銀	1 枚		
報恩寺	書記	金	2 朱		300 文
牧宗	宿坊役僧・知客寮		2 朱	金	100 疋
大藤寺隠居			2 朱		
咸首座	執事副司		2 朱	金	2 朱
大藤寺	執事		2 朱		2 朱
禅無禅士（無首座）	手案		2 朱	（銭）	500 文
玄亮禅士	手案		2 朱		400 文
明円寺	椀頭		2 朱		300 文
玄適禅士（適首座）	椀頭		2 朱		500 文
祖石禅士（石首座）	椀頭		2 朱		500 文
不染	給仕		2 朱		200 文
惣勤禅士	給仕		2 朱		200 文
全□	維那		2 朱		200 文
妙雲寺	茶頭		2 朱		200 文
光照寺	臥具頭		2 朱		300 文
圓通寺	殿司		2 朱		300 文
寿首座	知随		2 朱		500 文
全雅	殿司磬師		2 朱		
海首座	法皷		2 朱	（銭）	200 文
□首座	侍衣		2 朱		200 文
仙首座	□		2 朱		200 文
雄首座	侍香		2 朱		200 文
観首座	加布施		2 朱		200 文
因首座	給仕		2 朱		200 文
陸首座	加布施		2 朱		200 文
真光寺			2 朱		
宝渚寺弥首座			2 朱		
永明寺	両班		2 朱	（銭）	200 文
巨嚢			2 朱		
全磨		（銭）	400 文		
宣範			400 文		
紹恵			40 文		
宗育			400 文		
合計		金 4 両 1 分 2 朱 銭 1 貫 600 文		金 2 分 6 貫文	

名前（寺院名）	役職	役位謝礼（俗役）	
		品目	数量
法順	飯頭	（銭）	500 文
新太	副司小遣		500 文
助次郎	貼案	金	2 朱
千代次	貼案	（銭）	400 文
竹次	貼案		400 文
清吉	椀頭		300 文
常吉	椀頭		300 文
才次□	洗身		200 文
内□	同		200 文
種吉	給仕		400 文
久米吉	〃		200 文
不佐吉	〃		200 文
松四郎	棒		200 文
坂徳	棒		200 文
作蔵	自浄院		200 文
金左衛門	奥留主居		200 文
文六	実心院		200 文
峰八	別当		200 文
清五郎	桃渓院		200 文

〔史料5[32]〕

井伊様御法事御代香戸塚常五郎様御着萬之覚

正月廿六日

村中惣門役道掃除之事、尤高橋ゟ南ハ南神ニ而北ハ御陣屋前共北神ニ而御宮杭内寺西之角ゟ東ハ郷中ニ而作り西ハ神主下社家方ニ而作り、高橋掛役南神宮寺ニ而、

廿八日御着出迎之事、

御陣屋前迠道案内として当番壱人袴着佐右衛門、杖払南ゟ弐人勘蔵・長太郎、ほうき北ゟ弐人嘉蔵・半七、龍潭寺大門迠、

一高橋場ニ村役弐人袴着坂四郎・次郎左衛門、人足四人……（中略）……

一龍潭寺玄関番、南神ニ而村役壱人宛弐人、廿九日・卅日・朔日格番ニ而勤ル、上下着、

二月朔日

渭伊神社御社参四人、大門ゟ御燈明立石迠当番道案内袴着杖払弐人袴着瀬十・和助、ほうき弐人富次郎・丹蔵杭内案内之子・村役人上下着、杖払袴着源太郎・勘四郎、ほうき弐人文右衛門・政右衛門、高橋場村役代喜惣之袴着、役弐人南神ニ而五右衛門・茂兵衛、御宮御参詣宿院迠御立帰り早速御出立御案内如前香奠奉行中嶋源八様御出、右之通凡相印置者也、

龍潭寺で行われた遠忌法要のうち、地方文書のなかに残されている記録は史料5に限られるが、道案内や掃除、人足など多くの村人たちが動員されていることを確認することができる。

また、自浄院殿七五〇遠忌でも、地域住民へ彦根藩士らの接待（下宿）が要請されている。これらは、負担であると同時[33]に駄賃稼の側面もあった。在地神職たちも龍潭寺で行われる様々な遠忌法要に関心をもっていたようで、文久元年（一八六一）神主中井氏も大藤寺殿三〇〇遠忌への「御次香御拝礼」を願い出ている[34]。なお、地域住民の関与が

もっとも大きかったのは、龍潭寺住職の遠忌法要である。なかでも、龍潭寺開山の三〇〇遠忌は、地域社会を巻き込み最大規模で実施され、なかば「祭礼」としての側面をもった。この法要には、旗本近藤家の惣家中が参加し、村へも支援が要請された。このときの様子を書いた記録が次の史料6である。

〔史料6〕[35]

客十五六人、茶之間ニて先ツ他旦之衆江対面、先月十六日家中衆内談、廿日講之事有之候得共、此祠堂講之義、子細無之今日相招キ候義ハ、明年（嘉永六年）開山三百年忌相当ニ付、法事執行申度候間、何れニも旦縁ヲ以何分御取持被下度、此段御頼之為今日相招候と申、馳走致候、末山衆ゟも一通り置頼已後之義ハ横尾寛蔵内談之処、程能可頼呉候、内話旦中之村役衆江茶之間ニて惣対面一通り、開山忌支度之事、三年前相談相頼み申ニ付、百両百俵寄進被下度相頼候処、五十両寄進、尤古借世話人賄中ニ寺江取替被置候金子ニ差引ニ相成候、百俵之頼ハ不承知ニて両度之秋ニ初穂五ヶ年取集呉候間、此上寄進相頼む義ハ如何敷候得共、両度之初穂聊の事、金子五十両者旦中者大義被致呉候得共、古借差引ニ候得者此度開山忌の支度ニ者用立不申、誠ニ古借之向も本　三百両並山崎ニも其外有之、三年も打続、殿様方御立寄前後雑費臨時入用毎分ニて、年々引込賄込ニ相成、乍不束開山忌支度出来不申、已ニ明年之法事故心痛ミニ候間、惣旦中何分宜敷世話頼入候、……（後略）……

ここで龍潭寺は、村に対して寺檀関係を切り札に、協力を依頼している（本書110頁も参照）。このときは「殿様方御立寄」（後述の彦根藩主の井伊谷参詣）の臨時入用なども重なり、開山忌に必要な経費が十分に捻出できなかったのであろう。実際の法要は、近隣の村々（引佐全域の檀中）からの協力を得て、のべ約千人が参列する盛大な法事となった。ちなみに、このとき将軍の逝去にともない、停止令が出たが、龍潭寺は三〇〇遠忌をどうしても執行したい旨を書上げている。[36] 法要では、焼香導師として同じ臨済宗妙心寺派の安寧寺（浜松市西区雄踏町）を呼び、法要終了後には村への「振舞」（総計九九〇名）も行われた。

以上、龍潭寺において十八世紀後半より行われた主要な遠忌法要について、政治権力・宗教者・地域住民の三者の動向に注意しながらみてきた。一言に遠忌法要といっても、その祀られる人物や、その時々の事情によって各主体の動きには差異があった。しかし全体としてみれば、近世を通じて井伊谷龍潭寺と井伊家との関係は、遠忌を介して維持されてきたといえるであろう。また、そこに龍潭寺僧らの努力もあったことを忘れてはならない。

二　彦根藩主井伊家の井伊谷龍潭寺参詣

（1）井伊家の参詣

さて、次に彦根藩主井伊家の井伊谷龍潭寺参詣について検討してみたい(37)。井伊家の当地への参詣は、十八世紀後半から行われ始めるものであり、時系列としては参詣の方が遠忌法要に先行している。では、彦根藩における井伊谷龍潭寺参詣がどのような経緯で行われはじめ、どのように展開していったのであろうか。

彦根井伊家による井伊谷龍潭寺の参詣を一覧にしたものが表37である。彦根藩九代井伊直定(38)の参詣以降一貫して記録（日記）が作成されており、この参詣が龍潭寺にとっていかに重要視されていたかが、アーカイブの観点からも知られる。

こうした井伊家による龍潭寺参詣の初見は、正徳年間の井伊直該によるものである。これは、龍潭寺と隣寺正楽寺の井戸争論（共保出生の井戸をめぐる管理権の争い）を通して、井伊家と龍潭寺の関係性が深まったことに由来している（本書161頁）。このとき、井伊家歴代の位牌が造立され、井伊共保・直政・直盛の木像も造立されたという（彦根藩から金一三〇〇両が出資）。また正徳二年（一七一二）に龍潭寺殿の二五〇遠忌法要が執行され、同三年には与板藩主井伊直矩より家運長久の社殿建設が志願されている(39)。こうした流れのなかで同四年、井伊直該夫婦の井伊谷龍潭寺参詣が実現したが、このときの様子については体系的な記録が残されてなく実態はわからない。しかしこれ以降歴代藩主によって先祖の故郷である井伊谷の龍潭寺への参詣が恒常的に行われるようになった。ここでも、政治権力・宗教者・地域住民の三者のそれぞれの動向に注意しながら概略をみていくことにしたい。

まず、江戸時代における歴代彦根藩主の井伊谷来訪は全部で五回行われている。このうち、直英の参詣は体調不良により急遽中止され、代参が行われた。井伊家の参詣は、江戸から彦根への帰国の際に、井伊谷へと立寄るというものであり、十八世紀後半にはなかば定例化していた。井伊家の参詣は、龍潭寺だけではなく、周辺の井伊家ゆかりの史蹟を巡る点に特徴があり、井伊家出生の井戸、神宮寺八幡宮などの案内が行われた。龍潭寺では、住職から藩主に対して龍潭寺についての説明があり、宝物の上覧も行われている。直定参詣のときの具体的な動きについて示した記録の一部が次の史料7である。

〔史料7〕[40]

……(前略)……尤濵松ゟ本陣与左衛門御案内仕方丈之井の本ゟ方丈中之門迄此方ゟ人出御案内、中門ゟ御近所衆斗御供、直ニ西之間へ御入被遊候、暫ク御休息御支度寺内八幡宮へ御社参、方丈八幡之庭迄罷出候処、御口上ニ龍潭寺昨晩者濵松迄預ル御尋問、殊ニ今朝も途中迄方丈申上候者、天気能御参詣被遊乍恐珍重奉存旨申上候、則八幡宮へ御参詣相済、方丈案内ニ而御廟所御参詣、御元祖御石塔逐一方丈へ御尋被遊候、……(中略)……、夫ゟ御廟所へ霊殿へ御参詣、御焼香御礼拝相済、元祖幷御先祖御代々御尋有之、方丈御挨拶上(マヽ)下申上、元祖自浄院殿者當八月十五日正当六百五拾年忌御座候旨御霊殿御普請被仰付、見事出来仕候旨申上候、直ニ御下向開祖御尋有之、則礼拝被遊西之間へ御入、直ニ井之本神宮寺八幡宮へ御社参、井之本迄方丈御案内、則入口ゟ御ぞうり不被召、神宮寺八幡宮へ順蔵主御案内、殿様御歩行、兵藤市郎右衛門前ゟ谷畑川土にかゝり申候、尤御地頭ゟ先払い無之、小野ゟ寺迄ニ御座候、大道へ御出被遊候而、八幡宮へ定光坊幷神主惣兵衛、五郎右衛門罷出候、御神拝有之、右三人共へ御近所衆を以御尋御座候、御帰被遊尤西之間御昼御膳相済、方丈目見へ御口上ニ天気宜ク所々参詣後々相勤大慶いたし候と被仰、方丈御挨拶御機嫌宜御参詣被遊、拙僧恐悦仕候旨申上候処、為御馳走境内之竹子早く時物別而せうくわんいたし候と被仰、次ニ大藤寺戒珠和尚報恩寺単禅和尚西之間九尺ゑんニ而御目

濵松本陣の動向	旗本の動向	献上品	御目見人	民衆の関与	備考
―	―	―	【中門外丈六堂】 大藤寺・報恩寺・中井与惣左衛門近直・山本惣兵衛・大石徳右衛門・荻原新之丞・岩井庄右衛門・井伊谷庄屋・神宮寺庄屋（金100疋宛）	（見付宿に止宿）	中井家文書（『引佐町史料集』11） ※正徳元年に、彦根藩から金130両。
・参詣の噂を聞きつけて龍潭寺に内々連絡。 ・松平伊賀守御内鈴木新兵衛より道具などの用立に協力する旨連絡。	道橋修理掃除の申付。	【龍潭寺】 蜂屋柿50丁	【中門外】 八王子神主徳右衛門・二宮神主中井長吉・気賀岩井庄右衛門・祝田八王子神主荻原助四郎（金100疋宛）、両村世話やき（金200疋宛）	止宿の準備／両村頭中と相談（献立・料理・茶番・掃除・門番・下宿の人足割付など）／両村人足20名（井町庄屋武右衛門・神宮寺五郎右衛門の指揮）方広寺へ諸道具借用、米たき／掃除のため三岳村から人足８名／白岩村より11人、黒渕村より６人、正泉寺より飯桶汁桶の借用／	・「寛保二戌年四月十一日ヨリ日記　御参詣被仰越候ニ付別記」（龍158号） ・「井伊中弁様御寄駕日記」（龍159号） ※気賀止宿を勧める。
・浜松本陣から龍潭寺へいち早く参詣についての情報。 ・龍潭寺に「何卒私宅江御宿仕度候、此間手前ゟも御願遣申候得共、何卒貴寺様ゟも中野氏江右之段被仰遣可被下旨申来」	昼支度の担当を願出。	【渋川道迪老】 自然薯 【龍潭寺】 献上納豆 献上蜜柑 献上瓜 柿30箱 （中野小三郎へ）	―	神宮寺甚左衛門・市郎右衛門、井町与惣左衛門と相談（料理、借物など）／祝田村ゟ人足５人（門前通整備など）／神宮寺村から「耕作荒々仕候而人足御用ニ候ハバ可被仰遣候と申来」（５月21日）／砂落・給仕・借用品人足、返却は神宮寺村８人、井町８人にて／	・「井伊掃部頭直英公御参詣日記」（龍160号） ※摩訶耶寺と大福寺に蓄えがあるかどうか相談。 ※安寧寺に相談。 ※三州吉田へ。 御隣家下宿27軒（人数240人計）→龍潭寺が支度
本陣へ金100疋、同道世話人へ２朱銀２つ謝礼			【一人御目見】 ・報恩寺（龍潭寺末寺） 【中門外御目見】 ・西尾伊兵衛(八幡神主代理) ・中井長(太？)吉(二宮神主) ・大石徳右衛門(八王子神主) ・岩井庄右衛門(神主) ・松井藤大夫(神主) ・井伊谷神宮寺村世話役二名	・井伊谷・神宮寺村庄屋・組頭に参詣前の人足借を相談。	龍162号・161 中井家文書（『引佐町史料集』11） 今村市之進から、国銀20枚（方丈へ、代金15両）・同10枚（御香資、代金７両２分）・同10枚（御支度料、同７両２分）、金200疋（八幡宮へ）、南僚1片（寺内八幡宮へ）
いち早く手代を龍潭寺に派遣し、参詣の記録を抜書(気賀本陣の中村氏のところへも)。	・龍潭寺から気賀までの継人馬について依頼。 ・茶場の準備(気賀陣屋）下宿について、今村平治が見分のため来訪。 ・近藤隼人より御機嫌窺金子２角くらい之菓子箱献上。	【龍潭寺】 名古屋の干菓子（白木三宝）・きせる・宇治茶、初みどり　等	大藤寺・中井与惣左衛門・山本志津摩・大石徳右衛門・荻原喜三郎・岩井庄右衛門・両村庄屋（金100疋）	・井伊谷・神宮寺・横尾・祝田の四か村庄屋が会合を開き、役割分担を相談。／人足負担（夜具・布団の準備、300枚以上借用）／祝田村の人足は、客殿前の盛砂の運搬など／井伊谷へ銭30貫、神宮寺村へも配分（井伊谷154軒・神宮寺107軒）、本門150文・女門50文宛。	・「井伊掃部頭直中公御参詣日記録」（龍164号） 中井家文書（『引佐町史料集』11） ※龍潭寺は、御元祖年回前御修復場所の見分に来た作事奉行向田市右衛門から参詣の情報を得る。
濵松本陣より三方原の間に茶場の準備。	「当方重役中ゟ御馳走ケ間敷儀ハ下通り御断ニ及候儀ニ存候ニ付自然御領主ゟ右様御手当無之候ハバ其御寺ゟ廣野間小休場所御考之上供中呑物之御配…」	神宮寺八幡宮御札・祝田神主羽鳥明神武運長久御札・扇子箱(断られる) 金指役所と井伊谷役所の使者より献上物（奥之間にて彦根用人と対面）		下宿・昼支度等	・「彦根様御参記」(龍166号) ・「井伊掃部頭御参詣記録」（龍167号）

表 37　彦根藩井伊家の参詣一覧

年代	参詣当主	主な参詣者	規模	参詣のルート	初穂料　等
正徳４年 9/15 （1714年 10/23）	井伊右門督直該（奥様同道）	石居半平（家老）	1000人（井伊谷には300人余・下宿160人）	井之本→龍潭寺→神宮寺八幡宮→龍潭寺（翌日）→八幡宮	【神宮寺八幡宮】 神納物太刀１口・馬代黄金１枚 銀２枚（奥様御初穂） 【龍潭寺】 50枚（惣位牌へ） ５枚（共保公へ） ５枚（直親公へ） ２枚宛（本尊・八幡へ） 100枚（殿様より） 10枚（奥様より）
寛保３年 5/12 （1743年 7/3）	井伊監物直定	大久保与右衛門 青木且右衛門	400名（龍潭寺に100名程度止宿）	浜松→井之本→龍潭寺中門→〔御近習のみ〕西之間→寺内八幡宮→御廟所→霊殿→西之間→井之本→神宮寺八幡宮※→西之間（案内人は佐藤与左衛門・龍潭寺使者・方丈・明蔵主、※は「定光坊幷神主惣兵衛・五郎右衛門罷出候」）	【龍潭寺】 白銀30枚（方丈江） 白銀10枚（御牌前江） 白銀15枚（振舞御礼） 【神宮寺八幡宮】 金馬代御太刀（住職仲介） 【近藤氏】 金200疋（使者中井吉左衛門へ）
宝暦８年 6/19 （1758年 6/9）	井伊掃部頭直英 （堀才介が代参）	（堀才介）	350名（龍潭寺に51名止宿）	方丈対面→八幡宮→御廟所→御霊殿→開山堂→自浄院→井之本→神宮寺八幡宮	【龍潭寺】 銀子１枚（寺内八幡宮） 銀子10枚（御先祖牌前） 銀子10枚（方丈へ） 【神宮寺八幡宮】 御馬（代黄金10両）「右ハ御馬御頼申度被申候故請取直ニ庄屋甚左衛門へ相渡シ申候」 （中野氏参詣　6/2） 【龍潭寺】 金100疋（八幡宮へ） 銀子２枚（御位牌堂へ） 金500疋（中野家牌前へ） 菓子１箱金200疋（住持へ） 【八幡宮】 金１分（龍潭寺預）
天明６年 4/11 （1786年 5/8）	井伊玄蕃頭直富 【部屋住】	勝平次右衛門 今村平次 今村市之進 今村惣衛門 増田平蔵 ほか	350名程度（内60人余りは日雇）	神宮寺八幡宮→井ノ元→自耕院→御着座御休息（住持御目見）→寺内八幡宮→御霊殿→御廟	【龍潭寺】 銀15枚（住持へ）、10枚（香奠）、15枚（御礼）、金200疋（八幡） 【八幡宮】御太刀銀馬代 10枚（本陣より持参・受取） 【そのほか】 御目見・御馳走諸役人・近藤一門使者へ御目録は無し
寛政４年 5/11 （1790年 6/23）	井伊掃部頭直中		400名程度	浜松→三方原→一本松→金指（御小休・登之助より馳走）→上野馬坂→井伊谷陣屋前→神宮寺八幡宮→井之本→自浄院→龍潭寺へ	―
嘉永４年 6/5 （1851年 7/3）	井伊掃部頭直弼			井伊谷龍潭寺→神宮寺八幡宮→金指本陣（仕度）→井之本（役僧案内）→龍潭寺（住持案内）	【龍潭寺】 白銀１枚（当寺へ献備） 白銀10枚（惣霊前へ献備） 白銀30枚（方丈へ） 金20両（参詣支度料） 【渭伊神社】 御太刀１腰御馬代黄金１枚 金100疋（神主へ） 【金指役所】 金200疋（役寮預かり） ※井伊谷も

見へ、どれも天気ようてと被仰候、方丈幷両寺共ニ相退キ、ひちご夏菊之花差上申候処、殊之外御満悦被遊、則濵松迄御為持被遊候、近付無御立可被遊旨被仰出候故、方丈御前へ罷出、只今九ッ上刻ニ御座候間、後々御休息被遊候様ニと申上候、御供上下共ニ末々迄振舞相済申候、東山院様着御之品々掛御目度旨申上候処、後刻罷立候節拝見可致と被仰出、則仏前ニ相かざり置候、御賄青山且右衛門勝手且中御取持且那悦ニ被存候、依而御見舞被成候人数帳面ニ相記申度旨被申候故、皆々打寄相談申候処、村々ゟ相見舞大人数故早速難致表向御用聞、井町吉右衛門、神宮寺村甚左衛門両人書付差出申候処、右之両人並先格御目見之者共へ御目録金百疋づ、被下、自耕性首座取次被申候、且方丈江殿様ゟ西山氏を以被仰聞候は、天気納所々参詣後々之休息殊ニ大勢之者共末々迄預御馳走忝存候、濵松表ゟ以使御礼可申伸候処、家頼共草臥罷在候故、乍略儀是ニ而以内蔵丞ヲ御礼申入候、寸志迄目録之通進申候と有之候、近付罷立被申候間、左様ニ思召候様ニと被申候、則方丈御前へ罷出候処、大勢預ル御馳走と御意、方丈申上候者、為御礼御目録被下置忝仕合奉存候旨申上候、寸志迄ニ御座候と有之……（後略）……

右により龍潭寺参詣の具体的な様子がわかるが、まず自浄院殿の六五〇遠忌について獨叟和尚から直定に報告されている点に注意したい。龍潭寺は、この参詣のなかで、井伊家の先祖の霊を祀る役割を井伊家当主と直接確認することに成功したといえる。また、東山天皇のゆかりの品の紹介も行っていることがわかる（本書174頁参照）。

井伊直富[41]の参詣の際は、直富がまだ「部屋住」・「若殿」であったので参詣は簡素に行われた。しかし、それを含むいずれの参詣も数百人に及ぶ大規模なものであった。そのため、彦根藩士の担当役人と龍潭寺との間に綿密な書状のやりとりがなされ、藩士が先に見分にやって来る場合が多かった。

なお、こうした大規模な参詣に対して、領主である旗本近藤氏はどのような動きを見せたのだろうか。まず、初期の参詣（直定）では、金指陣屋の村上甚五右衛門らによる道具の援助が行われている。金指の陣屋は、鳳来寺に参詣する大名が止宿した前例があり、刀持など多くの武士を接待する用意がすでにあった。また、井伊谷・気賀陣屋は、彦根藩士らの行列にそなえ、弁当（茶場）を準備した。すでに、直富参詣の頃には、道作りや弁当に関しては地頭

（旗本）が準備するという慣習が定着していたとみられる。いずれの準備も、井伊谷陣屋の地役人である中井氏らと龍潭寺とが人足の供出などを含め協同して準備を行っている。また、近藤氏の役人から井伊家への「御機嫌窺」も行われ、たとえば「且又御参詣之節隼人様ゟ為御機嫌窺金子弐角くらい之菓子箱御献上被成候由嘉平次御咄ニ御座候」という記録もみられる（表37）。また、直富や直中の参詣では、金指近藤氏の家中小野氏が「御目見」を要求し、龍潭寺住職を介して実現している。旗本近藤氏の側も、幕政の重鎮である井伊家との関係を地元の龍潭寺を媒介として深めたい（あるいは落ち度があってはならない）という認識で行動していることがわかる。

では、浜松本陣の動きにも注目してみたい。金指陣屋と同様、大名通行に関わる道具の援助を龍潭寺に対して行っている。直定の参詣時には、本陣の佐藤が、浜松藩の重役と相談した結果「近所龍潭寺之御事此節ノ御儀何成共持合候諸道具ニ候ハバ、何分御用立候様ニと申候間、御用之者共何時成共御申越可被成と被申候」との答えを得たとして、龍潭寺に協力することを表明している。浜松藩や佐藤本陣としても、近藤氏と同じく井伊家とゆかりの深い龍潭寺との結びつきを深めることは重要であった。なお、井伊家の参詣については、浜松本陣がその情報をいち早く入手し、井伊谷龍潭寺へと相談をもちかけるケースがほとんどであり、相互に頻繁な書状のやりとりもあった。たとえば、井伊家が、本陣佐藤氏の「私宅」へ止宿するよう勧めるように、龍潭寺へと相談を入れている。その利益がどれほどであったのか具体的に明らかでないが、経済的にも政治的にも、一定の効果が期待されていたのであろう。

以上、政治側の井伊家参詣に対する具体的な動きをみてきたが、次に龍潭寺の動向を確認しておきたい。井伊家による龍潭寺参詣はきわめて大規模なものであり、龍潭寺だけでは準備が足りず、周辺寺院（奥山方広寺・正楽寺・妙心寺派寺院（安寧寺）など）や気賀町などの在地有力者へ支援が依頼された。すなわち、宗派や地域を超えて、大規模な参詣に対応している当時の龍潭寺住職は、前日まで徹夜で支度準備に追われており、龍潭寺にとってはかなりの負担であったとみられる。

また、直定の参詣では、気賀宿での止宿をうながしていたが、直中の参詣になると、「御下宿之義も山家ニ而見苦敷御座候得共井伊谷在家ニ被相付候ハバ御指支も有御座間布と奉存候」として、井伊谷周辺での止宿を積極的に求めるようになる。これは、龍潭寺での参詣の便宜（時間短縮）の理由によるところも大きいが、下宿の際の「旅籠銭」によって井伊谷村にも多少の利潤が生まれ、参詣にともなう道普請などによってインフラの整備にもつながる側面があったことも影響していよう。このように、井伊家参詣は、長期的にみれば、さまざまな利潤（井伊家との関係構築にともなう初穂料の獲得など）があったが、その一方で短期的には負担の側面も多かったとみられ、十九世紀に入ってしばらくの間は、龍潭寺の庫裡の未整備などを理由に参詣は拒絶された。これは十九世紀前半の村の窮乏にともない龍潭寺を含めた地域社会の参詣に対する準備が追い付かなかったことを示しているだろう（本書91・92頁参照）。

なお、井伊家の参詣に関わった宗教者は、龍潭寺とその周辺寺院だけではない。井伊家は、神宮寺八幡宮などの井伊家ゆかりの神社にも参拝している。しかし、彦根藩士たちの神主に対する見解は、龍潭寺住職に対するものとは大きく異なっていた。次の記録はその一端を物語る。

〔史料8〕(42)

……（前略）……於玄関大久保与左衛門方丈へ物語有之候者、拙者儀明日貴寺へ使者幷神宮寺村之八幡宮へ代拝被申ッヶ候、依之御内意承知仕度儀者、八幡宮神主軽百姓分之者ニ御座候由及承罷有候、掃部頭ゟ神前江御太刀黄金奉納被致候、此儀者貴寺様へ御受取奉納被成可被下候哉如何可仕承度旨被申候、方丈被申候者神主惣兵衛と申候者御座候、先年井之出入有之御尋ニ付江戸表寺社御奉行所迠も罷出候、今只之惣兵へ者其孫ニて未若年ニ御座候、且拙寺へ取次被仰付儀者御勝手次第ニ可被成旨返答被致候、左様候ハバ於拙者安堵仕候、追付此元文役足仕直ニ貴寺様へ参上仕度旨被申候、成程委細相心得申候段返答いたし候……（後略）……

ここでは、大久保氏が「軽百姓分」である八幡宮神主へ直接奉納することを拒み、龍潭寺に「取次」をするよう「内意」を伝えている。このように、少なくとも、直定参詣時点では、彦根藩士と八幡宮神主との親密な関係がまだ構築されていなかったことがわかる。しかし、次第に「場」としての八幡宮の重要性が高まり、参詣の順路も神宮寺八幡宮を最初に参拝するようになっていった。

また、初穂料の先にみたような受け渡し方法は、村としても重要な意味をもつことになった。八幡宮奉納品の受け渡しルートについては、龍潭寺→神宮寺村庄屋山下甚左衛門→八幡宮神主というのが先例であり、兵藤氏は「是村支配之印」（これこそが神宮寺八幡宮を村で管理していることの証拠）と記している(43)。この後、八幡宮の帰属をめぐる神主—村の争い（寛政期の争論）が神宮寺で生じるが、その土台は、井伊家参詣のときに生じた奉納品をめぐってすでに起きていたといえるだろう。いずれにせよ、幕府重役の井伊家による龍潭寺参詣が、龍潭寺を、あるいは旗本陣屋を、村を、幕藩制国家のヒエラルキー秩序のなかに押し込む作用をもたらしたことがわかる。

最後に、井伊家参詣に対する地域住民の動きもみていくことにしたい。参詣に際しては、龍潭寺住職から周辺の四か村（神宮寺村・井伊谷村・横尾村・祝田村）の庄屋に対して、即座に毎回欠かさず準備の要請があり、道具の借用や普請などのための人足について相談がなされている（茶之間評談）。井伊谷陣屋の地役人であった中井も準備に奔走したが、村役人たちのほうが龍潭寺の内部にまで入り込み具体的な準備（料理や当日の人足など）を担当している。参詣に対する村人たちの肉体労働としての負担は、かなり大きかった。ただし神宮寺と井伊谷の村役人は借物、掃除、普請などを手配しているが、この動きはある程度主体的であったようで、参加に協力的な側面もみられる(44)。寛保の参詣の際に、八幡宮に奉納された黄金は、江戸で換金され、金一四両三分となったという。このうち金二両が神主山本惣兵衛、金一両が西尾五郎右衛門、金四分が内山九郎右衛門へそれぞれ渡され、残りは氏神様御賄としており、村にとっても経済的なメリットはかなり大きかったのであろう。

直中の参詣以降は、祝田村や横尾村も含め四か村が共同して参詣の支度に取りかかるようになった。ちなみに、神宮寺村の兵藤氏は、「井伊掃部頭様神宮寺村八幡宮へ御社参之節、神主山本惣兵衛・西尾五郎右衛門拝殿ニ着座致候、正徳年中ニ者定光坊も着座致候得共、寛保年中ゟ後ハ不着座致候事」と述べており、定光坊の立ち位置が変化したことに注目している(45)。参詣での立ち位置の変化に、地元が敏感であったことを示している。

また神職など在地有力者が、井伊家の当主に対して御目見を願い出る動きもみられる。

〔史料9〕(46)

覚

神宮寺村　神主
山本惣兵衛
井伊谷村　神主
中井長吉
祝田村　神主
荻原喜三郎
横尾村　神主
大石徳右衛門
気賀村　神主
松井藤太夫

右御先例之通御目見被仰付可被下候、以上

（年未詳）
五月十日
龍潭寺

井伊掃部頭様御内
御役人中様

史料9のように、井伊谷周辺の在地神職たちが井伊家へ御目見願を出しているが、龍潭寺がそれを仲介していた。それは、領主旗本氏ではなく、龍潭寺の仲介がなければ、在地の有力者たちも井伊家とつながる機会をもたなかったということを意味している。

井伊家の参詣に対して地域では、人足として周辺（井伊谷村・神宮寺村を中心に）の多くの人びとが徴発されることになった。こうした人足の派遣など、各種の準備については、村役人をはじめとした地域の有力者層が、龍潭寺と頻繁に寄合を開くなど、ある程度のイニシアティブは握っていた。しかし、村役人層や神職等、上層農民たちが、龍潭寺に来訪する井伊家の権威に近づこうとする場合には、龍潭寺の存在が必要不可欠であったことも事実である。

次に、歴代井伊家参詣のなかでも特徴的であった、井伊直弼の参詣に注目し、その有り様を具体的にみていきたい。

（2）井伊直弼の井伊谷参詣の歴史的意味

文化年間以降、寺の修復が追いつかないという龍潭寺側の理由から井伊家の参詣は延引されていた。また、彦根藩としてもこうした大規模な龍潭寺参詣は明らかに費用が嵩むものであり（藩主が短命であったという事情もある）、また井伊神社など彦根藩にも代替の宗教施設が造営されたこともあり、当主自身が井伊谷まで来訪する機会はなくなった。こうした事情について、次のような記録がある。

〔史料10〕(47)

彦根直中公寛政四子年五月十三日御参詣被為遊御泊りニ候、文化十二亥年之頃直亮公御入部其後　御参詣之趣被
仰越候処、庫裡建未タ造作不付申候ニ付、両三年も御延引可被下之趣ヲ以御返書被差出候故、其以後者御沙汰一
向無之、琢岩代ニ相成り自浄院様御遠忌前丑年勧化ニ付出府之席御先例之通御参詣被下候様御願申度御側衆へ内
意申候処、当時御大老職御定府ニ候間御帰城之被仰出有之節可然趣ニ被申任其意置候、其後御帰城被遊参勤交代
両三度も有之候得共終御願も不申、此御一代御参詣無御座候、夫ニ付御名代等も不被遣、嘉永三戌十月朔日御逝
去、若殿様弘化二午年御中屋敷ニて御逝去ニ付御兄弟十九人之御末子直弼公玄蕃頭ニ被為成、嘉永三戌十一月
二十六日ニ掃部頭ニ被為成、今亥五月御入部ニ付御先例之通御立寄願度御側衆へ頼状差出、

表38　嘉永4年の井伊直弼による井伊谷参詣

月　日	事　　　　項
4月6日	彦根藩役人から龍潭寺へ井伊直弼公井伊谷立ち寄りの予定の連絡が入る。
5月8日	中井伊豫、彦根へ向け出立。井伊大明神への参詣願の提出、井伊家領内の勧化配札、新野氏へ御機嫌伺いが目的。
5月12日	道普請はじめる。井伊大明神御宮入用の檜板・杉板・井桁などを丸屋五兵衛・下町かざりや立治郎のところで購入。伊豫、名古屋にて買い物。
5月13日	中井伊豫、彦根着。横町入り口の普請が完成。
5月16日	上町の龍助方よりさらし幟が寄進される（「上町信心連中」）。大藪から井殿明神まで御門前普請完了。
5月17日	白木屋龍助の世話で、志戸呂村紺屋伝八方に幟の書様を依頼（「井伊大明神　井伊谷町願主敬白」）。井伊大明神石段普請開始（～21日）。
5月20日	2度目の大規模な道づくり開始。
5月21日	井伊大明神柱立、棟木上り。
5月25日	中井伊豫帰村。
5月26日	井伊直弼一行、江戸出立。
6月3日	中井伊豫、浜松宿まで出立。井伊大明神社参の願書を持参。道中方の野勢責右衛門・森野郡内に取次を依頼。
6月5日	龍潭寺へ井伊直弼着。井伊大明神へ立ち寄り。まず先番役人小納戸頭取役の大久保小膳・御坊子中川玄鉄が御出、種々由緒を尋ねる。一時後、直弼、井伊大明神へ拝礼。礎石・井戸御覧の後、井戸水を召し上がる。つづいて井伊彦治郎直満・平治郎直義御塚印の松へ拝礼。社前にて中井七郎三郎直吉の具足、直盛公拝領の槍を御覧。直弼社参につづき家中もそれぞれ社参する。中井伊豫、上下姿のまま、直弼を大藤寺まで案内。
6月6日	朝明六つ、井伊谷出立。御見送りの後、各地へ御礼に出かける。

注）「日並之記」（中井直恕筆、中井家文書）、「彦根納経諷経記」（龍潭寺文書165）、「彦根御参記」（龍潭寺文書166）、「井伊掃部頭様御参詣記録」（龍潭寺文書167）、「彦根様 御参詣諸礼御入部恐悦）」（龍潭寺文書168）。

史料10にあるように、井伊家当主による井伊谷参詣は行われなかったが、この間も彦根藩と井伊谷の関係が途絶えたわけでは決してなかった。先述したように、自浄院殿七五〇遠忌の法要では彦根藩はかなり力を入れているし、このときの勧化の際に実際、参詣の内意もあったことが記録されている。とくに個別藩士との関係は、遠忌法要などを通じて密に継続していた(48)。

また、この時期になると、二宮神社神主中井直恕によって彦根での勧化配札による修復費集めなども行われ、中井も積極的に井伊谷への参詣を呼びかけるようになる。次の史料はそれをよく示している。

〔史料11〕(49)

御本国故城地井伊大明神の儀は遠江国司従三位共保公の御霊、嘉保二年井城之内井戸の傍に所奉斎也、御代々様格別の御崇敬被在候、其後経五百余歳て永禄五年致落城候時井伊大明神兵火に致焼失候、併慶長九年従公儀神領御寄附在之、殊に御奉行より御証文被下置候、然ども山附の所故猪鹿荒し所納米毎歳取箇薄候間、御祭礼幷御修復等難相成候に付、去申年より桜田御屋形様え参上仕、御由緒幷願書差上御領分中永世勧化配札奉願候処、格別の御由緒被　思召御聞済にも可相成哉に御座候得共差懸り私儀病気に付無拠帰国願仕早々罷登候、然処昨年戌六月より七月迄御国元え参上仕亦奉願候処、井伊大明神御由緒格別の儀に付、龍潭寺と同様と被仰出、御領分中勧化配札来亥の年中御免被仰付被下置、御崇敬旧復仕候処誠に難有奉存候、扨又公儀にても御崇敬被為在候、尚亦御家は御由緒格別の儀に御座候間、今般井伊大明神え御社参奉願度候、幷井伊直満様、同直義様御塚其外御家の礎石、古井、築山、石、大手の高土手堀等迄、古代形勢其儘相成居候間何卒御聞済被　下置候様奉恐願候、此段宜敷御取成の程奉頼候、以上、

遠江国引佐郡井伊谷

嘉永四年亥六月

神主　中居伊豫

中井直恕はこの前年にも井伊大明神の「神威」を高めることの必要性を願い出ているが(50)、この時期、井伊谷村周辺の窮乏状況のなか、井伊家との由緒を頼りに神社の修復費や造営費を引き出そうとしていた。この背景には、龍潭寺と井伊家との間に由緒と先祖儀礼を通した歴史的なつながりがすでに存在していたことがある。すなわち、中井直恕は、明らかに龍潭寺をモデル・ケースとし、井伊家との関係を構築しようとしていた。中井氏は、この時期、井伊家の龍潭寺参詣と遠忌法要についての記録を集めているし（井伊谷と関わりのある龍潭寺殿・自浄院殿・大藤寺殿などについてのメモ書きがある）、龍潭寺の蔵書の閲覧・貸借も行っている。史料11中の「井伊大明神御由緒格別の儀に

図 14　井殿の御塚

付、龍潭寺と同様」という文言には、こうした事情が端的に示されている。この時期（十九世紀前半）に宗教者が自立化していく傾向は全国で一般的にみられることであるが(51)、それが地域固有の由緒意識と結びつきながら展開していくことに注意しなければならない。

しかし、この直弼参詣においても主体的な役割を果たしたのは龍潭寺であった。龍潭寺は、事前に藩士と書状で頻繁に調整し合い、下宿の準備など、従来の参詣と同様に滞りなく進めていった。大藤寺・報恩寺など周辺末寺や他宗寺院の住職もこの参詣に関わっている。

なお、龍潭寺は、参詣後の金銭授受の調整も行っている。彦根藩賄役永田権右衛門に宛てて「井伊谷村・神宮寺村江…三拾貫文被下置、井伊谷村庄屋栄造へ金弐百疋被下置候得共、北神宮寺村庄屋金右衛門・南神宮寺村庄屋忠右衛門江者御目見もの二而御目録頂戴不被仰付候御様子、左候得者若御調落ニ者無御座候哉」と述べている。また、金指町には下宿十七軒分として金四両一分与えられたが、彦根藩から「半金返納」してくれと申し出があったことに対しては、「御先儀ニ而被下物其侭頂戴被致候而可然事」と反論している。これは金指本陣の中村市左衛門から龍潭寺へと相談があり、それに応えたものであった。一方で、参詣後の御礼廻りのために彦根を訪問し、各藩士に土産物を手渡している。こうした事情から、やはり、直弼参詣においても龍潭寺が中心的な役割を果たしていたことがわかる。

しかしその反面で、神主たちの主体的な動きが、この時期に目立つようになってくることもまた事実である。とくに、二宮神社神主の中井直恕は、道や旧蹟の整備などにも積極的に関与して、井伊谷町において普請等を実施している（現在も井伊直弼参詣時の句碑や石碑が当地に残存しており、近代以降の郡誌などでも取り上げられている）。また、井伊大明神参拝の際の案内役を果たし、地域の史蹟（井伊直満の御塚）の紹介なども行った。これは中井家の記録に詳細であり、直恕はこのことを誇りにしていたようである。しかし、彦根藩士大久保小膳はこの説明に疑念をもったようで、「然者御内々心配申義者伊豫申上候彦次郎様等之御塚之義、ケ様之訳御座候得共、先例御馳走方以御尋ニ而、無拠先ツ伊豫申上候通り御名乗等申上候得共、相違も可有之哉ニ心配仕候、小膳殿曰、御参詣之節、伊豫之申通申上置候間相違之義、重而申上悪き事ニ存候由、心配ニ相見候間、拙子曰尤もニ存候、左様候ハバ右御塚之義、御名乗等も龍潭寺へ御尋ニ而早速被申上候得共、右之場所、最一応龍潭寺へ被仰付御調候上ニ被遊可然ト御申上置可被下候」と龍潭寺の記録のなかにあり[52]、直恕の主張を疑い龍潭寺に真偽を確かめていたことが知られる。

神宮寺八幡宮神主山本大隅（のち金木）も、中井直恕と同じく参詣についての詳細な記録を残しており、ここには、村役人と協力の上で社殿修復の様子などが描かれている。山本は、京都本所の吉田家から衣冠着用の認可を受けた上で、井伊家への御目見願を出しているようで、次のような史料が確認できる。

〔史料12〕[53]

①

奉願

一　一日法令

右者当六月臨時祭礼ニ付、当月着用仕度公文所表ニ而御許容被成下候様、偏ニ奉願上候、以上、

遠江国引佐郡
神宮寺村
渭伊神社神主
山本大隅　印

五月日

吉田御殿

御役所

右之通り願書納メル

但シ井伊候御社参ニ付、其節着用致候間宜敷御取次被下早速御免許下し候様ニ奉願上候、遠州掛り役小谷杢様之書状相添登セ候故、早速相叶申候、

一廿四日龍潭寺へ出ル、其趣意ハ

井伊様へ御目見之義ハ、先年ゟ龍潭寺中門ニて拙家上席ニて一同御目見へ致し来り候処、此度ゟ拙家之義ハ御客殿ニおいて御目見へ仕度旨相願候得者、早速方丈御聞届ケ被成、其旨井伊候へ御願可申旨被申候、

……（中略）……

扨又御見之義願通り相叶候旨被仰出候ニ付難有御請ケ申、狩衣立烏帽子ニ相改但シ是迠ハ上下着用致しテ龍潭寺へ控居り候龍潭寺客殿ノ内エンガハノ東ノ端にひかへ居ル中門外御目見之衆ハ龍潭寺ノクリニ相詰メ居ル無程八ッ時ニも相成候得者殿様御立被遊候、御目見之場所ハ客殿本尊様ノ前エンガハニテ宮口村報恩寺・都田村大藤寺ニツヅキテ東ゟ西ニ向てひかへ居、其節御役人ゟ手札読上ケル、読上ケ様、報恩寺・大藤寺・山本大隅平服致し候得者、殿様少し下座請ヶあそばされ御通り被成候、

……（中略）……

右エンガハ御目見へ之義ハ先々ハ金指御藩中小野兵蔵殿計り之処、此度報恩寺も大藤寺も相叶ひ候と申事ニ御座候、

但シ小野兵蔵殿ハ当時ハ國ノ屋敷ヲ相仕舞、江戸詰ニ候間此度ハ罷出不申候、

扨又御中門外丈六堂ぎはにて西ニ向て御目見之人々順席幷ニ其節手札名当認控、左之通り

横尾村　大石徳右衛門

蔵人之事也

祝田村　荻原助四郎

齋宮ノ事也
気賀村　岩井庄右衛門
半十郎ノ事也
同村　松井藤太夫
井伊谷村庄屋　某
北神宮寺村　金右衛門
南神宮寺村　宏右衛門

右之通り八人也

但シ神宮寺村北南と相ワかレ候ハ廿年以前ノ事也、依之庄屋二人御目見ニ出候ハ此度始メテノ事也、扨又殿様龍潭寺ヲ御立被遊、井伊谷村井伊大明神ヘ御立寄被成候、

右井伊大明神之義ハ井殿ト称して先年ゟ有之候処、昨年中井伊豫、彦根公ヘ御領分中御札配札相願候得者願通リ相叶、猶又此度彦根公御出ニ付、御陣屋ノ裏門ノ東ヘ始メテ道ヲ付ケ鳥居抔立られ候、当春迄ハ宮も無之、道もシカトしたるハなくて井伊谷ノ村方の者も知らぬほどの社ニ候処、此度御立寄ヲ相願候得者、是又相叶候、めづらしき事也、

②

以書附奉願上候

一井伊掃部頭様御當山御佛末被遊御座候砌、拙家御目見之儀御寺内御中門内ニ而仕来候處、今般於御客殿御目見仕度尤私義先々ゟハ格別法令官御許容衣冠着用之身分ニ候間、此段御聞済之上何卒御前宜敷御願被下右願之通り被　仰付可被下候様、御取成之程偏ニ奉願上候、以上、

八幡宮神主
山本大隅㊞

嘉永四亥年
五月日

龍潭寺様

ここでは、山本の席順への強いこだわりを読み解くことができる。史料12①にみられるように、山本にとって龍潭寺の客殿に入って御目見することは重要な意味をもっていた。また、山本は、中井直恕の井伊大明神再建についても、「当春迠八宮も無之」などと、皮肉まじりに述べている。山本にとって、井伊家の権威との接近はきわめて大きな意味をもった。実はこの時期、井伊家は忌穢の時期にあたっており、本来ならば社参は避けなければならなかったが、それでも山本は当主の参拝を許可している（一方で、開帳は辞退している）[54]。いかに、山本にとってこの社参が重大事であったかが知られる。

山本は、このとき獲得した初穂料をめぐって定光坊と対立するが、その意見を退け、分配の主導権を握った。初穂は換金して金二七両と銀三匁となり、本来の使途である神馬の購入ではなく種々の入用分などに使用したと記録されている。

井伊直弼参詣は、井伊谷・神宮寺周辺村の多くの人びとを巻き込むものであった（表39・40）。表39からは、谷津や正楽寺（南神宮寺）村など、龍潭寺周辺の檀家村より「小使」や「給仕」などの人足が派遣されていたことがわかる。また、表40にみられるように、彦根藩士たちは、龍潭寺とその塔頭だけではなく、正楽寺や各旧家へと配置され休息をとっていたことも確認できる。このように、直弼の参詣は、当地の人びとを様々なかたちで巻き込み、盛大に行われた。そして、当地の社会に大きな足跡を残した。まず、この参詣を契機に、彦根藩士が龍潭寺や井伊大明神へ参詣する機会や浜松通行時の御目見が増加していった。嘉永四年には、木俣清左衛門（龍潭寺・井伊大明神、初穂金二〇〇疋）が、嘉永七年には中野小三郎（龍潭寺・自浄院・井伊大明神、初穂金一〇〇疋）が、それぞれ参詣（拝）している。[55]またこれ以降、安政元年を中心に、引佐地方のほかの寺院（渋川村の東林寺、川名村の渓雲寺など）も彦根藩に対し由緒を主張するようになり、[56]また逆に、彦根藩士たち（長野義言、百々彦右衛門など）も自家の由緒や井伊家の歴史を調べに井伊谷地方を訪れるようになった。このように、井伊直弼の参詣後の地域では、彦根藩士の由緒調査と関連して、宗教者の由緒意識の急激な高まりを生むことになり、これが地域固有の歴史を見出すことにつながっていく。東林寺のある渋川村や渓雲寺のある川名村では、遠江井伊家の先祖たちについての歴史調査が活発になり、史蹟の発掘にもつながっていった。現在、引佐地方にのこる井伊家ゆかりの史蹟は、このとき再整備されたものがほとんどである。

なお、この井伊直弼の参詣は、一般の人びとにとっては、どのようなものであったのだろうか。これは井伊谷では前代未聞の大規模な参詣となり、井伊谷・神宮寺・横尾・祝田の四か村を中心に多くの人びとが人足などとして深く関わった。一方でそれ以外の人びとも、「殿様御拝みに参候人びと、近き迄皆々井伊殿屋敷、神主屋敷畑に座し、ぐん集致候」[57]と、見物に集まっていたことがわかる。また井伊家より奉納された黄金をみるために、また人が集まったともいう（「黄金拝見致度とわれも〳〵と御宮へ詰メ居り候間、神前へ神酒壱斗献し、彦根侯御武運長久之御祈禱致し氏子中へ神酒振舞」[58]）。神宮寺八幡宮では神主山本による「振舞」も行われ、なかば祭礼のような様相を呈した。神主山本は次のように記している。

〔史料13〕[59]

一扨首尾能相済候後、村中申合、此度井伊様御社参之義ハ六十年以来ニ而之事故、道橋其外何々ニ付、役等繁くひま入候ニ付、此以後ハ決而例ニ致して願上不申候間、何卒少シ成共弁当代思召之預り度と願書候ニ付、拙者ノ答ニ左様成事ハ是迠無き事ニ付、如何様ニ相願候共相出来不申候、乍然此度者当家之義も先々に勝り井伊侯へ取り格式宜敷相成候ニ付、其悦びとして少々ツツ米を遣し候間、其旨承知之上頂戴可被致旨申候得者、村中一統難

役方	名前	地名
同給仕	定吉	谷津
	勘平	谷津
	多郎吉	谷津
	儀兵衛方	谷津
	為治	神宮寺
	半十倅	谷津
茶寮世話方	吉治郎	井伊谷
同給仕	清吉	井伊谷
	甚十	井伊谷
	善八倅	上野
	春吉	井伊谷
	宇吉	正楽寺
浴室世話方	長左衛門	祝田
同給仕	周平	谷津
	坂五郎	神宮寺
	多作	
	松之助	井伊谷
	久吉倅	井伊谷
	房治	北岡
	長右衛門倅	谷津
自浄院世話方	久保田礼八	谷下
同給仕	助九郎倅	横尾
	和左治	東牧
	舟平倅	祝田
同小使	喜平	井伊谷
	治兵倅	谷津
実心院世話方	清小郎	正楽寺
	助九郎倅	横尾
	喜八	谷津
	儀兵倅	谷津
	熊十	横尾
	長七倅	谷津
	佐兵衛倅	横尾
同小使	竹治郎	正楽寺
	豊吉	横尾
桃渓院世話方	五兵衛	横尾
	徳治郎	呉石
	善作	矢畑
	和作	上野
	儀助	井伊谷
	権右衛門倅	
	豊吉	井伊谷
	長太郎	井伊谷
	銀平	横尾
給仕 同小遣	市治郎倅	神宮寺
	五郎次	坂田

役方	名前	地名
正楽寺世話方	官蔵	
	清右衛門	
	竹蔵	祝田
	多治郎	祝田
	佐吉	祝田
	富吉	祝田
	六左衛門倅	小野
	茂作	井伊谷
	佐和次倅	正楽寺
	兵喜	井伊谷
正楽寺小使	文右衛門倅	横尾
	庄兵衛	井伊谷
	栄蔵	上野
隠寮院世話方	岩次郎	上野

注）
①「凡〆　僧五拾余人、俗百九十人余」が、参詣のために使役していることがわかる。
②典拠は「井伊掃部頭様御参詣記録」（井伊谷龍潭寺文書 167 号）。
③判読不能の文字は□で示した。

表 39　井伊直弼参詣における役割分担表

龍潭寺役職	人名（地名）	地名
知客	大藤寺新命 文精首座 宗寿首座 玄亮首座	
副寺	大藤寺 光照寺 恵感首座 祖鏡首座	
小遣	新太郎 栄治	正楽寺 正楽寺
執事	全逸首座	
書記	報恩寺	
殿寺	圓通寺	
主侍	当山従 臣嚢侍者 宣範侍者	
茶頭	妙雲寺 裡良禅士	
午案	光覚寺 禅理首座 宜的首座 禅興首座 長右衛門 又右衛門	宮口 大平 小松 祝田 祝田
同小遣	庄治郎 多十	井伊谷 井伊谷

役方	名前	地名
飯奉行	義按禅士 幸助	 北神宮寺
米頭	法順禅士 大官瀬□	 祝田
飯焚	祝田 利八 勘四郎 平四郎 重蔵 惣八 藤吉 多吉	祝田 祝田 横尾 正楽寺 横尾 小野 正楽寺
椀頭	利左衛門 玄適禅士 惟石禅士 祖首禅士 令観禅士 玄観禅士 庄三郎 新吉 喜平 常吉 庄十	井伊谷 防州 勢州 神宮寺 祝田 正楽寺 正楽寺 井伊谷
配膳奉行	金右衛門	神宮寺
禮之間給仕方	桃渓院 不染禅士 竹田兵左衛門	
同次之間給仕	□□郎倅 山家屋倅 平吉 金作 嶋田内新助	井伊谷 気賀 祝田 神宮寺 井伊谷
汁方	傳八 藤右衛門	正楽寺 横尾
附書院給仕	佐作 久平 藤助 源太郎倅	井伊谷 神宮寺 谷津 祝田
東之間給仕	藤重倅 六郎右衛門倅	小野 横尾
新座敷給仕	久保田十左衛門倅 孫十	谷下 神宮寺
書院給仕	庄作 利助 平左衛門 藤右衛門	神宮寺 表見付 横尾 谷津
茶之間給仕	友吉 文作 友蔵 喜三郎	坂 神宮寺 谷津 谷津
書院 茶之間 世話方	善之助	井伊谷
大間二皆世話方	横治郎	神宮寺

表40　井伊直弼参詣における龍潭寺客殿間割表

場　所	名　前	役　職
西ノ上段間	殿様のみ	
鋒之間	殿様茶所	
東之間 禮之門	木俣亘里 大久保小膳	小納戸役
同次之間	武笠原治右衛門 □目進治 田中左門 勝野求馬 鈴木松島 柏原徳之進 奥山六良治良	家中小姓
附書院	青木十良治 細江次郎右衛門 西尾隆治 浅居庄太夫 三浦十左衛門	御側役中
同次四畳半	山角弥左衛門 村田大輔 奥野藤兵衛 青山与左衛門	家中用役中
東之縁	上田文侑 小県清庵 中嶋宗達	家中醫者中
新座敷	松野又右衛門 真野善六	家中御用筆中
新座敷次	永田権右衛門	家中賄方
同次六畳敷	野瀬□右衛門 森野軍内	家中道中拂
書院	大鳥居彦六 武藤信左衛門	家中目附
同次	田部宗林 中澤亀歳	茶道
	(坊主三人)	
茶之間	牧山弥五兵衛 山本新兵衛	殿様御料理方
	(手代九人)	
大間二皆	六尺十二人 下宿十五人	
茶寮	下宿三十人余	
浴室	畑貞次郎 百五十人余	御馬頭
自浄院	石居三□□ 下宿四人	宿割
実心院	中村要人 渡辺弥五左衛門 酒井三郎兵衛 西堀源蔵 今村剛次郎 田中為之介 藤田左九三郎 宇津木久三郎 下宿二十五人入	家中平供中
桃渓院	三浦五郎右衛門 上下三十五人	御用人
正楽寺	岩泉善左衛門 今村源治 藤嶋頼母 松嶋貞之進 富永卯七 中堀仁左衛門 橋本六郎治 佐成左太右衛門 武笠助三郎 野津唯吉 千田斧助 西村勇介 鈴木久五郎 丹下貞之丞 高宮緩三郎 松宮左近 石尾左右衛門 溝江鈔太郎 下宿六十九人	家中平供中
忠右衛門	杉原惣左衛門 同　足軽八人 下宿　二人	家中
金右衛門 (矢畑)	下宿十六人	
亥右衛門 (南神宮寺)	下宿十九人	
清蔵（南神宮寺）	御用人御馬一疋 別当四人	
弥八（南神宮寺）	殿様御馬一疋 別当四人	
運治（矢畑）	殿様御馬一疋 別当四人	
松四郎（矢畑）	殿様御馬一疋 別当四人	
本坊	殿様御馬三疋 別当十二人	
隠寮院	下宿十人	

注)「井伊掃部頭様御参詣記録」(井伊谷龍潭寺文書167号)により作成。判読不能の字は□で示した。

有仕合ニ候とて、七月十二日御宮へ出テ千度参り抔致し帰りニ不残当家へ立寄候ニ付、男ノ在家へ男壱升、女斗り之家へハ米五合ツヽ遣し申候、村方ニても当家と同様ニ壱升と五合を遣ス、（但シ此米ハ村高之内ゟ出ル、其節当家ニて米四升五斗程遣ス、但シ黒米也）

尤村方ニてハ飯料として遣し候間役ニ出候者ニ斗り遣ス、当家ニてハ格式上り候祝儀として施し候間年寄斗り又ハ病人などニて役ニハ不出者迠不残遣ス、

右者此度斗り之事ニ候間、此以後ハ如何様ニ相願候共、決而遣し申まじき事、……（後略）……

史料中にみられる「格式上り候祝儀として施し候」という言葉が注目される。使役された人びと以外にも「施し」が与えられている点も重要であるが、「施し」という言葉には、山本の村人たちへの優越的な意識が介在していることも見逃してはならない。

いずれにせよ、神主中井氏が井伊氏の歴史へ強いこだわりをもち、「礎石伝」のような史書を叙述した理由はすでに明らかだろう。近世後期、井伊家の権威は、リアリティをもって井伊谷地方で受容されていたのである。

では、こうした井伊家の権威は在地社会にどのような影響を与えていくことになったのか、神主山本大隅（金木）の生涯とその思想形成の過程に着目しながらみていきたい。

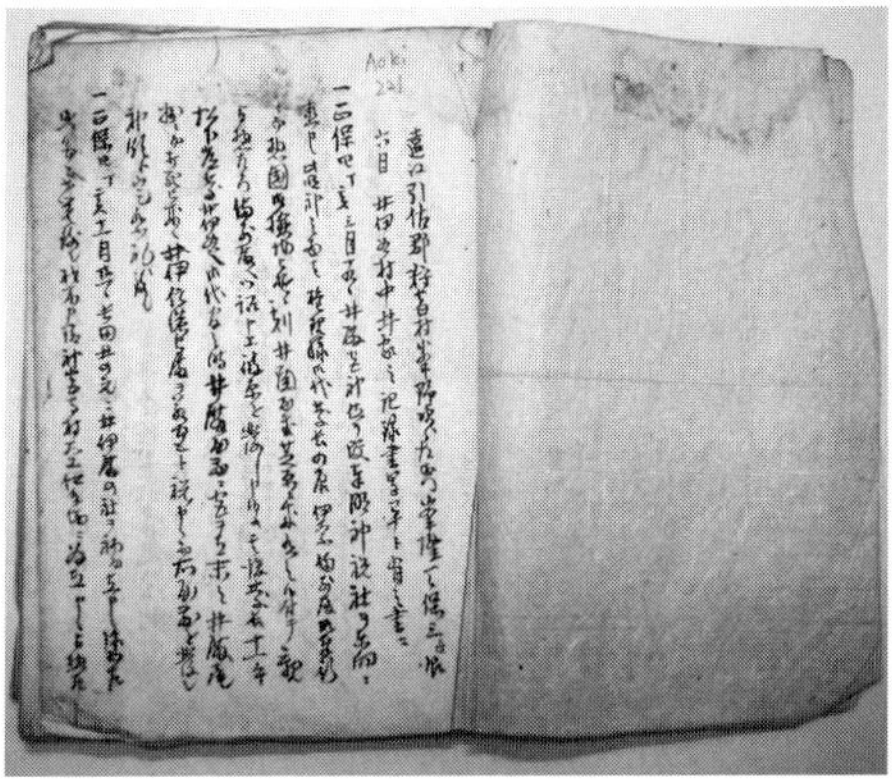

図 15　青木文庫（一橋大学附属図書館蔵）

一橋大学附属図書館蔵の青木文庫のなかには、遠州井伊谷周辺の歴史をメモした記録がのこる。ここには、天保６年に中井家の記録を狩宿村の峰野氏が筆写したものを筆写するとあり、幕末近くに彦根藩士の誰かがこれを書いたことが想定される。遠州で培われた歴史記録は、彦根藩へも伝わっていった。なお、青木文庫は、井伊直弼の側近であった藩校弘道館の国学方青木千枝の旧蔵書。

註

（1）野田浩子「彦根藩井伊家文書から　彦根藩と遠江井伊谷の交流」（『彦根城博物館だより』三八号、一九九七年）、武藤全裕『遠江井伊氏物語』（龍潭寺、二〇一一年）など。また、野田浩子「溜詰大名の将軍家霊廟参詣」（『彦根城博物館研究紀要』一六号、二〇〇五年）は、井伊家の徳川将軍家霊廟の参詣について実証的に明らかにした上で、井伊家自身の先祖祭祀の儀礼との共通性を検討している。頼あき「彦根藩と寺社」（『武家の生活と教養』彦根城博物館、二〇〇五年）も、井伊家の藩主・世子・庶子による菩提寺豪徳寺（世田谷）・清涼寺（彦根）への参詣について検討しているが、その時代的変遷については保留されている。

（2）落合延孝『猫絵の殿様』（吉川弘文館、一九九六年）。

（3）岸本覚「近世後期における大名家の由緒」・引野亨輔「近世後期の地域社会における藩主信仰と民衆意識」（『歴史学研究』八二〇号、二〇〇六年）。

（4）今村直樹「近世中後期熊本藩領における「殿様祭」と地域社会」（『日本歴史』七三八号、二〇〇九年）、椿田有希子「日光社参を見る眼」（『日本歴史』七七一号、二〇一二年）。

（5）岸本覚「旧領主の由緒と年忌」（『歴史評論』七四三号、二〇一二年）。岸本は「年忌には、地域秩序の確認という側面と由緒を重んじようとする側面の二つが共存しており、年忌には現秩序に収斂されない旧来の関係を再確認・創出する要素も含んでいる」とし、年忌と祭礼の相違について「前者が現秩序の維持と由緒も重視する両側面を持ちつつも、どちらかといえば現秩序が優先されるのに対し、後者は社会的な地位の低い神職を中心に広範囲の人々を参加させることができる」と評価している（三二頁）。

（6）曽根原理『徳川家康神格化への道』（吉川弘文館、一九九六年）。

（7）中野光浩『諸国東照宮の史的研究』（名著刊行会、二〇〇九年）など。

（8）これは寛政期の系譜編纂とも関連するが（野田浩子「彦根藩による井伊家系譜の編纂」『彦根城博物館研究紀要』八号、一九九七年）、年忌儀礼の事例はこれよりも早くみられる点に留意する必要がある。なお、この時期、大名家のなかで先祖崇拝意識が高まるのは一般的な傾向である（岸本覚「幕末萩藩における祭祀改革と「藩祖」」『近世の宗教と社会2　国家権力と宗教』吉川弘文館、二〇〇八年）。

（9）『侍中由緒書』第二巻（彦根城博物館、一九九五年）。このとき宇津木泰交の蟄居も許されている。

(10) 松澤克行「公武の交流と上昇願望」(『権威と上昇願望』前掲)。井伊共保は、九條家の子孫とされている。
(11) 中野助太夫は知行高三五〇〇石で家老や中老などの重役をつとめた家である。なお、中野家の先祖は井伊谷出身であり、直政と親戚関係にあった。
(12) 高野信治「武士の昇進」(『権威と上昇願望』前掲)。
(13) 野田前掲二〇〇五年論文参照。
(14) 実際の法事は、精神的にも肉体的にもかなり負担のかかるものであったと考えられる。たとえば、永護院殿の遠忌法要に代参した与板藩士松下志摩定福は、三日間にわたって法事に参列している(井伊谷龍潭寺文書二〇三号)。また、祥寿院殿二五〇遠忌法要も二夜三日にわたって法要が執行された(井伊谷龍潭寺文書一八五九号)。
(15)「勧化帳」(寛政三年八月)井伊谷龍潭寺文書一五五号。
(16)「自浄院殿七百年忌之節、今村家一統ゟ内々ニ而被備候物也」など(井伊谷龍潭寺文書一二九六号)。今村家は後述する井伊家参詣の際にも、一族で多くの香奠料を払っている(表38を参照)。
(17)「使者入来之節、新野家先祖之御法事御頼ミ有之、十六日早朝修業之御頼也、料物ハ白銀三枚也」(井伊谷龍潭寺文書二〇一号)。
(18) 井伊谷龍潭寺文書一三六七号。
(19)「寛政二年銀十枚先規定り候、其節平日ニ掃除してくれとの状」という記録が見られる(井伊谷龍潭寺文書一五三五号)。
(20) 井伊谷龍潭寺文書一五三七号。
(21) 井伊谷龍潭寺文書一三八八号(史料4を参照)。龍潭寺開山忌に際しては「先祖直盛公御請待之開祖」として宣伝するが、沙汰はなかった。
(22) とくに龍潭寺開山和尚の遠忌法要に際して、二〇〇遠忌(一七五三年)のときは彦根藩士三浦与右衛門から出金困難な旨が通達されており(井伊谷龍潭寺文書一五〇〇号)、二五〇遠忌(一八〇三年)のときも、彦根藩に対して開山と直盛とのゆかりについて由緒書にて主張するが(「先祖直盛公御請待之開祖」)、沙汰はなかった。
(23) 井伊谷龍潭寺文書一五二三号。
(24) 松下・小野家は与板藩において代々家老をつとめた筆頭の家で、先祖の由緒によって徳川家への御目見が許されていた家でもある。

(25)井伊谷龍潭寺文書一四五三号。
(26)井伊谷龍潭寺文書一三八九号。
(27)兵藤家文書五五号。
(28)井伊谷龍潭寺文書一五三〇―三号。
(29)井伊谷龍潭寺文書一二八三号。
(30)「北勧化帳」(井伊谷龍潭寺文書一五六号)・「勧諭禄」(同一五七号)。
(31)①「勧化化帳」(井伊谷龍潭寺文書一五五号)、②「北勧化帳」(同一五六号)。
(32)神宮寺区有文書D―一一七号。なお、史料の表題は「直政公正寿院様三百年季萬控」となっている。
(33)この点、幕藩体制下での寺院(薬師寺)の「宗教的支配」(精神的に人びとを掌握する力)の残存・再生産に注目し、民衆の負担を論じる水谷友紀と問題関心を共有する(「近世社会の秩序編成と寺社」『ヒストリア』二二九号、二〇一一年)。この時期の神宮寺村や井伊谷村は、度重なる凶作や気賀宿の助郷負担等で慢性的な困窮状態にあり、こうした法要も負担の面が大きかったと考えられる。しかし、井伊家参詣に対して負担軽減を求めるような大きな訴願運動は民衆の間に確認されない。
(34)中井家文書二七六号。
(35)「開山禅師三百回遠忌内談記録」(井伊谷龍潭寺文書二〇九号)。
(36)井伊谷龍潭寺文書九五七号。
(37)龍潭寺文書のなかには、歴代井伊家の参詣に際しての食事の準備や割当など、歴代住職の記したまとまった記録が残されている。こうした文書が伝来した理由には、住職が世襲制でないため、後住に対して記録を残す必要性もあったと考えられる。
(38)井伊直定(一七〇〇～六〇)は、彦根藩の九代および十一代藩主であり、幕府の奏者番をつとめた。井伊直興の十四男であり、はじめ彦根新田藩一万石となったが、享保二十年に彦根藩主となった。
(39)井伊谷龍潭寺文書一九一九号。
(40)「井伊中弁様御来駕日記」井伊谷龍潭寺文書一五九号。
(41)井伊直富(一七六三～八七)は、彦根藩十二代井伊直幸の三男であり世嗣であったが、二十代の若さで没した。
(42)「井伊中弁様御来駕日記」(井伊谷龍潭寺文書一五九号)。
(43)「前々記録改書抜」兵藤家文書(引佐図書館蔵紙焼き資料)参照。

（44）井伊直英の参詣においては、村役人の方から「耕作荒々仕候而人足御用ニ候ハバ可被仰遣候と申来」と自ら準備を申し出る声も確認できる。
（45）「前々記録改書抜」（前掲）。
（46）井伊谷龍潭寺文書一九七五号。
（47）「彦根様御参記」（井伊谷龍潭寺文書一六六号）。
（48）たとえば、文政十二年（一八二九）十月四日、彦根藩士宇津木泰交は、御休息御暇の際に井伊谷龍潭寺へ参詣したい旨を願い出ている（『侍中由緒帳』二巻）。またこの時期も龍潭寺文書のなかに数多くの藩士からの書状を確認することができる。
（49）中井家文書七六号。
（50）中井直恕は「永世配札御免被為仰附被下置候様奉願候、然御神徳を惣御領分中江被施坐候故明神之神威茂自然と被為相増、一統安全を被守護候而御武運茂亦萬々世御全盛之御儀と奉存候」として、井伊直孝との由緒を主張している（「再願書」嘉永三年、中井家文書一九四号）。
（51）この背景に、文化年間以降急速に進展するという地域神職の自立化がある（高埜利彦「江戸幕府と寺社」『近世日本の国家権力と宗教』東京大学出版会、一九八九年）。
（52）井伊谷龍潭寺文書一六八号。
（53）①は坂本勝彦氏所蔵山本金木文書五五号、②は井伊谷龍潭寺文書三三〇号。
（54）この理由の一つには、神宮寺村に伝わる次の伝説が影響しているのかもしれない。すなわち、元文三年に三河鳳来寺が開帳した際に、参詣の者計五人が「神隠」に遭う事件があった。これに対して、「永代ひぶつ乃御本尊を開帳致し候故と世間ニ而評判致し候」という（「山下甚左衛門日記」山本家文書二一四号）。
（55）「日月記」（中井家文書二一八号）。
（56）たとえば、彦根藩士百々彦次郎の訪問をしらせる書状が、気賀岩井半十郎から届いている（渓雲寺文書六二号（旧引佐図書館蔵））。
（57）中井直恕「日並之記」（中井家文書二二四～二二七号）。
（58）坂本勝彦氏所蔵山本金木文書五五号。
（59）坂本勝彦氏所蔵山本金木文書五五号。

第八章　遠州報国隊員山本金木の蔵書と歴史意識

山本金木（一八二六〜一九〇六、別名・大隅、直躬、以下「金木」に統一して述べる）は、遠江国敷地郡宇布見村（現在、浜松市西区雄踏町）の金山神社神主賀茂家の長男として生まれた。(1) 彼は、とくに幕末の東海地方を代表する草莽隊・遠州報国隊の中心的なメンバーとして知られ、まとまった『日記』(2)を後世に伝えたことで有名である（金木の系譜については表41を参照）。金木は、十五歳の頃に神宮寺村の八幡宮の神主であった山本氏の跡を継ぐことになった。すでにみてきたように、神宮寺村は浜名湖の北東に位置し井伊谷川の水資源に恵まれた盆地であったが、東海道筋からは少し離れており、遠州国学の隆盛した浜松の中心部とは距離を置いた場所にある。(3) 本章は、神宮村八幡宮の神主となった山本金木の活動について、彼の情報収集の方法とそれに関わる歴史意識の形成過程から検討していきたい。

一　神宮寺村の山本金木

宇布見村の有力神主の家に生まれた金木は、幼い頃から神仏に関心を向ける契機に恵まれていた。しかし、神主への自己意識形成の直接的な契機となったのは、案外ありふれたことである。彼は以下のように述懐している。

十年ノ夏、父俄腹痛発ニシ絶入ントス。驚キ身ヲ以テ父ニ替ラン事ヲ祈念ス、忽ニシテ快方ニ趣ク、此時十四歳

表41　山本金木の系譜

年　号	西　暦	出　来　事	典拠
文政9年1月10日	1826年2月16日	宇布見村賀茂家に生まれる。	①
		いろは手習いを開始。	①
		家・名・村名等を書くことができるようになる（手本が後世にまで残る）。	①
天保2年2月8日	1831年3月21日	中村源左衛門亀年の門に入り字を習う。	①
天保7年8月13日	1836年9月23日	暴風雨により田畑に被害が出る。	①
天保8年春		大飢饉が発生。「前代ニモ稀ナリト云ツベク、路傍ニ餓死スルモノオビタヾシ」。	①
天保8年2月	1837年3月	自法庵千寿の門に入り漢書の素読を始める。	①
天保8年11月	1837年11月	祖母（＝山崎村古橋幸右衛門の息女）が死去（享年57）。	①
天保9年冬～	1838年	重症の疱瘡大流行。賀茂家でも五人の子供が煩い、妹三人が重症、一人死亡する。	①
天保10年夏	1839年	父が腹痛を患う（→本文）	①
天保11年12月8日	1840年12月31日	山本家を相続する。	①
天保13年8月15日	1842年9月19日	井伊共保公八百年祭法事の執行。	①
天保13年11月	1842年11月	上京して吉田家の任官を受ける。それまで中井氏が後見となる。	①
天保14年春	1843年	中井氏の後見を離れ、預け置かれた御朱印を受け取る。	①
天保14年8月	1843年8月	八月大祭衣冠着用にてつとめる。7月より瘧病を煩う。	①
弘化3年	1846年	富士参詣に出かける。	
安政2年9月	1855年10月	彦根役人に井伊八幡宮の由緒口上書を提出。6日、長野主馬が初穂料1朱を上納する。	②
安政3年	1856年	『修学院御幸御歌会集同御列次第』を執筆。	
安政4年5月24日	1857年6月15日	伊勢・津島参詣に出立（～6月12日）。豊宮崎御文庫・林崎御文庫などを見学。桑名宿の鬼島廣蔭に講釈を承る。	③
安政5年3月11日	1858年4月24日	中井伊豫とともに、奥辺神職に神職道の教諭と吉田家への取り次ぎを始める。	③
万延2年3月21日	1861年4月30日	羽田埜八幡宮御文庫の蔵書を拝見。『俗神道大意』を購入。	③
文久3年7月22日	1863年9月4日	男子誕生。	③
慶応元年7月2日	1865年8月22日	狩宿村の峯野次郎左衛門から『大日本史』を購入。	③
慶応2年3月26日	1866年5月10日	伊豆雲見神社参拝に出発。	③
慶応2年5月12日	1866年6月24日	羽田野敬雄の仲介により、気吹舎へ入門（弟備後直章・新所内藤信足とともに）。	③
慶応2年6月27日	1866年8月7日	狩宿村伴五郎方より『大日本史』51～100まで50巻届く。	③
慶応2年9月3日	1866年10月11日	熱田神社参詣のため出立。	③
慶応3年3月12日	1867年4月16日	岡崎へ行き、平田先生の書物を購入（書籍代・金壱両壱分）。	③

年　号	西　暦	出　来　事	典拠
慶応3年6月11日	1867年7月12日	金指陣屋箱根権現祭を盛大に執行（花火の打ち上げ、大神楽、狂言など）。	③
慶応4年3月9日	1868年4月1日	遠州報国隊の中心メンバーとして活躍（省略）。『東行日記』の記事が始まる。	
明治5年8月2日	1872年9月4日	遠江国佐野郡日坂八幡宮祠官を拝命。	①
明治6年3月5日	1873年3月5日	遠江国引佐郡神宮寺村渭伊神社祠官を拝命。	①
明治6年3月19日	1873年3月19日	神権少講義を拝命。	①
明治6年8月19日	1873年8月19日	遠江国小国神社権禰宜を拝命。	①
明治7年6月3日	1874年6月3日	熱海温泉に療養のため出立、横浜・東京で井伊邸・賀茂水穂などを尋ねる。	④
明治7年7月31日	1874年7月31日	日吉神社権禰宜を拝命。	⑤
明治7年9月27日	1874年9月27日	伊賀国敢国神社権宮司を拝命。	⑤
明治7年11月19日	1874年11月19日	三重県管内神道教導取締を引きうける。	⑤
明治8年4月7日	1875年4月7日	兼補中講義。	⑤
明治8年12月23日	1875年12月23日	三重県下神道事務分局副長担任。	⑤
明治8年12月24日	1875年12月24日	伊賀国敢国神社宮司を拝命。	⑤
明治10年7月20日	1877年7月20日	補権大講義。	⑤
明治10年12月12日	1877年12月12日	井伊谷宮禰宜を拝命。	⑤
明治18年10月20日	1885年10月20日	郷社渭伊神社祠官兼務の認可。	⑤
明治23年9月12日	1890年9月12日	井伊谷宮宮司を拝命。	⑤
明治23年10月23日	1890年10月23日	渭伊神社奉職以外を退職。	⑤
明治23年4月7日	1890年4月7日	静岡県皇典講究分所受持委員。	⑤
明治25年2月	1892年2月	静岡県引佐郡神職取締分所長に任命される。	⑤
明治25年2月3日	1892年2月3日	鹿玉郡神職取締分所長に任命される。	⑤
明治27年10月8日	1894年10月8日	引佐郡井伊谷村郷社渭伊神社社司に補任。	⑤
明治29年9月2日	1896年9月2日	神苑会静岡県委員嘱託に任命される。	⑤
明治36年5月5日	1903年5月5日	井伊谷村役場からの依頼によって履歴書を作成し提出する。	⑤
明治38年7月26日	1905年7月26日	田畑六所神社社掌を辞職する。	⑤
明治38年9月1日	1905年9月1日	白岩六所神社社掌を辞職する。	⑤
明治38年12月23日	1905年12月23日	渭伊神社社司を辞職する。	⑤
明治39年9月	1906年9月	上記の他の神社社掌を辞職する。	⑤
明治39年11月27日	1906年11月27日	死去。	

注）典拠欄の数字は下記を意味する。①山本金木履歴、②山本家文書163・164号、③日記、④坂本勝彦氏所蔵山本家文書25号。

図16　山本金木写真（『引佐町史』下巻、9頁）

也、コレヨリシテ殊更ニ祈神ノ念を発セル也、(4)

この一年後に金木は八幡宮を「村持之社」とする神宮寺村に移り、神主職をつとめるようになる。その経緯について金木自身の回想によれば、天保期に井伊谷近藤家の紹介で神主となった山本常陸という人物が、多額の借財の末に社叢の桧を売り払い妻と共に出奔してしまった。そのため、神宮寺村では、近藤家の家老である後藤長蔵を通じて宇布見の賀茂家に掛け合い紹介を依頼した。こうした経緯で、金木が、神宮寺村八幡宮の神主となることが決まった。これは、金木の実父が元々神宮寺村の神主家出身であったことによるという。こうして天保十一年（一八四〇）十二月八日、山本金木は八幡宮の神主となった(5)。八幡宮神主時代の金木の収入源は、祈祷などを請負っていた他に、自らも農作業に従事していたことがすでに明らかにされている(6)。稲作・畑作（小麦・大麦・豆（大豆・小豆）、琉球藺、そば等）など幅広い農業経営を行っている(7)。金木の蔵書のなかに、いわゆる「農書」のような書物はほとんどみられないが（例外的に「ききんの心得」などが存在）、これは金銭的に充実していなかった若い頃（本を集める以前）に、より熱心に農業に取り組んでいたことによると思われる。

一方、祈祷活動について、安政四年（一八五七）の金木の活動をまとめたものが表42である。これによれば金木はすでに安政期の段階でほぼ現在の浜松市域に及ぶ幅広い地域で神職として活動を行っていたことがわかる（なお、京都本所吉田家による引佐地方の鍵取・社守など在地神職の編成はこの翌年から本格的となる）。これは、中井直英の活動が、井伊谷周辺の近場に限定されていたこと（本書181頁参照）と対照的である。

金木は、祈祷を一つの手段として、広い地域にその存在感を示した。ここには地域社会の各家がもつそれぞれの要

表 42　山本金木の祈祷活動（安政 4 年の場合）

月　日	依　頼	内　容	備　考
2/19	神宮寺村方	村中一軒も残らず風邪のため八幡宮へ御千度参り。村境まで風送り。	
3/21	坂下平蔵妻	野狐の障碍につき、蟇目祈祷。	
3/28	小楠治左エ門（米津村）	蟇目祈祷。22 日に依頼のために来訪。	米津村は、現在浜松市南区新橋町米津。沿岸部に安政 2 年（1855）に築造された「米津台場」がある。
5/2	山崎村	祈祷へ行く。	山崎村は、現在の浜松市西区雄踏町山崎。
5/6	佐五平（小沢村）	蟇目祈祷に行く。	小沢村は、現在の菊川市小沢。
5/18	大澤佐十妻（豊田郡舟明村）	病気につき蟇目祈祷に行く（～21 日）。	舟明村は、現在の浜松市天竜区船明。
8/4	佐五兵衛（山崎村）	蟇目祈祷に行く。	
9/29	吉蔵（山崎村）	祈祷へ行く。	
10/9	今吉（鵺代村）	蟇目祈祷に行く。	鵺代村は、現在の浜松市北区三ヶ日町鵺代。
11/4	五左エ門（狩宿村）	蟇目祈祷に行く。	狩宿村は、現在の浜松市北区引佐町狩宿。
11/11	山尾藤十（井小野村）	蟇目祈祷に行く。	
11/23	市郎治（山崎村）	蟇目祈祷に行く。	
12/14	泰治	地神遷宮に行く。	
12/16	彦十（山崎村）	祈祷に行く。	
12/23	（神宮寺村周辺）	祈祷、所々より頼まれる。	

求（病気療養・狐つきの除去など）に応える存在として、彼が必要とされていたことがわかる。とくに当時は飢饉や疫病が多く、村中のほとんどが「風邪」になるなど、社会不安が増大していた時期であった。金木の兄弟も流行病によって苦しめられており、こうした不安が、彼に神職としての使命を自覚させたとみられる。ただし、金木自身は合理的であり、家族五人を連れてまだ当時始まったばかりの「植え疱瘡」を行いに、三ヶ日（現、浜松市北区三ヶ日町）の摩訶耶寺近辺の医者まで出かけている。祈祷礼金は、安政三年段階で都合五両一九貫八三二文（実質はもっ

と多い）であり、賽銭や初穂による収入が一四貫五六〇文余であるから、山本家の収入のかなりの部分を占めていたとみられる[8]。

なお、神主としての金木はとくに隣村井伊谷村の二宮神社の世襲神主である中井氏と公私にわたって密接な関わりをもっていた。それは、若年で神宮寺村へとやって来た金木の後見を中井直恕がつとめたという理由だけではなく、さらに深い結びつきが存在していたようである。ここで井伊谷村の中井家についてあらためて簡単に触れておくことにしよう（本書210頁も参照）。

井伊谷村は、神宮寺村と同じ旗本井伊谷近藤氏の支配地で、地理的にも隣接しており、現在の行政区画では「井伊谷」という地名で統一されている。井伊谷村の中心には「井伊谷町」といわれる町場が、戦国〜近世初期にはすでに形成されており[9]、中井家が神勤する二宮神社もこの井伊谷町の北辺に存在していた。二宮神社の由緒は、後醍醐天皇の皇子・宗良親王を祀ったことに由来し、天保〜嘉永期に中井直恕によって書かれた「神主屋敷留記」には「二宮大明神之儀者、南帝之皇子一品征夷大将軍宮中務卿宗良親王之為廟祠旨、於方廣寺而上聞被為達候故、官軍新田世良田等之御由緒、巨細被為在御尋候而、御役付御高触神燈に被進御備候」と記されている[10]。中井氏はこのほかにも、井伊大明神という別の社殿の神主職もつとめたが、このことは、村持意識の高い神宮寺村八幡宮の場合とはきわめて対照的であった。神宮寺村八幡宮は、村人によって次のように認識されていた。

〔史料1〕[12]

氏神八幡宮様古例御定法之事

一昔ゟ有来候通萬事無相違村中打寄進相談相勤可申事、

一御神領御朱印初而被為下置候節ゟ支配村中御地頭様御添翰御墨付ニも村中支配ニ御定也、

一八月御祭禮従古如有来ル萬端無相違相勤新キ之儀無之様ニ不寄何事村中談合之上ニ而相勤可申事、

一御社中於御山ニ随為小木生木者不及言枝葉成共我侭自由ニ切取申間敷候、御雑栄之御用木、又者御拂木物而御

宮御用木ニ成候節者、村中打寄相談之上、大木者御屋鋪様江御改申上、其上ニ而切可申事、
一御神領取納御賄方之儀、庄屋・組頭年番ニ相勤、年々勘定目録村中江披露可致事、
右之通御宮之儀不寄何事古ゟ如有来古例定法少茂無相違村中寄合相談之上ニ而相定誰人ニ而茂横道非儀之我侭致間鋪候、若相背候者、氏神八幡大菩薩秋葉山大権現神罰冥罰可蒙罷者也、仍神文判形如件、

明和六丑年十二月吉日

山本志津摩（印）

（以下、連印略）

今度村少々六ヶ敷覆掛り候ニ付、兵藤市郎右衛門取扱無事大平ニ相済千秋萬歳、

この史料から次の三点がわかる。

①八幡宮は「村中支配」の社として古くから認識されていたこと。

②八月祭礼などに対して新規の儀を禁じ、専ら古よりの仕来通りにつとめることを主張していること。

③八幡宮の「神領」の取納賄方についても、庄屋・組頭が年番につとめ、毎年勘定目録を村中に披露する決まりが存在していたこと。

こうした神宮寺村の鎮守をめぐる強固な意識は、隣村の井伊谷村（二宮神社）にはあまりみられず、この村の特徴となっている。これは神主家に対して神宮寺村の「神領」（八幡宮附の田地）の人びとが「神金」[13]を納入していたことと大きく関連している。兵藤家に伝わった文書によれば、一代一度もらえる「神職官金」として神主に五両二分、祠官に二両三分、彌宜・神子にそれぞれ一両三分が渡され、さらに豊作凶作に関係なく毎年「神勤料」として一〇俵（一五俵は祭礼分として別）が神主のもとに納められ、祠官一俵、禰宜・神子にそれぞれ二斗ずつ配分された[14]。また、八幡宮の造営の経緯（井伊家の関係）も住民たちの村持社意識を増幅させることにつながっている。

一方、神主中井家は、旗本近藤氏の支配組織のなかで「代官」としての役を担ったこともあり（近世後期に本家は

専業神主化）、古くから在地に根差していた。その点でも専ら「神主」として認識されていた神宮寺村の山本家あるいは夏目（棗）家とは性格が異なっている。また、中井家と山本家の最大の相違は、京都本所吉田家との関係にある。専業神主として中井家は享保期にはすでに浜松の杉浦氏を仲介として吉田家と結びつきがみられるが、八幡宮の「村持」意識が根強い神主山本家は、吉田家との（家としての）つながりを寛政年間までには明確化できていなかったと思われる。また、両村にとって、彦根井伊家の井伊谷来訪はきわめて重要であった。金木は、天保十三年の自浄院殿七五〇遠忌での井伊家から奉納金を元手に、吉田家から許状を受け、中井家の後見から外れている。井伊家との関係が、いかに重要であったかがここからもわかる。

以上、神宮寺八幡宮の性格について概説したが、次に山本金木の思想の特徴をみていきたい。金木は、明治以降、井伊谷宮権宮司としてその名が知られるが、学者としても有名である。彼の思想形成の過程を、蔵書と歴史研究の二つに注目し、みていくことにしたい。

二　山本金木の蔵書と宗良親王研究

山本金木は、どのような本を集めていたのだろうか。金木は多くの蔵書を有しており、それらを表43のように分類し、控えていた。この分類は、おそらく明治になって形成されたものと考えられるが、蔵書の貸出等（金指近藤氏、宇布見）も行っていたことが知られる（表43中「ハ」印）。

また、蔵書はジャンルにとらわれず広汎に蒐集されている。ここで金木がイ～ワ印（表43中）をどのような意識をもとに区分しているのか判断がつかないところもあるが、概ね次のように分類できる。

（a）神道関係の書物…『俗神道大意』（平田篤胤著、万延元年刊）、『神教要旨略解』（近衛忠房他撰、明治）、『神事略式』（明治元年）、『三教眼目答書』（小池貞景著、安政三年刊）、『神職考』（小寺清之著、文政元年刊）など。

（b）井伊家・宗良親王関係の書物…『李花集』（宗良親王著）、『宗良親王御年譜』（作者・成立年未詳）、『浪合記』、『井伊記』（曲淵宗立斎など、慶長二年成立）、『井伊家古代由緒』、『無文行状記』。

（c）国史・地誌に関する書物…『天満宮御傳記』（平田篤胤著、文政三年刊）、『人国記』（元禄一四年刊）、『三河国二葉松』（佐野知尭著、元文五年）、『神功皇后御傳記』（矢野玄道著、安政五年）、『国分宝鑑』（文化四年刊）、『紀元通略』（羽蔵簡堂著、文政十年）など。

（d）和歌に関する書物…『鈴屋集』（本居宣長著、寛政一〇～一二年刊）、『新古今集美濃の家つと』（本居宣長著、寛政九年刊）、『竹の五百枝』（竹村尚規著）、『七十六番歌合』（夏目甕麿著、文化二年刊）、『柿園詠草』（加納諸平著、嘉永六年）、『神楽歌催馬楽』など。

（e）国学関係の書物…『直毘霊補註』（野之口隆正著、安政二年成立）、『馭戎問答』（大国隆正著、安政二年）、『古野若菜』（夏目甕麿著、文政十三年刊）など。

（f）その他…〔医学書〕『志都能石屋』（平田篤胤著、文化八年刊）、〔有職故実〕『弘安礼節』（一条内経他著、弘安八年成立）、〔書道〕『菱湖法帖』（菱湖著）、〔農書〕『き、んの心得』（羽田野敬雄編、万延元年）、〔漢学書〕『易原図略説』（谷川竜山著、文政六年刊）など。

一方、金木の分類に従えば、概ね「イ」は歌集が多く、本居宣長・竹村尚規・夏目甕麿などの遠州国学の大家の著作が目立つ。「ロ」は神道関係のものから教養的な書物まで幅広く見られること、「リ」は広く歴史関連の書物が目立ち、「を」・「ワ」はその他の実用書のような書物が多いこと、「ハ」の「大日本史」は狩宿村（現、引佐町狩宿）の峯野次郎左衛門から購入したものであることなどがわかる（表41）。

本のジャンルは、本居宣長・賀茂真淵・平田篤胤などの書物が多く、とくに和歌に関するものが目立つ。金木は早くから羽田野文庫などに接し、多くの書物にふれあう機会を得ていたが、段階としては、実用にあわせて神道関連の

表43　山本金木の蔵書

分類法	資料名				
イ印	1　古今撰　三	2　柳園集　五	3　美濃の家つと　二十六	4　竹の五百枝　二	5　鴨川集略写　三
	6　古今和歌集御傳受竟宴　一	7　明倫歌集　五	8　鈴屋集　六	9　七十六番歌合　一	10　秋野の錦
	11　艶梅和歌集　一	12　能宣集　一	13　伊勢集　一	14　兼□□　二	15　後撰集　七（同割記　一）
	16　柿園詠草　二	17　李花集　二	18　千百人首　二	19　六歌仙其他合　一	20　鄙さへづり　一
	21　芳野紀行　一	22　新葉和歌集　二	23　紙魚室長歌集　一	24　万葉考抜書　一	25　四季草　四
	26　嘉永廿五家絶句　四	27　献策篇全	28　橘蔭集草稿　数本		
ロ印	29　史記　二十五	30　蒙求　三	31　四書　七	32　五経　十	33　天満宮御傳記　一
	34　静の岩屋　二	35　古道大意発端弁書其他合　一	36　弘安礼節　一	37　俗神道大意　四	38　神語論本　一
	39　神教要旨略解　一	40　神事略式　一	41　古事記　初其外　一	42　人國記　二	43　神拝式　一
	44　栄樹園集祝詞部　一	45　三教眼目答書　一	46　学統弁論　一	47　大日本名跡便覧　三	48　窮理図解幷天変地略　一
	49　皇朝義略　八	50　新論　一	51　菱湖法帖　四	52　新居帖　四	53　楷書臨本　二
	54　三川國二葉松　二	55　玉襷　一	56　太祓詞後繹　一	57　詞の玉橋其外合　一	58　八田知紀集其外合　一
	59　六句歌体弁其外合　一	60　御鎮座傳記　一	61　駁戎問答　二	62　直毘霊補註　三	63　神功皇后御傳記略　二
	64　修学院御幸御歌会集其外合　一	65　伊勢物語釈　一	66　かげらふ日記　三　同補遺	67　都日記　一	68　玉篇字引　九
	69　熟語便覧　一	70　装束図式　二	71　獨語　一	72　武徳編年集　一	
ハ印	73　大日本史（八十九冊）　※1・2・5巻は金指近藤氏に貸す。明治九年七月十九日に宇布見三宅氏に貸した分あり。7～17巻は不足。				
ニ印	74　史記　三十五	75　蒙求　三	76　四書　十	77　五経　十	
ホ印	78　群書類従　八十三巻				
ヘ印	79　万葉集　二十	80　古史傳四ノ巻　一	81　古今六帖　六	82　サイバラ　二	83　神楽歌サイバラ注解　一
	84　題林控和歌集　八	85　新百人一首　一	86　職人歌合　三	87　和名抄　十	88　文徳実録　十
	89　皇朝史略正続　十五	90　宗良親王御年譜其外　一	91　國史略　五	92　浪合記　一	93　イロハ字引　一
ト印	日記、詠草、其外草稿類				
チ印	日誌				
リ印	94　歴朝詔詞解　六	95　童蒙入学門　一	96　武徳編年集　二十六	97　井伊記　二	98　入学問答
	99　名目類鈔　二	100　印刷秘決集　一	101　きゝんの心得　一	102　参河國宮社考　一	103　賢樹恋歌合　一
	104　球上一覧　一	105　毛詩　五	106　多度縁起　一	107　冠辞考　十	108　大祓釈　隆正　一
	109　尚書　六	110　しまとのまにまに　一	111　井伊家古代由緒　一	112　神教要旨　一	113　気海観瀾廣義
	114　すゞむし　一	115　百人首峯のかけはし　二	116　年中修事秘要　一	117　書籍考　一	118　小学　二（合本全部）
	119　群書類従　七	120　古言梯　一	121　和歌会式　一	122　姓氏録　三	123　神代紀髻擧山蔭　一

	124 神職考 一	125 大日本輿地図 一	126 朗詠集 一	127 張郎子之筆跡 一	128 唐詩帖 二
ぬ印	静岡隊日記予始記録詠草ヤウノモノ				
を印	129 霊示正鑑 二	130 北國六州細見図 一	131 古文カナ付 一	132 國分宝鑑 一	133 鴬蛙集 二
	134 千種の句 二	135 神名記 一	136 四書カナ付 一	137 御遷宮長歌 一	138 雲上明覧 二
	139 東京絵図 一	140 俳諧新五百題 二	141 紀元通略 一	142 六華集 一	143 古今集小本 一
	144 字引 一	145 官員録 一	146 イロハ字引	147 銅板図 一	148 諸礎諺解 一
	149 歩操新式 四	150 遠江絵図	151 掌中群書一覧 一	152 イロハ字引	153 万葉一句類語抄 一
	154 道中懐宝 一	155 十三朝紀聞 四	156 四季部類小本 一	157 袖珍諸学便覧 一	158 雅言仮字格 一
	159 神祇式 十	160 鹿島名所図 二	161 大平春海頌合 一	162 顯城記 一	163 三音考 一
	164 春のもみぢ 一	165 古学淳辞集 一	166 拝霊全詞 一	167 古事記 三	168 三大考論弁其外 一
	169 家傳医法 二	170 日本紀 十五	171 宝永十條 一	172 日本紀類聚解其外 一	173 顯城録 三
	174 住吉物語其外 一	175 同其外合 一	176 神代系図 一	177 本居翁ヲ拝詞 一	178 出雲風土記 二
	179 古語拾遺、一	180 同神代 二	182 玉アラレ 一	183 姫姫命世記 一	184 古語拾遺抄 一
	185 長歌撰格 二	186 駿河風土記 一	187 祭典略 一	188 地球図 一	189 和漢年契 一
	190 出定笑語 四				
ワ印	191 ウヒマナビ 一	192 無文行状記 一	193 神社便覧 一	194 慶安御触書 一	195 味方原合戦考 一
	196 唐詩選 四	197 和歌式 一	198 易原図略説 一	199 韻鏡 一	200 史摂百傳 一
	201 玉梓百首 一	202 名所今歌集 一	203 錦繍録 一	204 玉かつま 七	205 万水一露 五十七
	206 思玄□本 一	207 瘍科ヒロク 一	208 神代系図 一	209 神職こゝろえ草 一	210 和俗童子訓 一
	211 名医詠 一	212 経典餘師 三	213 有職問答 一	214 若木詩抄 三	215 荘子 十一
	216 諸国残篇風土記 一	217 古野若菜 一	218 萬書韻会 二	219 三体詩 一	220 職源抄 五
	221 磨光読鏡 二	222 自家草稿類数々	223 独語 一	224 己卯雑識 一	225 古事記仲間哀記 一
	226 日本歳時記 四	227 遊仙窟 五	228 浜のまさご	229 易 七	230 古今字学考 一
	231 雨宮御祓銘論 二	232 触穢私考	233 水府公不可和其外	234 古文 二	235 枕草子 十三
	236 論語俚諺鈔 三	237 同餘論 三	238 唐詩聯錦 一		
明治九年改	239 日本地誌略 二	240 内國史略 二	241 物理階梯 三	242 古事記 三	243 金朝史略 十五
	244 宇音かなつかひ 一	245 縣居翁集 一			
明治八年東京端枝へ送る	246 正文章軌範 三	247 続文章軌範 三	248 字彙 十五	249 春秋左氏傳 十五	250 文藻行潦 一
	251 文語砕金 二	252 律詩韻函 五	253 対句自在 五		

注）イ印：8：「其余ハ宇布見へかしアリ」、ホ印：群書類従内の李花集二巻は井伊谷宮へ貸す。

書物をまず購入し、慶応年間になると平田国学関係の書物を入手するようになり、それから明治以降になって再び神職関連の書籍を購入していったと推定することができる（表41・43）。

実際、生涯を神職として過ごし、幕末の政局において報国隊の中心人物として活躍した金木にとって、蔵書の形成は念願であった。彼は次のように回想する。

〔史料2〕[15]

初メ栄樹園ニ学ビシ時翁曰、予若カリシ時ヨリ自他ノ職業ニ追ハレ学文スル暇ナク、歌ハ寝覚或ハ歩行ナシガテラモ読マルヽ故専ラコレヲナセルノミ、漸ク六十歳ニ至リテ読書勉強セリ云々、依テコレニ習ヒ、又常ニ倹約ナシ、資本ヲタクハヘ、書籍ヲ求置、嫡男成長ヲマチテ家名ヲ譲リ学文ナサント心掛ケシニ、四十五歳ノ時太政御一新トナリ、西ニ東ニ奔走シ、其意ヲ果サヾルコソ残念ナレト咄シタル

ここでは金木の師匠である小栗広伴（栄樹園）[16]の話を引き、同じく若い頃、借財によって書物を買うことができなかった自分の学問に対する思いを述べている。なお、現存の文書群のなかでは、「浪合記」・「武徳編年集成」・「井伊氏系譜」・「遠江国風土記伝」・「大藤寺井伊系図」・「井伊家伝記」・「宗良親王年譜」などの金木による写本が確認できる。[17]このうち「井伊家伝記」は龍潭寺住職祖山が享保期に記した歴史書であり（末筆に「龍潭寺蔵書ヲ以テ写取」とある）、「宗良親王年譜」も龍潭寺住職によって叙されたものである。引佐郡・井伊氏に関する写本が目立ち、金木の興味関心は地域史にあったことが知られる。

また、二宮神社神主の中井家から由緒書（「神主屋敷留記[18]」と一部記述が重なる）を借りて筆写していることもうかがえ[19]、中井氏を介して地誌、とくに郷土の歴史に関して情報を得ていた。中井氏は宗良親王をめぐる由緒書の作成を代々行っていたが、こうした認識の背景には、当地にある程度共有されていた通念があったと思われる。兵藤家[20]に伝わる文書には次のような記述がみられる。

〔史料3〕[21]

当所御宮口傳書之覚

一八幡宮往古之社と申ハ万松山龍潭寺之境内也、御遷座ハ人王五十六代清和天皇御宇貞観年中也、井伊家御領主之御時奉被仰御氏神と大社御建立、其上御神祭料高引之御除地御寄附有之、御神祭八月十五日ニ定ル、放生会之形合也、然ル所享禄天文之初殿村之薬師山へ奉御遷座、其後ゟ当所ヲ神宮寺村と改ル、井伊庄三十七郷之惣社也、薬師如来ハ御地立、毎年「正月四日」恒例之祭り有之願文帳納ル、其後御領主替り又駿河御天領ニ相成候而茂右御除地無相違御寄附有之候所、慶安元年ニ御朱印被下候事、

神主棗出雲守
禰宜影山惣兵衛
道師正楽寺　同　西尾久左衛門
同　内山九郎右衛門
庄屋山下五郎左衛門

正保年中ニ
社僧定光坊建立
正楽寺之扣也

元文年中ニ
御宝蔵建立
奉納御朱印
是迄ハ定光坊ニ
奉預り

この史料は神宮寺村において口伝されてきたものを筆写したと思われるが、「寛政十二迄弐百七拾年余ニ相成」とあることから、寛政十二年（一八〇〇）頃に作成されたとみられる。ここでの「井伊庄三十七郷之惣社」という「井伊庄」[22]という認識は、神宮寺村の人びとの地域意識のなかにも反映されていたことを確認することができる[23]（本書228

頁参照)。

なお、山本家文書のなかには、井伊家に関する文献も多く存在しており、とくに「遠江国引佐郡井伊谷郷名並井伊家古代由緒之覚書」と題された記録が確認される[24]。本書の作成年代については定かではないが、おそらく幕末の比較的早い段階のものと考えられる。この本は「引書目録」として次のような書物を挙げている（☆山本家蔵書が確認できまた実際に現存するもの、□「山本家蔵書」でのみ確認できる書物、〇どちらでも確認できない書物）。

〇延喜式・□倭名抄・〇続和漢名数（貝原篤信之撰）・〇東鑑・〇保元物語・〇太平記・〇日参考・□兵家茶話（日夏氏撰）・☆南方記（芳野日記）・☆李花集（宗良親王之集）・☆新葉集（宗良親王之撰也）・☆並合記（尹良親王幷良王君之御事記ス奥書ニ長号二年戊申九月所写不許他見トアリ）

本書の基本的な内容は、中井氏が記した地誌「礎石伝」[25]などとも共通しており（本書第六章参照）、旧引佐郡全体の地誌としての様相を呈している。大筋としては遠江井伊家の事跡の考証が文献に基づき行われ、とくに、井伊道政の活躍について強調して書かれている。また、井伊城での宗良親王などの様子に字数が多く割かれているところにも特徴がある。ここでの叙述が、古代の井伊氏に注目したものであることからも明らかなように、金木の関心はあくまで南北朝期の宗良親王の活躍とその墓所の問題へと向いていた。祖山が重視した戦国期の井伊直政の活躍等については触れていない。また、古代の地名の考証など地誌的な問題にも関心をもっていた。金木の歴史観の根底には、郷土の歴史とそこで活躍した宗良親王という二つの軸がはっきりと存在している。こうした金木の理解の大筋は、明治になっても基本的に変更はなく一貫していた。最晩年（七十九歳）の明治三十七年（一九〇四）六月には、『宗良親王御墓地考』[26]と題する書物を撰集している。この本の冒頭に次のようにある。

〔史料4-1〕[27]

文久元年京都町与力隠居平塚瓢翁と云人陵墓一隅選述ノ節、宗良親王ノ御墓所取調候ハムト三州羽田埜神主ニ託シテ依頼アリ、依テ中井家・龍潭寺等ノ旧記及實録ヲ抄出シ送ル、

『日記』にもこのとき届いた書簡がメモ書きされており、金木はこの手紙を受けて「二日、天気。龍潭寺へ行。宗良親王旧記かり来ル。終日はなしいたし、酒飯など被下候」「四日、雨。宗良親王旧記写」と、井伊氏の菩提寺である龍潭寺から旧記を借り出していることが知られる。(28) ここで羽田埜神主というのは、三河の有名な国学者・羽田野敬雄（一七九八～一八八二）のことであるが、金木はこのときから宗良親王と古代井伊氏の歴史について本格的に探究していくようになった。『宗良親王御墓地考』は宗良親王の墓所の所在地について史書・古老の言い伝えなどを頼りに種々考察している。とくに次の記述が注目される（本書189頁）。

〔史料4－2〕

其後中井應〔カ〕助二宮神主中井氏ノ別家ニテ当時遠州浦川ニ住ストニ云者井伊ノ古城跡ヲ見ントト井伊谷村宮本仁三郎ト云者ヲ案内トシテ初メテ此火穴ヲ見出テコレコソ親王ノ御墓ナルベシ云々ト云ハレタリト聞ケリ、然シテ吾ガ調べ出セル龍潭寺境内ナル御墓ト云ウハ違ヘル由ニテ此古城跡幷火穴写ノ図面ヲ認メテ羽田埜へ差出セル由後ニ傳承ス

金木は宗良親王の墓を龍潭寺の境内であると考えており、「火穴の件」については古老の伝えがないことなどの不審点を挙げている。また「愚考」と題して次のような見解も示している。

〔史料4－3〕

愚考

○文久ノ頃ノ住僧龍潭寺琢巌云、当寺ハ井伊氏ノ中屋敷ナリシヲ後ニ寺トナセリト云々、金木思ニ井伊氏ノ祖ハ三宅氏ニテ此地ヲ領セシナラン、然シテ今ノ龍潭寺境内所三宅氏ノ宅地ナルベク又三宅神社モ此地ニ轉座ナシ奉レルナラン其供養へ、タリシテ其後裔ニ井伊共保ナル者出テ家名ヲオコシ遠江守カ介カトナレルヨリ初メテ井伊氏ノ名声海内ニ聞エ渭伊郷ヨリ出タルヲ世ニ認テ井中ヨリ出タリト云傳ヘタルナラン。

これは井伊共保の出生に関わる指摘であるが、龍潭寺の理解とは大きく異なる（井伊氏の祖先が三宅氏であると指摘している点など）。また龍潭寺が井伊氏の中屋敷跡に創建されたとする説も龍潭寺に伝わる説とは明らかに違う、

金木オリジナルなものであったことがわかる。

このように報国隊の中心人物である山本金木においても、歴史意識を龍潭寺・中井氏・方広寺などとの関係のなかで形成し、その上に独自の見解を深めていった。もちろん、そこには遠州の国学者らとの交流の影響も間接的にはあったと思われるが(29)、その行動自体はきわめて地域社会に即したものであった。金木の正月の過ごし方は毎年ほぼ変わらないが、とくに万延二年（一八六一）のそれをまとめたものが表44である。ここでは中井家や龍潭寺、そのほか周辺の有力者への挨拶廻りを欠かさず行い、陣屋とのつながりも大切にしていた金木の姿が垣間みられる。

明治になって教導職についた金木はこうした地域社会での立ち位置を利用して、「名望家」として社会的な信頼をさらに獲得していくことになった。それは明治以後も彦根井伊家の社参が、山本・中井両家にとって重要な位置にあったことと関わる。金木は明治二年に次のような口上書を彦根役所に提出している。

〔史料5(30)〕

口上書

渭伊神社之義は御先祖様神井より御出誕以来御産神と御崇敬被為在、御代々様御参詣被成下、其度毎々御太刀壱振、御馬代黄金壱枚御奉納被成下候事ニ御座候、右ニ付今般御社参被為在、金千疋也御神納被成下難有献納仕候、乍然是迄御代々様御献備被成下候形合とハ格外之相違ニも御座候間、乍恐御由緒も薄らぎ可申事と実ニ奉恐入候事ニ御座候、何卒御先祖様より格別之御由緒柄等深御憐察被成下御吉例通り宜御取成可被下候様、偏ニ奉願上候、以上、

明治二年巳七月廿二日

神宮寺村渭伊神社八幡宮神主山本金木 印

彦根御役人衆中

このときの彦根候（井伊直憲）の参詣では、八幡宮と金木個人に都合金千七百疋、井伊大明神と中井真雄へ都合

表44　山本金木の正月（万延2年の場合）

元日	①早旦神勤（御そなえ・御飯、大晦日晩献置、御酒…）。 ②龍潭寺方丈参詣（神酒出ス。御初穂青銅弐拾疋献上被致候事如例）。 ③金指陣屋へ御礼に参上（御神酒壱樽献）。 ④（村方礼廻り）※公儀様の姫君婚入のため中止。
二日	金指陣屋始、所々礼廻り。中井伊豫（礼斗）・中井猪左衛門（年玉広壱帖）・西田柳白（廿四文）・倉吉（墨壱丁）・鈴木五郎左衛門（礼斗）・阿形圭齋（廿四文）・五日市場鈴木角左衛門（札）・三郎右衛門・金指御陣屋（山高ニホン入せんす箱）・祝田村萩原山城（せんす箱）・村上新右衛門（広壱帖）・刑部村宮司将監（広壱帖）・気賀村沢木近江（せんす箱）・名倉壱岐（せんす箱）・小ノ村白井嘉右衛門（せんす箱）・山尾藤十（廿四文）・山村友右衛門（せんす箱）・山尾藤十（廿四文）・山村友右衛門（せんす箱）→二日年頭廻り。
三日	村中礼廻。
四日	がらん祭（233文：神領作百姓衆持参）薬師堂にて正楽寺を招き飯を出す。200文正楽寺へ礼。
六日	晩より「御神供御神酒献御勤如例」。
十四日	そなへ振舞（酒出ス）村役人四人・社家二人参加（※五郎左衛門・市右衛門は産穢のため不参加）。
十五日	千座御祓。大般若（正楽寺来ル）；村役壱人・社家二人（飯振舞）200文正楽寺へ礼。
十七日	年神祭札配る。
二十三日	宇布見へ年頭に罷出る。京都へ年始状・献上金差し出す。名古屋書林へも書状出す。

注）『山本金木日記』万延二年正月条をもとに作成。

一五〇〇疋（内、金三〇〇疋は井伊大明神境内絵図をおよそ二〇〇枚を提出したことに対しての礼金）、妙雲寺に金都合四〇〇疋がそれぞれ下されている。またこのときの参詣においても、「中井案内ニて城山へ登り所々見廻り被成候由也」とあり、中井真雄による井伊家ゆかりの史跡案内があったことが知られる。また、傍線部の「由緒も薄らぎ」という文には、明治となってもなお、井伊家との由緒にこだわった、金木の姿がみえてくる。

ちなみに、金木が宗良親王の調査を地元で行った際、「（慶應四年）十一月十三日、弁事附属、新五郎、諏訪大助右両人、宗良親王御墓御改として龍潭寺へ参られ、十五日中井七郎方へも寄相改候処、龍潭寺ニも中井ニも旧記等無之、尤後而改差上候様申上、十六日右両人引取られ候。十九日中井七郎、方広寺へ参り相尋候處、是又旧記一向無之由中井より承り候」と言っており[31]、宗良親王に関する「旧記」を必死に集めようとする金木の姿が伝わってくる。こうした宗良親王の調査研究が金木の思想の大きな基盤となっていた。すでに述べてきたように、宗良親王の調査は、十八世紀の中頃には本格的に行われていた（本書179頁）。その後、十九世紀になると、狩宿の峯野氏や井伊谷の中井氏による龍潭寺の蔵書の調査なども進み、このことは、彦根藩にまで伝わっていった（本書287頁）。金木の宗良親王研究もあくまでこれに基づき行われたが、その幅広い学文ネットワークを駆使して、彼のオリジナルな見解を導き出していったと理解できるであろう。

以上、金木の蔵書と宗良親王研究の経過をみてきたが、金木がこのような思想をもつに至った背景にはいかなる動機があったのであろうか。以下、みていくことにしよう。

三　神宮寺村の「由緒」と金木の「由緒」――寛政年間の出入り再考――

神宮寺村八幡宮の神主山本氏は、地域社会のなかでどのような位置にあったのか。その点で注目されるのが、金木による次の回想である。

〔史料6〕(32)

別紙

元文五年七月四日、山本直徳神主死去、無子シテその妻壱人のミ相成、其節より社中之事共萬端村役人ニて取斗らひ、社家、社僧抔も村役同服ニ相成候由也、寛保元年三月血縁之方より養子相続相定候處後ニ山本志津摩と云筑前ノ父也、是又わづか十一歳之幼年故、神主家ハあるかなきかの如くニて、村持同様之社ニ相成、其節村方之内ニ而神主を奪取らむと謀計をめぐらすもの有之、村役ヲダキ込ミ拙家ノ旧記紛乱致させ候、其事漸母親のさとり出て相残候書物類幼年の養子ニ申付ケ、神殿ノ内へ深ク納メ置候處、吾が家の乱るるはしにや、延享元年四月十三日社壇ノ下より火もゑ出て、神殿、拝殿、御供所一時ニ焼失いたし不残灰燼と相成申候、此火もしくハ神主職を奪取らむとせしもののしわざか、其故ハ此時神主家ノ旧記又棟札等焼失いたさせ、其後古代ノ棟札とてあやしき神主ノ名しるして、吾が山本ノ家をば禰宜として傍ニ書加へたる棟札壱枚何方ニかありしとて、とり出してその神主ノ子孫なりとて、かの工ミけるものの子、寛政ノ初ニ申出、尤其頃迄も猶村方支配ニて追々神主家ハ衰微ノ時節、彼ノ悪党共黄金を投ツテ出訴いたし、彼是大六ツケ敷相成候処、吾が祖父山本筑前大丈夫ノ魂ニテ少シも不騒十ケ年余公訴ニ及び居、其節　御本所ノ御苦労ニも相成、享和三年漸仕ふせ、如往古ニ復し、外より差図無致事進退神主ノ儘ニ相成、彼等が五六十年ノ工ミは水の沫と成申候ハ心地よかりし事共也、さてこそ紛失之旧記追々取調ニも可相成処、間もなく又々不仕合相続……（中略）……天保十一年山本常陸出奔いたされ、尤も甚不埒千萬ニなる事ニて暫ク絶家同様ニ相成居此間ニ又々古き書物類紛失いたし候、其後血縁ニ付、拙子幼年ニて相続ニ立入、今年ニて廿□年余神主職相勤、漸十ケ年前より無事ニ皈シ、今ハ波風穏ニ相成申候、右折々之混雑ニて古来ノ旧記取失ひ残念之至ニ奉存候

この史料は、文久二年（一八六二）十一月十九日に杉浦壱岐守（吉田殿役所）から金木のところに届いた「旗本山本家とのつながりを教えてくれ」という手紙に対する返書（『日記』に控えがある）であるが、神主の立ち位置を知るためには、傍線部にみられるように、寛政期の出入りが重要となる。これは、当時、「遠州引佐郡神宮寺村正楽寺定光坊幷村役人共儀、八幡社中取計之儀ニ付、神主山本惣市外弐人義、申立候一件」[33]とされた出入りである（以後、「寛政争論」と便宜上記す）。寛政争論は、寛政三〜七年までの八幡宮神主山本志津摩が、社僧定光坊が朱印を納めている宝蔵の鍵を管理していたこと、村役人により神主の扶持米が不当に減少させられたことを、京都本所吉田家に訴えたのに端を発す。この際は、山本家が一部譲歩するかたちで勝訴したが、寛政十年には、村役人が八幡宮御用木の値段決定権をめぐって訴えを起こした。結局、この争いは、享和二年頃まで続き、最終的には寺社奉公の裁許によって、神主が全面的に譲歩するかたちで終結した。この一連の出入りのことを指す。吉田家が入ることにより、社僧という半分僧侶・半分神職の身分が問題視されたこと、村社（八幡宮）の帰属をめぐる問題が表面化したことなど、大

きな意味を有した。この争論の詳細についてはすでに澤博勝の研究成果があるため深くは解らない[34]。しかし、寛政争論は、たしかに澤の指摘のように、表面上は八幡宮は村のものか、それとも神主の家産か、という論点で争われているようにみえるが、その背景には八幡宮の「由緒」をめぐる人びととの認識と、そこから生じるいくつかの問題があった。まずは、定光坊という「社僧」の位置について確認したい。次の史料をみてみよう。

〔史料7〕[35]

奉願上候口上書之覚

一当寺儀者従貴寺八幡宮時々勤行之節川茂隔候故、無拠可及怠慢ニ茂砌代勤為可相勤　御地頭所御家老小澤助右衛門殿并貴寺御見住實應法印御相談之上当寺致出来候故、誠ニ以　御殿様御建立同様之寺ト申言傳ニも在候、依之再建棟札ニも小沢九郎兵衛殿御名詞有之候由、然間従貴寺為其由緒、毎年正月四日薬師法参并、十五日神前大般若転読相勤、猶又祭礼之節ハ不及申上ニ、月並朔日十五日・廿八日無怠懈是迠相勤、勿論先年神主家病気ニ而、永久敷引籠有之節ハ、当寺先住廿有余年神祭万端一圓ニ相勤申候程之義にて、則貴寺之郷控社僧ト唱来候事、相違無御座候、右ニ付近来従　御公儀様、諸国寺社境内御改之節茂、当寺義、画図面ニ相載社僧定光坊ト相記候、神主印形を以、御公儀様江奉差上候事紛無御座候、然処此度如何之義哉、先年御追放被仰付候前神主筑前、今年神祭相勤候ニ付、格立而抱寺へ及挨拶候者、定光坊之義御宝蔵守人たる之間不及神勤ニ、勿論自身参詣之義ハ不吉、畢竟年限奉公人同様之間、左之通可得相心与申募候、右筑前僧道之義、如何相心得申候而、右躰之義申之候哉、其上仕来之寺格一向ニ相廃候義、幾重ニも歎ヶ敷、是而已迷惑仕候、殊更神祭も可相勤筋故従　御地頭所茂布施物頂戴可仕旨御書付村方ニ有之由承之候、天明年中御触ニも神祭之義古来有来之通可勤之義ニ御座候へ共、今年ゟ定光坊被差留申候而者、往古より仕来候、天下泰平之御祈祷、神主了簡を以相減候義其甚以奉願　御上様江奉恐入候、何分正保年中よ里仕来之通仕度奉存候、此度筑前申候趣ニ而ハ定光坊寺格一向及荒廃、誠ニ俗家同様ニ相成其上　御上様へ奉差上候画図面、偽りニ相成、并小沢九郎兵衛殿棟札之御名目与申御触書ニ相背候段旁以奉恐入候、何卒古代仕来之通ニ被成下守人抔と相唱候躰之義ハ御除被下置、古来形合之通行末寺格相立候様ニ御陣屋表へ御願可被下候、以上、

定光坊 印

寛政十午年十一月

正楽寺

御役僧中

これは寛政十年（一七九八）に定光坊が正楽寺へと提出した願書の控であり、原本は添書を付けて御陣屋へと上申されている。これによれば、定光坊は、八幡宮の「社僧」として旗本井伊谷近藤氏の家老小沢氏から公的に認められてきた存在であり、神主家が病気であった際には、神祭もつとめた。また、定光坊には、毎年正月四日の薬師法参、正月十五日の神前大般若転読、祭礼、月並朔日・十五日・廿八日供養、宝蔵の管理、という五つの大きな仕事があり、神主が本来果たすべき役割の多くを定光坊が実際に担っていたことも確認できる。定光坊は、正楽寺と八幡宮の双方に帰属しつつ地域に定着してきた存在であった。すなわち、神主山本の主張は、領主と地域で合意されてきた秩序に対して、本所吉田家の権威を頼りに変更を迫るものであった。

では、この争論における吉田家の立ち位置はどのようなものであったのだろうか。吉田家から出された二通の達書（①祠官・禰宜宛と、②神主山本家宛）を確認しておこう。それぞれの内容をまとめたものが表45である。この二つの史料は「此書附之写ハ近藤彦九郎様御用人格冨田嘉平次様ゟ写被下候、後代此わけ相知れ候ため書記シ置申候、兵藤氏秀由」と端裏に書かれており、これが神宮寺村の兵藤家に所蔵されていたこと自体が吉田家権威の地域社会への浸透を考える上で注目される。この出入りで最も問題となったのは、従来、吉田家よりの許状をもたずに神勤をしてきた祠官・禰宜の存在である。これに対して禰宜・祠官たちは次のように述べている。

表45　本所吉田家よりの達書

	達書①	達書②
年号	寛政七卯年三月	寛政七卯年三月
発給	御本所御役所	御本所御役所
差出	遠州国引佐郡神宮寺村渭伊神社祠官・禰宜	遠州引佐郡神宮寺村渭伊神社神主山本惣市
内容	これまで「神祇管領之御免許」を願請ずに、自分勝手に神勤して神祇道法令を乱すことは不法の至りである。急度、御沙汰あるべきのところ格別の御憐愍によって、これまで通り、御免とする。今後はこれを相守り、忘却しないように。	当社は、延喜式内社で、とくに朱印御寄附もあり、重要な神主職である。祖父志津摩ならびに親父筑前について、神祇道・職業を弁えず、俗人と内談し、神威を汚し、不埒の至である。急度、御沙汰有るべき所、非をあらため去寅年に志津摩父子出所いたし、是までのことハ免し、御地頭所の思召の上、今般は定書に奥印をし相渡す。今後は忘却してはならない。
	去寅年中に前神主の山本志津摩一件について、あれこれ出入を立てること、御地頭所と対談の上、定書をつくり、奥書と印形によって事済になった。この書面の通り、急度相守るべき事。	武運長久・天下泰平・五穀豊穣など恒例の神祭、神勤怠慢ないように。
	公儀の御法度は勿論、神祇道法令・御地頭所掟などを堅く相守り産子中一統を軽蔑しない様に心掛るべき事	公儀御法度の義は勿論、神祇道法令・御地頭所掟などを堅く相守り、産子一統と和融いたす様に心掛るべきこと。
	寛文五年に仰出れた神社御條目の御趣意の通り、怠慢なく社中の掃除をいたすべきこと。	御朱印頂戴の神主職で不軽の身分であるため、常々相当の義を心掛け、たとえ困窮しても卑賎の義に携ってはならない。
	神職を営むことは、たとえ幼年であっても續目許状滞りなく願立るべき事。	寛文五年に仰出れた神社御條目の御趣意の通りに、社中の掃除を怠慢しないように。内殿向は神主に限り、其他は、祠官・禰宜等がそれぞれ相当に掃除すること。
	神主が頂戴した御朱印書の内、少々であっても支配分以上はすべて神主の支持に従い、神事祭禮は勿論のこと社中の義、何によらず神主に随い、職業の次第を守り神勤すること。	
	苗字帯刀の身分であるため、格別に卑賎の義には携ってはならない。奢ることもないよう心掛けるべきこと。	
	社中において年々正月四日・十五日に法楽大般若などは、仕来であっても、社職と僧侶とが「混雑」しないように心得べきこと。	年々正月四日・十五日薬師堂において法楽大般若などある。近年の仕来であっても、今後は仏法と混雑しないように相心得、右の場所へ神職一統立合してはならない。祠官・禰宜・神子などまで右へ混雑しないよう注意すること。
	神国に生れとくに神職を営む身分であるのに、我が国道を弁ず、かえって儒道・佛道に親しむことは、我親に不孝であって他人の親に孝行いたすようなものである。島国道を学び、他国の佛道に心を移してはならない。	神国に生れとくに神職を営む身分であるのに、我が国道を弁ず、かえって儒道・佛道に親しむことは、我親に不孝であって他人の親に孝行いたすようなものである。島国道を学び、他国の佛道に心を移してはならない。

注）兵藤家文書23号。文書の貼紙に「此書附之写ハ近藤彦九郎様御用人格冨田嘉平次様ヨリ写被下候、後代此わけ相知れ候ため書記シ置申候、兵藤氏秀由」とある。

〔史料8〕(36)

奉差上起請文之事

私共儀是迄年来　御戴許状茂頂戴不仕猥ニ神勤仕　神祇道法全ニ当候段奉恐入候、然所地頭所御取合之上御憐愍之蒙御沙汰難有奉存候自今以後社中之儀者万端神主ニ致道従、猶又此度被為仰渡候御箇條之趣堅相守忘却仕間敷候、若違犯仕候ハバ大小之神祇殊ニ者当社八幡宮之可奉蒙妙罰候、依而奉捧起請文如件、

遠州引佐郡神宮寺村

八幡宮祠官

西尾伊兵衛　印

同断　禰宜

内山九郎右衛門　印

寛政七卯年三月

御本所様

史料8からは、この出入りを契機に〈神主―祠官・禰宜・神子〉の関係（ヒエラルキー構造）が明確化されたことを確認することができる。八幡宮は村のものかどうか、という表面的な問題に加えて、そもそも神職とは何か、といった身分論的な問題が、この出入りに深く関わっている。

ただし、注目すべきはこうした吉田家の動向に対して正楽寺も真っ向から反論していることである。享和三年（一八〇三）に「古義真言宗」を名乗る定光坊が、八幡宮の神主に宛てた文書のなかで、「今般一同熟談之上、正楽寺者導師定光坊者社僧ニ無相違段相分、社中、年中之行事幷社人共配当高等ハ仕来之通取計、其外執行入用以有之旨数を定立木伐採之義、風折ニ而茂村役人共立合候節、其外品々之議定」が決まっているのであって、吉田家より派遣された「宮川大膳儀も不用ニ相成候」と主張している。(37)八幡宮の管理は、正楽寺（定光坊）と村が請負うのが「仕来」であるという論理をここにみることができる。出入りが決着した享和三年に出された村の議定においては、「御朱印

箱之鍵・宝蔵之鍵・神前之鍵一式神主所持仕候、尤宝蔵明候時は定光坊立合可申事」として、神主の権限が認められたものの、定光坊の「立合」も銘記されている。村側からすれば、定光坊の存在が否定されてしまうと、神主によって八幡宮が独占されてしまうという危機感があった。

さて、史料中に「旧記」や「仕来」という言葉が飛び交うが、村役人は八幡宮に対してどのような権限をもっていたのであろうか。兵藤家に伝わる文書のうちの「八幡宮旧記之事」という史料から列挙してみよう。

①御朱印ならびに御神楽音道具虫干への立ち合い。
②御神楽神幸行列への立ち合い。
③毎年正月十四日の勘定帳面の改めに立ち合い、次の番に渡す。
④社木伐採の相談も村役人立ち合いの上で行う。
⑤村役人が御祝事の神酒を陣屋へと献上する。
⑥御宮のことについては、いかなることも社役・村役・惣氏子が相談して決める。
⑦神主死去の場合は村役支配の地に埋葬すること。下社家の者も村役支配の地に住居し、同じく村役支配の場所に埋葬すべきこと。

これが度々、定光坊や村役人が主張する「旧記」や「仕来」の具体的な内容である。かなりの部分で、村による制約がかけられていたことがわかる。こうした村の認識は、旗本領レヴェルでは合意がとれていた。寛政五年（一七九三）に先の出入りを受けて棟札の「書替」が行われることになった。正楽寺看守智蔵法雲によって作成された「神宮寺村八幡宮棟札書替候節記録」（寛政五年十一月）によれば、棟札の書替は「前々より八幡宮導師ニ而有之」ため正楽寺に仰せ付けられたが、自分の意志では判断ができないため触頭の浜松鴨江寺と相談した上で書替をすることになったという。正楽寺の和尚は担当役人の冨田嘉平治に、八幡宮棟札の下書きには「八幡宮殿」とあるが「八幡宮神殿」と書き改めた方がよいか尋ねているが、冨田は、八幡宮は延享年間に焼失しており一宇が造営されたこと、宝暦年間に拝殿のみ造営されたこと、延享に造営された一宇は残っていないことなどの理由から「神」の字は不要であると述べている。これは「評議一決致」とあり、江戸の旗本近藤屋敷の相談の上（江戸役人御用人・御目付・国役人御用人以下六名）で決められており、近藤家が深く関わったものであった。

では、この出入りに対する山本金木の認識について考えてみよう。再度、史料6に注目してみたい。ここで度々、文書（旧記）の紛失が問題となっている点が注目される。金木は、山本家の神主職を奪い取る動きが常にあり、「古来の旧記」が紛失したことをくりかえし強調する。「旧記」をもっていることが神社支配の正当性を証明するという強い認識が彼のなかにはあった(38)。すなわち、金木にとって「旧記」を所持していることは、実際に管理しているという事実よりも重要なことであったのである。

金木のこうした「旧記」や由緒に関する認識は、歴史への関心へと必然的に彼を向かわせた。しかし、こうした動きは決して金木個人だけにみられるものではない。たしかに、山本家には「旧記」が少なかったであろうし、別家から養子に入ってきた地域の事情をよく知らなかった面もあった。しかし、すでに中井直恕の例でみたように、こうした認識は当地の中間層のなかにある程度共通してみられたものである。この背景には、いうまでもなく、この地の歴史に密着した井伊家の権威の存在があった。

なお、金木は、三河の神職たちとの結びつきもあり、「桑名先生」（鬼島広蔭）に古事記の講釈をしばしば頼んでおり、手紙のやりとりも継続的に行っていた。『日記』では「来春ハ先生御願申、古事記之御高釈承度と、東三河之神職等申居候(39)」という記述もみられ、東三河の神職との交流もあった。また、幕末になると政治的な情報交換も活発にみられる。たとえば、文久三年（一八六三）三月には「将軍様御上洛無御滞被為在、皇國之御稜威益盛ニ相成可申と、乍恐難有事ニ奉存候。然処江都ハ醜夷共なにか難問申掛候噂、尤拙辺ハ極山中之事故、是と申説も承り不申候。将軍様近々還御被為遊候由ニ候得者、いかほど夷人共立騒ぐとも恐るゝに不足と奉存候。乍恐天下泰平御武運長久之御祈祷別而朝暮無怠慢仕居候事ニ御座候。先ハ右御願申上度如斯御座候(40)」として、中央政局の動向についても注視している。

さて、金木がこうした近世の地域社会における村社の特質に規定され、歴史意識を形成していったことについてみてきた。しかし、「極山中」にあった金木は、どのようにして知識を得ていたのであろうか。以下、金木の学問受容のプロセスについて旅を素材に考えてみたい。

四　山本金木の旅と学問受容

幼い頃から読み書きを学んだ金木は十七、八歳の頃に学問の重要性を認識し、本格的に「国書ヲ読ミ歌ヲ学ント思ヒ立」った。しかし、当時は先代の山本が残した借金に追われ、「家ニ一部ノ書籍ナキニ困却ス」と回想している。これは幼い頃より文化資本に恵まれた賀茂家で育った金木の本音であろうが、金銭的に恵まれないなか、金木は様々な手段を使い知識を手に入れていった。その一つは本のレンタルである。寺院や在村知識人から本を借りたが(41)、なかでも羽田埜文庫に接したことは彼にとって重要であった（表41）。こうした情報の入手経路を確立するためには、人間関係をより広汎に構築することが必要であった。その際、金木にとって大きな意味をもったのが、旅である。金木は一生の間に数度旅を行っている（表41）。このなかで、金木の前半生を知る上でとくに重要なのが、弘化三年（一八四六）の「富士まうで」(42)という記録である。これは、二十二日間にわたる山本金木（二十一歳）の旅行記であるが、末尾に次のような記述がみられる。

〔史料9－1〕

このごろ押入のすみにて鼠の巣見出てとり捨むとしつれバ、そが中にこの富士参詣の原稿あり。ここかしこ食ひ損はれたれバ、反故にもならじ、まろめて紙屑箱へ投入れむとなしたりしが、又思へバこは廿年あまり先つ方にて、今よりも猶学の道のまだしき程なれバ、これしきのもの書記せるにも旅の労れをしのびてからふじて書つづ

表46　「富士まうで」旅行記（弘化３年６月朔日より）

日数	出　来　事
1日	出立、宇布見里へ。
2日	同行二十一人、浜松駅集合。見付宿→三日野橋→掛川宿ねぢかね屋泊。
3日	大井川通行不能→久能里へ。「あやしき海士の家」泊。
4日	久能山東照宮→清見寺→由比宿四郎兵衛方泊。
5日	大宮村浅間社。
6日	富士登山→八合目泊。
7日	須走口→竹ノ下→矢倉澤→名藤屋泊。
8日	権現社→沓掛村茶屋→不動・坂本駒屋。
9日	比比多神社→伊勢原→下谷→横尾→田村の渡し→まかど→あかばね→菱沼→四ッ谷→藤沢→保土ヶ谷宿。
10日	孫市親族の江戸神田皆川町三丁目伊勢屋治兵衛方→神田明神祭り。
11日	上野・淺草見物。
12日	猿若町にて新戯・両国。
13日	家路に。戸塚宿澤潟屋に宿。
14日	鎌倉鶴岡八幡宮・頼朝屋敷跡・長谷大仏・鎌倉権五郎景政社・江ノ島→平塚宿高砂屋泊。
15日	箱根路。破風屋。
16日	三島社参詣。蒲原宿谷屋平七方泊。
17日	藤枝宿山名屋。
18日	袋井宿松田屋。
19日	宇布見里帰着（～廿二日まで）。

りたりしそのかみの事ども思ひかへせば、さすがに取捨かねて打やれたる紙どもかれこれとりあはせて、今かくうつしおくになむ、されどもあまりにくだ〳〵しき事どもハはぶきもし、又筆くはへもしつ、

　　慶應二年丙寅五月十五日

又云、船、馬、駕等の賃銭モ其所々に小字ニ認メアリツレド盡クハブキツ、サレド今トハ甚ク違ヘレバ、当時ノサマヲ知ランタメニ、一ツ二ツ左ニ……（後略）……

つまり、この「富士まうで」は、慶応二年五月十五日に書き写されたものであり、傍線部にみられるように後に筆を加えたところもあるという。しかし、金木自身が当時の日記を「うつしおく」と述べている通り、記述そのものの大筋については二十二歳の頃のも

表47　金木の和歌（富士詣編）

番号	日にち	詠んだ場所	和歌
1	一日目	宇布見里	恙なく　ゆきかへらむと　木綿手繦　挂てぞいのる　神の守りを
2			このたびハ　雨もいとはじ　天雲の　八重雲わけて　のぼると思えば
3			夕立の　雨とぞけふハ　なる神に　はやふりかはる　五月雨
4	二日目	濱松駅~掛川宿	山のさま　あなおもしろと　ミかの橋　さねてし子等を　おもひ出つつ
5			やとるべき　方も思はで　夕風を　まつ蔭清　ミこの日くらし
6	三日目	掛川宿~牧野原	いかにせむ　翅なければ　空かぞふ　大井の川ハ　わた瀬しら浪
7			船人よ　ぬさとりむけて　綿津美の　神のあらびを　なごめまつらな
8	四日目	久能~由比	いにしへの　関の名残と　清見潟　しげきみるめや　人とどむらむ
9			あつけさも　サッタ峠を　越え来れバ　日もくら澤の　宿りけり
10	五日目	由比~大宮村	いつこより　冨士の高嶺　やもらましと　雲の絶間を　空にあふぎつ
11			富士川や　照る日に水かさ　増りけり　高嶺のミ雪　解にけらしも
12	六日目	富士山	足高の　峰ゆ棚曳く　白雲を　裾野にわけて　登り来にけり
13			益荒男の　なにか唱へむ　たは言は　聞く耳さへに　穢るるものを
14			あはれなり　迷ひの雲の　そら言を　仰ぐ心に　うかぶミかげは
15			そら言も　疑ひはれず　思ふらむ　迷ひの雲に　移らふかげを
16	七日目	~竹ノ下	これぞこの　神代のはじめ　浮あぶら　なしつるものか　四方の村山
18			天くだる　心地こそすれ　浮橋に　かけていはむハ　かしこかれども
19	八日目	竹の下~	千代を経て　しるしの松の　枯ざらば　ありしむかしを　問ハましものを
20			すずしさや　松原を出て　松のかげ
21			旅人の　心もしらで　日ぐらしの　なにに暮ぬと　ときそひ鳴らむ
22			久方の　天路をわくる　心地しつつ　虹の浮橋　ふみて登れば
23	十一日目	江戸	花紅葉　をりのすさびや　いかならむ　若葉さしそふ　かげもあかぬを
24			ひとふしも　なにハのあしハ　なかりけり　うへよし原の　名をやおひけむ

25	十二日目		ここもよし　家路もこひし　両国に　かけてしのぶる　はしやこのこのはし
26			すずみすと　いくらの船が　浮ぶらむ　ひまもなく見ゆる　ともし火の蔭
27	十三日目		中々に　人にはなれじと　思ふ哉　別るる今日の　袂おもへバ
28	十四日目	鎌倉八幡宮	薪こる　鎌倉山ハ　あれはてて　ありし大樹の　かげだにもなし
29		江之島	すずしさの　たぐひもなみに　おりたちて　磯菜やつまむ　貝やひろはむ
30	十五日目	箱根	猶いかに　越えわびなまし　箱根山　家路の方に　むきてわけずば
31	十六日目	三島社	冨士の嶺を　空にかくせる　雨雲の　ふかきうらみハ　いつかはるべき
32	十九日目	宇布見里	心さへ　雨さへはれぬ　旅衣　ぬれにし袂　いざやほしてむ

のと考えてよい。

旅の経過の概略については表46にまとめた通りであるが、所々で和歌を詠んでいる点が注目される（表47）。金木は、久能山東照宮・三保の松原を訪れ、「東照宮御手つぎの蜜柑の木」などを見学、その後、富士山の登山に出かけている。このとき、阿弥陀仏にすがることに対して「益荒男」に反するものだという認識をもっており（「益荒男のなにか唱へむ　たは言は　聞く耳さへに　穢るるものを」）、弥陀・大日薬師などへの否定的な気持ちも露にしている（「この高嶺大日薬師などの堂宇立るハ　大日ト薬師ニ所アリ　いつばかりよりの事ならむ、いとイマはし」）。また、法師と神主の間にある社会的な格差に思いを馳せている記述もみられる。

〔史料9－2〕

辻坊に着くに此坊ハ家居も美しく大なれバ、人々恐れ敬ひけるに、鎮是禰宜の家ハ敷ものなども破れ居て、あなうるさなと人のそしりけるにも「法師らハ雲に飛ぶ世を伏せ庵にかがみてをるか神の宮人」と鈴屋大人の詠玉へる歌を思ひ出て、独涙こぼしつつ、

零落した生活を送る神職と、大きな辻坊で暮らす僧侶の格差が、ここでは問題視されている。(43) この後、金木は江戸

表 48　雲見講参加メンバー一覧

名前	出身・役職	備考
中村源左衛門貞則	敷地郡宇布見村天神宮神主	→同神主の中村直秀が報国隊に参加。
加茂日向直博	宇布見村金山神主	→同神主の賀茂水穂が報国隊に参加。
岡部次郎左衛門政美	伊場村加茂神社神主	→報国隊に参加。
岡部与三郎政興	伊場村縣居翁霊社	
池田庄三郎勝道	濱松宿	→報国隊に参加。資金援助。
池田庄次郎勝古	濱松宿	→報国隊に参加。
秋田善助信平	濱松宿	
桑原真清瀛民	長上郡参野村四十六社大明神神主	→報国隊に参加。
長谷川伊左衛門貞伸	豊田郡川袋村神主	→報国隊に参加。
長谷川権太夫貞綱	豊田郡川袋村神主	→報国隊に参加。
山本大隅直躬	引佐郡渭伊神社神主	
内藤城之介信足	敷智郡新所村八幡宮神主	
木本藤一郎叙重	敷智郡新所村	
竹山孫左衛門重郷	長上郡天王村神明宮・八幡宮神主	→報国隊に参加。
大石長門宣春	敷智郡中田島村神主	加入遅れ未払い。
山内蒙済清暉	新橋村醫	加入遅れ未払い。

へ赴き、伊勢屋治兵衛（神田皆川町三丁目）の家に泊まり、神田明神の祭りや見せ物などを見学。さらに鎌倉鶴岡八幡宮・長谷大仏・長谷観音・五霊大権現（鎌倉権五郎景政社）・弓立の松・江ノ島（下の宮・上の宮・岩屋の宮）・三島大社などをそれぞれ参詣し、帰路についている。以上が弘化三年の旅の大まかな経過であるが、金木は四十歳の頃の旅行記も残している。

先に挙げた旅と比較しながらみていきたい。この慶応二年（一八六六）の頃の旅を記した旅行記は「雲見まう傳」と題される(44)。このときの旅は、雲見講という講組織に基づき実現したものであり、次のように記されている。

〔史料10－1(45)〕

伊豆國なる雲見嶽に鎮座す大神は劔太刀御名にかかせるがごと岩が根の常住に玉の緒の長からむ事を守らせ給ふを玉襷掛て、我も人も朝夕に拝み奉れるからに今年慶應二年より雲見講といふを取結びて年毎に二人づつその内より参詣て、礼代の幣帛奉らむことを同心の友等と議定て、使にたつものの鬮引取れるに、中村貞則と予に当りければ、うれしみ恭みてやがて旅よそひなして三月廿二日に家を出たちて宇布見里なるわが本性なる父の許にいたりて宿る、

幕末になると遠州地方ではこのような講が結ばれることが多

表49　金木の和歌（雲見詣編）

詠んだ場所	和歌
中山	春の日は　霞わたりて　甲斐が　嶺のさやには　見えぬさやの中山
菊川	時ならで　名にきく川も　あせぬらむ　その水上の　雫なければ
金谷駅	國さかる　心ほそさに　大井川　水あさけれど　袖ぬらしけり
島田宿	横雲ハ　霞にこめて　わかねども　あくるか月の　かげしらみゆく
藤枝	名のみして　枝にかかれる　花もなし　並木の松の　かげはお□□と
岡部	ミどりそふ　岡邊の松の　蔭とめて　風まつばかり　春たけにけり
宇都山	花はみな　散て跡なき　山陰の　春をやっさぬ　鶯の聲
〃	蔦かづら　かかるミ山の　奥にても　世のいとなみハ　くるしかりけり
阿部川（安倍川）	手弱女の　身をこがらしの　森といへば　人をまつらの　川上やそれ
奥津宿	おきつ風　磯うつ波に　立そひて　旅寝の夢を　打ちくだきつ
〃	夜すがらに　轟く音の　かしこきは　奥津潮瀬に　ほゆるくじらか
〃	煙りたて　寄るから船の　いぶきかも　五百重の波の　上にひびけり
田子の浦	田子の浦の　あかぬみるめを　かりそめの　海士ともなりて　住見てしがな
〃	このたびハ　いむとしきけバ　冨士の嶺を　かくせる雲や　こころあるらむ
沼津	おせの浦や　戸田の湊の　ミるめ刈る　いとまもなミの　立騒ぎつつ
〃	よせかへり　砕くる波も　所から　降るや霞の　ここちこそすれ
松崎	よるべさへ　なみにゆらるる　遠津人　まつてふ崎と　聞くがこいしさ
雲見	玉の緒を　とりゆらがすせる　心地して　磯うつ波の　音もさやけし
松崎（江奈・仁科）	波の音を　そがひになして　蔦かつら　心ほそくも　かかる山みち
〃	右に越え　左に渡り　谷川の　流れにそひて　ゆく山路哉
仁科郷	岩はしる　谷之流れの　音のミを　しるべにわけつ　しらぬ山路も
〃	から國の　虎ふす野辺や　いかならむ　猫の山さへ　越えわびにけり
小笹原	分けまどふ　山路のうさも　忘れけり　小笹が原の　風のそよぎに
〃	鶯も　ねになきてこそ　をしむらめ　今日ばかりなる　春の別れを
元吉原	猶高く　みがき出てよ　ふじの嶺の雪の光に清き心を
〃	青柳の　いとの長きハ　君をしも　とどめむとこそ　植置てけれ
〃	打たたる　しだりの柳の　長き日や　いづらとばかり　この日暮ぬる

元吉原	まさきくて　又あはむ日に　くらぶれば　わかるるけふの　うさハ物かは
〃	契りおく　後のたよりの　風にこそ　けふのたもとの　露ハはらはめ
〃	(田中)　あかずして　わかるる君を　しばしだに　ひきもとどめよ　青柳の糸
〃	(田中)　玉ちはふ　神より板の　ひとすぢに　引もとめなむ　別格の袖
〃	(返歌)　いとどしく　心ひかれつ　青柳の　花田の原の　露のしなひに
〃	(返歌)　ひとすぢの　神より板の　よりよりに　思ひ出つつ　しのばざらめや
〃	田子の浦の　澳つみるめを　家つとに　とり得てけりな　おきつみるめを
家路へ	立かへる　家路にきけバ　清見泻岩打浪の　音ものどけし
島田	涼しくも　岩走りゆく　水茎の　岡部にかかる　谷川の橋
〃	このゆふべ　焼野の原を　過ゆけバ　なくや雉子の　声あはれなり
金谷	つつみなく　立かへり来て　さらに又逢瀬　うれしき君の中川
帰宅	蔭ふかく　木々の若葉の　しげりけり　家路の野山　しばし見ぬ間に
〃	時鳥　ともなひゆきて　家人に　我が旅づとと　聞かせてしかな
〃	程も経ず　登り来にけり　久かたの　雲見ときさし　遠のミ山も
〃	このゆふべ　空にもかへる　久かたの　雲見の神や　おくり給へる

くなってきたが[46]、雲見講の結成については『日記』に次のように記されている。

〔史料10－2〕

廿二日、天気。一豆州雲見大神に年毎に壱度参詣致度、同志之輩拾七人昨年秋より発起して、当年より雲見講取立年々両人宛代参、則拙者と宇布見村中村源左エ門代参鬮相当出立候、講ニ相加り候人々左之通り、

……(中略)……

右拾七人、但大石宣春と山内清暉ト両人ハ当春鬮相済候テヨリ加ハル。依て拾五人にて掛金ヲタス。壱人前□匁ヅツ、都合金五両、内金壱両神主へ奉納御祈祷、残四両人道中入用、右発足、宇布見宿

この講に参加したメンバーをまとめたのが表48である。この参加者の多くは、後の遠州報国隊に関わっている。このときの旅では、先述の富士参詣に比べ、古事記・日本書紀の記述を多く引用しており、祝詞を拝す場面も多々あ

表50　雲見神社参詣の日程

月　日	出　来　事
三月廿二日	出立。宇布見里へ。
廿三日	中村貞則宅へ→川袋里の長谷川氏に宿。
廿四日	原川里→中山・菊川・金谷駅→島田宿兜屋泊。
廿五日	藤枝→岡部→宇都山→安倍川→府中駅→奥津宿清水屋宿す。
廿六日	沼津駅元問屋宿。
廿七日	伊豆国松崎湊→石部・雲見里（神社高橋氏）へ。
廿八日	雲見もうで。
廿九日	松崎→江莱・仁科→猫村→金山→よしな（温泉）。
三十日	蛭か小島等の古跡（石碑）→北条・ばら木・日守・太平、徳倉・くわんぬき→沼津元問屋（鬼島を尋ねる）。
四月一日	元吉原の田中秀胤を訪ねる。
二日	帰路へ。澳津に宿す。
三日	宇都谷→島田→金谷。
四日	長谷川貞雄宅へ。
五日	宇布見里へ。
六日	帰宅。

り、神職としての立場が前面に出ているといえよう(47)。このときに詠まれた和歌をまとめたものが表49であるが、国学的な知識を多分に引用している点が注目される。旅の経過については表50に示した通りで、蛭ケ小島などの古跡をめぐり、次のような考証を行っている。

〔史料10－3〕

蛭か小島と云ハ、元此辺の總名なり。又往昔ハ伊豆國の惣名とも傳え聞けり。然れども今ハ此名負ひたる所だに無ければ大方の人の知らぬもうべなり。

このとき寛政の頃に立てられた石碑や小田原北条氏の出城跡、「豊臣太閤の物見し給ふ跡」、北条時政の屋敷跡、願成就院の宝物などを訪ねている。またこの旅では、伊勢国桑名の春日神社神主鬼島廣蔭などとの出会いもあるなど、金木の交流圏が神職を中心に広範囲にわたっていたことも確認できよう。すでに若林が指摘した通り、この「雲見神社参詣」は『古事記』の実態調査としての側面もあったが、もっと広汎な歴史への興味関心が強くみられる旅であった。このような機会を通じて、多くの人びととの交流をもち、記紀への認識と国史についての理解を得ていったのであろう。また、この史料の末尾には祝詞が書かれており、推敲のあともみられる。こうした各地の神社仏閣について実際に現況を見分し、また祝詞を推敲することで知識を広げることに成功していったといえよう。要するに、金木は地域にあっては、宗良親王を中心とする由緒の研究に没頭する一方で、旅や和歌ネットワーク、それから講などを通じて広い交流圏を有していたことがわかる。

さて、井伊谷に拠点を置いた金木は、幕末維新期には、遠州報国隊という神主たちの倒幕運動に参加する。本書もしばしこれに足並みをそろえ、龍潭寺を中心とした歴史から少し離れ、金木たちの幕末の行動を追ってみることにしよう。

註

(1) 山本金木に関する先行研究としては次のようなものがある。静岡県神社庁編『明治維新 静岡県勤皇義団事歴』(一九七三年)、若林淳之「遠州報国隊員山本金木―金木を取り巻く情報と行動―」(『静岡学園短期大学研究報告』五号、一九九二年)、小野将「幕末期の在地神職集団と「草莽隊」運動」(久留島浩・吉田伸之編『近世の社会集団 由緒と言説』山川出版社、一九九五年)、澤博勝「近世後期の神道と仏教」(『近世の宗教組織と地域社会』吉川弘文館、一九九九年)、竹山恭二『平左衛門家始末』(朝日新聞社、二〇〇八年)、高木俊輔「草莽諸隊員名簿について」(『人文科学論集』一六号、一九八二年)。

(2) 以下、引佐町教育委員会編『山本金木日記』(引佐町、一九八一年)は『日記』と略し、年号を記す。

(3) 『近世日本の歴史意識と情報空間』(名著出版、二〇一〇年)など。

(4) 「山本金木履歴」(『引佐町史料第十二集』引佐町教育委員会、一九八〇年)。

(5) 若林前掲論文、四~五頁。

(6) 若林淳之は、金木の地域社会における様々な活動について、次のように区分している。①正月、②例祭、③大晦日祭礼、④祈祷、⑤筆子、⑥祭的。これらをもとに若林は「山本金木の渭伊神社の経営は、神勤は神勤として十分に奉仕するのは当然の事ながら、財政的には奉納された賽銭を始め、渭伊神社に属する神領の田畑を耕作してそれなりに自給態勢を確立するとともに、他方では祈禱や蟇目祈禱を頼まれるままに行って、それなりの御礼をうけとっていたらしい。」(一〇頁)としている。

(7)『日記』に村の若者から麦をもらい受けている記事などがみられる。なお、金木が本格的に農作業に取り組むようになるのは、万延年間以降である。
(8) 安政四年は金拾三両三分三朱と六匁、銭四拾九貫九百弐文の収入を得ており（祈祷礼金の割合は不明）、持金総額は金廿壱両壱分弐朱と三百七拾弐文である。なお、万延年間以降、次第に引佐郡内の諸家からの祈祷依頼が多くなる。
(9)「中井日記」（中井家文書 二一七号）など。
(10)「神主屋敷留記」（中井家文書一五号）、嘉永年間。彦根井伊家へ提出した由緒書の下書きとみられる。
(11) 神宮寺村は文政十三年に神宮寺村正楽寺とされていた地域が「南神宮寺村」として分村している（神宮寺区有文書一・二・三・六号）。
(12) 兵藤家文書二号。
(13)「祠官・禰宜・神子任官之儀者神金不足之節者村方一同対談を以其時之振合ニ随ひ取計申候事、右一代一度之儀故神金を以頂戴仕可申候」など、神領から徴収された神金は神職の公務などに使用された（兵藤家文書九号）。
(14) 兵藤家文書二二号。
(15)『日記』山ノ三。
(16) 金木は若い頃、親友岩間寺三宅均と「往来シテ書ヲ談ジ歌ヲ読カハセ」ていたが、二十二歳で小栗広伴に弟子入りし、三年後には石川依平、その後は言幸舎鬼島広蔭と気吹舎平田翁にも入門し、皇典を学んでいる（『日記』山ノ三）。
(17)「浪合記」（山本家文書二二六号）、「武徳編年集成」（同二二八号）、「遠江風土記伝」（同二二九号）、「引佐郡之部遠江風土記伝略」（同二三〇号）、「井伊家伝記」（坂本勝彦氏所蔵山本家文書二号）。
(18) 中井家文書 七六号。
(19)「井伊大明神御由緒」（山本家文書 一四八号）、嘉永元年。
(20) 兵藤家と山本家の交流は密接で、正月には金木が「日待勤」に兵藤家へ出かけている様子が確認できる。
(21) 兵藤家文書四四号。
(22)「井伊庄」は幻の荘園であり、同時代の文書では確認できない。また井伊家については始祖共保の井中出生談が有名であるが、史料3の続きには「井伊家御元祖共保公井中より出誕ハ寛弘年中也」と記されている。なお「此辺之義ハ天文・弘治・永禄之頃迄ハ井伊家之御領分也」とも記載されており、神宮寺村周辺の江戸時代の人びとはこの地を代々井伊家によって支配された地域であると理解していたことが知られる。

(23) たとえば、「阿難尊者建立施主人数帳」(井伊谷龍潭寺文書一五四号)には、「本願主遠州引佐郡井伊谷庄神宮寺村名主山下十郎兵衛秀修」とある。

(24) 山本家文書二二八号。

(25) 「礎石伝」(中井家文書一五七号)、天保十五年、中井直恕著。

(26) 「宗良親王御墓地考」(山本家文書二六五号)。なお、同名の史料が、豊橋市立中央図書館の羽田文庫のなかにも確認されるが、これは「合巻」であり、内容も少し異なる。

(27) 羽田文庫本にはこの箇所の記載はみられない。

(28) 『日記』文久元年七月条。

(29) とくに注目されるのは、宇布見村の中村東海との交流である。宇布見村には金木の実家があり、中村家とも頻繁な交流関係がみてとれる。

(30) 「明治二己巳年　山本家日記」(『山本金木日記第二巻』)、明治二年七月二十一日条。

(31) 『日記』慶応四年十一月十三日条。

(32) 『日記』文久二年十二月十一日条。

(33) 兵藤家文書一一号。

(34) 澤博勝前掲論文。

(35) 兵藤家文書二五号。

(36) 兵藤家文書一五号。

(37) 兵藤家文書二三号。

(38) 金木は安政四年から「山本家古書取調写始」を開始している(『日記』安政四年正月五日条)。

(39) 『日記』安政七年十二月八日条。

(40) 『日記』文久三年三月二十八日条。

(41) 「本松ニ誂ヘ栄木樹集古詞三巻ニ叉清滝寺ヘ返ス」など(『日記』安政四年四月廿四日条)。

(42) 「富士まう伝」(坂本勝彦氏所蔵山本家文書)静岡県歴史文化情報センター史料番号五(『日記』)。

（43）文中の「鈴屋大人の詠玉へる歌」が、本居宣長のいずれの句のことを指すのか、具体的には明らかでないが、金木がこの頃より、国学についての興味関心を持ち合わせていたことは確認できる。
（44）「雲見参詣記 全」（『日記』）。
（45）『日記』慶応二年三月廿二日条。
（46）引佐地方で広がっていた講としては、神職の間で広まった神祇講、龍潭寺の隠居が住む円通寺を中心とした長寿講がみられる。神主山本家はとくに長寿講に深く関わることになる（神宮寺区有文書六七・六八・六九・七〇号、静岡県歴史文化情報センター蔵紙焼き資料より）。
（47）雲見神社の参詣に際しては実際に旅に携帯したと考えられるメモ書きも残存する（坂本勝彦氏所蔵山本家文書三八号）。ここには、雲見神社の岩並などがスケッチされている。金木はこれをもとに「雲見神社参詣記」を作成したとみられる。

第九章　遠州報国隊の歴史的位置

幕末期の東海地方に成立した草莽隊[1]のうち、きわめて個性的なものの代表格として、神職中心に構成された遠州報国隊の存在が挙げられる。遠州報国隊は、遠州の国学者・神職らを中心に結成されたものであり、尊王攘夷を一つの理念として掲げていた。ちなみに、幕末のこの時期、静岡県内では、駿州赤心隊、伊豆伊吹隊など同じく神職を中心とした同類の草莽隊が結成されている。

遠州報国隊については、すでに静岡県神社庁編の『明治維新静岡県勤皇義団事歴』[2]という重厚な成果がある。同著は、報国隊・赤心隊・伊吹隊に関する現存する史料を網羅的にまとめた上で、その活躍の全容を描いている。とくに、報国隊については、結成の前段階にある遠州国学研究会の実態や、成員の定量的把握、活動の経過などが具体的に明らかにされている。これらの成果は、報国隊の全容を知る上での基礎的研究として重要であるが、遠州国学の隆盛と報国隊の活動を直線的に捉えている点や、個々の隊員たちの背景にある社会的状況（当時の在地神職が、地域のなかでどのような位置にあったのか等）について検討されていない点など、これから解明すべき課題を多く残している。

なお、遠州報国隊について、社会集団論の観点から論じた研究として、小野将の論考がある。[3]小野は主に遠州報国隊編成の前段階に注目し、吉田家本所を中心とした神職集団の組織編成と、国学者のネットワークなどについて検討し、「近世的な社会編成の規定性は、この運動を貫徹して認めることができる」という結論を導き出している。小野の指摘は、従来、尊王勤皇運動として理解されてきた報国隊を相対化すると同時に、報国隊という社会集団内部における近世的身分制の原理を見出した点で画期的であった。(4) しかし、すでに澤博勝も指摘している通り、(5) 小野の分析は、『山本金木日記』という編纂された日記資料をもとにした成果であって、史料的な限界も見受けられる。また、遠州地域の神職組織の編成過程については、遠州国学の研究者である松本久史によるさらに詳細な検討があり、(6) 当地の有力神主たちの吉田家・白川家との関係など、詳しく知ることもできるが、いずれも報国隊活動の実態分析にまでは踏み込めていない。

なお、報国隊の研究は、朝幕関係のなかで本所が果たした役割や在地神職と本所との関連性に注目する研究視点とも密接に関連する。(7) 井上智勝は、「『報国隊』の主導的な位置にある神職による国学受容より、むしろ大多数の神職が朝廷・吉田家の仰せ出しゆえに、不承不承ながら『正義勤王』の『運動』に参集したことに注目したい。このことは十八世紀までに展開した本所権威が、思想の受容やそれによる主体形成を行いえない神職の行動を規定しうる権威であったことを示すからである」としている。この指摘の背景には、「神職をめぐる朝廷権威が自立」し、「朝廷・本所権威は、それが神職の身分・職分の確保に直結するがゆえに支持されていた」という井上の基本的な理解があった。(8)

しかし、報国隊の隊員たちの間には、その所属する社会階層（身分以外の側面）に基づいた意識レヴェルでの無視できない差があり、より詳細にみていかなくてはならない。すなわち、報国隊の活動におけるそれぞれの主体の役割について緻密に明らかにしていく作業が求められていると同時に、報国隊そのものの歴史的な意味についても、あらためて考察する必要がある。

そこで、本章では、①遠州報国隊の具体的な行動について考察し、②報国隊内外の諸主体とその所属する地域社会との関係を明らかにし、③報国隊活動の歴史的意味について検討することにしたい。

一　遠州報国隊の構成とその活躍

まず、遠州報国隊の結成の経緯について。事の発端は、鳥羽・伏見の戦いの情報が遠州の知識人たちにもたらされたことに始まる。これにより、かねてから勤王思想を持ち合わせていた加茂主税・鈴木覚之助・桑原真清・大久保初太郎らは、官軍に従軍するため献金を集め京都へ上った。このとき、「官軍」に提出した歎願書が次の史料1である。

〔史料1〕[9]

謹ミテ奉申上候、今般　征使御東下ニ就テハ本國諸藩向ニモ甚ク動揺仕り評議区々ニ候所、関東ヨリも追々内諭ノ趣モ有之候ニ付、所、要害ノ地ニ於テ関門ノ用意致シ、往々通行ヲモ可差止勢ヒ彼是遅延仕候ハバ拙者共ニ於モ容易ニ通行出来難キ趣、若シ左様相成候上者、年来相願候赤心ノ誠意モ難相立、深ク心配仕候ニ付、本月廿三日夜半國元脱走仕、先ニ登京仕、年来懇願候神符ヲ献上仕、幷乍聊献金モ仕度奉存候処不計当駅迠御　操（マヽ）出ニ相成恐悦至極ニ奉存候、右ノ上ハ不及上京萬事共御当陣ニテ御聞済可被成候趣、又ハ上京ノ上其御筋へ歎願可仕哉、何卒御差図ノ程偏ニ奉願上候、将又私共四人何等ノ御用ニモ相立間敷、甚以テ恐入候次第ニ御座候得共、年来心掛候報国ノ微意ヲモ思召被為入、何卒格別ノ御差図ヲ以テ御隊ノ内へ御差加被下置　御東征ノ御供モ仰付被下候様、偏ニ奉歎願候、勿論本国ニ於テ有志同盟（之）ニ者モ有之候間、御聴済相成候ハバ早々通達仕急速参着仕候様仕度候間、此段御伺奉申上候、頓首謹言、

（慶応四年）正月　廿八日

遠江国　賀茂主税
鈴木覚之助
桑原真清

大久保初太郎

勅使御宿陣　御役人中

参謀　薩州海江田武次殿

長州木梨精一郎殿

差出人の加茂・鈴木・桑原・大久保ら四名は、このときは参謀の木梨精一郎らに拒否され、「一先國元へ返り東地探索致」ように諭されている。[10] これによって、桑原は報国隊という一団を組織することをめざすことになったと考えられる。すなわち、ここでの四名が報国隊の発起人である。桑原真清（一八二一～一九〇三）は、長上郡参野村（浜松市参野町）出身で、津毛利神社の神職であり、平田派の国学者として知られた。報国隊出征後は、主として招魂社関係の職務に従事し、明治七年には職を辞し、芳川村の村会議員などをつとめた。桑原らは、まず報国隊の結成に向けて献上金を募った。このとき集めた「献金」の負担内訳が表51である。一人ひとりの負担額が、かなりの金額にのぼっていることがわかる。

また表51のように報国隊の最初期のメンバーは、周知郡・磐田郡などが中心であり、有玉村の高林家や万斛村の鈴木家、竹山家などの浜松を代表する旧家も当初は参加していなかった。この後、初期の四人のメンバーは、「一隊」を形成することに尽力し、二月二十二日の有栖川宮一行の東征にあたっては次のような願書を出している。[11]

〔史料2〕

奉願上口上覚

今般　御勅使御東向被遊候ニ付、兼テ奉願上候同志ノ輩申合セ、夫々へ勤王説得仕候処追々同志ノ者多人数ニ相成、乍恐御國恩ヲ奉報度相心得、報国隊ト号二百余人一隊ニ取結井上河内守家来伏谷如水ト申者隊長ニ仕、屯所ニ控罷居候間、今般右半隊ヲ以舞阪駅御船揚場迠御迎ニ罷出、且御警衛仕度跡半隊ヲ以、天龍川両縁御門口御船御越方見廻り御勤奉申上度奉願上候、右願之通被仰付被下置候ハバ冥加至極難有仕合奉存候、勿論夫々領主等へ

表 51　慶応 4 年正月の官軍への献上金内訳

金額	名前	出征／留守	身分	住地	備考
金 4000 疋	袴田筑後（穎曼）	出征部	神明宮神主	磐田郡御厨村鎌田	
金 3000 疋	十東邦太郎	留守部		小笠郡	
金 3000 疋	浅羽出雲	出征部	八幡宮神主	磐田郡東浅羽村梅山	従六位勲四等
金 500 疋	戸塚忠太夫	留守部		周智郡	
金 10000 疋	小國（鈴木）覚之助（真直）	出征部	一ノ宮神主	周智郡一宮村五川	
金 6500 疋	桑原真清	出征部	四十六所大明神神主	濱名郡芳川村都盛	正七位
金 9000 疋	大久保初太郎	出征部（幹部）		磐田郡見付町	従三位勲一等

注）「報国隊記事」（桑原家文書）より作成。

モ談判ノ上ニ仕候義ニ付何等ノ不平ハ毛頭無御座候間、決而無御懸
念御聞済被下置候様、乍恐隊中一同奉願上候、恐惶謹言、
慶応四辰年二月廿二日　報国隊
桑原真清
杉浦大学

ここで差出に名を連ねている杉浦大学（一八三〇～七三）は、浜松諏訪神社の神主であり、遠州の神職たちの指導的な地位にあった人物である。ここでは、浜松藩士の伏谷如水が「隊長」となっていたことがわかる（傍線部）。

しかし、このとき結成した「一隊」は、あくまで有栖川宮を中心とする新政府軍の意向が重視されたものであって、主体性をもつものではなかった。とくに、この隊の結成には、浜松藩士および尾張藩士らの動きが大きくかかわっている。桑原真清の日記によれば、慶応四年二月九日から十一日にかけて、尾張藩士らの士農工商に対する「勤王勧誘」によって、浜松宿周辺では勤王派が主流となっていたという。こうした動きには、諏訪神社神主や宇布見中村貞則、桑原真清らの呼びかけも意味をもったが、浜松藩の勤王「勧誘掛」であった伏谷如水・小林平之進・寺田源左衛門の三名の活躍がより大きかったとみられる（二月二十日条）。

すなわち、報国隊の運動の背後には、当地を治める領主たちの政治的

な立場が大きく関わっていたと考えられる。浜松藩では、少なくとも慶応四年二月九日には、勤王派として国論が一致していた。これには、豪商池田庄三郎や町医者足立良貞ら浜松領内の勤王派の活動もあったと思われるが、実際には尾張藩士らの政治活動がより大きな意味をもったと考えられる。同じく旗本近藤氏も同年二月にはこうした立場を明確にしており、領民（兎荷村の人）たちも「……村方一統相談取極め、御宮様関東追討に弥弥相成候節にて御地頭御役人様御出に付御供に召連られ候節は何様にも御断申度候得共、無是非御供いたし……」という反応を示している。[12] こうした藩論の一致が、報国隊運動の重要なベースとなっている点を、あらためて確認しておく必要があろう。報国隊は、神職たちによる運動とされるが、それは明治・大正期の顕彰運動のなかで強調された言説であり、慎重に検討していかなくてはならない。以下、報国隊員の社会的な立場について、できるだけ詳細に追ってみたい。

二　報国隊員の社会的立場

（1）国学研究会と報国隊

遠州報国隊のベースとなった組織として、従来から国学研究会の存在が指摘されている。[13] これは元治年間以降に組織されたものであり、その講師となったのが、高林方朗門下の有賀豊秋（一七九〇～一八八二）であった。有賀は、慶応四年三月に報国隊が浜松を出立する際に五社神社で開かれた祭典のなかで祝詞を唱えた人物でもある。[14] 遠州においては、平田派の国学者が多く（四四名）、報国隊員としては、桑原真清・山本金木・岡部御楯・中村源左衛門・朝比奈内蔵之進・内藤山城・賀茂備後・長谷川権太夫・中井伊賀、池田庄次郎がいた。このほかに、八木美穂の門下として、大久保忠尚・春野、小國重友・大場多仲（重光）、幡鎌左仲・袴田筑後・山崎石見がいたが、このうち、桑原・山本・中村、大場・幡鎌・小國は、石川依平の門下にもなっていた。

なお、遠州国学のサークルは、浜松周辺の知識人によって構成されていた。しかしすでに指摘されているように、報国隊の参加者は引佐地方などにも多く存在しており、この国学思想をもって報国隊参加の第一要因と理解するのは困難であろう。また、浜松の旧家の多くは、徳川家康の由緒をもっており（東照大権現を祭神とする神社の社守となっている場合もある）、体制批判へと転じにくい構図もあった。国学への傾倒がこうした家康中心のコスモロジーを相対化する意味をもったことは一面ではあったかもしれないが、それだけでは不十分であったのではないか。すなわち、遠州国学研究会の参加メンバーが、報国隊の主要なメンバーとなっていくこと（隊内部におけるイニシアティブを握っていくこと）は事実であるが、これだけをもって、報国隊総勢二〇〇名の行動の規定要因と理解するにはいささか無理があろう。

（2）神職による社会集団編成という契機

では、続いて小野が注目した神職による身分編成の状況についても確認しておきたい。すなわち、吉田家による在地神職たちの組織化の浸透が、報国隊の結成を可能にした要因か否かについてである。

本所吉田家による勧誘状（慶応四年正月付）が全国の神主に向けて発せられた[15]。これを受け、二月十八日には、次のような回状が廻っている。

〔史料3[16]〕

今般王政復古被　仰出宇内御大政御一新に付、追々御所置可有之従朝廷被　仰出弥以勤王報国尽力無之而は不相済、猶又従　吉田殿も被仰有之ニ付而は神職相続相望者は、浜松諏訪大明神神主杉浦大学宅迄来る二十一日限を以御申出相成候、氏子之内有志之者有之候はば御召連可被相成候、仍右御達申上候、以上、

慶応四年辰二月十八日　　桑原真清　印
杉浦大学　印

引佐地方に吉田家の許状をもつ神職が登場するのは、十八世紀の後半からである。先に挙げた史料1からも明らか

なように、遠州報国隊の結成により、「神職相続相望者」が、なかば強制的に動員されることになった。しかしながら、比率的にいえば引佐地方の鍵取・社守たちのなかでは、報国隊に参加しなかった者が圧倒的に多い（表52）。

鍵取・社守という在地神職は、村役人クラスの村落上層が兼帯していることが多く、吉田家から先祖代々許状を受けた正式な神主家とは異なる。報国隊に参加した中心的なメンバーは、あくまで地方の中核的神社の専業神主家であり、吉田家から先祖代々許状を受けてきた由緒ある社家に、ほぼ限定されていた。山本金木が「最初ノ廻状ニ云々、神職相續致度者ハ、トアル文意ニ驚キ、朝廷及吉田殿ヨリ仰出サレタル故ナラバ、此際愚図々々トシテ居タランニハ、神職ヲ召上ゲラレン事ト、取ルモノモ取アヘズ、ハセ集リタル事ト被相考候。他ハ知ラズ、引佐郡ノ者ハ、必左様ト見受聞受ケ候。口外ヘ出シテモ白レタルモノモアリテ、其志、吾ガ胸中ニヲカシサ余レル事アリ。屯所ヘ出テ見タル所、案外ナル大仕掛ノ今ノ舞台ニビックリシナガラ、銘々隊ニ組込マレテ、先ヅ御先鋒ノ御警衛ヲ勤メタル處、案外立派の正義勤王ノ士ト見受ケラレタルヨリ…実に御一新前ハ幕府ヲ天下様ト唱ヘ、朝廷アル事ヲ知ラザルモノノミ也。故ニ此隊ヲ結バザル以前ニ前ニ申」と批判的に述べていることが(17)、こうした点をよく示している。

ここで少し、鍵取・社守と呼ばれる在地の下級神主（これはあくまで神主側からみた場合）について、引佐地方の実態を考えてみたい。引佐地方に鎮座する神社のなかで最も多いのが「六所神社」と呼ばれるもので、全部で十三社存在している。村によって祀られている祭神は異なるが、六柱の神が祀られていることは一致している。由緒が古くさかのぼれるものが多く、なかには戦国時代の棟札が確認できるものもある。

一般的に「鍵取」とは「神主や社人の不在の神社で、鍵を管理する百姓身分のこと」であるが、近世後期になると京都本所吉田家が官金・礼禄金を納入した鍵取に対して許状（唯一神道四組木綿手繦）を与えていくようになる。

では、引佐地方の神主（鍵取）とは、どのような存在であったのだろうか。『宮田日記』（藤原明徳氏旧蔵）の次の記事に注目してみよう。

一、同年（元禄六年） 谷沢村神主与市五郎手錠被仰付候、鈴木文佐衛門、宮田金左衛門手錠おろす也、是は氏神の鍵郷中

表52　引佐地方の神社と在地神職

社格	社名	鎮座地		鍵取・社守	奉務神官（明治26年）
郷社	渭伊神社	引佐郡井伊谷村	○	—	祠官山本金木
	細江神社	引佐郡気賀町		—	祠官神谷直江
	須部神社	引佐郡都田村		—	祠掌神門源内 同　宮司鯉三郎
	六所神社	引佐郡奥山村谷沢		—	祠官 峯野俊治
	六所神社	引佐郡鎮玉村渋川村		—	祠官 峯野俊治
	六所神社	麁玉郡麁玉村宮口		—	祠官 神谷直江
村社	二宮神社	引佐郡井伊谷村	○	—	山本金木
	三嶽神社	引佐郡井伊谷村（三嶽）			山本金木
	六所神社	引佐郡井伊谷村（三嶽）	×	内山四郎左衛門	山本金木
	若宮神社	引佐郡井伊谷村（花平）	○	（中山内記）	山本金木
	白山神社	引佐郡井伊谷村（井伊谷）			山本金木
	八桂神社	引佐郡井伊谷村（横尾）			山本金木
	六所神社	引佐郡井伊谷村（白岩）	×	田力武右衛門	山本金木
	彦名神社	引佐郡奥山村（黒渕）			山本金木
	六所神社	引佐郡奥山村（栃窪）			山本金木
	六所神社	引佐郡奥山村（田畑）			山本金木
	野原神社	引佐郡金指町			山本金木
	八幡神社	引佐郡中川村（石岡）	×	山瀬嘉七	山本金木
	若宮八幡神社	引佐郡中川村（五日市場）	×	加藤七郎左衛門	山本金木
	白山神社	引佐郡気賀町			神谷直江
	神明社	引佐郡気賀町（広岡）	×	鵜飼九郎右衛門	神谷直江
	八幡社	引佐郡気賀町（小野）			神谷直江
	奥山神社	引佐郡奥山村（奥山）			峰野俊治
	伊豆神社	引佐郡伊平村（川名）			峰野俊治
	六所神社	引佐郡奥山村（狩宿）	○	野澤与一右衛門	峰野俊治
	熊野三社	引佐郡伊平村（西黒田）			峰野俊治
	六所神社	引佐郡伊平村（東黒田）	○	宮田重郎左衛門	峰野俊治
	林森神社	引佐郡伊平村（伊平）			峰野俊治
	六所神社	引佐郡伊平村（兎荷）	×	沢口次太夫	峰野俊治
	高山神社	引佐郡伊平村（久留女木新田）			峰野俊治
	津島神社	引佐郡鎮玉村（東久留女木）			峰野俊治
	六所神社	引佐郡鎮玉村（西久留女木）			峰野俊治
	六所神社	引佐郡鎮玉村（別所）			峰野俊治
	熊野神社	引佐郡鎮玉村（四方浄）	×	木下久右衛門	峰野俊治
	六所神社	引佐郡鎮玉村（田澤）	×	夏目仙右衛門	峰野俊治
	白鳥神社	引佐郡鎮玉村（梅平）	×	鈴木万右衛門	峰野俊治
	六所神社	引佐郡鎮玉村（的場）			峰野俊治
	六所神社	引佐郡鎮玉村（青砥）			峰野俊治
	乎豆神社	引佐郡中川村（刑部）			祠掌 宮司六郎
	四所神社	引佐郡都田村（瀧沢）	×	渥美五太夫	神門源内
	六所神社	引佐郡都田村（鷲沢）	×	袴田定吉寛林	神門源内
	三島神社	引佐郡中川村（瀬戸）	○	（石野大和）	神門源内
	蜂前神社	引佐郡中川村（祝田）			神門源内
	六所神社	麁玉郡麁玉村（堀谷）			神谷直江
	六所神社	麁玉郡麁玉村（大平）			神谷直江
	六所神社	麁玉郡麁玉村（灰ノ木）			神谷直江

社格	社名	鎮座地		鍵取・社守	奉務神官（明治26年）
	諏訪神社	亀玉郡亀玉村（新原）			祠掌 中村太郎吉
無格社19社省略					
その他	羽鳥神社	引佐郡中川村（祝田）	○	萩原山城栄	
	六所神社	引佐郡奥山村（富幕）	×	牧野佐次右衛門	
	小斎藤山神社	引佐郡奥山村	×	松井市郎左衛門	
	山神	引佐郡井伊谷村（神宮寺）	×	山下源太郎	
	水神社	引佐郡井伊谷村（神宮寺）	○	大石日向	
	諏訪神社	引佐郡気賀町（呉石）	×	松井藤太夫・竹田五太夫	
	若宮神社	引佐郡気賀町（呉石）	×	手塚藤八	
	弁財天	引佐郡気賀町（小森）	×	伊藤伝左衛門	
	水神	引佐郡気賀町（油田）	×	斎藤七郎右衛門	
	背山村鎮守	引佐郡奥山村（背山）	×	鈴木松右衛門	
	天神	引佐郡井伊谷村	×	西尾清太夫	
	御池大明神	引佐郡井伊谷村	×	大谷栄蔵	
	六所神社	引佐郡奥山村	×	杉山庄次郎	
	田草神社	引佐郡奥山村	×	奥山源太郎	
	牛頭天王社	引佐郡奥山村（狩宿）	○	岩田長兵衛	
	牛頭天王社	引佐郡気賀町	○	沢木近江	
	熊野神社	引佐郡気賀町（気賀下村）	×	豊田左京為政	
	水神社	引佐郡気賀町（油田）	×	竹田弥治右衛門・尾藤彦四郎	
	六所神社	引佐郡伊平村	×	野末平七	
	塔土大明神	引佐郡井伊谷村（東牧）	×	鈴木舎人利秀	
	白山権現	引佐郡奥山村（背山）	×	中村左門依信	
	六所神社	引佐郡奥山村	○	夏目嘉兵衛	
	六社神社	引佐郡奥山村	○	峰野治郎左衛門	

注）「村社」「郷社」については「引佐郡内神社取調書」（山本家文書253号、明治26年）を、「その他」、「鍵取・社守欄」については『山本金木日記』を参考に作成した。なお、「鎮座地」は、基本的に明治期の村名を指すが、（　）内は、江戸時代の村名。

へ相渡、其上にて色々成我儘申、郷中之者迷惑致し、与市五郎処へわび申、氏神の鍵返し可申と存候処、思外郷中より侘も致さず鍵も返し不申候に付、与市五郎御代官衆へ数度罷出色々成我儘偽りを申候に付、郷中庄屋組頭被召出御穿儀被成候処、与市五郎申分段々我儘多有之候に付、神主御取上被成候

この事例からわかるように、すでに十七世紀後半には神主と「郷中」の対立がしばしばみられていたと考えられる。また、神主にとっても、村にとっても、実際に神社の「鍵」を管理することがもつ意味はきわめて大きかった。つまり、「鍵取」や「社守」は、村の「神主」（兼業神主）としての実質をもち、具体的な役目（祭礼などのときの指導的な役割）を担っていたが、その名の通り、鍵を管理し社殿を守ることが重要であったと推

察される（これは本書313頁の定光坊の場合も同様）。

さて、このような村の神主（鍵取）は、本所吉田家より認可を得たものではなかったが、近世後期になるとこれらの末端神職も吉田家によって把握されるようになっていく。駿東郡地方の事例を検討した高埜利彦は、「吉田家は、元禄・宝永期に駿東郡御厨地方の専業神主を対象に進出（第一次）したが、その後、白川家との競合のなかで、およそ九〇年経た寛政期以降、積極的に進出（第二次）して、須走村御師に神道裁許状を与えた。さらに、文化年間には、吉田家は各村々の神主鎰取（鍵取）を対象に許状を出しはじめた」と指摘している[18]。これに合わせて、小野将は、遠江における吉田家の地域への進出について、「天明~化政期に第一の波のごとく現象し、次いで安政五~六年の二年間ほどの短期間において、きわめて急速に進行した」とする[19]。たしかに、『山本金木日記』には安政年間、八幡宮神主山本豊前が下級神主たちに吉田家の発給した文書を読み聞かせている様子などが描かれており、この頃の吉田家が山本家や中井家など地方の有力な神職を通じて山間部の村々の非専業神主をも組織に取り込んでいた様子が知られる。しかし、実際には、それほど組織編成はうまくいかなかったのではないか。

鍵取には、村のなかで持高の多い有力者が鍵取を担う場合、村の年配者などが鍵取・社守を担う場合、村で持ち回りもしくは村役人が兼任する場合など様々なケースがあった。

引佐地方の多くの村では、上層百姓がこれをつとめることが多かったが、一方で、鍵取・社守に選ばれる人は、村共同体によって、かなりの部分でその権限を制約されていたことも確認できる。次の史料をみてみよう。

〔史料4[20]〕

井伊谷中井伊豫方へ出会、三嶽村長右エ門外弐人右近右エ門来ル。村方惣代ヨリ申ニ右近右エ門家筋之義ハ往古ヨリカギトリ助役ニテハ無之、尤先年四十年以前ニ暫クカギアヅカリ候事ハ村役イタシ候ユエノ事ナリ。然処村方大疫病流行ニテ、尤右近右エ門ニテモ二人煩フ。浜名神木工太夫ドノ相占ドヒ候処、氏神ノ御心ニ不叶趣、依之本カギトリ四郎左エ門方へ鍵返シ可申一統熟談相成候処、当時四郎左エ門養子ニて且他家へ奉公イタセシ者ユエ、四十歳前ハ鍵取遠慮イタシタキ旨ニテ、村方一統廻役ニテ相勤候義ニ相違無之、且棟札ニ右近右エ門相乗候義もイサヽカ子細有之候間、同相御免許頂戴仕候てハ、萬一イゴコヒセウ（以後故障カ）ノ節も案事られ候、依之何卒御断御聞済呉候様申来ル

ここでは、本来ならば鍵取になるべきはずの四郎左衛門が、養子であり他家奉公の身であったために四十歳になるまでは、鍵取職を認めないことが、村によって決められている。この場合は養子であるという理由も大きいとみられるが、鍵取をつとめる役を担うのは基本的に村の年配者（四十～五十歳以上）であることが求められた。

引佐地方の山間部に位置し、生業の中心も山稼ぎが多い兎荷村では、近世後期になると沢口次太夫が「鍵取」となる。沢口に対しては、安政五年（一八五八）に、山本・中井・沢木という有力神主の仲介によって吉田家より「木綿手繦御許状」が発給されているが(21)、兎荷村において沢口次太夫は決して突出した持高を有していたわけではなかった（村内では中間に位置）。ちなみに「木綿手繦」とは、「神事奉仕の際に、袖をかかげるのに用いた楮の繊維から作ったたすきのことで、吉田家から与えられる装束の許状の中で、もっとも簡易に許されるもの」であり(22)、引佐地方の鍵取・社守たちにはこの許状が与えられている。

鍵取・社守が村で持ち回りとされたケースもある。たとえば、白岩村では、「鍵取村方老人廻り番」であったが(23)、吉田家からの許状の関係で、文政～安政期にかけて次第に専業化していく過程がみられる。また、奥山村の田艸大明神も、「鍵取廻り番」とされており、場合によっては、組頭などが「かげ（鍵）預り」を担うことになっていた。

以上、「鍵取」には、各村の事情によって様々なケースがあった。吉田家から許状を得るには多額の礼録金を払う必要があり、これを負担できる百姓はきわめて限られていた。実際、吉田家への礼金を先延ばしするよう山本金木に願い出ている場合がほとんどであった。しかし、村によって「鍵取」を後支えする体制をとったところもあり、引佐地方の例だけをみても「鍵取」が一様でなかったことが確認できる。

客観的にみると報国隊において引佐地方の参加者が多かったことはたしかである。しかし、引佐地方の在地神職全

体からみると、報国隊参加者は決して多くない。山本・澤木らを除くと、ほかの引佐出身の報国隊員は二十代前後の若年層であった。報国隊へ参加するかしないかは、村や家のそれぞれの事情によったのであろう。

報国隊が組織されたそもそもの理由も、新政府軍の要請（隊を編成するようにとの要請）であり、本来の意味での下から草莽的な運動とは必ずしも言い切れない。また、実際の活動としても、浜松藩や周辺領主の動向に深く規定されたものであった。それは結成の過程のみではなく、隊の実質的な運動においても、浜松藩の志賀孫兵衛・篠原格之助らの存在が大きかったとみられる(24)。そうした意味では、報国隊運動は、まさに近世封建制の支配秩序の枠内で行われたものであったといわざるをえない。

なお、報国隊が理念（集団内規範）として掲げたのは、次のようなものであったといわれる。

〔史料5〕(25)

掟

一、隊中一和専務之事

一、武事稽古不可怠惰事

一、古道可研究事

一、後実不可軽虚事

一、以隊名不可軽蔑他人事

一、可奉捧　天朝身なれば常乱酒争闘屹度相謀可恭身事、

右之条々於違犯者無親疎之差別以隊法度可相糺事、

慶応四年二月　　報国隊長

ここでは「古道可研究事」という文言があり、神職・平田派国学者中心の報国隊の特徴をよくあらわしているようにみえるが、実際こうした理念は、運動全体のなかでは大きな意味をもたなかったとみられる。むしろ、官軍より通

達された軍令状の存在の方が、軍規としてはより重要であった。三月晦日に、報国隊は、官軍司令部に対して「窺書」を提出し、今後の行動の指針を示すように要求しているが、このとき「一、御軍令状拝見被　仰付被下置候様願上候、右御趣意柄奉為承隊中軍律加除仕度奉存候、見セ被下候事」として、軍令状の確認を求めている。この軍令状は、四月五日に示されており、その内容は、①「海陸軍とも進退駈引の義は其手にて総督に委任被仰付候其旨可相心得事」、②「私論を以公事と誤り各藩区々に不相成様心を可申事」、③「別紙陸軍法度条々堅可相守事」、であったというが、これをもとに定められた隊の「法令」は次のようなものであった。

〔史料6〕(26)

掟

一隊中衆儀之上隊長ヲ定置ク、世論厳重可受支配事
一勤　王第一ニ赤心ヲ以、御奉公可致者勿論、無誰彼之心ヲすて無調法無之可相勤事
一飯酒堅無用英気ヲ養、偽為呑候節者隊長江申出可相計事
一御宿陣者勿論〔　〕中組合之内列ヲ乱シ勝手致間敷候事、
一血気ニはやり漫りに隊中ヲ脱走致し或者一せ之了簡を以押願致間敷事
一軍中幕論ヲ廃し物争致間敷事
一隊長始世話方差図役申渡候儀相背申間敷事
一私用ニ而無拠外出之時者目付役江相断り其上ニ而差図ニ随可申事、
一各達自之存込有之候共、自己之無故計衆儀之上可致事、
一於其衆評議太敷無作法無之様急度心可付事、

法令

一今般　御親征ニ付出兵被　仰付之、兼而有志之輩、皇国之御恩報を冠り候義堅相弁一列相親しく、弥赤心をな

し、断々之号令致□有間敷事
一火之元入念（　　）事
一他之批判致間敷事
右之條々堅相守者也、
辰三月

報国隊運動は、こうした軍規に基づく「掟」（隊長・世話方の差図に従うこと、隊中脱走・不要な外出の禁止などを定めたもの）や「法令」などによって、官軍全体の論理に包摂されていくことになった。

報国隊は、山本金木の従軍中の和歌などが残されている一方、実際の東征軍のなかにおいてはその主体性を発揮することはできなかったのではないか。唯一、報国隊が主体性を示すことができたのは、五月〜六月において行われた招魂奉仕および、報国隊解散後の維新政府内における戊辰戦争戦死者祭祀のなかにおいてであった。その点に留意しつつ、以下、報国隊運動の経緯について検討してみたい。

三　報国隊運動とその社会集団の実像

では、報国隊の実質的な活動について、具体的にみていこう。まず、結成から解体までには、次のような段階があったと考えられる。

第一期　出立・富士川警備（三月〜四月十四日）
第二期　江戸城警衛・招魂奉仕期（四月十四日〜）
・江戸城警衛（四月一四日〜二十九日）
・御守衛大砲隊の結成・（四月二十九日〜七月二十九日）

【大砲隊】

紅葉山内警衛（四月二十九日～）

金座警衛（閏四月六日～）銀座警衛（閏四月十九日～）

招魂奉仕（五月二十三日・六月二日）

※八月一日に報国隊へ合流

【報国隊】

紅葉山吹上門・御蔵警衛（四月二十三日～八月十日）

坂下門守衛（閏四月九日～十一日）

竹橋門警衛（閏四月十八日～十月朔日）

蓮池門守衛（閏四月十九日～五月十三日）

金座警衛（五月十三日～十月二十四日）

銀座警衛（八月二日～二十八日）

一橋門守衛（八月二十八日～十月二十四日）

本丸大手門守衛（十月三日～二十四日）

第三期　帰京期（十月二十四日～）

まず、この第一期～第三期までの、報国隊の組織について確認してみたい。第一期において主要なメンバーとなっているのは、率先して活動に乗り出した「報国隊取締」である桑原真清・杉浦大学・鈴木覚之助・大久保初太郎・森縫之助、および浜松藩の志賀孫兵衛・篠原格之助であった（表53）。また、日坂八幡宮（小笠郡東山口村）神主朝比奈内蔵之進（誉田東稲）も「惣代」の地位にあった。

第一期の報国隊の主務は、東征に向かう大総督の警衛をつとめることによって、東征軍に従軍させてもらうことにあった。二月二十三日頃から報国隊は、舞阪警衛・天竜川警衛にあたっており、このとき遠州の多くの在地有力者がこれに参加している。隊の組織としては、大久保縫殿らを中心とする川東組（東遠分隊）と、川西組（西遠分隊）に分かれて警衛が行われた。この時期の報国隊は、東征への同行の願出と隊員の募集などが重要であり、地域としては磐田市方面（川東）、身分としては地方有力神社の神職がイニシアティブを握っていたように思われる。なお、二月二十九日の天竜川警衛後、浜松藩主井上河内守から直々に賞詞があったことも重要である(27)。第一期の動向の背景には、浜松藩のこの運動に対する追認があり、それが多くの人びとの動員につながった。三月七日には、大久保初太郎・木部次郎・朝比奈内蔵之助と水戸藩士の杉浦鉄五郎の四名が西郷吉之助と面談。「甲府探偵」（近藤勇・土方歳三らの甲州鎮撫隊の動向調査）を仰せつかった(28)。この「甲府探偵」の成果が、遠州報国隊の東征軍合流を大きく助けることになったという。

次に第二期についてみていきたい。第二期で特徴的なのは、報国隊のメンバーが、「御守衛大砲隊」と報国隊に二分されたことである。「御守衛大砲隊」とは、大総督府の身辺護衛のために報国隊（二七名）と赤心隊（一〇名）から、とくに「尽忠報国之志厚候者」として抜擢された組織で、大砲を付せられたために、そのように呼ばれた。報国隊では、表54のように、大久保初太郎・桑原真清をはじめとした有力神主たちが選抜された。つまり、第二期はさらに①報国隊・大砲隊の分立期と、②合流期の二つに分けることが可能である。大総督府から「抜擢」された二七名の「御守衛大砲隊」は、金座警衛・銀座警衛といった、いわば軍事的奉仕のほかに、招魂奉仕という宗教的な奉仕にも参与することになった。

ここで選抜された二七名は、高一〇〇石を超える有力な神社に属した神主と、竹山一族が中心であった。第一期から報国隊の中心的メンバーであった、桑原真清や大久保初太郎らも「御守衛大砲隊」に属しており、原隊よりも大砲隊が重要視されていたことは明らかである。なお、すでに述べたように、報国隊のメンバーには、引佐郡の出身者もみられ、とくに富士川警衛、江戸警衛まで実際に従軍していく隊員が目立つ。しかし、彼らのほとんどすべてが、「大

表53　遠州報国隊のメンバー変遷

役務	参加メンバー
今切・天竜川警衛【一六八名】	杉浦大学（浜松諏訪大明神神主、高300石）、桑原真清（四十六所明神、高80石）、中村源左衛門、森讃岐、森縫殿介（五社神社神主、高300石）、蒲惣検校（蒲村神主、高260石）、長谷川権太夫（豊田郡川袋村水神神主、除地500歩）、賀茂備後、竹山民部（天王神明宮、社中屋敷除地）、幡屋宮内、渥美新左衛門、岩田長兵衛（引佐郡狩宿村天王神明不動禰宜、社中山林除地）、高辻三郎（桑原真清支配社家、除地高2石）、名倉土佐、渥美四郎左衛門、峰野治郎左衛門（引佐郡六所神社祢宜、社中山林除地）、大石長門、長谷川伊左衛門、縣筑後、夏目嘉兵衛（引佐郡六所神社禰宜、社中山林除地）、鈴木主水、斎藤肥後、石津出雲、宮田重郎右衛門（引佐郡東黒田村六所大明神、社中山林除地）、鈴木権右衛門、忠内筑前、大橋治部、野澤与一左衛門（引佐郡六所神社禰宜、社中山林除地）、竹山主馬、岡田土佐、澤木近江（引佐郡気賀村天王神主、高5石）、中山内記（引佐郡若宮神社禰宜、社中山林除地）、竹山主水、田代若狭、中井伊賀（引佐郡井伊谷村二宮神社神主、高4石5斗）、袴田宮内、山本大隅（引佐郡渭伊神社神主、高15石）、外山土佐、宮司将監（刑部村神明社神主、高15石）、河嶋大和、内藤山城、片山讃岐、萩原山城（引佐郡祝田羽鳥明神、高5石）、鈴木藤左衛門、縣石見（濱名惣社神主、高42石）、芳賀大和、宮司長門、古橋七兵衛、木部治郎（浜松不動、高3石）、高部豊前、影山出雲、豊田駒次郎、松島五右衛門、神目代、石野大和（引佐郡瀬戸村三島大明神、高3石）、豊田定右衛門、高林兵衛、吉田肥後、大石日向（引佐郡横尾村水神社除地、高3石）、高柳石見、菅沼六右衛門、源馬因幡、馬淵小源太、橋本権兵衛、榊原七郎右衛門、高林一角、須貝丹後、鈴木治郎右衛門、鈴木六郎右衛門、小林左京、野島長太夫、鈴木権兵衛、小田木久五郎、高林日向、鈴木孫右衛門、竹山重太夫、和久田宮内右衛門、高林右内、辻村駿河（和地村八王子、社中除地）、小倉大隅、土屋左近、黒田常陸、中村主水、金原岡太郎、池谷兵太夫、鈴木左近、江間浪江（和地村水神宮、社中山林除地）、水谷素助、池谷清太夫、佐藤勘解由、宮本八太夫、中村左近次郎、池谷斎宮、永田三郎治郎、宮津藤兵衛、高部斎宮、村越市正、渡辺能登、江間一郎治、岩田九八郎、能岡大和、夏目大和、倉田左京、岡部次郎左衛門、両角千之助、吉田越前、飯田頼母、金原雅之助、内山式部、吉田相模、花木宮内、守屋志津馬、内藤刑部、今村出羽、竹山卯兵衛、松本頼母（浜松諏訪神社社家）、田辺出羽、源馬和泉、桑原勝兵衛、杉本平馬（諏訪神社社家）、清水次太夫、伊藤主馬、桑原千治郎、島頼母（五社神社社家）、山下貢、玉木芳造、桑原卯吉、森下喜久蔵、内藤三郎四郎、阿部内記、松浦治郎左衛門、西尾左内、神谷上総、小池五太夫、斎藤伝兵衛（長上郡百姓）、大石久太夫、山田丹波、宮松七郎左衛門、源馬徳四郎、石川愿量、犬塚主水、土屋右内、菅沼荒治郎、伊藤孫左衛門、鈴木靫負、若松駿河（長上郡市野村権現、高1石4斗）、菅沼八郎右衛門、木本藤一郎、渡瀬式部、大杉佐中、有賀八十右衛門、近藤助四郎、吉田上総、桑原免毛、有賀主計、川合治郎八、小杉兵庫、桑原清三郎、島左京、水品采女、市川又左衛門、桑原権十郎（四十六社神社神主付属、高2石）、島益太郎、妙香城寺、普大寺、杉浦鉄五郎、金原左近、松島右門之助

富士川警衛【六八名】		竹山主水、小澤主税（佐野郡本郷五社八幡神主、除地高4石5斗）、縣石見、斎藤伝兵衛、上村新之助（見付宿町人）、山本金木、宮司将監、浅羽相模（八幡宮浅羽長門支配内高30石）、西尾棟（若宮八幡神主、高3石）、中山内記、影山出雲（下都田村八幡社神主、高3石）、安井出雲（山名郡八幡社神主、高30石）、佐藤右衛門、大石日向、萩原山城、渡辺平助（見付宿町人）、高辻三郎、野澤与一郎、上村福太郎、増田長門（小國神社社家、高4石）、長谷川権太夫、夏目嘉兵衛、近藤内記（雨桜天王社上村橘太郎支配内神官、高4石）、竹山勝兵衛（天王村百姓）、山崎富丸（雨桜天王社上村橘太郎支配内神官、高7石6斗余）、松浦次郎右衛門（長上郡百姓）、鈴木重左衛門、若松駿河、平尾左京（雨桜天王社上村橘太郎支配内神官、高12石3斗余）、竹山仙二郎（天王村百姓）、宮司長門、安西斎（鎌田郡社家）、浅羽出雲、中井七郎、澤木近江、安井大和、竹山主馬、宮田重郎左衛門、大場隼人（豊田郡中泉八幡大禰宜、高10石）、堀内主水（小島郷六所神社、高25石5斗）、加茂備後、峰野次郎左衛門、山崎豊之助、鈴木周之助（小國神社社家、高5石）、渥美権太夫（豊田郡諏訪社、高8石6斗）、岩田長兵衛、元場次郎太夫（山名郡西島村天王社神主、高4石5斗）、桑原権十郎、木野理兵衛（山名郡二所神社神主、高5石5斗）、岩田九八郎、鈴木太郎左衛門（豊田郡前野村神明、高30石8斗）、辻村駿河、大場治郎、石野大和、帯金讃岐（上本郷村神明宮、高5石）、中村駿太郎、杉本平馬、木部次郎、島頼母、竹山長左衛門、水谷泰助（敷智郡中島諏訪社、除地3斗5升）、松原庄太郎、江間浪江、竹山卯兵衛（天王村百姓）、小野田斎伯（周智郡五社神社、社中除地）、安西土佐（鎌田郷神明宮神主、高100石）、鈴木権兵衛、縣大和（濱名惣社小祢宜、高21石）
御守衛大砲隊（二一七名）	—	大久保初太郎（取締）、竹山民部（取締）、木部次郎（目付）、朝比奈内蔵之進（佐野郡新坂八幡社神主、高100石）、浅羽出雲（筆官）、鈴木覚之助、木野理兵衛、竹山卯兵衛、竹山主水、竹山勝兵衛、渥美権太夫、小澤主税、平尾左京（使番）、山本金木（輜重）、山崎豊之助、桑原真清、森縫之助、縣石見、石津出雲、賀茂備後、竹山仙二郎（輜重）、竹山主馬、高辻三郎、長谷川権太夫、上村新之助、大場隼人、志賀孫兵衛（司令官）
報国隊	紅葉山守衛【一〇名】	松浦次郎左衛門（半隊司令士）、若松駿河、浅羽相模、鈴木太郎左衛門、鈴木重右衛門、松本頼母、影山出雲、宮司将監、野沢与一左衛門、澤木近江
	竹橋門【二〇名】	伊藤玄蕃、鈴木周之助、安井大和、岩田長兵衛、島頼母、江間浪江、鈴木健之進、中井七郎、増田長門、石野大和、荻原山城、大石日向、水谷素助、安井出雲、夏目嘉兵衛（弐番銃隊旗）、賀茂主税、宮司長戸、原嘉右衛門（鉄砲士）、松原庄五郎（鼓手）、堀田主水
	金座警衛【一五名】	佐藤左衛門（使番）、山崎富丸、海瀬光太郎（駿河国府中医師）〔書記〕、宮田十郎左衛門、岩田九八郎、辻村駿河、大橋治部（司令士）、桑原権十郎、渡辺平助、元場次郎太夫、中山内記、近藤内記、上村橘太郎、袴田多佐、竹山長左衛門（鼓手）
	宿陣【一一名】	杉浦鉄五郎（隊長）、篠原格之助（差添）、安西土佐（取締）、斎藤伝兵衛、帯金讃岐、縣筑後、小野田斎伯（遊兵隊世話掛兼医師）、安西斎、杉本平馬、峰野治郎左衛門、中村孫太郎（濱松宿町人）〔壱番銃隊旗〕

表 54　報国隊の役割分担表（慶応 4 年 3 月 29 日）

役割	氏名
号令官	志賀孫兵衛
重役	杉浦大学 鈴木覚之助 森縫之助 大久保初太郎
目付兼使番	髙辻三郎 賀茂備後 長谷川権太夫 平尾左京 西尾棟 浅尾出雲 佐藤勘解由 竹山主馬
周旋方	木部治郎 安西土佐
玉薬兼武器方	山崎富麿 木野利兵衛 石津出雲 大橋治郎 杉浦次郎左衛門
小荷駄	篠原格之助 竹山民部 竹山主水 縣石見 小沢主税 斎藤傳兵衛 上村新之助 伊藤玄蕃
応接掛り	縣筑後 渥美権太夫 朝夷内蔵之進
書記	足立良貞 山本大隅 竹山卯兵衛

注）中井家文書 200 号より作成。

砲隊」には選ばれず、原隊の方に属している。これは、引佐郡出身の神職が、報国隊のなかでイニシアティブを握れていなかったことをよく示している。

第二期の招魂祭というのは、四月二十一日に江戸城に入った有栖川宮が、二十八日に「処々戦場討死幷陣中病死の者一同招魂祭を行ふ」という沙汰によるものであり、六月二日に江戸城西丸で執り行われた。諸藩の隊長・司令士が登城した。報国隊と赤心隊の両隊から九名が参加したといわれるが、祭式掛に池田庄三郎、祭主に大久保初太郎、介添に桑原真清があたり、報国隊からも山崎富丸・大場治郎・杉本平馬が祝詞代として奉仕した。また、音楽掛として杉浦大学・池田庄三郎があたった。祭後、大久保へ金七〇〇疋、桑原へ五〇〇疋、報国隊へは金九〇〇疋が贈られた（池田庄三郎預）。

この招魂祭において、報国隊はその本来の神職集団としての特徴を大いに発揮したとみられる。とくに当初から報国隊の指導的な立場にあった桑原・大久保らは、この招魂祭の執行によって、明治政府のなかに組み込まれていくことになる。一方、この祭祀において、山本金木をはじめとした、引佐の神主らの関わりは相対的に低かった。このことは、隊解散後の江戸移住問題にも、影響することになったと考えられる。

第二期は、金座・銀座警衛が中心となったが、旧幕府軍が敗走したことにより、大きな戦闘はなかった。九月・十月以降も、まだまだ江戸は賊徒が多く治安も乱れていたが、山本金木らは金座警衛などの合間に、芝居を観に行ったり、買い物をしたりもしている。

この時期、報国隊内で一つの事件が起きた。十月二日、野沢与一左衛門・鈴木権兵衛、原嘉右右衛門・江間浪江の四名が、乗船していた船の大砲を発砲（発砲は禁止されていた）。これを尾張藩の廻番に見咎められ、野沢・鈴木両人が捕らえられる。山本は、翌日、尾張藩屋敷へ駆けつけ、内済を願い出るが叶わず、結局、浅羽帯刀・小澤主税とともに大久保初太郎の協力を受け、「宮様」の御用状をもらい、尾張藩から二名を引き取った。四日には、彼らの取締であった山本金木も謹慎処分となっている。八日には、野沢・鈴木両人の禁もとかれた。このすぐ後、「宮様」の帰京にともない、報国隊員もこれに従軍することになった。

帰京の時期（第三期）になると、隊解散後の処遇についての問題が起きてくる。たとえば、次のような願書が出されている。

今般出張仕候内、百姓町人等有之、右之者も帰陣之後も帯刀為仕度奉存候得共如何御座候哉、御聞済被成下候ハバ右御免之御書附頂戴被　仰付候ハバ難有仕合奉存候、此段奉伺候、以上、

報国隊運動が、百姓たちにとっては、「帯刀」をめざす一つの身上り運動であったことがここから知られてくる。ちなみに、報国隊士らの出身地である遠州は、徳川家達の転封先となったことにともない、隊士らは旧幕臣たちの報復を恐れることになる。

十一月十五日、有栖川宮軍は浜松に到着し、ここで報国隊は「御供御免」となった。翌々日には、浜松藩主と志賀孫兵衛に、一同御礼申し上げ、酒樽などを献上し褒状を受け取った。引佐出身の報国隊士らも十八日に帰郷することになるが、次のような問題が生じた。

〔史料7〕(29)

十八日、日和。寒気。岩田九八郎金指番所へ通りかかり候処、当春届ヶ無之して罷出候事故決而不可通旨陣屋よ

り兼而達し有之候ニ付罷来り不申段屹度被申候間、濱松屯所へ引取可申、就而者可然相願候様内々申来候ニ付、其段明後急行ニて出立いたし候、桑原虎次郎、長谷川権太夫両人へ内々申遣し、尤委細諸役可申上、其節頼入段申遣し候処、委細呑込候。然処長兵衛等陣屋へ罷出候得者、早速御聞届、九八郎も呼返し候様被申候ニ付呼返し候。

結局、二十日には陣屋役人より詫びが入り事は収まるが、浜松での歓迎ムードと、金指陣屋での立ち入り拒否は、実に対照的である。浜松藩と旗本近藤陣屋では、報国隊運動に対する温度差があったことが知られる。

最後に、報国隊の大半を占める「留守部」の人びとについても確認しておきたい。すでに述べたように、遠州報国隊が二〇〇名以上の大所帯となった主な理由としては、当地の中心的な神主であった諏訪神社神主による、なかば強制的な呼びかけとともに、浜松藩主をはじめとした周辺領主の支持があった。この領主の支持によって、神職以外の在地の有力者もこの運動に協力することになった。しかし、資金提供を主務とした「留守部」の存在をどう評価すべきかが難問である。後年記された報国隊名簿(30)によれば、たしかに二〇〇名以上の参加が確認されるが、「出征部」は、八七名である。実際に隊士として「出征」するのと、資金提供をするのとでは、意味合いが大きく異なっていたといえよう。すでに小野将が触れているように、出征部と留守部の間には、軋轢も生じていた(31)。さらに、「留守部」のなかにも認識の差が大分あり、「主体性」の見えない経済的な支援のみの参加者も多かったと思われる。実際の報国隊活動を推進していった人物については、もっと限定して理解すべきであろう。また、報国隊の活動自体も、すでに述べたように、浜松藩士志賀孫兵衛らの指揮のもとに行われていた。これについては、報国隊に参加した井伊谷町の二宮神社神主中井伊賀家に残されていた役覚においても、志賀孫兵衛が「号令官」として隊の指揮にあたっていたことが確認できる。表54は、『山本金木日記』から、慶応四年三月二十九日に志賀孫兵衛が下したものであると思われるが（金木の記録によると、さらに助役として浪士杉浦鉄五郎の名前がみられる）、報国隊が浜松藩士の志賀・篠原格之進らの指揮下にあったことは明らかである。報国隊がその主体性を発揮しえたのは、あくまで、招魂祭式典のみであり、これに参与できたグループと、そうでなかった隊員たちの差は歴然としたものであったと考えられる。

四　遠州報国隊運動の顕彰とその意味

では、明治以降の隊員たちの行動について概観しておくことにしたい。従来この点については、井伊谷宮建設に尽力していく山本金木ら在地に残る神職（不移住派）と、東京に出て靖国神社の創建などにかかわっていく移住派の二手に分かれたことが知られている。大村益次郎の呼びかけに応じて、移住すべきことを説く大久保の移転論が、皇国学の精神を下地として国際的視野に立ちつつ富国強兵主義をとる、きわめて開明的なものであったのに対して、山本金木の不移住論は、在地に残ることを強く主張する視野の狭いもののようにみえる。しかし、これら二つの立場は、「共に自らが天皇を頂点にいただく絶対主義国家の支柱であることを表明するものであって、神官層の政治的な思想の表現であった」と指摘されている。(32) ここでは、山本金木の不移住論をみてみよう。

〔史料8〕(33)

不移論

昨春来遠駿ノ神職報国赤心ノ両隊ヲ取結ヒ、大総督ノ宮ニ従臣仕テ東下シツルニ、早クモ徳川氏ノ帰順ナセルニ依テ、江城ニ在留スルコト未タ一歳ヲ不経シテ東北悉ク平定シテ、霜月中旬宮ノ御凱陣ニ従ヒ奉テ帰国ス、然ルニ遠駿両国既ニ徳川氏ノ領地トナリ居テ、間モナク赤心ノ四五輩暗殺セラレヌ、因テ両隊ノ士挙ツテ東京ニ移サンコトヲ歎訴スルガ故ニ不便ニ思召サレ、昨年来戦死ナセル忠士ノ霊祠ヲ上野山内ニ創立シ其ノ祭祀ヲ司ラセ、且寺領ヲ転附シテ活計ナサシメ賜ハント、上ノ議既ニ定レリト在官ノ者ヨリ報知ス、実ニ鴻大之御仁恤言語ニモ難尽殆満身ニ汗シテ感涙数行不啻。然レドモ我吾輩奉仕ノ社頭ヲ離ルヽニ難偲シテ毫モ移住センコトヲ欲セズ、人コレヲ難シテ曰、汝方今ノ形勢ヲ不知矣、若シ暗殺ニ逢フ時ハコレガ為ニ社頭ヲ汚辱シ、祖先ノ名ヲモ腐セント、予答曰、不然。往昔トハ事変リ中古以来神主タル其職相定リテヨリ数十代奉仕ナシ来ツル社頭ヲ、微身ヲ全フセンコトヲ思フテ空ク捨去ラバ、人将タ言ハン、身ノ為ニ、勤王ヲ口実ト為タルガ故ニ今其ノ人欲アラハレテ却テ其主神ニ背ケリト、且神仏混ノ旧弊一洗ノナ、勅命ヲ頂キ奉テ、各々社中ノ仏ヲ捨去り寺ヲ廃絶シテイマダ幾程モナク移住セバ、又将言ハン、仏寺ヲ流離セシガ故ニ自身又離居スト、世人却テ仏罰ヲ恐ルト又更ニ社中ヲ回復センコト必セリ、或人弁シテ云、其ハ私論ナリ、兎ナルモ角ナルモ皆神ノ御心ナリト思ヒ定ムレバ何ノ侮ルコトカアラム、予又陳シテ云、王命ニ依テ移住センニハ然モアリヌベシ、此方ヨリ願立シテナスコトヲ争カ神ノ御心ト定メシ、且徳川氏ヲ何ノ恐ル丶コトカアル、何ノ厭フコトカアル、彼ノ候元ヨリニ勤王ノ志シアレバコソ帰順ナシツラメ、然ラバ何ゾ吾カ正義ノ士ヲ悪マン、吾輩モ又徳川氏ニ抗タルコト曾テコレ無シ、昨春コレト戦ハントセシハ、朝敵ノ名アルガ故ナリ、然ルヲ愚夫婦児女子此ノ本意ヲ不知シテ動モスレバ、赤報両隊ハ徳川氏ノ為メニ罰セラルベシト囂言ス、区々タル人心信之而恐怖スルガ故ニ、却而間隙ヲ生センコト必セリ、駿ノ事件ハ無疑浮浪ノ賊徒ノ所為ナラン、イカデカ上ニ立テ政事ヲ取ルモノ丶カカル暴行ヲナサンヤ、因テ予ハ此地ヲ不転ト確乎不移ヲ以テ決定ス、如斯シテ若シ亦暗殺セラルトモ、コレコソ神ノ御心ナラメト思ヒ定メテ何ノ侮ルコトカアラン、猶深ク考ルニ御一新ニ就テ仏ヲ遠辟ルニ、未熟ノ神職ガ輩ハ心中ニ恐レヲナシテ疑惑ス、於是テ邪ナル蕃神等間ヲ窺得テ今此ノ事件ヲ醸シ出セルナラン、其ノ心ガマヘセデ妄リニ聞驚キ立騒ガハ、弥々益々荒ビ出テ終ニハ若シ小事ヨリ移リテ大政ニ相触ル丶コトモ有ナンニハ、忌々シキ世ノ中ノ大事件トモナリナン、アナカシコ、大丈夫察之而慭ニ居ヲ移ス勿レト云爾

明治二年己巳正月廿日　　　　山本直躬誌

ここには、先祖代々つとめてきた地元の神社に奉仕するという信念と、自分たちは徳川氏に敵対したわけではない、という金木の意志が示されている。こうした金木の考えは、引佐地方の神職たちにもある程度共通してみられたものであったと考えられる。

結局、報国隊員のうち三二名が上京することになったが、その多くは、明治以降、恵まれない境遇にあった。勿論、陸軍大将になった大久保春野や海軍少将になった長谷川貞雄のような例外もあったが、官に出仕した多くの隊員は、出世コースから外れ、不遇な生活を送った。

ここで第一期から報国隊の重要人物であった桑原真清の動向に注目しておきたい。真清の略歴をまとめたものが表55である。この表を一覧してわかるように、真清は、軍務官（兵部省）・行政官・神祇官・陸軍省など新政府から、重要なポストに任命されている。桑原真清がこうした重要なポストに就くことができたのは、報国隊の「取締役」であり、軍務官応接方をつとめたことによると思われるが、とくに慶応四年六月二日の招魂祭で、「祭司」となったことが大きかった。引佐郡出身で靖国神社の宮司として活躍した宮田重雄などの例外もあるが、隊解散後の移住および、靖国神社での社司としての活躍などは、報国隊運動における立ち位置を反映したものであったといえるだろう。

明治二十年代になると、早くも、報国隊の顕彰運動が行われるようになる。[34] 明治二十六年（一八九三）には、長谷川貞雄や桑原真清によって、報国隊の歴史をまとめた書物も執筆された。[35] 遠州報国隊は、移住問題で事実上分裂するといわれているが、[36] 一部の隊士たちの間には解散後も密接な交流があった。明治・大正期、長谷川貞雄は、宇布見中村家の中村大舘・東海らと頻繁に連絡を取り合っている。内容は自身の近況報告や、政府の動勢、学制の意義や景気など多岐にわたる。

なお、報国隊の顕彰運動が盛んとなるのは、明治三十年代に入り、報国隊碑が建設されるにあたってである。この時期になると、報国隊の中心人物であった桑原真清が亡くなったり、また日清・日露戦争などの社会的な影響もあったりして、「国ニ報シタル」隊士たちを顕彰する動きが高まった。「報国隊記念碑建設旨意書」[37] には、次のようにある。

……實ニ草莽隊ニシテ如斯歴史ヲ有スルモノ世間其例少ク天下後世ニ愧サルノ挙ト云、今ヤ隊員多ク逝キ本隊ノ歴史ヲ知ルモノ漸ク稀ナラントス、茲ニ有志者相謀り遠江枢要ノ地ヲトシ記念碑ヲ建設シ本隊ノ事蹟ヲ後世ニ傳

表 55　桑原真清の履歴

年代	事項
弘化２年３月	家督相続（津毛利神社神職）。
明治元年５月	大総督府に奉務。
	応接方に任命される。
明治元年６月３日	招魂祭祭事掛に任命される。
明治元年 12 月	軍務官に奉務。
明治元年 12 月	軍務官応接方に任命される。
明治２年２月	筆生を兼務（月給は金 24 円）。
明治２年５月	軍務官会計取締に任命される。
明治２年６月	「昨年賊徒掃攘之砌軍勢尽力」のため行政官より賞典授与。
明治２年７月	兵部省史生に任命される。
	応接役を兼務。
明治２年９月	会計権少佑に任命される。
	作事掛に任命される。
	招魂社祭事掛・主宰に任命される。
明治２年 10 月	招魂社祭事慰労金 1000 疋給う。
明治２年 11 月	招魂社司に任命される（一代六人扶持）。
明治３年１月	神祇官に奉務、神祇少史に任命される。
明治３年２月５日	神祇官免職（官員減少につき）。
明治３年 10 月２日	京都在勤。
明治４年３月	陸軍省に奉務、補十五等。
明治７年７月 20 日	病のため辞表提出、免職。

注）「履歴書」（桑原家文書コ 26-1-36）より作成。

ヘントス

また、旧高鍋藩士の日高誠実稿による「報国隊碑」においては、「遠州自古勤王之士多矣、足利尊氏之乱、井伊道政等、奉宗良親王以唱義、親王善歌聞風而興者、有若賀茂真渕、修皇学、啓発後進、桑原真清、山本金木、中村大舘、賀茂水穂、池田認、長谷川貞雄、中村東海、森継之助、鷹森茂、大石六郎等、継其遺志、設国学会、塾講究文武其同学有鈴木浪江、大場多仲、浅羽茂樹等、東西道志、与参尾志士相呼、応戊辰一月、真清水穂在忠尚宅、会参人加藤監物等、真清、春野等、会尾人林相模等、将同赴京都、聞官軍……」として、

遠州報国隊を、宗良親王に従い奮戦したとされる井伊道政などの事蹟とリンクさせた語りが行われていたことがわかる。明治三十九年（一九〇六）十一月には、浜松五社神社境内への記念碑の建設の許可願が静岡県知事に対して出された。この差出人は、建碑委員の桑原楯雄、五社神社社司の吉田良太郎、同神社氏子惣代の夏目利平・近藤周造・武藤三十郎であった。建設碑の寄付金としては、主に地元に残った旧隊員やその一族を中心に計四三一円が集められている。引佐地域の神職たちの名前も確認されるが、中央で活躍していった宮田氏や大久保氏の名はみられない。

また、大正期になると、陸軍大将に昇進した大久保春野、靖国神社宮司となった賀茂百樹、同祢宜の大橋朗（治部の子）をはじめ、浜松の桑原楯雄・竹山謙三・幡鎌隆俊・大久保忠利・山崎常盤らの働きかけによって、旧隊員らを表彰するよう上申書が提出された(38)。この要求は実現しなかったが、この過程で旧隊士らによって、報国隊の事歴をまとめた書物が多数書かれることになり、各隊士やその一族らにも届けられている。とくに山崎常磐は、報国隊にまつわる史料を収集し、とくに山本金木の井伊谷宮や、桑原真清の家を訪れ、積極的に報国隊の事跡の追究を行った。山崎は、こうした成果を『遠州報国隊略歴(39)』としてまとめており、これが今日の報国隊に対する一つの通念となった。

以上みてきたように、報国隊解散後の隊員たちの行動は、実に多様である。中央で活躍していく者もいれば、反対に政府の政策から取りこぼされ、冷遇されていく者もいた。地方で活躍していく者もいれば、その足跡を追うことさえ不可能な隊員たちも少なくない。とくに、浜松中心部の報国隊員のうちでも「留守部」に属した旧家の出身者および親族たちは、地元浜松で実業家として成功していった者も多い。彼らにとって、報国隊の経験は、中央政府のエリートたちとの人脈を形成する絶好の機会となった。

浜松地方では、明治以降、中央で活躍していくエリート層と、彼らと協力関係にありつつ地方で活躍していく名望家層との二つに大きく分類できる。そのきっかけの一つが報国隊運動にあったことは紛れもない事実である。つまり、浜松近辺の多くの人びとが、遠州報国隊という一つの比較的強固な社会集団として結集したことにより、その社会集団内部での相互作用の結果、多様な「個人」の成立が促された、ということもできるだろう(40)。もちろん、報国隊内での位置は、たとえば引佐地方の神職たちが中心となれなかったように、近世以来の旧秩序を反映している面も多いが、報国隊を通した交流・つながりが、明治以降の個々の人びとの活躍を大いに助長したことは事実である。

近世の在地神職たちは、龍潭寺や方広寺、宝林寺などの地方中核寺院の存在があってこそ、人脈や宗教的リーダー性を発揮することが可能であった。しかし幕末維新期の報国隊活動は、こうした地域社会の旧体制・秩序とは異質のつながりを新たに生み出す役割を果たしたのである。

註

（1）幕末の草莽隊に関する研究史の整理としては、藤田英昭「草莽と維新」（明治維新史学会編『講座 明治維新3 維新政権の創設』有志舎、二〇一一年）など。

（2）静岡県神社庁編『明治維新静岡県勤皇義団事歴』（隆運堂、一九七三年）。

（3）小野将「幕末期の在地神職集団と「草莽隊」運動」（久留島浩・吉田伸之編『近世の社会集団』山川出版社、一九九五年）。

（4）小野は、「確かに報国隊員において包括的に共有された「思想」なるものは、決して存在しなかった。ただし、「国学」的思想との関係が無であったわけではなく、報国隊の指導部となる神職たちの平田門への結集は、運動の政治化の起点であり、確実に隊結成のある基礎をなしていると評価できよう」としている。

（5）澤博勝『近世の宗教組織と地域社会』（吉川弘文館、一九九九年）。

（6）松本久史『荷田春満の国学と神道史』（弘文堂、二〇〇五年）。

（7）高埜利彦『近世日本の国家権力と宗教』（東京大学出版会、一九八九年）、土岐昌訓『神社史の研究』（桜楓社、一九九一年）、田中秀和『幕末維新期における宗教と地域社会』（清文堂、一九九七年）、井上寛司『日本の神社と「神道」』（校倉書房、二〇〇六年）。

（8）井上智勝『近世の神社と朝廷権威』（吉川弘文館、二〇〇七年）。

（9）長谷川貞雄筆「報国隊歴史」正月廿四日条（桑原家文書コ二六―一―三号、浜松市立中央図書館蔵）を参照。

（10）同、二月二日条。

（11）桑原家文書（浜松市立中央図書館蔵）など、多くの史料に記録されている。

（12）「鉄砲書上帳」（慶応四年三月、一一五号文書）『兎荷区有文書（三）』（引佐町教育委員会）。原本所在不明のため、同書の翻刻文に従った。なお、兎荷村では慶応元年より農兵の調練が行われていた（合計五五名が参加、一人につき賃銭二匁五分一厘八毛、一一六号）。

（13）静岡県神社庁編前掲書など。

（14）『報国隊関係書類静岡大務新聞編纂　報国隊事蹟　全』（細江町立図書館蔵、原本は静岡県立葵文庫。山崎常磐の収集した資料群である）。

（15）『明治維新静岡県勤皇義団事歴』参照。

（16）桑原家文書（浜松市立中央図書館蔵）など。

（17）「日記抜書綴」（引佐町教育委員会編『山本金木日記　第二巻』一九八二年）。

（18）高埜利彦「移動する身分―神職と百姓の間―」（朝尾直弘編『日本の近世7　身分と格式』中央公論社、一九九二年）。

（19）小野将前掲論文参照。

（20）『山本金木日記』安政五年五月十一日条。

（21）『山本金木日記』安政五年六月三日条。

（22）高埜前掲論文参照。

（23）『山本金木日記』安政五年三月十六日条。

（24）後年の隊士らの記録のなかでも、浜松藩士らが「教官」となったことや、家老の伏谷如水からテベル銃三〇〇挺、大砲四門を借り受けたことが記されている。

（25）木野家史料（『明治維新勤皇』四二頁）。

（26）「日記会計書交」（桑原家文書コ二六―一―一三号）。

（27）『山本金木日記』（二月二十八日条）。

（28）『朝比奈内蔵之助履歴書』、『東行日記』（桑原家文書）。

（29）『山本金木日記』（十一月十八日条）

（30）宇布見中村家文書二〇五号など。

（31）小野前掲論文参照。

（32）『磐田市史 通史編』（下巻、磐田市、一九九四年）。
（33）「不移論」は、明治二年正月二十九日、東京にいる弟水穂へ送られている（『山本金木日記 第二巻』明治二年二月朔日条）。
（34）明治二十六年七月二十九日付の山本金木から中村東海に宛てた手紙のなかに、報国隊一件についての集会が行われていたことが確認できる（宇布見中村家文書二〇二一号）。
（35）桑原真清「遠州報国隊顛末」（明治二十六年、桑原家文書コ二六―一―一号）、長谷川貞雄「報国隊歴史」（明治二十六年、桑原家文書コ二六―一―三号）。
（36）『磐田市史』参照。
（37）宇布見中村家文書二〇五号。
（38）この経緯については、『明治維新静岡県勤皇義団事歴』に詳述されている（二七四～二七八頁）。
（39）山崎常磐『遠州報国隊略記』（大正十一年）。この著作はかなり流布しており、中井家蔵書のなかにもみられる。
（40）これは社会学者ジンメルが指摘する「個人がさまざまな集団の成員になれること、その結果として人格が規定されること」という指摘とも一致する（「社会圏の交錯」『社会的文化論』（石川晃弘・鈴木春男訳）中公クラシックス、二〇一一年）。

第十章　幕末維新期の龍潭寺とその後の引佐地域

さて、ここまで山本金木を中心に幕末維新期の報国隊の活動をみてきた。では、この時期、龍潭寺や中井家、それから井伊谷や神宮寺村はどのような状況にあったのか、主体の動きに注目しつつみていくことにしたい。

近年、豪農や名望家研究は、各主体の固有のあり方（つまり「個性」）が考察の対象として浮上してきている。松沢裕作は、「制度」のなかにおける主体の役割（「主体位置」）に注目する方法論を提唱しているし[1]、渡辺尚志も名望家の「固有性」（個性）への注目の必要性を説いている[2]。明治以降に引佐地方で活躍した主体は、その社会的な属性をメルクマールとして次のような三つに分類できる。

第一に、幕末の神職たちの草莽隊である遠州報国隊に参加したメンバーのうち、神社の建設など、在地神職として活躍した主体である。具体的には、二宮神社の神主中井真雄、井伊谷宮司の山本金木、宇布見村の中村東海などが挙げられる。彼らは井伊谷宮を中心に俳句・和歌のグループを形成し、歌の詠み合わせなど文化的な交流を広汎に行った。第二に挙げられるのは、多種多様な「実業家」として活躍していく人びとであり、具体的には、三方原開拓に中心的な役割を果たす気賀林（岩井林右衛門・宣徳）、天竜川治水事業で全国的に有名である金原明善（一八三二〜一九二三）[3]、遠江資産金貸付所（後の資産銀行）の頭取となる竹山謙三（一八五〇〜一九一三）[4]などが挙げられる。第三のグループは、地方教員や行政に参与していく人びとであり、具体的には、引佐郡長をつとめた松島吉平（十湖）、政治家として活躍する伊東要蔵、そのほか地方政治などにおいて活躍した人物は多い。

本章の第一節では、幕末維新期の井伊谷村の様子について、龍潭寺と井伊谷村の間で起きた大きな争論をもとに明らかにする。この争論は、幕末期の龍潭寺と村との関係を知る上で重要なものであるが、とくに岩井林右衛門という人物の役割に注目したい。岩井林右衛門は、明治以降当地の実業家として活躍する気賀家の当主である。慶応年間の彼の動きを龍潭寺との関係で考えてみたい。

第二節では、中井真雄など維新期の井伊谷村で活躍した主体の活動についても明らかにしてみたい。中井は第一のグループに分類されるが、明治以後の彼の思想と活動について考察する。また、明治初年、井伊谷村では学校や病院の建設が大きな問題関心となっていた。では、早速みていくことにしよう。

一　慶応元年の争論にみられる井伊谷村と龍潭寺の関係

龍潭寺と井伊谷周辺の幕末の様子を知る上で欠かすことのできない問題として、慶応元年に生じた一つの争論がある。「井伊谷村論事」といわれるこの一件は、些細なことから生じたものであったが、龍潭寺と井伊谷村との本格的な対立へと展開していった。そこには、江戸時代の龍潭寺と村の関係を考える上できわめて重要な問題が隠されていたように思われる。

争論の全体の経緯をまとめたものが表56、井伊谷村と龍潭寺双方の主張を整理したものが表57である。事の発端は、慶応元年（一八六五）五月に、井伊谷村の住人が本光院（近藤家祖　康用）茶湯田として近藤家から龍潭寺へ寄進された地に杭を打ち込んだことによる。もちろん、これは陣屋の役人が立ち会った上で行われたことであったが、事前に承諾を得なかったこともあり龍潭寺はこのことに納得せず、村役人を呼び出し厳しく詰問した。これに対して村役人たちも引き下がらなかったため、話が拗れ、井伊谷村役人たちが龍潭寺へと出入することが禁止（「足止」、いわゆる「出禁」）となった。これに対して、小前惣代らも「徒党」を組み、龍潭寺とその末寺への盆中供養・施餓鬼

表56　井伊谷村と龍潭寺の争論の過程（慶応元年）

日付	事　項
慶応元年五月	井伊谷村庄屋惣十から「水除のため大畦堤築造に際して、龍潭寺の御田地へ杭木二本打ち立てた（寺の験杭ゟ二寸ばかりに一本、もう一本は一尺余出ている）。すぐに届出ようとしたが、御見分御役人様から、後でも良いのではと言われたので遅れてしまった」という連絡があった。龍潭寺は、「それは不容易な事である。役人一人の承り了見にて内分に致して方丈や役僧は納得していない。追って見分する」と申し出る。後日見分。
六月二十日	昼九時頃、惣十と合役利左衛門を呼び出し、杭について尋ねる。利左衛門と惣十は「そのほかの者の田所へも打っているので、当山の田地へも打つよう御届した上で打立てたい。今はしるしにさし置いているだけだ」と理不尽申し立てる。惣十は残し、利左衛門にそのほかの合役とも談合し取調るように申し渡し帰村させる。夜五時ごろまで一向に沙汰がなかったので、惣十に「このような不当の村役が出席する場所へはたとえ寺役などでも出席しないからそう心得るように」と言い聞かせ帰す。四時過ぎに来るが、明朝に来るように申渡す。
六月二十一日	朝、上野組助次郎・谷津組藤右衛門・牧野組順蔵、杭打立の義につき御容赦願立に来る。話し合いの結果埒開かず惣十一同寺内足止めを申付ける。
六月二十三日	晩七時半頃、小前惣代惣十組下次郎左衛門、下組会所支配卯之吉、上組倉治下和助、孫吉・順蔵南組下代宗兵衛、新助、上野組藤吉、谷津組作次郎、村役人　御寺へ足止仰せつけられては小前方にても村役人は村中一同で相願い候者であるので、村役人が罷出申さないところへは小前一同も何の御用があっても罷り出ない旨申し出る。
七月八日	龍潭寺、井伊谷陣屋へ口上書を提出する。
七月十一日	圓通寺での施餓鬼供養に中井伊豫・中井猪左衛門は是迄毎年来ていたが、当年に限り男子たる者一人も出席せず。
七月十三日	南神宮寺村才次郎、江戸表へ奉公せず不埒であるとして手鎖を地頭所より申し付けられる。龍潭寺より数度歎願したため赦免となったが、その後「封印之紙」（不明）を紛失したため再咎。才次郎については、詫願を辞める。翌日、五右衛門・清三郎・才次郎隣家源兵衛よろしく御勘考の程を願い出るが、断る。
七月十八日	龍潭寺、井伊谷陣屋へ口上書を提出する。妙雲寺と村役足止の件について話し合う。
七月二十三日	龍潭寺、井伊谷陣屋へ再度口上書を提出する。口答で、陣屋吟味によって事済となれば立合見分仕るよう申立てる。同日、北神宮寺村役人金右衛門・定右衛門両人から村方支配の地所であるので余儀なく見分の案内をする旨が届けられる（見分は、代官中井猪左衛門・村上新右衛門・山下斧右衛門・中井猪藤次、御台所鈴木五郎左衛門・兵藤市太郎）。この日、井伊谷村儀平次死去。
七月二十四日	祝田村孫太郎・北神宮寺村左衛門・南神宮寺村五右衛門・横尾村健次郎が、龍潭寺に御見舞に来る。
七月二十五日	龍潭寺役寮から村役人へ、娘きとの葬儀について書状を送るが、開封せずに返却される。

七月二十八日	妙圓寺より井伊谷陣屋へきとの件について届出。
八月三日	龍潭寺、出入について内々に冨田村八五郎のところへ役寺明圓寺と役人太田織造を送る。中泉表へ出張のため罷越、相談。郷宿井筒屋鎌三郎へ一宿するように云われ、鎌三郎立合により相談すべきところ、急用のため、結局八五郎と相談し一人で公事方掛本〆山田演平へ相窺う。「村役人足止被申候者、仮令御寺内たりとも咎分ニ相成候、他領之村役人を御自由ニ御咎メ被申付候筋者無之哉ニ被存候」「御寺江念仏ニ而村方片手ニ仮埋筋無之御法ニ相背甚不宜候」などと指摘される。
八月七日	末山一同参られ、評議。
八月八日	檀家井伊谷村上野組大助死去。村役人ら無法に埋。
八月十一日	役寺妙雲寺と太田織造、井伊谷村庄屋惣十方へ罷越尋ねる。地頭所へ願書を出したが沙汰がないため仕方なく村役らで仮埋したと申し立てられる。
八月十三日	龍潭寺、役場へ口上書を差出。
八月十四日	江戸表に、これまでの口上書四通添えて書状を送る。
八月二十三日	井伊谷村弁吉死去。これまでと同様。
八月二十八日	井伊谷陣屋へ口上書を提出。
九月一日	明圓寺・役人太田、中泉へ罷越、井伊谷陣屋が取合わないことについて八五郎・鎌三郎に相談。御役所元〆坂田芳吉、公事方掛山田演平にも説明（「上様ニも被遊　御進發候様之御時節故何共恐入候次第ニ御座候間、当御役所之儀者当国御取締ニも御座候間、右事柄相分候様御糺之程御願」）。御威光にかかわるため、今一応井伊谷役場へ申し立てられるように指示される。
九月四日	井伊谷陣屋村上新右衛門・中井猪藤次と相談（三度まで無法に死人片付は「寺之越度」にもなるので早々に御取調を）。江戸からの返事がないので何とも答えられないと云われる。
九月十二日	中泉役所へ提出する願書を提出。「当国取締之廉ヲ以井伊谷役場江掛合可申候、尤役場之返答ニゟ而者御支配　御奉行所江出願可致候様」に申す。
九月二十三日	一昨日、井伊谷陣屋より中泉役所へ返答書。郷宿へ写御下につき八五郎を以て一見致す。
九月二十七日	龍潭寺、再願書提出について八五郎・鎌三郎らに相談。
十月三日	末山一同評議の結果、再願書提出を決める。明圓寺中泉表へ出張。
十月七日	鎌三郎・八五郎から公方様御還御通行のため公事再願は後にするよう言い聞かされる。
十月十三日	井伊谷陣屋の代官から御公儀へ訴えるように勧められる。中泉役所より書状が来る。
十月十六日	井伊谷村久兵衛男子病死。またも仮埋のため妙雲寺より陣屋へ届け置く。

十月十七日	郷宿鎌三郎から、井伊谷村へ利解申聞かしをしているが、井伊谷役場へ龍潭寺役僧を差出さないという苦情があったので、差出すように促す。住職は鎌三郎について、再願書の作成を遅らせているのは井伊谷村役人らが鎌三郎の娘聟の平六に相談しているからだと推測する。
十月二十四日	鎌三郎が願書を作成。中泉役所に提出する。鎌三郎から、もし「御掛合之程被成御願候而も不分地役人衆之事故不取放相捨置候ハバ、御支配　御奉行所江可被成御出願候」こと、井伊谷村方から内々に内済にするよう申越されたが、地頭役人衆が絶縁のため無理であること、などを聞かされる。
十月二十五日	中泉役所から、今回の願書は「筋違」である旨が申し渡される。中泉役所ではとても埒があきそうにないので、評議一決して出府を決断する。
十一月六日	方丈・役僧ら出府。
十一月八日	井伊谷村の谷津組大谷弥助が追駈来る。圓通寺隠居よりの御状を方丈へ差出。江戸表出府の儀につき、気賀岩井林右衛門申上たき儀があるので、御出立止まるよう御願。尤も林右衛門と山崎安寧寺が後から来訪の由。夜、安寧寺代極楽寺・気賀岩井林右衛門が罷り出て井伊谷村一条内済取扱いにしたいと申し出。村方にも説得すると答え引き取る。井伊谷村役人庄屋惣十・組頭藤右衛門・助次郎・利左衛門ほか四名、〆十一名は大三河屋方まで参居る。
十一月九日	極楽寺・岩井氏、昨夜村役人と相談。「逸々村役人共江申聞候処一同恐入候、何分ニも申訳無御座間、宜敷御侘被成下候様、一同申立候趣、林右衛門申述候、何レニも御寺法相立候様可仕候間、何卒御出府御留被成下候様精々御侘申上候間、勘考之上可申入候様申渡」。役僧・隠居・末山の衆へも申聞かせる。林右衛門から「地頭所之儀者御附属事故内済和熟ニも相成候ハバ御陣屋江是迄御手数相掛御苦労ニ存候様、方丈様御自分ニ御出被申入候様仕度候、役人衆江被申入候而も、石見守様江被申上候と御心得被成下候様ニ奉存候…」。
十一月十日	井伊谷役場から役僧に出頭要請。住持の「故障中ニ出府」の件について問いただす。中泉役所出願の件などについて、今般の事は一端見限りになられたことなので改めて申し立てはしなかったと答え、意見が対立する。
十一月十一日	村田屋へ林右衛門・井伊谷村役人と合う約束であったが不参。このとき、村中一同寄合。
十一月十三日	庄屋惣十・組頭藤右衛門ら都合五名ら罷出、龍潭寺方丈へ御侘。横尾村・北神宮寺村・南神宮寺村・祝田村四か村役立ち入られ此方にて事済相成候様に取計。
十一月十六日	極楽寺・藤太夫・金右衛門・健次郎度々詫び言につき内済の積もりであることを申渡す。
十一月十七日	見付宿にて済口侘書、一同揃いにて加印。落着。

（注）「井伊谷論事一条覚書」上・下（井伊谷龍潭寺文書一一七・一一八号）をもとに作成。

<table>
<tr><th>龍潭寺の反論</th><th>近藤氏の主張</th></tr>
<tr><td>・右（＝①）者畑歩御座候而も三拾余年以前ゟ田方ニ相成居申候、右地所者北神宮寺村内字古川　御茶湯料田ニ御座候、無沙汰ニ杭木打込候筋無之候
・右（＝②）者御水帳通、不残古形ニ相直し可申心得ニ候哉
・③右地 石見守様御高内ニハ候得共、御先祖御茶湯料ニ御先君被致御寄附候上者、拙寺支配之地所と被存候、然処出役受候ハバ如何様取計候而も宜敷儀と存居候哉、
・④此儀者利左衛門引取候上延々ニいたし居候両度迠使者ヲ以申遣候得共、不当之挨拶ニ而罷出不申候間、夜中ニ罷成、惣十江役之者相添、品々罷出候様申還候付、深更ニ至罷出御事故、翌朝可参様申渡、右掛合之儀、決而無御座候、
・右様（＝⑤）不埒至極抔と蔑申立、軽廉之致取扱候者共故、何様之論事出来仕候、宗旨之儀ニ付而者寺之差図可受筈と存候、</td><td rowspan="4">石見守菩提寺引佐郡井伊谷村龍潭寺ゟ同村役人共江相掛先祖寄附之田所へ当五月中同村役人共無沙汰杭打込、新道新境可相立儀ニ付追々差縺然処同村之義者一統檀家ニ而其後年忌法事有之候而茂、法会者勿論都而宗法相背候ニ付而者病死之者葬式之儀村中打寄、勝手ニ埋込法外之次第ニ付、当役場江再応申出候得共取糺無之趣、御役所江口上書差出候ニ付、一ト通被成御糺候処無余儀次第ニも被成御聞取、且者村中檀家之もの大勢申合不隠所業ニおよび候而者國中一体御取締筋も相柄候ニ付、右口上書写被遣、委細各ニ而承知仕、則井伊谷村役人呼出し心得違無之様理解之上致和熟宗法相守候様取計可申旨御紙面之趣承知仕候、則井伊谷村役人呼出し一ト通尋之上利解申聞候処、口上書ヲ以申出候処、無余儀次第ニも相聞候間、別紙写為御承知掛御目申候、猶又龍潭寺江も御利解被仰聞候様仕度奉存候、尤当役場へ先頃中同寺ゟ尋書差出し候間、相糺可申筈之処、地頭役場之義ニ付存念届者致候得共吟味調之儀者相願不申旨、同寺ゟ申出最初ゟ之事柄書出し不申、再応申聞候得共調之儀者相不願との儀承、双方聞糺候義差支無余儀等閑ニ相成申候、然ル処今般其御役所へ致出願御苦労相掛候義恐入候次第、且村方之義者如何様ニも理解可申聞候得共前書之始末ニ御座候間、龍潭寺江御利解被下双方和熟相成候様仕度宜敷御取計奉願候、各御頼可得貴意御報旁如斯御座候、以上、</td></tr>
<tr><td>・右（＝⑥）者日限相違、廿一日ニ有之候事、尚又廿二日同寺江罷出相願候処、右申立一切無御座候、</td></tr>
<tr><td>右（＝⑦）慥成証拠有之候</td></tr>
<tr><td>右（＝⑧）手作ニ付、女日雇檀家順村ニ相願候処、今度寺役と申立候得共、前規之通日々之日雇銭相遣置候事
右（＝⑨）者最初無沙汰ニ而杭木打込候節水除いたし度趣届出候、今更差障無之様申立候者如何ニ候哉、用事者無之場所江杭木打込候筋無之儀と存候、
村方ゟ井伊谷御陣屋江願書を以願出候由、村役人幷地頭役人衆ゟも再度承候、何等之願立ニ御座候哉、事柄不申聞願書差出候と而已と申候、右者如何様成願立ニ御座候哉、此段承度奉存候、右御糺之程奉願候、</td></tr>
</table>

表 57　井伊谷論事における龍潭寺と民衆の対立

井伊谷村の主張
此儀新道新境等普請仕候義、決而無御座候、当村瓜作と申所先年畑方ニ方田方ゟ三尺高ニ候田地ニ御座候処、①龍潭寺持地畑方御座候、近年勝手侭ニ取崩候、川岸之田地ゆへ出水度々逆水押込、田方一面水源ニ罷成違作いたし御田地打続罷出来候間、小前之もの共ゟ難渋之趣頻ニ願出候ニ付、村役人共内見致、②古形之通、取繕ひ候ハバ水腐之愁無之義と奉存候、右場所より龍潭寺持地堺ニ相成申候、尤右持地者則御地頭様御高之内ニ御座候ニ付、御出役御願奉申上、③御見分済ニ者相成候得共取繕ひ者不仕候、然ル処去ル六月廿日村役人両人罷出候様、龍潭寺ゟ申越候ニ付、年寄庄屋惣十、組頭利左衛門両人罷出候処不存寄義申述、夫而已不成、惣十質留置、甚以不当之いたし方、利左衛門壱人引取当惑之余り郡役一同出会可致段申觸相寄、尚又村役人両人罷出、④及掛合候処、夜も深更ニ相成候間、明日罷出可申旨申聞、引取候而、翌廿一日早朝村役三人罷出始末柄申述候処、井伊谷村役人用事無之間村役人一同寺内江足踏不相成惣十一同罷帰れと大着ニ申聞如何之心得ニ候哉、龍潭寺之支配請候義ニ者無御座、⑤不埒至極之申聞方心外ニ奉存候得共、寺檀之間柄ゆへ引取申候、
扨又六月廿日当村権四郎と申者病死いたし候ニ付、取次寺明圓寺江相願、翌廿一日八ツ時葬式引導焼香聞済候処、⑥同日九時ニ相成差支有之間、寺役不相勤段、右明圓寺ゟ権四郎隣家両人呼寄相断候間、尚又廿二日同寺江罷出相願候処、前同様差支被申聞、極暑之時節権四郎方者勿論親類共村方見舞之もの共迚進退途方ヲ失ひ、種々相願漸々夜四ツ時過頃取次寺明圓寺罷出、経斗ニ而葬申候、扨稀成高直之時節諸入用多分相掛り難渋至極之儀ニ御座候、
佛事有之候而茂法会不相勤定例之施餓鬼ニも壱人も佛参不致申上候、此儀者村役人一同龍潭寺江足踏不相成段被申聞候、小前之者共より願置候、村役人ニ候得者一同之儀ニ御座候間佛参不仕候、法事之儀者故障相片付候得者一同可相勤心得ニ御座候、村役人共ゟ小前之共ゟ⑦何等之儀申付候義、決而無御座候、
当七月廿三日村内義兵治娘きと病死いたし候ニ付如何取計候哉と申合、村中打寄鉦ヲならし高声ニ念佛申自分勝手ニ死人土中ニ埋、法外之次第申上候、此段権四郎病死之節精々相願候得共引導焼香茂不致無余儀場合ニおよひ、前申上候通之始末柄村中一同寺法ニ無之事と存居、右之訳柄ゆへ、きと病死焼香取次寺ヲ以相願候迚茂前日同様成義ニ付、無是非仮埋いたし候、当人方ニ而も歎ケ敷義と愁傷相増、尤故障相片付次第葬式可仕候、尚又八月八日代助同月廿三日弁吉両人病死いたし候処、前書奉申上候通、始末柄ゆへ是又無拠仮埋ニいたし候、故障相片付候得者葬式仕候、将又奉申上候、龍潭寺両三年此方大作いたし寺役と唱、田打田畑之草とり仕附もの等、都而諸作もの取入候迄之儀者先前無之義ニ御座候得共、⑧寺檀之間柄ゆへ一同乍難渋茂多人数罷出相勤申候、以来者相勤不申段小前之もの共申之候、是迄之通罷出候而者、実以御大切之御田地相続難出来一同歎息仕居候、尤病死人有之候而も引導焼香茂不致村役人者寺内足踏不相成抔と申義者法外至極之儀ニ奉存候、定而離檀之心得と村中之もの共思案仕候、前尋奉申上候通、古形之畑并外持主之地所江入土いたし候共、⑨龍潭寺持地江少茂差障無御座候、尚又病死人有之候節者法業焼香被致候様、以御賢慮被　御達可成下候、左候ハバ村中一同安心仕候、

注）「井伊谷論事一条覚書」上・下（井伊谷龍潭寺文書 117・118 号）をもとに作成。

などに井伊谷村全体（当時は組分されていた）が、一切参詣しない旨を表明した。かくして、井伊谷村中と龍潭寺が断絶状態となったのである。

すでにみてきたように、アジールの機能や、井伊家参詣などの関係、さらには地域金融の面において、井伊谷村と切り離せない関係にあった龍潭寺にとって、これは重大な事件であった。

こうした場合、問題となるのが、村で生じる死人の取り扱いである。井伊谷村ではこの間に四人の死亡者が出た。結局、これについても、村側は龍潭寺に相談をせず、村役人立合のもとで「仮埋」（僧侶による引導を渡さないで葬送）をすることになった。龍潭寺は、これに対して井伊谷陣屋へと継続して訴えを出したが取上げられなかったため、業を煮やし、遠方の中泉代官へと訴え出ている。しかしそれでも事態は収束に向かわなかった。なお、中井氏も井伊谷村の動きに基本的には同調していたとみられ、七月十一日に行われた圓通寺の施餓鬼にも参加していない。

この争論を通じて、旗本陣屋や中泉役所が、なかば機能不全になっていたことがわかる。陣屋運営は、地代官に一任されており、この件に関しての江戸との連絡も不通状態にあった。本来ならば、国家老などが介在して話が処理されていくわけであるが、慶応年間という政治的な混乱の渦中において、役所側はほとんど対応できなかったのである。かわって大きな役割を果たすべきは、周辺の檀家村である祝田・南北神宮寺・横尾村の人びとであった。しかし、彼らによる仲裁もほとんど効力をみなかった。彼是、半年近くこうした状況が続いてしまうことになった。

結局、この争論を終わらせたのは、周辺の寺院と、村役人たちの連合（組合）と地域の有力者であった。とくに、そのまとめ役として重要な役割を果たしたのが、岩井林右衛門（のちの気賀林）[5]である。岩井や安寧寺のはたらきによって、ようやく寺社奉行へ訴えを起こそうとした龍潭寺を立ち止まらせることができたのである。「仮埋」された四名も後日、焼香・葬式が行われ、一件落着となった。そのときに取り交わされた村からの「詫状」が次の史料1である。

〔史料1〕（6）

奉差上候御詫一札之事

当五月以来　御松山（龍潭寺）江不敬之段重々奉恐入候、

一御地頭所様御寄附之御田所江御不沙汰ニ杭木打立重々申訳無御座候、右一条ニ付村役共御呼出御糺之節背御意彼是理不尽申上候段奉恐入候、

一右一件ニ付六月廿三日小前江組々惣代ヲ以、村方一同佛詣其外仮令如何之御用等御座候而も罷出不申候段無弁申上候儀、御寺法ニ相背奉恐入候、猶又盆中先祖供養内施餓鬼　御本山幷御末寺施餓鬼ニも不致参詣御寺役之棚経御勤被成下候得共先規通御取扱不申上候段、御寺法ニ相背奉恐入候、

一七月廿三日儀平次娘きと、八月八日上野組代助、同廿三日弁吉、十月十六日久兵衛男子、右四人之もの死去仕候、尤離檀之願書差出候間死去毎ニ相窺候得共何共御沙汰無御座候ニ付、無拠　御寺法ヲ不相背、村中打寄自侭堀埋候、其節ニ　御役寮ゟ御尋御座候処、彼是故障申上御法度相背奉恐入候、右御内済被仰付候ニ付而者何連葬式可仕候、其節別段一札差出し可申候、親類・隣家、組合村役人調印者勿論後證ため四ヶ村役人奥印一札ヲ以右四人滅罪之儀一切　御貴寺江御難相掛申間敷候事、

一七月廿五日御尋之儀ニ付、御役寮ゟ御状被成御遣候処開封不仕御返シ申上候処、猶又被入御念御添書被成下候得共御答不仕候段申訳無御座候、

一右様村中不法之儀相重り候間御捨置ニ難相成、其御筋江御出願被遊候処、村役人共返答書之内廉々相違不埒至極抔与不敬之段申上候儀、逸々御利解被仰聞奉恐入申訳無御座候、

一故障之儀ニ付中泉表御出張相成長々御苦労被遊候処、落着ニ相成兼　寺社御奉行所江御出願之思召ニ而御出立被遊候処、右様相成候而者村中不残　御法ヲ相背候事故何様之御咎茂難計存候付、山崎安寧寺様・気賀岩井林右衛門殿四ヶ村役人衆相頼、見附宿ニおゐて精々御歎キ申上候処、右御衆中江御免御し御猶予被成下置候、再三

御詫奉申上候ニ付、寺檀之間柄故格別御憐憫ヲ以、内済御聞済被成下置難有仕合ニ奉存候、今般初発ゟ之一条御利解ニ預り実以発明仕、向後右様之心得違仕間敷候、為後日御詫書連印、依而如件、

慶應元年丑十一月

井伊谷村

小前惣代

作治郎（印）

（以下連印）

龍潭寺御役寮

右之通村役人幷小前惣代一同御詫奉申上候通、以来御寺法相背候儀者勿論今度被　仰渡候、廉々急度為被相守可申候、依之一同奥印仕奉差上候、以上、

安寧寺

代極楽寺

善水寺

岩井林右衛門（印）

横尾村庄屋

誕治郎（印）

北神宮寺村庄屋

金右衛門（印）

南神宮寺村庄屋

五右衛門（印）

祝田村庄屋

孫太夫（印）

こうして盆中供養・施餓鬼不参加の詫状が提出され、「寺法」の遵守の徹底を約束した上で一件落着となっている。一般的に、「寺法」は寺内部の僧侶に対しての制約となるが、それが地域社会においても「寺法」に背かないことを求めさせたことが注目される。

この争論では、龍潭寺が地域社会のなかで、葬式を担うべき唯一の存在（死者を弔う）であったことを示している一方、寺領を守る龍潭寺の強い立場を目にすることができる。龍潭寺と近藤家の関係は、正徳元年の争論のなかで悪化した（本書第四章）。しかし、その後は享保十八年に本光院殿茶湯田が寄進されたり、遠忌法要も行われている（本書259頁表35参照）など、良好な関係が続いていた。龍潭寺からしてみれば、近藤家との歴史的な由緒を考える上で、この茶湯田は重要な場所であったのである。そのことを、村側が理解できていなかったことも、この争論の根本的な問題の一つである。対する村も、自分たちの生活にとって、とくに水害対策の上でこの地は重要な場所であった。堤築造による洪水被害の軽減のため、井伊谷村の人びとがこの地に杭を移動したことも理解できる。ただし、この背後にあった幕末の独特な喧騒の雰囲気も影響していたであろう(7)。

この争論は、次の理由から、当事者たちも想定外なほどに大きなものとなった。一つは、龍潭寺の本光院茶湯田に対する由緒意識が、おそらく村方が想定していた以上に強いものであり強硬な批判を受けたこと(8)。もう一つは、小前惣代たちが龍潭寺の意に反し、村役人に従って「龍潭寺足止」（龍潭寺への出入禁止）を実施したことである。龍潭寺としては、葬式や施餓鬼などに井伊谷村中が不参加となる事態は、当初想定していなかったと考えられる。また、注目されるのは、この争論中、井伊谷村の住人たちが自分たちで念仏を唱え、さらに死者の「仮埋」も実施したことである。この争論の背景には、享保期以来の龍潭寺の寺領に対する由緒意識の成熟と、村の自立性の高さがあったように思われる。

ちなみに、届出を出さずに「仮埋」する事態は、近世初期にもなかったわけではない。たとえば、井伊谷・金指村の境争論の際に、金指村の住人たちが境を「そうれいば」にしてしまった一件もあった(9)。しかし、寺檀制度が定着して以来、こうした事例は当地域では管見の限りみられず（表57中の「寺檀之間柄ゆへ一同乍難渋茂多人数罷出相勤申候、以来者相勤不申段小前之もの共申之候」という言葉が寺檀制度の重さをよく物語っている）、きわめて特殊な事態であったことがわかる。また、表56の七月十三日の項目にあるように、龍潭寺は、南神宮寺村の才次郎の赦免願に応えており（ただし、再度の歎願については断っている）、この時期まで、村のさまざまな紛争解決の機能を有していたことも確認できる（本書第三章参照）。

また、争論の背景としては、井伊谷陣屋の機能がこの時期、麻痺していたことも挙げられよう。当時、陣屋には代官のみが詰めており、家老や役人たちは、陣屋に出仕していない。この点が杭の検見に関する争論を生じさせる根本的な原因となっている。また、井伊谷陣屋の行政的対応の遅れが（家老などの不在・地役人任せの行政）、この争論をより複雑なものにしていった。近世後期、旗本の地方支配が、地代官や地方の有力者に依存されていく傾向が強まるなかで（本書88頁）、龍潭寺と村との軋轢が生じやすい状況にあったと考えられる。この争論において、井伊谷村の住人たちは、近隣の関係村（北神宮寺村・南神宮寺村・横尾村・祝田村）に相談をもちかけ、事態の収束を図っている。一方、龍潭寺は、中泉代官などへ訴え出て、裁判で解決をしようと試みている（八月三日）。龍潭寺と関係の深い、岩井氏や極楽寺が介入しているが、それでもなかなか事態はおさまらなかった。しかし、結局、寺社奉行所扱いとなる前に「内済」へと落ち着いており、とくに岩井林右衛門らの活躍が功を奏したと評価してよいだろう。岩井家は、戦国期からの由緒をもつ家であり、龍潭寺の有力な支援者の一人であった。

だが、この争論において最も注目すべきなのは、神宮寺村の山本金木や井伊谷村の中井真雄などがどのような動きをしたのか定かではない点にある。出入の性格上、とくに両氏が仲裁に入ることも十分に考えられたわけであるが、ほとんど全くこれに介在していない。すでに述べたように、彼らは慶応四年（一八六八）には、遠州報国隊に参加していくわけであるが、なぜこの争論には関与しなかったのであろうか。

この理由について直接物語る資料はないが、彼らは、龍潭寺と対立することも、村と対立することも、できなかったのであろう。もちろん、彼らがもっと上位の政治状況に関心を有し、地域の動向に興味がなかったとも考えられなくはないが、維新後も地域で暮らすことを選択した彼らが、その道を選んだとは考えにくい。龍潭寺も、村も、彼らにとっては欠かすことのできない存在であったのである。

同時に幕末井伊谷のこの一件は、江戸時代中期以降、近藤氏の茶湯田を守護してきた龍潭寺と、自らの成立を重視する百姓らとの間に生じた軋轢にすぎないが、一村の枠を超え、かなり広い範囲の人びとが、これに関わることになった。結局、史料1でみるように、村人たちの謝罪（詫言）によって解決したわけだが、死人の葬儀を梃子（死人の取扱不備は寺の落ち尾となる）に強硬な態度をとる、民衆たちの力強さを確認することができる。十八世紀以降、井伊家の寺としての地位を確立していく龍潭寺であるが、その社会的基盤は、こうした民衆たちの力強さによって支えられていたのである。この争論は、互いに協同し合い成長してきた二つの主体が、その完成度の高さ故に、逆説的に激しく対立し合う結果になったと評価できるであろう。

二　近代移行期の引佐地方における名望家の活動とその意味

（1）中井真雄と明治維新

神主中井真雄（一八四六年三月二十日～一九一四年十月二日）は、二宮神社神主中井家二十一代にあたり、維新期には「遠州報国隊」の隊員として活動した。「二宮神社神主藤原姓中井系図」[10]には、真雄の略歴について次のように記されている。

弘化三丙午年二月廿三日朝正五ッ時出生、中井幸之丞、文久三癸亥年六月任伊賀、實名擧直又七郎ト改名、又改メ真雄、明治元戊辰年三月大総督宮有栖川宮関東御征討ニ付御下向之節随従同年十一月帰國宮様ヨリ鉄炮壱挺拝領、

同年七月神祭ニ改ム、（下略）

中井真雄が、報国隊に参加したのは二十三歳のときであり、まだ若かった彼は、「出征隊」（全八七名）に所属している（本書348頁表53参照）。有栖川宮が氷川神社へ参詣した慶応四年十一月二十七日、遠州報国隊は、取締組分として鷹森主水・小沢主税・堀内主水・渥美権太夫・山本金木・縣石見を中核とする諸隊にわかれたが、真雄はこのうち岩田七兵衛・辻村駿河・江間浪江・夏目嘉兵衛・桑原権十郎・中山内記・縣大和らとともに縣石見の下に編成された。

真雄の先代である中井家二十代直長（一八一〇～六二）が書き始めた「日月記」[11]の最後の項目に、「元治二未年三月十七日、彦根中将様日光為御名代御下り被成候ニ付十七夜濱松宿御泊りニ付先例之通中井擧直出申候、御目録金百疋被下候」とあり、擧直（真雄）も、井伊家への御目見を果たしていたことがわかる。維新後、真雄は浜松郡方御役所へ「宗良親王御霊社書上」[12]と題する由緒書を提出している。それが次である。

〔史料2〕

遠江國引佐郡井伊谷村

二宮大明神

但式内　三宅神社

御相殿　宗良親王命

右御相殿宗良親王御儀者、

後醍醐天皇之皇子ニ而延元中征東将軍ト為テ遠江國井伊城へ御下向有テ数十年御滞留被為遊候処、元中二年八月十日於井伊城御薨去井伊介道政御葬送之御儀式取行ヒ奉り、即御神霊ヲ式内三宅神社ノ御相殿ニ奉斎候テヨリ二宮大明神ト奉称候、

一祭日八月十日　　但親王薨御日

一古文書古記等モ御座候処　元亀年中武田信玄之兵火ニカヽリテ不残焼失仕候、元御朱印地、
一社中五十坪余、同
一社領高四石五斗、但当未年上知仕候、
右之通相違無御座候、以上、
明治四年辛未四月　　神主　中井真雄
濱松
郡方　御役所

明治維新に際し、中井家も旧禄や社殿の由緒について調べ、役所に提出することが求められた。史料2では、宗良親王と井伊道政の由緒が示された上で、「元亀年中武田信玄之兵火」によって古文書が焼失したことが記されている。なお、その七年後にも真雄は中井家の履歴（系図）・由緒、それから太政官の布告、これまでの旧禄地について一冊にまとめ「旧禄由緒其外取調書」(13)と題した文書を書き、県に提出している。それが史料3である。

〔史料3〕
由緒幷家系取調書
遠江國引佐郡井伊谷村二宮神社
旧神官　中井真雄
右家筋之儀者元祖三良兵衛直家儀井伊家之士流ニテ其子直清代
南朝之皇子一品宗良親王延元々年井伊城江御下向被為在、数拾年御滞陣之砌直清儀井伊介道政ニ属シ宗良親王ニ
随従罷在、其後元中二年八月十日宗良親王井伊城ニ於テ薨御相成、依之井伊介道政御葬送之規式執行ヒ奉り、則
御神霊ヲ二宮大明神ト奉称、井伊介道政ヨリ祖先直清江社務職被申付、井伊家ニテ別段崇敬罷在上田拾弐丁歩社領
ニ附置レ候、其後原田佐衛門殿奉行ニテ御検知之時右之社領上地相成、漸々上田壱丁貳反歩附置レ候処又々候、慶

長九辰年伊奈備前殿奉行ニテ旧幕府ヨリ御検知相成候節、右二宮社領之御墨附無之ニテ社領上地相成候処十代之前祖與惣左衛門直次義出願仕、社領中田ニテ四石五斗目之御墨附中泉御役所ニ於テ申請社務相続仕候、其後慶安元年七月十七日右社領四石五斗目幷ニ神主屋敷諸役等免除之御朱印舊幕府ヨリ頂戴仕居候、尤西京吉田家ヨリ許状拝戴累代社務襲職罷在候処、去ル明治元辰年王政復古之典被仰出候ニ付、舊幕府ヨリ寄附之判物悉皆同年八月中太政官江返納仕候、今般由緒家系取調方御達ニ付、別紙畧系図相添此段上申仕候也、

明治十二年一月　　遠江国第十二大区廿二小区

引佐郡井伊谷村

二宮神社舊神主　中井真雄

静岡縣令大迫貞清殿

明治維新によって、中井家に伝来していた幕府発給の朱印状が、明治元年八月に悉く太政官へ返納となった。ここでの由緒書の内容は、概ねこれまでの歴代中井家当主が記してきたものと大差ないが、とくに宗良親王と井伊道政との関係、さらに井伊道政と中井直清の関係が明確にされており、史料2の簡素な記述とはだいぶ異なる。すなわち、《宗良親王→井伊道政→中井直清》という図式によって書かれている。ここには、維新後、南朝ゆかりの宗良親王の墓所を祀るということの重要性が高まったことに敏感に反応する真雄の政治意識を読み取ることができるだろう（真雄は歴代中井家のなかで、はじめて井伊家との関係を示す「直」の文字を名前に使わない人物でもある[14]）。

真雄は、明治七年（一八七四）十月五日、当時の浜松県より宗良親王墓の「墓掌」に任命されている[15]。「墓掌」は「日々御墓所ヲ掃除シ及ヒ守衛スルヲ掌ル」役であり、月給は三円であった。真雄は、この他にも訓導（明治七年三月十五日付、教部省より）のほか、遠江国麁玉郡堀谷村六所神社祠掌（明治六年三月二十九日付）、都田村須倍神社祠官（明治七年四月十七日付）、上刑部村乎豆神社・祝田村蜂前神社祠掌（明治七年四月十七日付）などを兼務することになった。「訓導」としての職務は、明治十四年四月十六日に「依願免職」を内務省に要求するまで続けていた

と思われる（五月十五日に井伊谷村戸長に届出）[16]。これに関して中井家蔵書には「説教題目集」[17]という史料があり、そこには「父有争子則身不陥於不義」という言葉とその具体例など、道徳に関わるものや、「地球上全世界中ニ帝国ト称スル国十列アリ。我日本ヲ始メトシテ……」など地理的な内容まで、多岐にわたって記されている。

また、真雄の活動で注目されるのが維新後、彼が用いた「松の舎」という号である。これは蔵書の裏表紙などに記されており、たとえば中井家蔵書のうち「唱歌集第一　軍歌」[18]と題された綴りに「井伊谷松乃舎」として蔵書印が捺されている。「松乃舎」真雄は明治以後、和歌にとくに力を注ぎ、山本金木と共に多くの和歌を詠んでいた。彼の和歌をまとめたものに「歌詠草」[19]があり、このなかで真雄は自らを「松の舎 真雄」と称している。「歌詠草」の冒頭には「四大人ノ歿年月日及墓地」と題して荷田春満・賀茂真淵・本居宣長・平田篤胤の四人が取り上げられており、その内容構成は、真雄による自詠の和歌を書き綴ったものに、明治三十九年四月の関西旅行の記事と、「李花集中宗良親王井伊城之御歌」と題された宗良親王の和歌の抜き書き（「明治三十四年四月廿三日中井真雄写之」）が載せられている。和歌の題目は自然風月を詠んだものが多く、なかには山本金木の「七十七賀」の際に詠んだ句などもみられる（「金木より老木となりて薫匂ふ麓の花のめづらしきかな」）。

金木と真雄の和歌の交流は活発で「献詠集」[20]という竪帳のなかに多くの和歌がおさめられている。「献詠集」は全部で八冊あり（内二冊は『遷宮献詠集』[21]）、点者・吟詠・助吟を金木・安井邦雄・大井菅麿・中井真雄・中井真幸らが交替でつとめている。

明治期に集められたとみられる中井家の蔵書をみると、宗良親王に関する書物の集積は、明治以降活発に行われたことがわかる[22]。また靖国神社の宮司・賀茂百樹からも中井家に「日本魂の生る樹の談」という抜き刷りが届けられており（裏表紙に「遠陽井伊谷四松舎蔵本」とある）、中井家と賀茂百樹の間には維新後も交流があったことがわかる。明治以降の中井真雄は、和歌を通じた交流（この中心には、井伊谷宮の山本金木がいた）と、それを通じた外界とのネットワークをもっていた。真雄の跡を継いだ真幸（明治七年一月十日生、従七位）も、大正～昭和期にかけて引佐地方の神葬祭に広く携わっており(23)、日清戦争に際しても祝詞を唱えている(24)。

真雄は、地域の祭祀を司る神主として、出征・凱旋兵とその家族に対して精神的な拠り所となることを期待された。明治二十八年(一八九五)、真雄は日記の冒頭に「日清事件聞書」と題し、当時の新聞記事より真雄が重要だと考えたものを抜書している。ここには具体的な戦況の流れよりも日清両軍の戦死者数や船艦等の損失状況などについて具体的な数値を丹念に記載している。また国際法についてもメモ書きしている。また、明治二十八年十二月二十二日の記事には井伊谷村の学校にて軍人凱旋祝をしたことを記録している(25)。真雄の日記は膨大であるが、そのほとんどは二宮神社や井伊大明神に関わる井伊谷村内の問題であった(農作業の記録なども多い)。日清・日露戦争において、真雄が地域社会において果たした役割は、軍人たちの霊を鎮めることであった。

こうした点は、山本金木も同様である。金木も井伊谷宮の宮司として真雄と同じ行動をとっているが、彼の場合とくに日清・日露戦争について感情をあらわにした歌を詠んでおり、また凱旋兵に対する慰労の念も書き記している。たとえば戦傷兵に対して、「國のため心のみかは骨も身もくだきし君がいさをたふとし」と詠んでいる。また日露講和条約については、とくに「わがものと占領なせる樺太半島をさきあたへて露国と講和」したことに強い不満をもち、「山おろしになかばちれるか樺桜朝日に花のにほひ出しを　また　穴遺憾とりこむ際にそこなへり今年のを日露談判」と記しており、全権大使の小村寿太郎については「こむらかへりて全権大使　お腰たゝかぬか　なさけなきや」などと批判している。また、金木は最晩年のことであるが、旅順陥落の際に井伊谷町組が提灯行列をともない郷社渭伊神社に練りこんで来た際、床に臥しており「提灯につきものながら老足の歩行叶はで行列も見ず」と記している(26)。

中井真雄や山本金木は、明治以降、ますます積極的に宗良親王にまつわる研究を進め、和歌を通して多くの文化人との交流を有した。そして、地域においては訓導という立場から地方教育に携わり、日清・日露戦争においては、出征・凱旋に際して、神職という立場から関わりをもつことになった。

（2）井伊谷の明治時代

次に、神宮寺村の兵藤家の明治以後の活動について、みておきたい。

慶応四年（一八六八）、兵藤市蔵は、旗本近藤隼人の「家来」として、袋井宿・掛川宿・見付宿などで官軍の通行に際しての諸役御勤を果たしている。[27] 兵藤のほかに、引佐地方の出身者で、これに派遣された人物としては、伊東勝平（御用場詰）や影山文平（御用場詰）、大石益蔵、野末清一郎などの名前が確認される。引佐地方には、報国隊とはまた違ったかたちで、幕末維新期の変革に関わった人びとも多かった。

維新後の明治十二年（一八七九）、井伊谷村では大谷弥平が「戸長」となると、斉藤六蔵と兵藤市蔵が「筆生」として選出された（給料は戸長月額三円五〇銭、筆生は二円二五銭）。[28] 大谷弥平は、明治初年に井伊直憲の龍潭寺参詣の際、御目見を願い出た大谷弥助の家系に属するとみられる。この後、斉藤・兵藤の両者は、ともに井伊谷村の「戸長」となっている。[29] 斉藤六蔵は、龍潭寺の「檀中惣代」もつとめた人物であり、[30] 龍潭寺の長寿講の世話人もつとめているが、[31] とくに明治十七年に関東・東北・信越地方を旅行し、そこで実見した農業技術を「道中日誌」にまとめたことで地元では有名である。[32]

兵藤市蔵（本名「秀詮」）は、村内の会計役として実績があった。兵藤がとりまとめた「萬当座留帳」（明治八年）[33] には、当時の村入用の内訳が記されている。これによれば、明治初年から井伊谷学校の運営に関わる日掛金の負担が大きく（傍線で抹消されているが「金廿円　井伊谷学校不足金出金江渡ス」「金四円也　井伊谷学校月給渡金分出金」などの記載がある）、中井猪藤治・内山定五郎、藤田庄三郎らがこの資金運用を担当していたことが知られる。中井猪藤治は、旗本井伊谷近藤氏の代官をつとめてきた中井家の系譜をひく人物であった。

明治初年の井伊谷地方では、井伊谷学校の運営維持において、多くの人びとが関わった。明治二十年に井伊谷村ほか三か村の戸長であった斉藤兵三郎のもとで、用係として学費の領収などの取りまとめを行ったのが、大石益蔵である。[34] 大石は、明治二十二年には、茶業改良のための演説会を開催するために、龍潭寺納所に宛てて圓通寺の一日借用を願い出ており、[35] 教育関係の事務を担当していたとみられる。明治十五年一月の「学資金割込帳」[36] によれば、総額にして金一四〇円余の学資金が集められている。その内訳は、影山与三郎（金一円九九銭余）、斉藤六蔵（金一円一四銭）、新野角蔵（金一円一四銭）、大谷弥平（金一円九拾九銭八厘）、野末清一郎（金二一七銭八厘）、大石増蔵（金一六銭七厘）、中井猪藤治（金一三銭九厘）、中井真雄（金一三銭三厘）などであり、地区としては、元南神宮寺村の人びとの負担額が大きかった。また、維新後に井伊谷近藤陣屋の敷地に入植してきた幕臣の山岡弘祖（金一〇銭）・福嶋貞充（金六銭五厘）・小田切貞吉（金三銭五厘）・原田清（金三銭五厘）ら四名「〆金二円廿三銭弐厘」も計上されている。この帳面に載せられている人名は、総勢二一五名であり、なかには女性の名もみられた。

井伊谷学校の建設と運営は、井伊谷村（近世村では、神宮寺村と井伊谷村）全体を巻き込んだ大きな事業へと次第に進展していった。井伊谷学校は、明治六年十月に、金指学校井伊谷分校として阿形井津治宅を仮用（明治七年には圓通寺に移されている）として開校したことに端を発する。学区は東牧村・井伊谷村・北神宮寺村・南神宮寺村の四か村であった。明治七年五月、独立して村立井伊谷学校と改称され、その後、増築が繰り返され、明治二十二年四月一日には井伊谷尋常小学校となり、学区も井伊谷村・三岳村・花平村・横尾村・白岩村に広がり、生徒数も四〇〇人余りに及んだ。[37] 表58は、明治十七年の村入用費をまとめたものである。[38] ここから、堤防の建設費などのほかに、学資金の占める割合が大きかったことが確認できる。

学校建設のほかに、明治十年代の井伊谷周辺で大きな事業としては、村立の引佐病院の建設もあった。同十三年十二月に開院した県立浜松病院気賀分院は、同十五年に地元に移管され、公立引佐病院となった。この引佐病院が本格的に開院するのは同十七年であるが、それに際して、向こう一年間の往診料・薬価・車代の無料化が行われたという。[39] こうしたなかで「義捐金」が求められることになったが、このときの負担は村人たちに公平に割当てられた。「引佐病院割付取立帳」（明治十七年六月）[40] には、約二四五名の名前が確認できるが、そのなかには大谷弥平（四二銭余）兵藤市蔵（一三銭）、樋口玄喝（五銭）・山本金木（一〇銭）・中井真雄（一八銭余）らの名や、小野鼎（一〇銭

表58　明治17年 井伊谷村費明細

郡役所ヨリ御下金	金18円55銭3厘	明治17年2月1日	一ヶ月分御下金
	金18円55銭3厘	〃	二月分御下金入
	金18円55銭3厘	〃　3月19日	三月分御下金入
	金18円55銭3厘	〃　4月17日	四月分御下金入
	金18円55銭3厘	〃　5月16日	五月分御下金入
	金18円55銭3厘	〃　6月17日	六月分御下金入
合計	金111円32銭8厘		

買物	約7円		半紙・枡屋払など
堤防諸費	金8円	明治17年5月7日	山下美代蔵 挽木代之内
	金9円15銭2厘	〃　5月25日	野末甚七郎 杉木代払
	金50銭	〃	野末清一郎 大堰圦番給料
	金40銭	〃	影山与平治 字岩沢圦番給料
	金8円	〃	山下美代蔵 挽木代之内遣ス
	金1円50銭5厘	〃　6月29日	大谷惣八 挽木代之内遣ス
	金□円87銭	〃　7月11日	内山栄三郎 井堰修繕人足賃銭之内渡ス
学資金	金11円	2月29日	内山浅蔵 一月二月市江□行
	金16円	〃	内山浅蔵 学資金渡ス
	金10円	3月20日・17日	内山浅蔵 学資金渡ス
	金10円	3月19日	同
	金20円	3月30日	同
	金5円	3月13日分	同
	金6円	3月30日	内山浅蔵　縦覧会入費
	金3円	3月31日	内山浅蔵学資金ノ内
	金8円50銭	4月15日	同
	金16円50銭	4月18日	同
	金11円	5月□□	内山浅蔵 学資金
	金18円	6月4日	同
	金10円	6月22日夜	同
	金10円	6月25日	同
	金10円	7月4日	同
	金2円	7月12日	同
	金18円	7月21日	同
諸給料	金16円		大石増蔵 三・四・五・六月分
	金16円		野澤定吉 三・四・五・六月分
	金8円		定使給料 三・四・五・六月分
	金26円		兵藤市蔵 三・四・五・六月分
組用係終渡	金3円60銭	明治17年6月21日	北神用係二人 一月ゟ六月迠給料
	金3円	〃　6月24日	南神用係二人 〃
	金1円86銭	〃　7月11日	下町組用係一人 〃
	金1円68銭	〃　7月1日	中町用係一人　〃
	金2円10銭	〃　6月29日	谷津組用係一人　〃
	金1円80銭	〃	上町組用係一人　〃
諸上納金	金90円余り		人力車国税・地方税、戸数割税、荷車地方税など。

注）「年中当座帳」（井伊谷邨会計課）兵藤家文書80号。□は虫損による。

余）、小田切貞吉（二銭余）、原田清（二銭余）、福嶋貞充（二銭余）など幕臣らの名もみえる。一円未満の少額の寄付が村人全員に「割付」けられた点に特徴があるだろう。引佐病院の設立には、気賀の名望家平井重蔵なども多く出資しているが、こうした社会事業では、むしろ地域住民の公平性が重視されていたことに注目すべきであろう。

井伊谷村においては、兵藤市蔵のように、旗本近藤氏の「家来」として財政を担当していた人物が、明治になっても会計係としてその手腕を大きく発揮していたことがわかる。しかしその一方で、村が共同して学校や病院を建設していく様子も見てとれ、その動きは明治十五年以降より顕著にみられるようになった。

龍潭寺も井伊谷学校への土地の提供などにおいて、一定の役割を果たしたとみられるが[41]、詳しい事情については不明なところも多い。実際、龍潭寺は明治十八年頃を中心に経済的にきわめて困窮していたとみられ[42]、学校建設等への支援は限定的であったと考えられる。しかし、井伊家との由緒に関しては、依然として大きな存在感を有していた。

次の史料は、遠州を代表する名望家・気賀林が龍潭寺住職橘碩渓に宛てた書状である。

〔史料4〕[43]

益御安康奉賀候、然ハ四月中上京代々木村江罷越、井伊君拝謁御泊宿を賜り御家寶等数品ヲ領し申候、且其之節、

五世　道直公
十二世　道政公
十三世　高顕公
十四世　時政公
十五世　顕直公
十六世　諄直公
十七世　成直公

右御謚号　御忌日不分明ニ付龍潭寺穿鑿之上品々申出候様御依願有之候、篤与御調申上、拙者迠御書附御差出可
被成候也、
○井之御玉垣　大藤寺御墓所等御普請拙者江御委任ニ相成候、既大藤寺ハ申附此節取かかり申候、井之御玉垣も
不日可申付候也、

気賀林

橘碩渓様

気賀林は、三方原開拓と茶園「百里園」の造成や堀留運河の開鑿などに尽力し、第十八国立銀行の最高出資者として副頭取になった人物である。史料4で注目すべき点は二つある。一つは、明治初年、気賀林が井伊家とのつながりを深めていったこと、そして今一つは、由緒の井戸などの修復に対してもイニシアティブを握っている点である。気賀（岩井）家は、元々、井伊家との由緒のある家であり、近世の当主参詣の際も御目見を果たしてきた。その背景には、社会事業を展開する上での社会的な信頼や資金援助などの様々な側面があったとみられるが、そのためには龍潭寺が長い歴史をかけて形成してきたネットワークや知識、文化的な蓄積などを媒介にする必要があったのであろう。明治以降の地方名望家の活動はこうした寺社のもつ文化的ネットワークを利用して行われた側面も多く、この点は今後の大きな課題である。

註

（1）松沢裕作『明治地方自治体制の起源』（東京大学出版会、二〇〇九年）。
（2）渡辺尚志『東西豪農の明治維新』（塙書房、二〇〇九年）。
（3）土屋喬雄監修『金原明善』（金原治山治水財団、一九六八年）。
（4）竹山恭二『平左衛門家始末』（朝日新聞社、二〇〇八年）。
（5）岩井林右衛門（気賀林）は、地元特産の藺草を買い集めて畳表問屋として成功し、近世後期に莫大な財産を得た。明治二

年には、「三方原開墾」事業を起こし社会事業家として活躍。百里園茶製工場を建設した。さらに生活困窮者のために三方原救貧院をつくった人物としても有名で、金原明善にならぶ遠州を代表する「名望家」である。

（6）井伊谷龍潭寺文書一九四二号。

（7）田村貞雄『ええじゃないか始まる』（青木書店、一九八七年）

（8）近藤家から龍潭寺に茶湯田が寄進されたのは、享保十八年のことである（井伊谷龍潭寺文書二九四・二九五号）。

（9）『中井日記』寛文三年条。

（10）中井家文書二三一号。

（11）二宮神社神主の職務日記とみられるが、内容はごく簡略で抜萃的である（中井家文書二二八号）。

（12）「諸用向留」（中井家文書二三〇号）。

（13）中井家文書 近代一九九号。

（14）こうした宗良親王の研究は、明治以降に急速に進められたとみられる。山本金木の日記によれば、「十一月十三日、弁事附属、新五郎、諏訪大助右両人、宗良親王御墓御改として龍潭寺へ参られ、十五日中井七郎方へも寄相改候處、龍潭寺ニも中井ニも旧記等無之、尤後而改差上候様申上、十六日右両人引取られ候。十九日中井七郎、方広寺へ参り相尋候處、是又旧記一向無之由中井より承り候」という（『東向日記』慶応四年十一月十三日条）。

（15）「墓掌奉務誌」（中井家文書〈近現代〉五五号）。

（16）「御届」（中井家文書〈近現代〉五〇号）。

（17）「説教題目集」（中井家文書〈近現代〉五五号）。

（18）「唱歌集」（中井家文書〈近現代〉一六〇号）。この本には、①軍も門出、②兵士のかがみ（落合直文作詞、一八九五年）、③勇敢なる水兵（佐佐木信綱作詞、奥好義作曲、一八九五年）、④大寺少将（鳥山啓作詞、鈴木米次郎作曲、一八九五年）などが写し取られている。

（19）中井家文書〈近現代〉三五号。

（20）中井家文書〈近現代〉一四一号。

（21）中井家文書〈近現代〉一四二号。

（22）「史籍集覧 櫻雲記 上・中・下」（明治十五年八月一日、中井家文書〈近現代〉一四九号）、「宗良親王」（酒巻貞一郎、明治二八年一一月一八日、同一五四号）、「吉野拾遺」（明治、同一五五号）、「陵墓一覧」（明治三十年七月四日、同一五六号）、「護良親王御傳」（明治三十四年一一月三〇日、同一五七号）、「長慶院御歌」（明治三六年一二月五日、同一五八号）など。

(23) 中井家文書一二二～一二八号、昭和十三～十五年。

(24) 中井家文書〈近現代〉七四号。□は判読不能。

(25) 中井家文書〈近現代〉二二九号。

(26) 「明治三十八年詠草」（『山本金木著作集他七』引佐町、一九八七年）

(27) 兵藤家文書四一号。

(28) 『引佐町史』下巻、一七〇頁。

(29) 明治十三年四月十五日付の史料では、斉藤六蔵が「戸長」とされている（兵藤家文書九六号）。

(30) 井伊谷龍潭寺文書四八一号。

(31) 井伊谷龍潭寺文書五二四号。

(32) 『引佐町史』下巻、二一六頁。

(33) 兵藤家文書七〇号。

(34) 兵藤家文書一一六号。

(35) 井伊谷龍潭寺文書七四〇号。

(36) 兵藤家文書七七―二号。

(37) 引佐町歴史と文化を守る会編『年表井伊谷の歴史』（二〇〇一年）。

(38) 兵藤家文書八〇号。

(39) 「書類書上御達綴留」（横尾区有文書）『引佐町史』下巻、二五一頁。

(40) 兵藤家文書七九号。

(41) 「共有地売渡之証」（明治十三年四月、井伊谷龍潭寺文書六八二号）など。

(42) 「講金預之証」（明治十八年三月十八日、井伊谷龍潭寺文書四八一号）、「借用証券」（明治十八年八月三十一日、井伊谷龍潭寺文書四九六号）。

(43) 井伊谷龍潭寺文書七三六号。

終章　江戸時代の地方寺院――「個人」成立の「場」として――

以上で述べてきたように、江戸時代の龍潭寺は、多様な主体と様々なかたちで接点をもちつつ、社会的な関係を形成していた。本章ではその概要をいま一度まとめておきたい。

一　井伊谷龍潭寺と周辺社会

草創期（再興期）、すなわち中近世移行期の龍潭寺は、井伊家の菩提寺（氏寺）としての機能と、それとは別に特定の檀家による庇護をうけない「無縁所」としての機能との二つを有していた。これは、遠州の国人領主であった豪族井伊家の政治・経済的基盤が、この時期においてはまだ盤石なものでなかったことを一つの背景としている。龍潭寺は、現在の浜松市西区や天竜区を含む広域地域の在地有力者からの支援を受け、経済基盤を確保していた。

十七世紀に入ると、井伊谷地方は、旗本近藤氏の支配を受けることになる。旗本井伊谷近藤氏の知行所支配の、近世における段階的特質は、概ね次のようにまとめられるであろう。

まず、引佐地方における近藤氏の支配の起源は、慶長年間の徳川頼宣期に求めることができる。この時期、金指を拠点とした陣屋支配の礎ができ、寺社領の承認や検地、新田開発などが広範に行われた。実質的に五近藤氏による支配秩序が整備されてくるのは、寛永十四年頃であり、この時期には「国家老」を中心に地役人による支配体制が確立していたと考えられる。しかし、初期農政においては、村の所持地をめぐって境争論などが頻発している(1)。この混乱のなかで生じたのが、寛永元年二月十四日の井伊谷村住民による龍潭寺「山林」事件である。ここでは、民衆にとって、龍潭寺こそが領主旗本近藤氏の追捕を逃れるためのアジールとなった。こうした背景には、龍潭寺が領主近藤氏よりも早い時期に井伊谷へ地盤を築くことに成功していたことがあったとみられる。

十八世紀になると、引佐地方では地役人（兵藤氏や中井氏など）による地方支配が本格的に展開する。また、町の火事や地震などの災害に際し（井伊谷町では十七世紀後半～十八世紀前半にかけて火災や水害が頻発した）、村・町に対する領主（陣屋）の「御救」が行われていたことも確認できる。しかし、井伊谷周辺はこの時期、「困窮」にかなり悩まされていた。一方で、龍潭寺をめぐる社会的環境もこの時期に大きく変化していった。井伊家発祥の井戸を中心とした龍潭寺と正楽寺との出入りが起きた。正徳元年に行われたこの出入りでは、彦根・与板両藩士のなかに、奉行所へ訴え出るように、積極的に龍潭寺住職の祖山に呼びかけた人びとがいた。彼らは立場上、表には出ないが、訴訟の手段や人脈など、様々な方法で祖山を裏で援助しており、それが判決に与えた影響も大きかったとみられる。また、出入りの背景には、彦根・与板藩士の先祖崇拝意識の形成も垣間みられた。一方、貞享年間に正楽寺支配の正当性を裁許していた近藤氏もこれを許容することはできず、出入りは井伊氏―龍潭寺 対 正楽寺―近藤氏という構図をもった。さらに、彦根・与板藩士や他寺僧侶との江戸での話し合いを通じ、祖山和尚は龍潭寺の由緒をより自覚的に捉えるようになった（ただし、これは出入りだけではなく、それに先立ち行われた朱印改めの影響も大きい）。出入りの後、井伊家と龍潭寺との関係は、より密接なものになる。具体的には、位牌の整備や石碑の建立などが行われ、以後、歴代藩主による井伊谷参詣も常態的に行われるようになっていった。

また、十八世紀中ごろ～後半にかけては、龍潭寺における朝廷権威の萌芽期でもある。その要因は二つ考えられた。一つは、享保期、祖山和尚の京妙心寺出張とそれにともなう東山天皇御遺品の譲渡である。これは、妙心寺伝奏の甘露寺規長の伯母の帰依という私的なつながりによるものであるが、当時妙心寺では妙法院門跡とのつながりを深めるなど、朝廷との結びつきを強めていく時期であり、祖山和尚もこうした状況のなかで、東山天皇との由緒獲得に成功していった。ただし、東山天皇ゆかりの宝物や位牌については、当時、それほど重要視された形跡がなく、神宮寺村の名主であった山下甚左衛門の記録にも、このことは書かれていない（秘蔵とされた可能性もある）。

二つめの契機は、旗本知久氏との結びつきによる宗良親王宝篋印塔（＝「宗良親王墓」）の造立である。これは宗良親王の三五〇遠忌法要と関連して行われたものであるが、南朝遺臣の子孫との地域を超えた交流によって実現したものである。この媒介となったのが、同じ妙心寺派の信州松源寺であった。こうした動向から、寛保期、龍潭寺では太平記などを通じ、宗良親王の活躍についての研究が深められていった。一つめの契機と二つめの契機が、それぞれ別個のものとして存立している点にこの時期の特徴がみえる。

十九世紀になると、井伊家の来訪や近藤氏の幕政における役務負担の増大といった政治的な状況により臨時の入用が生じた。これに対して、地方中核寺院（方広寺、あるいは実相寺や宝林寺）や豪農らによる資金提供が行われるようになった。とくに、嘉永・安政期以降、旗本近藤氏が二条城警護役などを担うようになると、在地の負担はきわめて大きくなる。また、慶応年間には、井伊谷村と龍潭寺の争論を調停する機能すら失い、幕末は機能不全になっていたことも確認できる。

さて、引佐地方の村の寺院は、村社会で起こる様々な問題に対して紛争解決にあたる一方で、信仰という側面でも深く人びとの心をとらえてきた。たとえば、享和三年（一八〇三）四月の段階で、井伊谷・金指近藤領内において殺生禁断をめぐる大きな争論（祝田村一件）が生じている。これは、初山宝林寺の放生池において、殺生と狼藉をはたらいた祝田村の六人（一人は神主）に対しての裁きをめぐる争論である。祝田村が井伊谷近藤氏の支配であるのに対して、宝林寺は金指近藤氏の菩提寺である。これが事態を複雑にし、なかなか裁許が下りなかったが、神主は長屋御預かりとなり、そのほかの五人の百姓らは入牢を指示され、結局、重い罪を負っている(2)。この争論において重視されたのは、中世以来、寺院がもってきた殺生禁断の論理であり、こうした慣習が江戸時代においても、地域社会のなかに色濃く残されていたことを確認しておく必要がある。ただし、その一方で、十八・十九世紀になると、住持の裁量に基づく紛争解決が頻繁に行われるようになっており、駆込寺の成立には、住持の社会的信頼が大きな意味をもっていた。

なお、十九世紀前半から後半にかけては、地誌的な関心が深まる時期である。地方寺院・地方神社それぞれにおいて、中央（京都）による統制・組織化が進展した。しかし、地誌作成の大きな要因には、彦根井伊家による井伊谷龍潭寺参詣と、それにともなう、井伊家の権威を中心とした地域の序列化の進展があった。すなわち、井伊家との由緒を示すことが、（現領主の近藤氏とのつながりよりも）地域のなかできわめて重要になっていく。中井氏は、これに合わせ、地域の歴史の掘り起こし作業を行い、宗良親王の事績に注目することになった。あくまで井伊家の顕彰が優先されている点にこうした活動の特徴がみられるが、その多くは、十八世紀中葉に龍潭寺で行われた宗良親王研究に沿って行われたものであった。すなわち、近世中期の井伊谷龍潭寺は、井伊家の「菩提寺」としての機能を通じて、旧領主井伊家との特別な回路を形成した。とくに遠忌法要は、歴代位牌や龍潭寺庫裡などの修復が同時に行われるものであり、その点でも重要であった。また、遠忌には、各主体の歴史認識によって力の入れ方に差がある点に注目した。龍潭寺は、遠忌の執行を実現するために、由緒書の作成を活発に行い、理解を得る必要があった。

十八世紀後半を中心に行われた井伊家の井伊谷参詣によって、多くの彦根藩士が井伊家の先祖故郷を訪れることにより、地域社会のインフラ整備や初穂料の獲得など長期的にみれば肯定的な側面もあったが(3)、短期的にみれば、龍潭寺をはじめとした地域には大きな負担となったと考えられる。十九世紀には、こうした参詣は一時的に中断されるが、地域が困窮していくなかで、井伊家への支援を期待する龍潭寺住職や神主中井氏ら宗教者の活動によって、再び井伊直弼の参詣が実現することになった。

直弼の参詣後の地域では、彦根藩士の由緒調査と関連して、宗教者の由緒意識の急激な高まりを生むことになり、これが地域固有の歴史を見出すことにつながっていく。東林寺のある渋川村や渓雲寺のある川名村では、遠江井伊家の先祖たちについての歴史調査が活発になり、史蹟の発掘にもつながっていった。現在、引佐地方にのこる井伊家ゆかりの史蹟は、このとき再整備されたものが多い。

　山本金木は、二宮神社の神主や龍潭寺など引佐地方の人びととの関係のなかで当地にゆかりの深い宗良親王の事績や地誌的な書物の収集を熱心に行っていた寛政争論では、八幡宮の由緒についての認識が大きな論点の一つとなっていた。これは後の金木の登場する重要な土台となったが、一方で「旧記」をもつことの重要性を金木に認識させることになり、以後の地域ゆかりの人物である宗良親王・井伊家についての研究を深めさせる大きな要因となった。

　もともと浜松の出身であった山本金木が、引佐地方の神宮寺村に神職として入ったとき目の当たりにしたのは、方広寺・龍潭寺という大きな寺院の存在と、地域住民の神社に対する複雑な意識（村持という意識）であった。このなかでヘゲモニーを掌握していくことが、金木にとっては相当な難題であった。旗本近藤氏の政治機構のなかに、自らを組むことができなかった金木は〝由緒〟や〝歴史〟をてこに、井伊家などの外部の権威に頼らざるをえなかったのである。報国隊運動もこうした過程のなかで捉える必要がある。

　とくに、遠州報国隊に参加した引佐の人びとについて次のような点が指摘できる。まず、報国隊参加者のうち、たしかに引佐の人びとの割合は高い（ただし、地域的には井伊谷・奥山周辺に偏っている）。とくに「留守部」ではなく、「出征部」として参加している神職が大半であった。しかし、引佐郡の在地神職全体からみると、報国隊に参加した人びとの割合は高くない。吉田家は、山本・中井・澤木によって引佐郡域の神職の組織化を進めたが、幕末になっても、そうした組織編成は、不徹底なままであったということができるだろう。彼らの多くは、村に暮らす百姓であって、一部の由緒ある神社に奉仕する神主を除くと、専業神主化をめざす傾向も相対的には低かった。山本金木のように、龍潭寺や方広寺に対して競合意識を持ち合わせる者もたしかに存在したが、神主中井氏がそうであったように、他の神職らは寺院や僧侶への身分的な対抗意識は相対的に薄かったように思われる。この点において、引佐周辺と浜松中心との間では意識の差があったといえるだろう。引佐地方では、近藤氏の支配機構と深い結びつきのあった伊東家・兵藤家などは報国隊に参加していない。神職の政治的な立ち位置の不安定さが報国隊への一つの動機づけとなった。

引佐から報国隊に参加した、峰野・野末・宮田・岩田・中山・中井らは、いずれも二十代前後の若者であった。隊内での彼らの位置も、きわめて低かったと思われる。大砲隊に選抜されることもなく、金座・銀座警衛に専務されていたとみられる。従軍後の彼らは、宮田重雄を除き、地域に残ることになった。これは、山本金木の意志というよりも、彼ら自身が望んだことであった。報国隊内における彼らの位置を考えた場合、これは当然の帰結であった。山本は、彼らのリーダー的な存在であり、以降も和歌などを通じて交流を持ち続けた。繰り返すが、遠州報国隊は、領主との関係にもとづく規定性と、地域社会内部に成熟してきた由緒意識による拘束の二つをもつ、きわめて近世的な運動であった。また、報国隊の内部における個々の隊員の思想や志向は異なっており、とくに、官軍の参謀らと交流のあった桑原・大久保ら報国隊の上層と、下層の隊員たちの間には認識の差があった。また、報国隊は賀茂一族・竹山一族らを中心とした、きわめて一族主義的な運動であったこともみえてくる。

しかし、報国隊の運動に参加したメンバーは、その後明治・大正期に中央で活躍していくエリートと、地方で活躍するエリートという二つの層に明確に分かれた。彼らは相互に交流をもちつつ、明治以降の社会においてそれぞれに重要な役割を担っていくことになるが、引佐郡出身の報国隊員らの多くがそうであったように、報国隊内でイニシアティブを握れなかった人びとは、結局、明治期の社会のなかに埋没してしまうことになった。ただし、遠州の「中間層」（地域リーダー）が、報国隊に参加したことの意味はきわめて大きい。その一つは人脈の形成、もう一つは明治国家の方向性の確認として、報国隊運動はきわめて重要な意味をもったとみられる。その観点からすれば、報国隊という「集団」自体は、近代的な組織構造であったといえるだろう。山本金木や中井真雄ら引佐の神職からすれば、龍潭寺の有してきた社会的なネットワークを超えるような幅広い人脈を政府筋のなかに形成することが可能となった。官軍に従軍した経験や、他の神職たちとの交流のなかで、寺院への依存関係も解消されていくことになった。

一方、明治時代に入ると、龍潭寺は、彦根井伊家の指示を受け、いちはやく宗良親王墓の修営を太政官弁事に願い出る。また井伊家を通じて政局を把握し、当時の住職は僧侶から神職へと復飾し、宗良親王御墓守となることで龍潭寺の存続をはかった。ここには井伊家と龍潭寺が近世を通じて成熟させてきた菩提寺としての強い連帯関係がみられる。また、当該地域の民衆も、井伊直憲への御目見に代表されるように井伊家を媒介として宗良親王の権威に接していくことになった。

神職中井真雄と山本金木など、個々の主体の活動については、次の点が指摘できるだろう。中井真雄や山本金木などを中心とした神職たちの文化ネットワークは、明治にかけてさらに広く、より密に展開していくことになった。しかし、その一方で、村の社会事業においては、学校や病院などの建設に際しては、公平性が重視され、村人たちの協力のもと、村人主導によって造成がなされていった。明治以後の引佐地方の歴史的展開の解明のためには、こうした主体が、どのような役割を果たしていたのか、より正確に位置づけていくことが必要となるだろう。

以上が本書で明らかにした龍潭寺とその周辺の歴史的経過である。龍潭寺の存在は、井伊家や、宗良親王とのつながりをもつ地域（「井の国」）としての地域イメージの形成に大きな意味をもった。また龍潭寺は、文化面でも一定の役割を果たしたといえる。井伊谷周辺の旧家に、当代随一の文化人たちゆかりの品が多く残されているし、神宮寺区有文書のなかには膨大な量の浄瑠璃本の蔵書がある。さらに地方歌舞伎として有名な「横尾歌舞伎」の歴史もこの文脈に位置づけられるであろう。こうした文化面でも、龍潭寺や方広寺の存在は大きかったとみられる。このように考えてくると、龍潭寺は領主権力との関係のなかでのみ存在し得たというような印象を受けるかもしれないがそれは正しくない。第三章で論じたアジールや、第十章の慶応年間の争論を考えてみれば明らかであるが、第六章の井伊家の参詣でさえ、地域の協力のなかでしか龍潭寺は、そのプロジェクトを成功しえなかったのである。

二　江戸時代の地方寺院の社会的な役割

近年の宗教社会史研究は、対象となるフィールドの特性を捉え、さらに個々の宗教の機能にまで分析の手を伸ばす方向に深化されてきている。しかしながら、地域社会のなかで、地方寺院が果たした役割については、限定的に理解されているに過ぎない。また、吉田伸之・塚田孝らの寺院社会論は、その社会構造の内部における個人僧侶の活動の位置づけ――松沢裕作が社会的権力論を批判して、「主体位置」の重要性を示したことが的を射ているように――においては十分に成功しているとはいいがたい。

たしかに、近世後期になると、国学者や神職らのなかに、寺院僧侶の堕落を指摘する風潮が生まれてくる。それは遠州地方でも顕著であり、寺院僧侶の堕落を論じた竹村廣蔭（入野村出身）著『変化抄』などは有名である。しかし、江戸時代を通じて、地方寺院がさまざまな意味で地域社会のなかで重要な位置にあったこともまた事実である。

本書で着目したのは、寺院としての組織集団ではなく、住職個人の具体的な活動である。たとえば、祖山和尚は、彦根・与板井伊家の家中や朝廷・妙心寺との密な関係をもちつつ、龍潭寺住職としての寺務を全うした。同時に、地域社会からの信頼も篤く、京都出張の際には村人たちの送り迎えを受けているし、葬儀の際にも雨のなか多くの人びとが駆けつけている。住職のこうした具体的な立ち位置については、従来あまり注目されてこなかったといえるだろう。

また、祖山の活動は、一代限りのものではなく、後世に大きな影響を与えていったことにも注目する必要がある。すなわち、祖山没後も龍潭寺と井伊家・朝廷、それから宗良親王の関係者との接点は継続している点である。井伊家の参詣はますます盛行になっていくし、龍潭寺と知久家の関係も広がりをみせる。また、アジールの機能も、近世を通じて龍潭寺は維持し続けてきた。

すなわち、祖山の代に定式化した井伊家および井伊谷周辺の地域との社会的関係は、その後の関係する人びとの活動を規定しつづけている。しかし、当の祖山や彦根・与板藩士らの行動も、戦国時代の井伊家と龍潭寺との関係に規定されていたわけである。穿った見方をすれば、井伊直政の頃の社会こそが彼らにとってよりリアルな、回帰すべき世界であった。十六世紀後半〜十七世紀前半の歴史社会が、そのちょうど百年後祖山の代になって読み替えられ、再構成されたのである。

こうして考えてきた場合、近世後期に目立ってくる地域リーダー（中間層）と宗教者（僧侶・神職）との違いがはっきりしてくる。それは、宗教という機能、信仰や先祖祭祀の問題のなかに見出されるだろう。龍潭寺を核とする社会的関係は、こうした宗教の特徴的な機能（役割）によって維持されてきた。だからこそ、政治的な実力者に対しても身分や階層を超えて接することが可能となったのである。これは、経済的実力をよりどころとする豪農や豪商には不可能であったと考えられる。もちろん、大名や武士も、豪農・豪商に対して経済的に依存していく側面はあったが、そうした関係性とはまったく別の永続的な信頼できる関係性（信仰を媒介にした）を構築することが、宗教者にはできたのである。そうした関係性は、地域の特徴（地域性や郷土性）の現出を可能にするものでもあった。こうして、宗教者によって編纂された地域イメージが、実際に地域を特徴づけることになったのである。井伊谷が「井の国」とされ、今日にいたるまで井伊氏の故郷として論じられるのは、龍潭寺の存在が大きかった。

では、神職と僧侶との違いは、どこに求めるべきであろうか。従来の日本近世史の常識的な理解では、僧侶よりも神職の方が地域とは密な関係を維持してきたと考えられてきた。遠州とくに引佐地方についての従来の研究に限ってみても、どちらかといえば、神職の存在が注目されてきたといえるだろう。これは第九章で論じた遠州報国隊の参加者の比率が引佐地方において高いことが理由として挙げられる。しかし、引佐地方の場合、臨済宗妙心寺派の中核寺院龍潭寺のほかに、後醍醐天皇の皇子無文元選開基の奥山方広寺などの存在もあり、寺院僧侶の社会的地位がとくに高かった。江戸時代後期になると、引佐地方の神職たちは、京都本所吉田家から許状を受けることになったが、これは村落内での地位の向上をめざす主体的なものであるというよりも、むしろ、山本金木らによる、なかば脅迫に近い勧誘によるところが大きかった。この意味での、天皇・朝廷権威による社会編成は、正直なところ、ほとんど地域においては無意味であったと考えられる。在地に生きる村役人層が、経済的な理由から村の社の神職（鍵取）をつとめることは多かったが、彼らの意識と神主中井氏・山本氏らの立場は全く異なるのである。

ただし、マクロな視点からは、方広寺・龍潭寺を中心とする天皇・朝廷を頂点とする一つの国家的な秩序構成のなかに、地域社会が位置づけられていたことを意味する。近世後期には、神主中井氏や山本氏のように、積極的に歴史叙述をはじめる者たちが登場してくるが、彼らもこの体系のなかで、その主体性を示すことが重要であり、南北朝の歴史的な世界へと関心を向けていくことになった。その背景には、神社経営が寺院のそれに比べてはるかに厳しい状態にあったことが影響していよう。これは経済的な土台だけではなく、本末関係に支えられる僧侶とは違い、世襲していかなくてはならなかった点が大きく、だからこそ京都本所吉田家からの許状が大きな意味を持ちえたのである。その反対に、龍潭寺や方広寺がなくては自身の成り立ちを維持できない側面もあった。たしかに、競合と協調の両側面はあるが、神社の成立には、寺院の存在が必要不可欠であり、依存しなければならない点が大きかった。

本書で示したように、井伊谷地方では、彦根井伊家が参詣してくる、という一大イベントがたびたび催された。幕府の重職が井伊谷地方に参詣してくることは、とくに在地有力者（ほとんどが在地神職となっていた）の由緒意識、歴史への関心・学問への意欲を駆り立て、一方では幕藩制国家の支配秩序のなかに組み込まれていくことにもなったが、反面で「個」としての自立性を高めることにもつながっていったとみられる。もちろん、地方寺院を考える場合、地域の経済力（有力な豪農がいるなど）に注目が集まるところである。しかし、本書で明らかにしたのは、その逆であり、地方寺院の存在が豪農や中間層の様々な活動を助長させていったという点である。

こう考えてくると、近世の地方寺院は、もはや戦国大名に「無縁所」と呼ばれたような、あらゆる政治的な立場や経済活動から独立した存在ではない。近世の地方寺院は、ある面ではアジールのような個人の逃げ入りの場として、また或る面では〝歴史〟への追究によって主体的な「個」を生み出させるという潜在的な機能を発揮したのである。

さて、本書の話はあくまで、遠州の一寺院とその周辺の集落についてのお話である。われわれは、龍潭寺で大切に保管されてきた木箱のなかで眠っていた過去の世界を、ほんのちょっと覗き見たに過ぎない。しかし、江戸時代という、たった二百五十余年の間に、多くの人がこの地を行き交い、その生を全うしてきたことがわかった。そこには、今となっては誰の記憶にもない、多くの人間のドラマと、時代や社会のめまぐるしい変転の匂いが、たしかに刻み込まれている。龍潭寺に眠っていたこの古文書たちは、その大事な証言者たちであった。

さて、そろそろ、龍潭寺文書に眠るこの木箱の蓋を、そっと、閉めることにしよう。すでに、この箱の外には決して止まることを知らない新しい時代の風が吹き荒れているのだから。

註

（1）村同士の争いが頻発している点は、「中井日記」（本書112頁註（12）参照）に詳しい。
（2）兵藤家文書一四四号。
（3）青柳周一は「参詣者を相手とする諸生業（宿泊業・飲食業・交通労働など）への従事者が増加するに従って、これら諸生業の維持を主な目的として、地域社会レベルの広がりを持った参詣者受け入れ体制が構築」された地域を「観光地」とする重要な見解を示しているが（西田かほる・青柳周一「地域のひろがりと宗教」（『近世の宗教と社会1　地域のひろがりと宗教』吉川弘文館、二〇〇八年）、龍潭寺の場合は少なくとも近世においては「観光地」とは少し異質であるが、彦根藩士たちの間では、いわゆる参詣地としての認識が定着していたとも考えられる。

あとがき

本書は私の二冊目の単著であると同時に、最初の論文集である。第一章・第四章・第八章については、それぞれ「中近世移行期の遠州井伊谷龍潭寺」（『地方史研究』六二巻六号、二〇一二年）、「十八世紀前半井伊谷における由緒の形成について」（『日本社会史研究』一〇〇号記念誌、二〇一二年）、「遠州報国隊員山本金木の蔵書と歴史意識」（『書物・出版と社会変容』一〇号、二〇一一年）をもとにしているが、それ以外はすべて新稿である。

本書の原点は、今からおよそ一五年前、中学生の頃であったと思う。人よりも猿の方が多く住む、遠州の山里で生まれ育った私は、なぜか昆虫と恐竜と歴史が大好きな少年だった。中学一年生のときには、地元の優れた郷土史家であった朝比奈与助先生などにご教示を受けつつ、行基にまつわる様々な由緒を検討した。今思えばこのあたりに、現在の自分の原点を見出せるかもしれない。しかし、歴史の道を歩む直接的な原因となったのは、中学三年生のときの自由研究で「井伊直政」を題材にしたことであった。龍潭寺とのおつきあいはそれ以来のことである。武藤全裕師から、井伊家のこと、引佐町の歴史のこと、お話を聞いているうちに、いつか、まだあまり知られていない、江戸時代のこの地域の壮大な歴史を描いてみたいと思うようになった。

多感な青春時代を人並に繊細に過ごし、高校受験にも失敗した私は、すっかりやる気をなくし、ろくに勉強もせず、朝・晩長い時間をかけ、ただ漫然と浜松まで通学する日々を過ごしていた。そんななか、中学のときの自由研究の関連イベントで、ラジオ番組に出る機会をいただき、小和田哲男先生とお会いした。小和田先生のお話を直に聞くことによって、将来、歴史学をやってみたいという想いを強くもつようになった。また、武藤師のご配慮によって、井伊直政の四百年遠忌法要（これは、たまたま私の誕生日に開かれた）にも参加させていただいた。そのときの経験が、本書のなかに少なからず影響を与えている。

その後、父親の姿をみていて、社会科の教員になりたかった私は、東京学芸大学への進学を決意した。東京での一人暮らしは、田舎で過ごしてきた私にとって衝撃の連続であった。二十四時間開いているコンビニ、懐中電灯なしで歩ける夜道、星がみえない夜空、虫や蛙たちの大合唱も聞こえない夜。挨拶をしないで人とすれ違うこと、人の多さ。電車にほとんど乗ったことがなかった私は、もっぱら自転車を使って片道何時間もかけて移動していた。

さて、大学に入った当初、学校の先生になるつもりだった私が、研究者としての道を歩むことになった理由は、主に二つある。一つは、岩田重則先生の演習の授業に参加したことである。岩田先生の三年次の演習は、研究者やテーマを自由に選んで報告するものであった。私は、平泉澄のアジール研究に注目した。これが、後に研究を突き詰める原点となった。岩田先生には、その後も公私にわたって大変お世話になり続けている。また、同じ日本研究教室の学友であった田代学氏から教わったことも多い。興味関心が似たところにあった田代氏とは常に切磋琢磨して、勉強に励んだ。よき友に出会ったことが、研究の道を歩むことになる、大きなきっかけとなった。

そして、研究者をめざすことになったもう一つの理由は、私が在学中、自主ゼミとして開かれていた阿部猛先生のゼミに参加したことにある。阿部ゼミでは、播磨国鵤荘、尾張国大成荘などの史料を読んだ。共通の史料読みと、文献報告で構成されているゼミは、非常に難易度が高い少数精鋭で、永原慶二、網野善彦や安良城盛昭などの書物をもとに高度な議論を交わすメンバーに、いつも劣等感を抱いていた。また教員をめざす彼らとは、板書の書き方や授業の構成の仕方などについて夜遅くまで議論し合い、様々なことを学んだ。とくに、一つ上の先輩である寺田直弘氏からは、本当に多くのことを学んだ。毎週日曜日に先生宅で開かれた史料購読会はほぼマンツーマンで、非常に厳しいものであった。阿部先生の史料に対する深い理解に触れ、古代史、荘園史研究には、まだこれほどまでに課題が残されているのかと深く感動した。『平安遺文』、『中世法制史料集』、東大寺領蒲御厨の史料講読を通じて、阿部先生からご教示いただいた知識は、私の一生の宝である。先生からの公私にわたる多大なる御恩はとてもここで記しきることができないが、あらためて感謝申し上げたい。

さて、一橋大学の大学院に進学してからは、怒涛のような毎日であった。とにかく、勉強し、議論し、そして徹底的に飲む、そんな毎日であった。分野の違う同級生たちのグループで開いていた飲み会（通称「アジールの会」）では、幅広いテーマについて、夜更けまで議論を繰り返した。また、なんといっても、指導教員である渡辺尚志先生、副指導教員の若尾政希先生をはじめ、多くの諸先輩方との思い出は尽きない。月曜日の若尾ゼミでは、小川和也氏・綱川歩美氏・小田真裕氏・望月良親氏らを中心に議論を夜遅くまで繰返した。火曜日の渡辺ゼミでも、福澤徹三氏・糟谷幸裕氏・野本禎司氏・小酒井大悟氏・中村只吾氏・大橋毅顕氏・鈴木直樹氏を中心に、熱い議論が毎週展開されていた。先生・先輩を含めた「ゼミナリステン」とは、研究のことはもちろん、将来の不安、人生の悩みなど、普通には話しにくいプライベートなことまで相談することができ、みんながそれに対して親身に応えてくださった。両ゼミの飲み会が長い時間になってしまうのは、巷で言われているように「酒飲みたちの集団だから」なのではなく、このためである。大学院に在籍した長い月日のなかで、メンバーが替わり、社会が変わり、いろいろな事件もあったが、この点だけは今も変わらないように思う。

渡辺尚志・芳枝ご夫妻には、結婚式で立合人代表をつとめていただき、それ以後も公私にわたって大変お世話になっている。先生の弟子のなかでおそらく一番の問題児であっただろう私が、家族をもち、学位も辛うじてとることができたのは、ひとえに先生のご尽力の賜物である。また博士論文の審査を担当していただいた若尾政希先生・石居人也先生・高柳友彦先生にも、この場をお借りして、感謝の意を述べたい。

また、大学院進学以降は、様々な仕事に関わることができた。修士一年の頃からお世話になっている徳川記念財団ではたくさんの貴重な体験をさせていただいた。とくに、徳川家廣氏、徳川典子氏をはじめ、小林明氏、柳田直美氏、藤田英昭氏、望月良親氏からは、学芸員として、研究員として身につけなくてはならない様々な知識や技術をご教示いただいた。さらに、ODとなってからお世話になった足立区立郷土博物館でも、多くの方々にお世話になった。天光眞一館長をはじめ、学芸員の多田文夫先生、荻原ちとせ先生、専門員の小林優先生、鈴木志乃先生、足立史談会の先生方に多大なるご迷惑をおかけした。短い期間であったが、郷土博物館で学んだことは非常に多い。とくに、直属の上司であった多田先生は、専門も近く、本当に多くのことを勉強させてもらった。まだまだ未熟極まりない身であるが、足立区で学んだことをこれからの研究・教育にできる限り活かしていきたいと思う。

二〇一四年八月より、尊敬する先輩の一人である杉岳志先生の後任として、一橋大学附属図書館に勤めることになった。ここでも、私の力不足のため、多くの方々にご迷惑をおかけしている。附属図書館長山部俊文先生をはじめ、研究開発室のメンバーの福島知己氏、床井啓太郎氏、そして福田名津子氏にはとくにお世話になっている。また、上原正隆部長、鈴木宏子課長、桑原孝行課長代理、林哲也課長代理をはじめとした図書館の職員の皆様にも、いつも多大なるご配慮をいただいている。なお、中学時代から今日までの長い間ずっと親しく付き合い続け、現在も同じ大学に研究者として所属するという、深い縁のある松原日出人氏にも、あらためてお礼を述べたい。大学時代、海外や国内を一緒に飛びまわった貴重な経験をここに記しきれないのは残念であるが、それはまたの機会に譲ることにしたい。

さて、本書を書くにあたって、本当に多くの方々のお世話になった。柴田宏祐先生、朝比奈克之先生、大谷静夫先生、巨島泰雄先生をはじめとした引佐町歴史と文化を守る会の皆様、それから大谷義房氏には、修士論文執筆のきっかけをいただいた。また、史料の利用の許可をいただいた今泉宗平氏、大橋優喜氏、坂本勝彦氏、白井文夫・富美子ご夫妻、中井洋氏、林正氏、兵藤ゆかり氏にあらためて感謝の意を述べさせていただきたい。また、常葉大学の村上誠先生にも数多くのご教示をいただいた。そして、本書の直接的な土台となる二年にわたる龍潭寺調査（日本学術振興会特別研究員奨励費による）に辛抱強く参加してくださった、一橋大学大学院のメンバー 金澤真嗣氏、北村淳也氏、伴野文亮氏、鈴木淳世氏、荒木美緒知氏、宮島花陽乃氏、武田真幸氏、松本尚之氏、水林純氏、吉川紗里矢氏、それから調査に全面的にご協力いただいた龍潭寺の皆様に感謝の言葉を述べたい。また、浜松での調査の際に、様々なかたちでご協力くださった浜松市文化財課の元課長佐野一夫氏、現課長の太田好治氏、浜松市博物館の鈴木敏則館長、学芸員の久野正博氏、栗原雅也氏、宮崎貴浩氏、鈴木吉則氏、浜松市立中央図書館の吉田佐織氏、浜松市史編さん執筆委員の鈴木正之氏、それから、静岡県立中央図書館歴史文化情報センターの皆様にあらためてお礼申し上げる。また、前著『アジールの日本史』に引き続き、本書の刊行を引き受けてくださった同成社の皆様、とくにタイトなスケジュールのなか、困難な編集作業を担当してくださった三浦彩子氏に感謝の意を述べさせていただきたい。

恐ろしいほど凡庸な私が、東京での大学院生活を続けて来られたのは、どんな時もいつも応援してくれた、浜松で暮らす私の素晴らしい家族のお蔭である。惜しみなく援助をしてくださった祖父・達と祖母・カツ、父・稔三と母・ゆみ子にあらためて御礼の言葉を述べさせていただきたい。そして、どんなに苦しい時でも常に傍にいてくれる、頼もしい妻あずみと、いつも笑顔で私を励ましてくれる長男幸太郎へ、心からの感謝を込め、この本を捧げたい。

夏目琢史

二〇一五年九月「十五夜祭」の日

井伊谷の二宮神社にそっくりな、雨上がりの与板町　井伊神社にて

近世《きんせい》の地方寺院《ちほうじいん》と地域社会《ちいきしゃかい》
――遠州井伊谷龍潭寺を中心に――

■著者略歴■
夏目琢史（なつめ　たくみ）

1985年、静岡県浜松市生まれ。

一橋大学大学院社会学研究科博士後期課程修了、博士（社会学）。

日本学術振興会特別研究員、足立区立郷土博物館専門員などを経て、現在、一橋大学附属図書館助教。

公益財団法人徳川記念財団特別研究員、井の国歴史懇話会顧問。

〔主著〕

「平泉澄と網野善彦」（阿部猛・田村貞雄編『明治期日本の光と影』同成社、2008年）。

『アジールの日本史』（同成社、2009年）。

2015年11月22日発行

著　者　夏　目　琢　史
発行者　山　脇　洋　亮
印　刷　藤原印刷㈱
製　本　協栄製本㈱

発行所　東京都千代田区飯田橋4-4-8
（〒102-0072）東京中央ビル　㈱同成社
TEL　03-3239-1467　振替　00140-0-20618

ISBN978-4-88621-705-9 C3021